零基础学炒股

实战 从入门到精通

钱龙版

龙马金融研究中心 编著

人民邮电出版社

北京

图书在版编目（CIP）数据

零基础学炒股实战从入门到精通：钱龙版 / 龙马金融研究中心编著. -- 北京：人民邮电出版社，2017.5
ISBN 978-7-115-45272-6

Ⅰ. ①零… Ⅱ. ①龙… Ⅲ. ①股票投资－基本知识
Ⅳ. ①F830.91

中国版本图书馆CIP数据核字(2017)第059213号

内 容 提 要

本书面向零基础读者，系统介绍了股票投资的基础知识，以及钱龙炒股软件的使用方法和操作技巧。
全书共 16 章。第 1～2 章主要介绍股票的入门知识，包括新股民开户交易的方法和股票的相关知识等。第 3～9 章主要介绍如何利用钱龙软件炒股，包括钱龙软件的使用方法、看盘、基本面分析、技术面分析、K 线、大盘趋势理论分析、常用的技术指标等。第 10～13 章主要介绍炒股的技巧和策略，包括选股实战技法、买卖点把握、资金策略、跟随主力技巧，以及超短线、短线、中线、长线投资策略等。第 14～16章主要介绍股票投资的实战方法，包括风险规避、股民必知的赢利法则，以及如何利用手机和平板电脑炒股等。

本书附赠的教学光盘包含了大量超值学习资源，以方便读者学习。

本书适合广大股票投资爱好者学习使用，也可以作为大专院校相关专业或股票投资培训班的教材或辅导用书。

◆ 编　著　龙马金融研究中心
　　责任编辑　张　翼
　　责任印制　彭志环

◆ 人民邮电出版社出版发行　　北京市丰台区成寿寺路 11 号
　　邮编　100164　　电子邮件　315@ptpress.com.cn
　　网址　http://www.ptpress.com.cn
　　北京鑫丰华彩印有限公司印刷

◆ 开本：787×1092　1/16
　　印张：19
　　字数：464 千字　　　　　　　　2017 年 5 月第 1 版
　　印数：1－2 500 册　　　　　　2017 年 5 月北京第 1 次印刷

定价：58.00 元（附光盘）

读者服务热线：(010)81055410　印装质量热线：(010)81055316
反盗版热线：(010)81055315
广告经营许可证：京东工商广字第 8052 号

PREFACE 前言

随着经济的发展，股票逐渐走入人们的视野，成为一种重要的投资方式。但对于普通民众来讲，要想真正在股市中盈利，不仅需要扎实的基础知识，更要掌握相关软件的操作方法。为了满足广大读者的学习需求，我们邀请了多位股票分析师、投资专家及相关专业的高校教师，共同编写了《零基础学炒股实战从入门到精通（钱龙版）》一书。

本书主要内容

本书主要面向股票投资的零基础读者，系统地介绍股票的基础知识、软件的操作方法以及行情分析、买卖技巧、风险规避等实战技能。全书知识点的设计安排，既重视基础内容的讲解，又兼顾实际操作的演示，通过真实案例全面展示股票投资的各个环节，从而可以满足不同程度读者的需求。

本书特色

◎ 从零开始，快速提高

无论读者是否拥有股票投资经验，是否接触过炒股软件，都能从本书中找到最佳的起点。本书入门级的讲解，可以帮助读者从新手快速迈入高手行列。

◎ 精心排版，实用至上

双色印刷既美观大方又能够突出重点、难点，精心编排的内容可以帮助读者透彻理解所学知识，并实现触类旁通。

◎ 实例为主，图文并茂

在讲解过程中，每一个知识点均配有实例辅助讲解，每一个操作步骤均配有对应的插图。这种图文并茂的方法，使读者在学习过程中能够直观、清晰地看到操作的过程和效果，便于理解掌握。

◎ 书盘结合，高效学习

本书配套的教学光盘内容与书中知识紧密结合并互相补充。光盘中包含的大量学习资源，可以帮助读者高效掌握相关知识，并为深入学习打下坚实基础。

◎ 光盘内容

- ◎ 4 小时零基础学炒股（钱龙版）配套视频教程
- ◎ 4 小时钱龙软件操作视频教程
- ◎ 钱龙快捷键操作指南电子书
- ◎ 100 招炒股实战秘技电子书及同步视频教程
- ◎ 100 页 PPT 版股票投资必修课
- ◎ 73 条新股民常见疑难问题解答电子书
- ◎ 手机电脑炒股必备安全常识电子书
- ◎ 24 个股票基本技术指标详解电子书
- ◎ 10 个股票实战技术指标详解电子书
- ◎ 190 个电脑炒股盈利秘技电子书
- ◎ 股票代码速查电子书
- ◎ 基金投资入门及盈利秘技电子书
- ◎ 期货投资入门及盈利秘技电子书
- ◎ 龙马高新教育 APP 安装包
- ◎ 15 小时电脑操作入门视频教程

创作团队

本书主编为孔长征，副主编为李震、赵源源。参与本书编写、资料整理、多媒体开发及程序调试的人员有孔万里、周奎奎、张田田、常俊杰、黄月、谢洋洋、刘江涛、张芳、江百胜、尚梦娟、张会锋、王金丽、贾祥铎、陈小杰、左琨、邓艳丽、崔姝怡、侯蕾、左花苹、刘锦源、普宁、王常吉、师鸣若、钟宏伟、陈川、刘子威、徐永俊、朱涛和翟桂花等。

在此书的编写过程中，我们竭尽所能地将最好的讲解呈现给读者，但也难免有疏漏和不妥之处，敬请广大读者不吝指正。若读者在阅读本书时遇到困难或疑问，或有任何建议，可发送邮件至 zhangyi@ptpress.com.cn。

龙马金融研究中心

CONTENTS 目录

第 2 章
股票相关知识

高手私房菜

赠送资源（光盘中）

◎ 赠送资源 1　4 小时零基础学炒股（钱龙版）配套视频教程

◎ 赠送资源 2　4 小时钱龙软件操作视频教程

◎ 赠送资源 3　钱龙快捷键操作指南电子书

◎ 赠送资源 4　100 招炒股实战秘技电子书及同步视频教程

◎ 赠送资源 5　100 页 PPT 版股票投资必修课

◎ 赠送资源 6　73 条新股民常见疑难问题解答电子书

◎ 赠送资源 7　手机电脑炒股必备安全常识电子书

◎ 赠送资源 8　24 个股票基本技术指标详解电子书

◎ 赠送资源 9　10 个股票实战技术指标详解电子书

◎ 赠送资源 10　190 个电脑炒股盈利秘技电子书

◎ 赠送资源 11　股票代码速查电子书

◎ 赠送资源 12　基金投资入门及盈利秘技电子书

◎ 赠送资源 13　期货投资入门及盈利秘技电子书

◎ 赠送资源 14　龙马高新教育 APP 安装包

◎ 赠送资源 15　15 小时电脑操作入门视频教程

第 1 章
新股民开户交易指南

引语

知己知彼，百战不殆；不知彼而知己，一胜一负；不知彼，不知己，每战必殆。

——《孙子兵法》

在战争中既了解敌人，又了解自己，百战都不会失败；不了解敌人而只了解自己，胜败的可能性各半；既不了解敌人，又不了解自己，那只有每战必败的份儿了。投资股票也是如此，如果投资者不能全面了解股票，就很可能会导致炒股失败。

要点

☐ 炒股是如何赚钱的
☐ 办理开户手续
☐ 股票交易的步骤

1.1 炒股必备常识

想让股市成为自己的"摇钱树"，投资者就必须首先了解股市的"习性"。本章就来介绍股民入市前必知必会的基础知识。

1.1.1 证券基础知识

听说周围的朋友、同事又在股市中赚了一大笔，任何人的心中都多少会泛起一丝波澜。股票市场作为一个高风险与高收益并存的市场，投资者若想推开市场大门，就必须先做一些炒股前的准备工作。

投资者首先需要了解的就是最基础的证券和交易知识。其实投资股票很简单，就如同投资者日常购物一样。购物购买的是实物、服务等产品，而投资股票购买的则是股权，是一种虚拟资产。与购物不同的是，购物一般用于消费，而投资股票则可以从中获取利润，当然也有可能会亏损。所以，投资者要对投资的股票有一定的认识。

- 股票是一种股权。
- 股票交易有固定的交易场所，在我国内地主要是上海证券交易所和深圳证券交易所。
- 投资者需要通过证券公司才可以买卖股票。
- 股票要在规定的时间才可以买卖。每天有固定的交易时间，在交易时间之外，投资者均不可以买卖股票。
- 股票买卖的单位有限制，单笔买卖必须是一手的整数倍，一手等于 100 股。最少可以购买 100 股。

上述只是最简单的证券基础知识，有助于投资者对股票建立最基本的认识。相关的证券知识与交易知识还有许多，在后面的章节我们将进行更详细的介绍。

1.1.2 炒股是如何赚钱的

常言道"无利不起早"，投资者进入股市主要是获取收益，那么炒股究竟是如何使投资者赚钱的呢？主要有以下三方面。

1. 通过分红获取利润

上市公司赚钱时，会根据投资者所持有的股份，分配利润给投资者，这就是股利分红，主要分红方式一般分为现金和股票份额两种。但如果该公司没有赚钱，投资者是不会获得股利分红的。

例如，李明买入 1000 股万科 A，在持有该股票一段时间之后，万科 A 宣布除息，李明就可以获得相应的分红利润。

2. 依靠股差获取利润

在投资股票的过程中，投资者主要依靠股差获取利润。当投资者所投资的某只股票的需求量大于供给量时，股票的价格就会上涨，这时就能低买高卖，赚取买入和卖出股价间的差额，实现收益。

例如，王珊出资 2 万元买入 8000 股某只股票，买入价格为 2.5 元，之后该股票一度拉升至 3.6 元，那么王珊卖出后获利多少呢？如果不计交易费用，通过股差获益 = 8000 × (3.6-2.5)=8800 元。

3. 投资股指期货

资金实力较雄厚的投资者在投资股票获取利润的同时还可以投资股指期货。股指期货简称期指，是指以股价指数为标的物的标准化期货合约，买卖双方约定好在规定的时间按照事先确定的股价指数的大小，进行标的指数的买卖。我国的股指期货主要指沪深 300 股指期货。

股指期货的投资方式有别于股票，投资者在买卖股指期货时不仅可以先买入再卖出，还可以先卖出股指期货再买入。前者被称为多头开仓，后者被称为空头开仓。由于股指期货交易所需资金量很大，所以基本上只有机构投资者和一些资金雄厚的投资人参与。

例如，A 机构认为未来上证指数要下跌，于是在股指期货 5000 点时卖出股指 80 张合约，合人民币 1800 万元。当股指下跌至 4000 点时再买入 80 张股指期货合约，盈利 2400 万元。计算公式为（5000–4000）×300×80=2400 万元（股指期货 IF 合约每变动一个点位为 300 元）。

1.1.3 股票交易时间段和场所

股票交易时间主要涉及两个方面，即交易日和每个交易日的交易时间区间。

1. 交易日

股票交易日是指能够进行股票交易的日期。交易日通常在工作日，而国家法定的节假日和周末，股市都休市不交易。例如，2015 年端午节假期是 2015 年 6 月 20 日至 2015 年 6 月 22 日，因此股市休市三天。

2. 每日交易时间

通常情况下，每个交易日的交易时间分为以下几个时段。

上海证券交易所交易时段

时间段	交易时段	投资者可以进行的操作
9:15—9:20	集合竞价时间	可以进行申报，也可以撤单
9:20—9:25	集合竞价时间	可以接受申报，不能撤单
9:25—9:30	集合竞价时间	既不能申报也不能撤单
9:27	集合竞价产生开盘价	既不能申报也不能撤单
9:30—11:30	连续竞价阶段	可以进行竞价申报，也可以撤单
13:00—15:00	连续竞价阶段	可以进行竞价申报，也可以撤单

深圳证券交易所交易时段

时间段	交易时段	投资者可以进行的操作
9:15—9:20	集合竞价时间	可以进行申报，也可以撤单
9:20—9:25	集合竞价时间	可以接受申报，不能撤单
9:25—9:30	集合竞价时间	既不能申报也不能撤单
9:27	集合竞价产生开盘价	既不能申报也不能撤单
9:30—11:30	上午连续竞价阶段	可以进行竞价申报，也可以撤单
13:00—14:57	下午连续竞价阶段	可以进行竞价申报，也可以撤单
14:57—15:00	收盘集合竞价时间	不可以进行竞价交易的撤单

3. 交易场所

股票证券交易场所是依据国家有关法律，经政府证券主管机关批准设立的集中进行股票交易的有形场所。我国的股票证券交易所主要有上海证券交易所、深圳证券交易所和香港联交所等。

上海证券交易所创立于 1990 年 11 月 26 日，同年 12 月 19 日开始正式营业。一大批国民经济支柱企业、重点企业、基础行业企业和高新科技企业通过在上海证券交易所上市，既筹集了发展资金，又转换了经营机制。许多权重蓝筹股都在上海证券交易所上市，股票代码均以 600 开头。

深圳证券交易所成立于 1990 年 12 月 1 日。2004 年 5 月，中小企业板正式推出；2006 年 1 月，中关村科技园区非上市公司股份报价转让开始试点；2009 年 10 月，创业板正式启动。深圳证券交易所全力支持中国中小企业发展，推进自主创新国家战略实施。深圳市场的小盘股居多，股票代码均以 00 开头，创业板以 300 开头。

香港联合交易所有限公司简称 SEHK，是香港证监会所认可的交易公司，以在香港建立和维持股票市场为目标。香港的证券交易历史悠久，1891 年香港经纪协会成立，香港开始有正式的证券交易市场。经历过多轮牛市、股灾与 1998 年亚洲金融风暴，香港证券市场渐趋成熟。2014 年 11 月 17 日，沪港通的开通让内地投资者也能够敲开港股的大门。

1.1.4 炒股需要配置的电脑

与柜台交易、电话委托的炒股方式相比，网上炒股具有很大的优势，只要有电脑和网络即可买卖股票，而电脑则成为必不可少的工具。本节将介绍台式电脑和笔记本电脑的相关知识。

1. 台式电脑

股市中的行情瞬息万变，几秒钟就可能让投资者错失绝佳买卖点。如果此时电脑出现问题，就可能会承受一定的损失，因此投资者对电脑的配置要有一定的要求。除了硬件外，在软件方面也要有一定的标准，投资者要尽量选择当下较为普遍的操作系统。为了能够保障个人信息安全，投资者还应该给电脑安装合适的杀毒软件。除此之外，炒股需要长时间盯着电脑屏幕，选择一款优质的显示器，对眼睛也是一种极大的保护。对于台式电脑的硬件配置，这里给投资者一些建议。

- 显示器：最好选择品质好、对眼睛刺激小的 LED 显示器。
- CPU：炒股软件对 CPU 的占用不大，因此对 CPU 的规格要求不高，现在的双核 CPU、四核 CPU 都可以使用，投资者可按照自己的需要配置。
- 主板：建议投资者选择稳定性强的主板。
- 内存：股票市场的行情瞬息万变，因此对于时间的要求十分严格，建议投资者选择 2GB 或以上的内存。
- 电源：为了提高电脑的稳定性，建议投资者选择高品质的电源，而超专业的投资者则可以选择使用双电源。
- 键盘鼠标：建议投资者选择反应灵敏的感光鼠标和知名品牌的键盘。

如果有一定的经济基础，则电脑的配置越高越好。因为投资股票不是游戏，只有做好了充分的准备，才有打赢胜仗的可能。

2. 笔记本电脑

笔记本电脑与台式机差别不是特别大，一般情况下，同样配置的笔记本电脑，其运行速度要慢于台式机。不过笔记本电脑具有便携性，投资者可以在任何有网络的地点查看股市的行情，把握股市最新动态。

网上炒股不要求笔记本电脑配置过高，但在稳定性和散热设计方面有特殊的要求，具体的配置要求如下。

（1）由于投资者要连续看盘，连续使用的时间较长，因此笔记本电脑的散热性要好。

（2）由于要关注众多的股票信息，建议投资者选择屏幕较大的笔记本，而不要选择屏幕很小的迷你本。屏幕越大，对行情的显示越清晰，有助于投资者把握行情。

（3）由于投资者可能在没有电源的地方使用笔记本，所以笔记本的续航能力要强。最好在不插电的情况下可以保证运行 5 小时以上。

鉴于以上几点，这里为投资者推荐几款适合网上炒股的笔记本电脑以作参考。

● 惠普 ProBook 350 G2（M5T77PA）

这是一款典型的商务机型，配置为：第五代智能英特尔酷睿 i7 处理器 、最高睿频 3000MHz、屏幕 15.6 英寸、CPU 主频为 2.4GHz、四线程双核心、性能级独立显卡、显存容量 2GB、4 芯锂电池、整机重量 2.3kg。

● 戴尔（DELL）Ins14L-1528B

该款笔记本电脑的配置为：第五代智能英特尔酷睿 i7 处理器 、最高睿频 3000MHz、屏幕 14 英寸、CPU 主频为 2.4GHz、四线程双核心、入门级独立显卡 + 集成显卡、显存容量 4GB、4 芯锂电池、整机重量 2kg。

● 联想（Lenovo）G410AT 14.0

该款笔记本电脑的配置为：第五代智能英特尔酷睿 i5 处理器 、最高睿频 2700MHz、屏幕 15.6 英寸、CPU 主频为 2.2GHz、四线程双核心、性能级独立显卡、显存容量 2GB、6 芯锂电池、整机重量 2.5kg。

1.1.5 智能手机

随着信息技术与互联网技术的不断发展，智能手机与人们的日常生活已经紧密相连在一起，手机炒股这种方式也越来越受股民的欢迎。虽然电话委托和网上交易已经为股民完成交易提供了许多便利，但是这两种终端的固定性导致其在操作上具有很大的局限性。

而手机炒股则不同，只要在移动网络覆盖的范围内，并且手机下载了相关券商的行情交易客户端，就能够随时随地登录客户端查看行情、做交易，在便捷性方面可谓更胜一筹。除此之外，与高额的宽带费用和电话费相比，手机炒股的交易成本也较低。

投资者若要用智能手机炒股，首先需要一台配置合适的手机。可以是 iOS 操作系统的智能手机，或者安卓操作系统的智能手机，也可以是 Windows Phone 操作系统的智能手机。这三者相较而言，笔者更推荐前两种操作系统的手机。不同品牌、不同型号的手机，在运行速度与兼容性等方面各不相同。建议投资者结合自身情况尽量选择内存大、配置高、支持 4G 网络的高端智能手机。例如，iPhone 6 系列、iPhone 6 Plus 系列、iPhone 5s 系列、iPhone 5c 系列和三星手机的 Galaxy S6 系列、Galaxy S5 系列、Galaxy S4 系列等。除了上述推荐的一些高端智能手机型号之外，小米、联想、华为、中兴的一些高配机型也可以选择。

iPhone 6 Plus   iPhone 6   iPhone 5s   iPhone 5c

1.1.6 股票分析和交易软件

除了电脑和手机之外，投资者还需要选择一款合适的股票分析软件。通常情况下，证券公司会为在本公司开户的投资者提供股票分析和交易软件。同时，网络上也有许多免费软件，投资者可以根据自己的需要免费下载和使用。下面简单介绍目前市面上较普及的几款软件。

1. 同花顺

同花顺是一个功能强大的资讯和交易平台，它行情交易快、数据全、性能优、深受股民欢迎，可以提供行情显示、行情分析和行情交易等功能。该软件还有许多特色板块：经典指标自定义，让股民自由选择，自主定义；模拟炒股，让股民学习高手操作，演练实战技巧；主力买卖指标，为股民降低股市风险。

同花顺软件免费提供独家个股资金流向、主力增仓数据，其数据中心、研报中心两大平台则提供了精选财经资讯。同花顺股票软件基础功能正在稳步提高，资讯越来越准，行情交易越来越快，功能越来越全。

进入同花顺软件界面，最新动态信息及分析等都能在菜单栏中找到；工具栏的实用工具可以帮助投资者进行决策分析；自应用是股民根据自己的操作习惯自行添加的应用；分时图和行情报价可以显示个股以及大盘的最新进展情况。

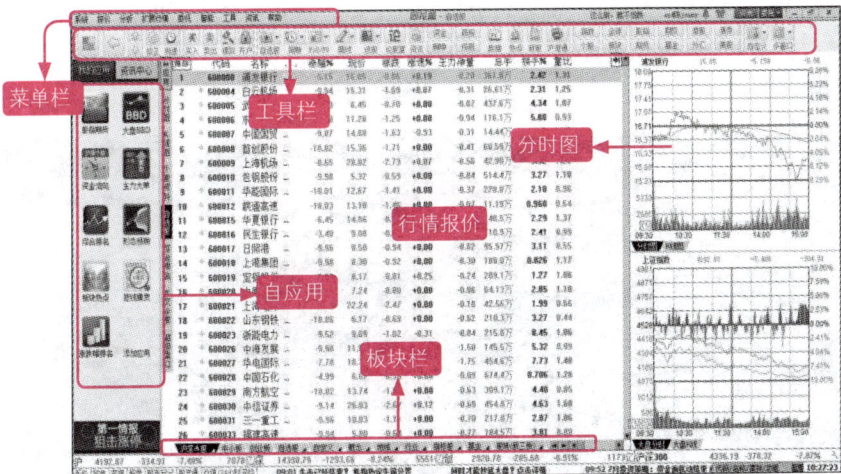

同花顺还有手机金融服务，支持 iPhone 手机炒股、Android 手机炒股、iPad 炒股等，覆盖苹果、三星、小米、华为、中兴等主流机型。

2. 通达信

通达信软件是证券公司广泛使用的炒股软件，集合了各类证券分析软件的优点，功能强大，操作方便，界面清晰。通达信软件能够展示实时和全面的股指行情以及及时的信息资讯，为投资者了解股市、熟悉市场规则提供了一个完善的互助平台。此外，它还为投资者建立金融理念、培养投资策略提供了优化的环境，帮助新股民尽快成为炒股达人。

打开通达信软件后，投资者看到的是行情报价界面。在不同的板块下，界面中间显示出不同股票的最新行情，边角是各类实时财经资讯和便捷小工具。

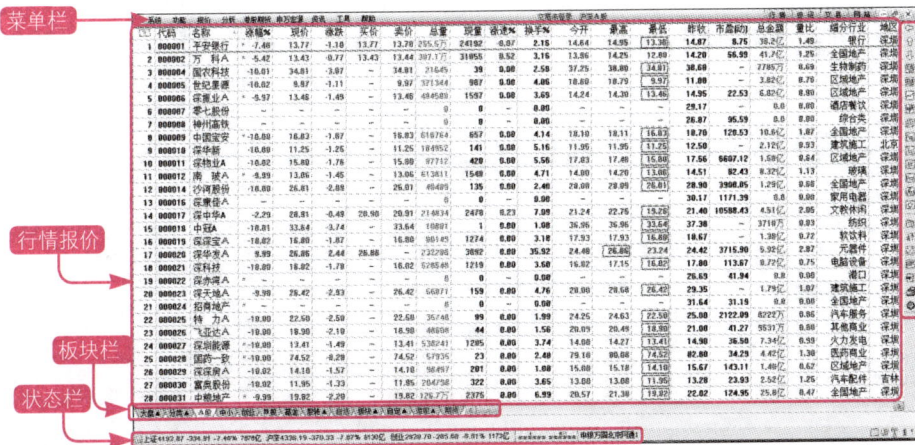

通达信手机客户端拥有强大的技术分析工具、完整的基本面数据、开放的接口和智能化操作以及个性化功能，是一套用来进行行情显示、行情分析并同时进行信息即时接收的证券信息平台。通达信手机版的行情交易系统，功能完善，操作简单，不仅支持日常交易、融资融券交易，还支持开放式基金的认购、申购、赎回。

3. 大智慧

大智慧是一款设计精细的操盘软件，界面风格及操作均符合用户使用习惯。该软件系统稳定，操作便捷，支持股指期货行情；支持沪、深 Level-2 十档行情，透视交易细节；独创 DDE 决策选股分析系统，BS 点买卖决策平台，为投资者提供参考。它具有详尽的机构研究报告和券商晨会纪要，大智慧资深专家每日发布黄金内参报告，确保其资讯更全更细。

大智慧软件界面主要由菜单栏、板块分类、大盘指数、自选股、行情资讯等几个部分构成。

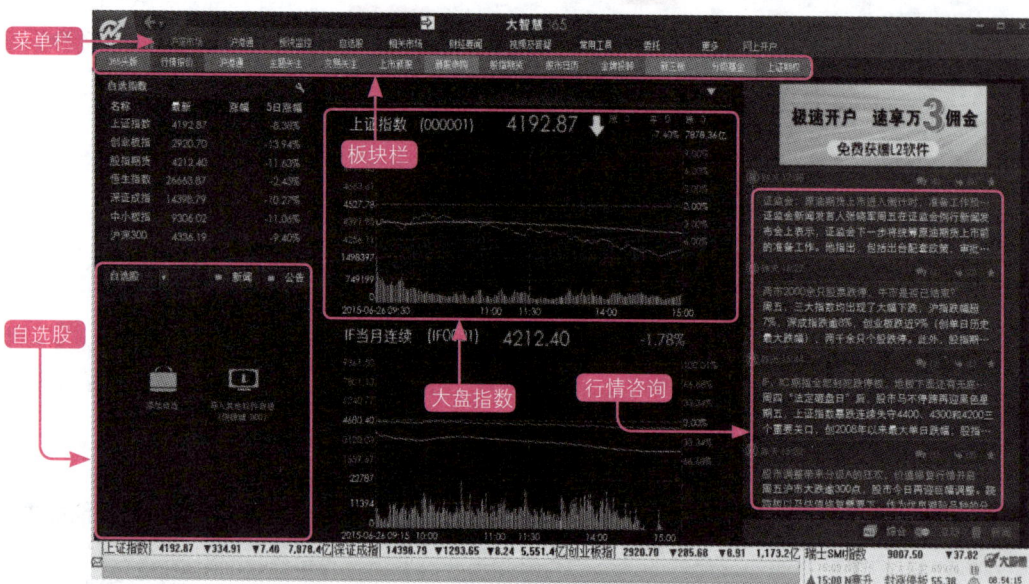

与同花顺和通达信一样，大智慧软件也有手机版。大智慧手机版是针对手机 PPC 的操作习惯独立设计、开发而成，其界面表现形式、用户操作习惯性与大智慧互联网版非常相似，用户无需花过多的时间学习就能够很好地掌握大智慧手机 PPC 版的操作。

4. 钱龙

钱龙软件操作简单，使用便捷，投资者无需太多专业知识便可轻松上手。钱龙是国内历史悠久的知名证券软件品牌。作为国内证券业 IT 产品市场的开拓、创新者，目前钱龙软件在全国的用户约有 3000 万人。

钱龙软件界面窗口中主要包括了主菜单、工具栏、操作面板、板块标签、状态栏等功能。

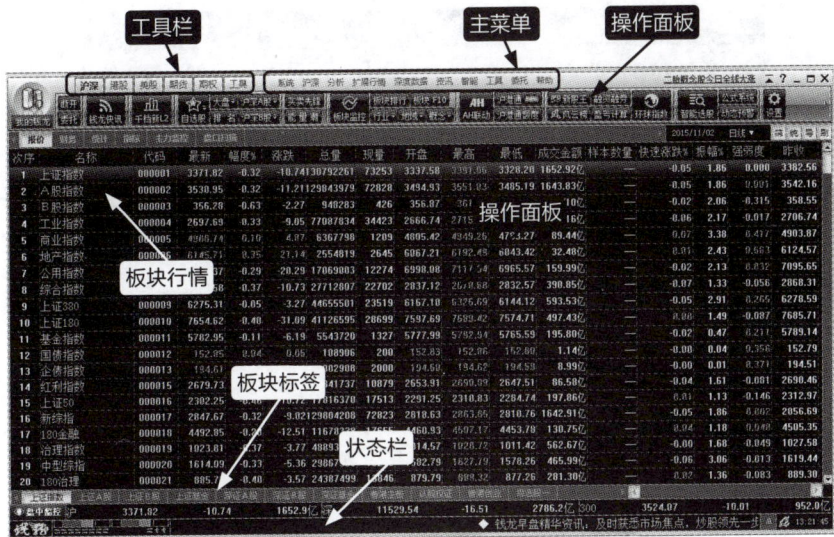

掌上钱龙有全智能主力、超无限应用和畅享全免费等特色功能。

● 全智能主力：主力资金排行、推送强势牛股、锁定强势个股、揭示主力动向、主力资金追踪和辅助抓涨避跌等。

● 超无限应用：主动推送当日要点及热门信息，可以轻松指定自选股。

● 畅享全免费：只需要手机注册账号，即可开通实时免费主力数据。

1.1.7 网络

1. 开通 4G 网络

"巧妇难为无米之炊"，想要手机炒股，除了智能手机，还要开通移动网络。投资者可以选择去移动、联通、电信营业厅柜台，或者拨打客服电话开通手机上网业务。除此之外，还可以登录网上营业厅，自助在线开通该业务。下图为中国联通网上自助开通服务的界面。

由于 4G 网络能够快速传输数据、音频、视频和图像，比目前的家用宽带网速快 25 倍，并能够满足几乎所有用户对于无线网络服务的要求，所以建议投资者将手机从 3G 网络升级为 4G 网络。投资者也可以在网上营业厅预约更换 4G 套餐。

2. 网络双线，有备无患

由于电脑显示屏幕较大，可查看信息更全面，所以投资者在办公地点或者家庭环境一般更喜欢使用电脑查看行情或进行交易。但是一旦投资者在使用电脑终端进行交易时，有线网络突然中断，就会给投资者带来许多不便。不用担心，只要手机有上网流量，投资者可以用手机登录同一款行情交易软件客户端同步查看自选股信息。

下图以同花顺软件为例，左图是手机登录同花顺客户端显示的自选股，右图是电脑登录同花顺客户端显示的自选股，只要使用同一账号登录同花顺软件客户端，所查看的自选股信息都是相同的。该功能为投资者看盘与交易提供了许多方便。

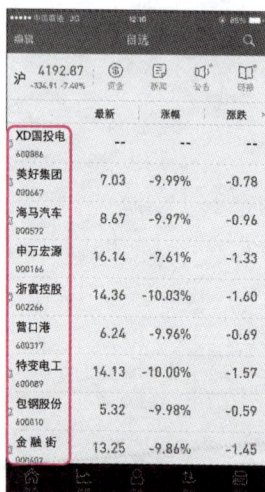

除了手机登录股票行情软件客户端可以让投资者查看行情之外，投资者还可以打开手机设置菜单，选择个人热点，开通 WLAN 热点。笔记本电脑可以连接手机热点，使用手机流量登录网络继续查看行情，或者也可以选择去营业厅购买无线上网卡，以备不时之需。

读书 1.2 办理开户手续

去哪里开户？这是投资者首先需要知道的问题。选择一个好的证券公司开户，不仅可以得到良好的个性化服务，也可以节省交易成本，增加投资收益。本节为投资者就如何选择券商、开户需要准备的资料、手机开户等问题进行一一解答。

1.2.1 券商的选择技巧

面对数量众多的证券公司，投资者究竟该如何选择呢？下面就为投资者介绍在选择证券公司时应当考虑的几大问题。

1. 公司规模

投资者一般难以直接判断证券公司的规模，但是可以从证券公司营业网点的多少、员工的人数等方面协助判断。如果考虑开户的证券公司是上市公司，则可以从股本的规模、财务指标大致看出其规模与实力。规模越大的证券公司，一般服务越专业、全面。

2. 服务质量

有一些证券公司对客户的售后服务几乎为零，客户开户之后，几乎不会主动去和客户联系，不能帮助客户解决投资中常见的问题，投资者不要选择这样的券商开户。一般可以从券商经纪人团队规模、股民学校、平日的资讯推送等方面来大致判断一家券商的后续服务能力。

3. 业务是否多样化

证券公司可以提供的业务有多种多样，要注意券商是否可以从事证券市场上所有的交易品种，如A股、创业板、ST风险警示板、股指期货、融资融券、个股期权、新三板、特别转让等交易。注册资金少的券商所能够开展的交易业务很受局限，即使能够开展一些特殊业务，其服务质量也与有实力的证券公司无法比拟。

4. 交易成本

开户之后交易的手续费，俗称佣金。证券公司一般是按资金量、交易量等数据来给客户定佣金的高低，资金量大、交易量大的用户就拥有更多的谈判资格。一般情况下，大公司的佣金水平会比小公司略高，不过也不能一概而论，所谓货比三家，只有多问问、多打听才能找到最适合自己的。目前一些券商已经放宽手续费至万分之三甚至更低，高于这个水平线的，可以忽略。

5. 资讯推送

服务好的证券公司会在每个交易日开盘之前就前一天收盘后的资讯进行收集整理与分析。例如，即将发行的新股有哪些、央行降息降准信息等。

6. 营业部位置

证券公司营业部是证券公司组织架构的一部分，投资者想要开户就需要到营业部进行办理。对于营业部的选择要看个人的情况，通常可以就近选择营业部。找营业部地址很简单，先在券商的官网上查询营业部，然后进入单个营业部页面中，一般会有详细地址和交通方式等介绍。

> **提示**
> 投资者需要注意证券公司的交易平台是否流畅，之前曾出现过一些券商的交易系统崩溃导致投资者无法交易的事件，因此投资者有必要提前了解该方面的信息。

1.2.2 开户需要准备的材料

依据开户的主体不同，投资者可分为个人投资者和机构投资者，二者在开户时所应准备的材料有所不同。

1. 个人投资者

个人投资者需要携带本人有效身份证（年满 18 周岁）以及银行卡，到相关的证券营业厅登记机构办理开户手续。

2. 机构投资者

机构投资者需要携带的材料较多，具体如下。

（1）年检过的营业执照副本原件，留复印件并盖公章 (2 份)。

（2）法人组织机构代码证副本原件，留复印件并盖公章 (2 份)。

（3）法人代表及经办人身份证原件，留正反面复印件并盖公章（2 份）。

（4）税务登记证副本原件，留复印件并盖公章（国税、地税各 1 份；如已经两证合一，则出示合并的税务登记证即可）。

（5）公章、法人人名章、财务章（如客户不能将上述三项印鉴带出，则需按要求将全部资料填写完整并加盖印鉴；但是对于新开股东卡，客户必须携带公章，新开股东卡复印件上需要加盖公章）。

（6）关于控股股东或实际控制人的证明材料 1 份，最好是填写附表，同时附公司章程或会计师事务所出具的验资证明中涉及的关于股东出资比例的内容的复印件（如果出具附件实在有困难，就以附表为准）。

（7）股东卡原件及复印件，复印件需加盖公章（如客户无股东卡，需填写《机构注册申请表》，并交 900 元现金办理；如客户已有股东卡，则无需填写《机构注册申请表》）。

（8）开户许可证，留复印件并盖公章。

1.2.3 营业厅和网上营业厅开户

1. 营业厅开户

自 2015 年 4 月 3 日起，允许投资者一人开设多个证券账户，投资者可以在多家证券公司开设账户，每个账户指定一家证券公司。所以新客户、老客户均可以去心仪的证券公司开设证券账户。老客户若已经开通融资融券交易账户，需要先撤销已开通的融资融券交易账户，再去其他家证券公司开户。

个人投资者去营业厅办理 A 股开户流程如下。

（1）选择一家证券公司。

（2）持本人身份证和银行卡去证券公司的业务网点办理开户手续。

（3）开设相应的证券账户卡（或称股东卡）。

（4）填写开户申请书，签署《证券交易委托代理协议书》，开设资金账户。

（5）如要开通网上交易，还需填写《网上委托协议书》，并签署《风险揭示书》。

（6）到银行卡所在的银行，出示《交易结算资金银行存管协议书》，办理资金的第三方存管。

具体开户流程如下图所示。

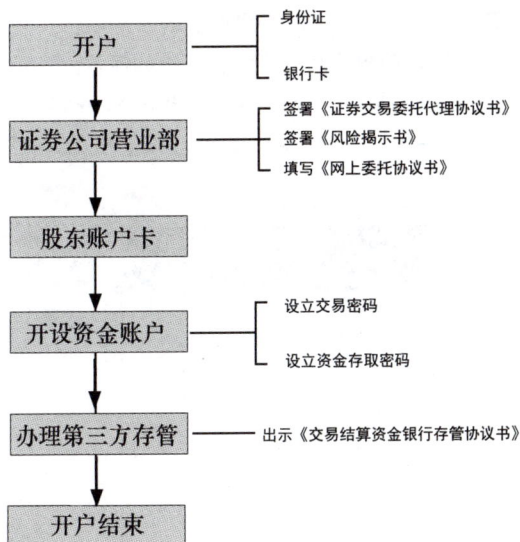

2. 网上营业厅开户

现在各大证券公司都支持网上开户业务，投资者足不出户就可以开启证券账户，这为投资者带来了不少便利。网上开户既不局限在证券公司的营业部，也不局限在交易所交易时间，在任何地点都能开户。

虽然不用去营业网点办理开户，但是实际上网上开户还是有很多细节需要注意，投资者在登录网上营业厅自助办理开户时也会碰到很多问题。首先要注意的是，网上开户有一定的条件限制。例如，休眠激活、休眠注销重开这种情况，网上是不能办理的。另外，开通创业板权限，网上也是不能办理的。

投资者若想通过网上营业厅开户，则需要先准备开户所需的材料，包括中华人民共和国第二代居民身份证（年满 18 岁）、银行借记卡（之前未开通过三方存管）以及手机、带摄像头和耳麦的电脑等。以下是通过网上营业厅自助开户的流程。

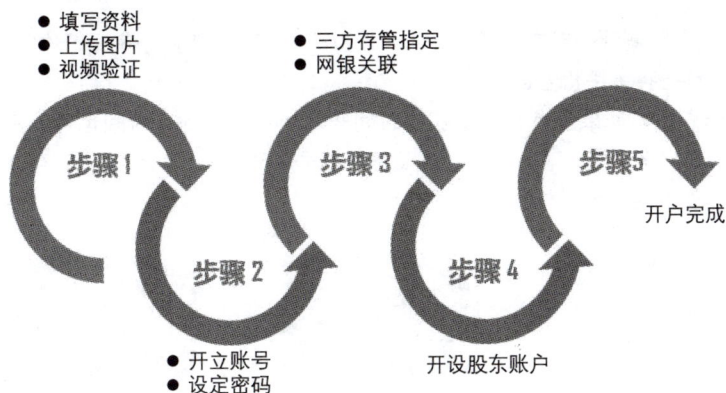

1.2.4 手机开户

伴随着智能手机的普及，越来越多的证券公司开始开发手机证券开户 APP。投资者若想采用手机客户端开户，需要先准备开户所需的材料，包括中华人民共和国第二代居民身份证（年满 18

岁）、银行借记卡（之前未开通过三方存管）和带摄像头的智能手机。

下面以申万宏源手机开户为例，简单介绍一下手机开户的流程。

（1）用手机助手或者APP Store搜索"申万宏源手机开户"，找到对应的应用程序，选择下载。

（2）打开客户端，选择界面最下面正中间的【我要炒股】按钮。然后填写手机号，等待接收验证码。

（3）上传身份证图片，核对身份证信息。注意身份证号码一定多检查一遍，以免出现纰漏。

（4）视频验证。视频验证时最重要的是保持网络畅通，最好是连接Wi-Fi进行，环境不要太暗，否则视频验证工作人员看不清投资者。

（5）验证完毕选择下载数字证书，这里需要设置一个数字证书密码，两次输入要一致。

（6）签署开户协议，选择开户营业部，投资者可以根据自己所在的城市和区域选择相应的营业部。

（7）在进行完风险测评并签署风险揭示后，设置三方存管，选择一家银行作为三方存管银行，输入银行卡密码和银行存留手机号即可。

特别方便的一点是，如果没有完整足够的时间开户，零星的碎片时间也可以进行手机开户，只要重新登录手机开户客户端，输入上一次的验证手机号码进行校验，就可以回到上次开户环节。

手机开户流程如下图所示。

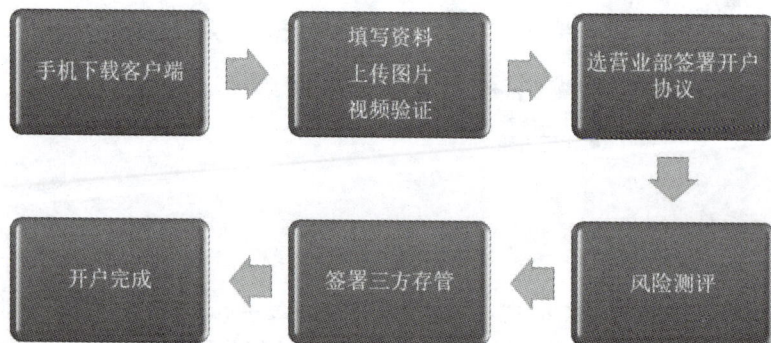

1.2.5 银行卡及资金安全

投资者在投资股票时不可以直接用银行借记卡内的资金购买股票，而是需要将银行借记卡与资金账户关联之后，先把资金从银行卡划转至资金账户内，然后再利用资金账户内的钱买股票。

1. 什么是第三方存管

"第三方存管"是指证券公司客户证券交易结算资金交由银行存管，由存管银行按照法律、法规的要求，负责客户资金的存取与资金交收，证券交易操作保持不变。

2. 第三方存管的办理

原来办理第三方存管手续需要投资者本人先在营业部开具《客户交易结算资金银行存管协议书》，然后拿着《客户交易结算资金银行存管协议书》和身份证去银行进行现场签约。现在，如果是用手机开户，则直接通过手机客户端开通三方存管，无需投资者再去银行办理。投资者也可以登录想签约的银行网上营业厅，自助办理三方存管的签约。若网上办理或者手机办理有误填、漏填情况发生，再去营业部开具《客户交易结算资金银行存管协议书》，然后去银行进行现场签约。

> 📝 **提示**
>
> 银行进行现场签约的时间为每个交易日的早上9点至下午3点。在此时间段之外不予办理，投资者去银行办理时要掌握好时间。

1.3 股票交易步骤

投资者开户完毕之后即可参与上海 A 股与深圳 A 股的交易，这需要按照沪深两市的交易规则进行委托申报。

1.3.1 股票买卖的委托程序

投资者开户完成的第二日就可以进行股票买卖。投资者买卖的委托程序分为委托受理、委托执行和委托撤销三步。

1. 委托受理

证券公司在收到客户委托之后，首先将对投资者的身份、委托内容、委托卖出的证券数量以及委托买入的资金余额进行审查。经查验符合要求之后，才能接受委托。

2. 委托执行

证券公司接受了客户买卖证券的委托之后，应当根据委托的证券名称、买卖数量、出价方式、价格幅度等，按照证券交易所的交易规则代理买卖证券。买卖成交之后，应当按照规定制作买卖成交报告单交付客户。

3. 委托撤销

在委托成交之前，投资者有权变更和撤销委托。一旦证券营业部申报竞价成交，买卖就已经成立，成交部分不得撤销。客户可以直接将撤单信息通过电脑或手机终端输入证券交易所交易系统，办理撤单。对客户撤销的委托，证券公司须及时将冻结的资金或证券解冻。

1.3.2 股票买卖的委托手段和方式

投资者在买卖股票时，要进行下单委托，可以根据证券商所提供的设备条件，采用不同的委托方式报单，如下图所示。

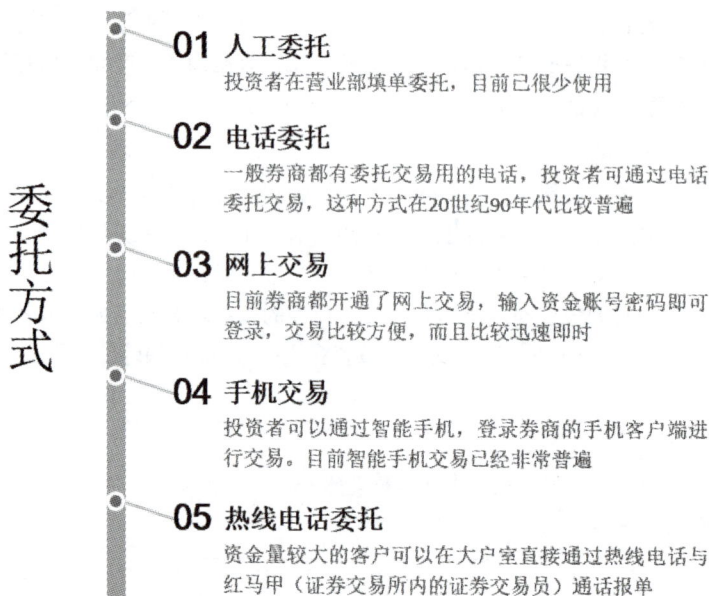

委托方式

01 人工委托
投资者在营业部填单委托，目前已很少使用

02 电话委托
一般券商都有委托交易用的电话，投资者可通过电话委托交易，这种方式在20世纪90年代比较普遍

03 网上交易
目前券商都开通了网上交易，输入资金账号密码即可登录，交易比较方便，而且比较迅速即时

04 手机交易
投资者可以通过智能手机，登录券商的手机客户端进行交易。目前智能手机交易已经非常普遍

05 热线电话委托
资金量较大的客户可以在大户室直接通过热线电话与红马甲（证券交易所内的证券交易员）通话报单

1.3.3 委托价和成交价不一致

沪深证券交易所目前采用两种竞价方式：集合竞价和连续竞价。投资者在 9:30—11:30、13:00—15:00 之间的买卖申报都属于连续竞价。连续竞价时，交易系统对每一笔买卖委托进行自动撮合，成交价格的原则如下。

（1）买入价与卖出价相同，该价格就为成交价。

例如：李三以 10.5 元卖出中国远洋 200 股，王丽以 10.5 元买入 200 股，最终成交价格为 10.5 元成交 200 股。

（2）买入申报价格高于即时揭示的最低卖出申报价格的，以即时揭示的最低卖出申报价格为成交价格。

例如：李兰以 18 元价格（最低卖出价）卖出中国人寿 1500 股，张琪以 18.5 元买入 1500 股，最终成交价格为 18 元成交 1500 股。

（3）卖出申报价格低于即时揭示的最高买入申报价格的，以即时揭示的最高买入申报价格为成交价格。

例如：张强以 15.5 元卖出平安银行 500 股，丽丽以 15.7 元（最高买入价）买入 500 股，最终成交价格为 15.7 元成交 500 股。

钱龙 1.4 炒股手续费详解

天下没有免费的午餐，天下也没有免费的市场，投资者在进行股票买卖交易的时候并不是免费的，需要支付一定的交易费用。本节将为投资者介绍股票交易费用的相关知识，以便于投资者准确认识交易成本。

1.4.1 炒股需要支付的费用

投资者在买卖证券时需要支付各种费用和税收，这些费用按收取机构可分为券商费用、交易场所费用和国家税收。目前，投资者在沪深两市买卖 A 股、基金、债券等需要缴纳的各项费用有开户费、印花税、交易佣金、转户费用等。

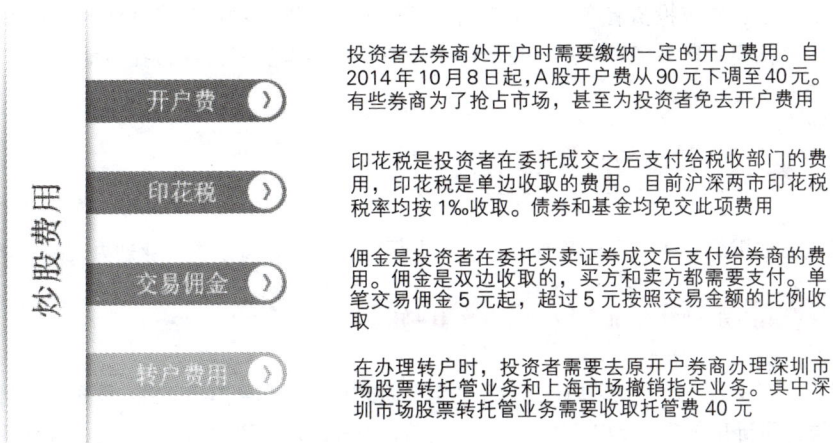

炒股费用		
开户费 〉	投资者去券商处开户时需要缴纳一定的开户费用。自 2014 年 10 月 8 日起，A 股开户费从 90 元下调至 40 元。有些券商为了抢占市场，甚至为投资者免去开户费用	
印花税 〉	印花税是投资者在委托成交之后支付给税收部门的费用，印花税是单边收取的费用。目前沪深两市印花税税率均按 1‰ 收取。债券和基金均免交此项费用	
交易佣金 〉	佣金是投资者在委托买卖证券成交后支付给券商的费用。佣金是双边收取的，买方和卖方都需要支付。单笔交易佣金 5 元起，超过 5 元按照交易金额的比例收取	
转户费用 〉	在办理转户时，投资者需要去原开户券商办理深圳市场股票转托管业务和上海市场撤销指定业务。其中深圳市场股票转托管业务需要收取托管费 40 元	

例如，小张买卖股票的时候单笔交易额达到 4 万元，佣金比例为 0.3‰，印花税比例为 1‰，则小张需要支付 12 元的佣金交易费用和 40 元的印花税。之后小张卖出 1 万元的股票，由于交易佣金按比例计算单笔不满 5 元，交易费用则按 5 元收取，由于印花税是单边征收，所以不需要再交印花税。

1.4.2 如何获取低佣金

在所有的股票交易费用中，佣金占了相当大的比例，并且只有佣金是可以和证券公司商谈的。对于短线交易的投资者，获取低佣金有助于降低其交易成本，少花冤枉钱。

其实，想要取得低佣金并不困难，投资者可以采用以下方式。

1. 与证券经纪人谈判

证券公司的佣金是按照投资者的交易量收取的，资金量大的投资者和资金量小但交易活跃的投资者均可以和自己的证券经纪人就佣金的费率进行商谈。

● 资金量大的投资者。资金在 50 万元以上就属于证券公司的大客户，证券公司对大客户门槛会有所下降，投资者可以找自己的证券经纪人要求其降低佣金比例。证券公司一般会为大客户开具 0.25‰ 的佣金费率。

● 资金不大但是短线交易频繁的投资者。该类投资者给证券公司提供的手续费贡献甚至可能超过资金量大的投资者。因此此类交易者也可以和自己的证券经纪人谈判，证券公司一般会要求该类客户保证每月的交易量，在此交易量之上可以按较低的费率收取佣金。

2. 从网络上自助开低佣金证券账户

经常使用股票软件或者经常查看财经网站和股票贴吧等的投资者，可以在网络上、手机炒股软件上发现一些低佣金开户的广告，可以自助在网络上开通低佣金费率的证券账户。

1.4.3 低价佣金不是唯一

值得投资者注意的是，不仅要看佣金费率高低，也要综合考虑券商的服务实力。如果投资者是在网上开通的低佣金证券账户，那么只可以在该账户买卖上证 A 股和深证 A 股。由于创业板需要投资者到营业部现场办理，所以网络上不可以开通创业板业务，投资者也就无法取得买卖创业板股票的资格。此外，投资者也不可以在网络上开通融资融券业务。

综上所述，建议投资者在当地的证券公司开立证券账户的同时开通创业板业务，然后在网络上开通一个低佣金费率证券账户，在低佣金账户里面买卖沪深 A 股，在当地证券公司开通的证券账户买卖创业板股票。

1.5 转户与销户

投资者如果想要换一家券商或者不想再进行股票投资，可以去营业部办理转户与销户手续。

1.5.1 证券转户流程及注意事项

投资者在交易一段时间之后，如果认为自己所签订的券商实力不够强、服务不够好，可以选择去其他证券公司新开户或者转户。如果投资者之前没有开通过融资融券账户，可以直接携带身份证和一张未曾签订三方存管协议的银行卡去其他证券公司新开证券账户；如果投资者已经在原证券公司开立融资融券账户，则需要先撤销融资融券账户，再办理转户手续。具体的转户流程和须知如下。

1. 个人投资者 A 股证券转户需携带的资料

（1）证券账户本人的中华人民共和国居民身份证原件。

（2）证券账户卡原件。如果丢失可以到原券商补办。

2. 个人投资者 A 股证券转户流程

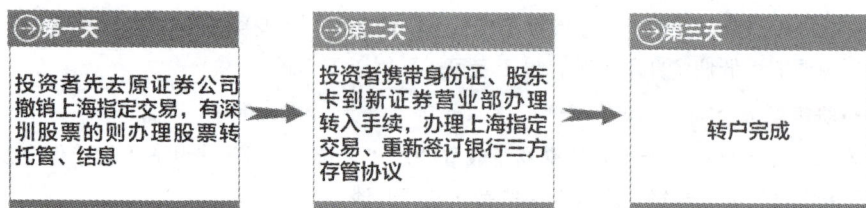

➔第一天	➔第二天	➔第三天
投资者先去原证券公司撤销上海指定交易，有深圳股票的则办理股票转托管、结息	投资者携带身份证、股东卡到新证券营业部办理转入手续，办理上海指定交易、重新签订银行三方存管协议	转户完成

💬 **提示**

投资者办理转户的时间必须是周一至周五 9:00—15:00。

3. 个人投资者 A 股证券转户须知

（1）证券转户第一天当日不能有以下操作。

① 当日有股票成交。

② 当日委托过（有撤销也不行）。

③ 证券账户有负数未解决。

④ 处于新股认购期内。

⑤ 当日有银证转账。

⑥ 国债回购交易中。

（2）深圳股票转托管操作需要注意以下事项。

① 深市 A 股当日买入的或停牌的可以办理转托管，深市 B 股当日买入的需"T＋3"日才可以办理转托管。

② 深市新股申购中签但未上市的不可办理转托管。

③ 转托管股票"T＋1"日转入客户账户。

④ 深圳 B 股转托管：境内居民个人所购 B 股不得向境外转托管。

⑤ B 股配股权证不允许办理转托管。

4. 证券转户流程微调

证券转户客户先去新营业部办理开户，再去原证券营业部办理转户，该转户流程同样有效，手续相同只需待原证券营业部撤销上海指定交易后，由新证券营业部在系统内加进上海指定交易即可。

1.5.2 证券销户

投资者证券销户必须本人携带身份证、银行卡、股东卡（股东卡丢失可补打印）在交易时间内去原来开户的券商营业部办理，投资者领取并填写《销户申请表》即可。关于证券销户，投资者应注意以下几点。

（1）销户当天不能有股票交易。

（2）销户前一天把除股票外的现金转到银行。

（3）如果投资者销户是为了去新券商开户，则一般不建议投资者去营业部办理销户，股票账户不用放着即可，两年后就会被休眠，对投资者不会造成什么影响。如果投资者销户是为了注销融资融券账户之后去新券商开户，则首先需要在原券商办理融资融券账户销户，七日之后再办理证券账户销户，然后才可以去新券商新开证券账户。

高手私房菜

技巧 1：如何提高新股中签率

申购新股的收益相当诱人，下面介绍一些提高中签率的技巧和方法。

（1）刚开盘或收盘时下单申购的中签概率小，10:30—11:30 和 13:00—14:00 之间的时段申购中签概率高。

（2）资金充足的情况下，选准一只，并全仓进行申购，可以提高中签率。

（3）选择大盘或冷门股，盘子大的股票，发行量大，客观上中签的机会就越大。

（4）几只新股接连发行，选择靠后发行的机会大。

投资者可以登录财经网站，查看新股频道获取新股的资讯。例如金融界网站的新股频道该频道网页包括新股申购、财经日历、新股公告、再融资一览、IPO 观察站等。

技巧2：如何把股票做成 T＋0 交易

　　所有股票遵循"T＋1"的交易制度，也就是当天买入股票之后第二个交易日才可以卖出。那投资者一定要问，如何才可以打破这种交易制度，让其变成"T＋0"的交易模式？

　　首先，投资者必须对于选中的股票留有底仓，也就是事先已经持有某只股票，同时手中有一部分用于继续购买股票的资金。

　　其次，投资者根据对这只股票走势的判断，在交易日高位卖出原来所持有的股票，然后待股价下跌时再买进。或者先趁股价下跌时用手里的闲置资金买进，然后等股价拉升时卖出。

　　这样就完成了当日既买又卖的交易行为。在股价波动剧烈的时候，投资者做"T＋0"交易甚至可能当日赚 10％ 以上。

第 2 章
股票相关知识

引语

千里之行，始于足下。

——《道德经》

想要在资本市场实现理想，就要从眼前打基础的小事做起。基础不打牢，地动又山摇，理想再美好也终将会化作泡影。不赢利事小，引火烧身结局才令人悲伤。为了降低入市风险，投资者首先要了解股票相关的基础知识。

要点

☐ 股票的特征及作用

☐ 股票的价格与价值

☐ 股票的指数

钱龙 2.1 认识股票

投资股票并不是一件简单的事情，股市并不是所有投资者的"提款机"。投资者首先要了解什么是股票及股票的特征有哪些，真正明白股票的含义、本质和属性。

2.1.1 什么是股票

股票是股份公司发行的所有权凭证，是股份公司为筹集资金而发行给各个股东作为持股凭证并借以取得股息和红利的一种有价证券。每股股票都代表股东对企业拥有一个基本单位的所有权。股东有权按公司章程从公司领取股息和分享公司的经营红利。

股票作为一种所有权证书，最初是采取有纸化印刷方式的，如上海的老八股。时至今日，随着电子技术与信息技术的发展与应用，电子化股票应运而生。电子化股票没有纸面凭证，而是将有关事项存储于电脑中心，股东只持有一个股东账户卡，通过电脑终端可查到持有的股票品种和数量，这种电子化股票又称为无纸化股票。目前，上海证券交易所和深圳证券交易所上市的股票均采取这种方式。

在证券市场中，发行股票的公司根据不同投资主体的投资需求，发行不同种类的股票。人们通常所说的股票是指在上海、深圳证券交易所挂牌交易的 A 股，这些 A 股也可称为流通股、社会公众股、普通股。除此之外还有 B 股。

2.1.2 股票的特征和作用

股票主要具有以下特征。

（1）不可偿还性。股票是一种无偿还期限的有价证券，投资者一旦认购了股票之后，就不能再要求退股，只能到二级市场卖给第三者。股票的转让只意味着公司股东的改变，并不减少公司资本。而其股价在转让时受到公司收益、公司前景、市场供求关系、经济形势等多种因素的影响。所以说，投资股票是有一定风险的。

（2）参与性。股东有权出席股东大会，选举公司董事会，参与公司重大决策。股票持有者的投资意志和享有的经济利益，通常是通过行使股东参与权来实现的。股东参与公司决策的权利大小，取决于其所持有的股份的多少。从实践看，只要股东持有的股票数量达到左右决策结果所需的实际多数时，就能掌握公司的决策控制权。

例如，某上市公司一共 1 亿股，流通盘 7000 万股，张华持有该股票 6000 万股，则张华持该公司 60% 的股份，属于绝对控股，并且是第一大股东。在召开股东大会时，张华具有该公司决策的控制权。

（3）收益性。股东可以凭其持有的股票，从公司领取股息或红利，从而获取投资收益。至于股息或红利的多少，则取决于该公司的盈利水平和公司的盈利分配政策。股票的收益性，还表现在投资者通过低价买入和高价卖出获得价差收入。

以格力电器公司股票为例。如果在 2008 年 10 月投资 241 元买入该公司股票 100 股，到 2015 年 6 月 30 日便能以 63.9 元的市场价格卖出 100 股，赚取 26 倍多的利润。在通货膨胀时，股价会随着公司资产价格上升而上涨，从而避免资产贬值。因此，股票被视为在高通货膨胀时期优先选择的投资对象。

（4）流通性。股票的流通性是指股票在不同投资者之间的可交易性。流通性通常以可流通的股票数量、股票成交量及股价对交易量的敏感程度来衡量。可流通股数越多，成交量越大，价格对成交量越不敏感，股票的流通性就越好，反之就越差。

（5）价格波动性和风险性。作为证券市场上的交易对象，股票与商品一样，有自己的市场行情和市场价格。股票价格会受到诸多因素的影响，如公司经营状况、供求关系、银行利率以及大众心理等。所以股价波动有很大的不确定性，也正是这种不确定性，有可能会使股票投资者遭受损失。价格波动的不确定性越大，投资风险也越大。因此，股票是一种高风险的金融产品。

例如，白酒行业在我国一直属于高利润行业，但是在 2012 年 11 月，行业中很有名气的酒鬼酒被爆"塑化剂事件"，一时间白酒板块出现跌停潮，机构纷纷抛售股票，即使是贵州茅台这样的企业，也于 11 月 19 日跌停。之后的一年多时间，白酒行业迎来了一波熊市大跌行情。如果投资者不合时机地买入了白酒行业的股票，就会导致严重损失。以贵州茅台为例，该股从 2012 年 11 月 19 日的开盘价 166.39 元跌至 2014 年 1 月 10 日的阶段性最低点 83.77 元。

对于发行者而言，股票的作用主要有以下四点。

（1）股票是筹集资金的有效手段。

股票最基本的作用就是筹集资金。上市的股份制公司可以通过发行流通股，在二级市场进行流通，进而可以将短期资金通过股票转让的形式衔接为长期资金，为企业的进一步发展提供所需的资金。没有上市的股份制公司也可以发行股票，投资者可以在证券市场之外的场外交易市场（例如银行、证券公司等）对该公司的股票进行认购。这些股份制公司发行股票的主要目的也是为企业进一步发展筹集所需的资金。

（2）通过发行股票来分散投资风险。

无论是哪一类型的企业，都会有经营风险存在。尤其是一些高新技术产业，由于产品的技术工艺尚未成熟和稳定，市场前景不明朗，在企业经营过程中，其风险就更大。这些前景难以预测的企业，当发起人不愿承担所面临的所有风险时，就会想方设法地让他人与之共担风险。发行股票组建股份制公司就是分散投资风险的好办法。即使投资失败，各个股东所承受的损失也非常有限。

（3）通过发行股票来实现创业资本的增值。

在证券市场上，股票的发行价应当与企业的经营业绩相联系。当一家业绩优良的企业发行股票时，其发行价都要高出其每股净资产许多，若碰到二级市场的火爆行情，其溢价往往能达到每股净资产的 2 ~ 3 倍或者更多。而股票的溢价发行又使股份公司发起人的创业资本得到增值。例如，2015 年 3 月 24 日上市的暴风科技（300431），上市开始交易之后 29 个交易日均"一字涨停"，公司股价上翻 20 倍，持有该公司股票的原始股东资产也就上翻 20 倍。

（4）通过股票的发行与上市，来宣传公司形象。

在牛市行情中，有更多的人参与到股票投资当中。此时，股市就成为舆论的一个热点，各大媒体每天都会实时报道股市资讯，无形之中也就提高了上市公司的知名度，起到了免费的广告宣传作用。

2.2 股票的分类

股票按其性质、票面形态、投资主体、上市地点的不同，分类也有所不同。投资者应当区别不同种类的股票，选择适合自己的投资策略组合。

2.2.1 按票面形态分类

股票按票面形态进行分类，可分为记名股、无记名股、面值股和无面值股。

1. 记名股

记名股在发行时，票面上记载有股东的姓名，并记载于公司的股东名册上。记名股票的特点是，除持有者和其正式的委托代理人或合法继承人、受赠人外，任何人都不能行使其股权。此外，记名股票不能任意转让，转让时，既要将受让人的姓名、住址分别记载于股票票面，还要在公司的股东名册上办理过户手续，否则转让不能生效。这种股票有安全、不怕遗失等优点，但是转让手续烦琐。记名股若需要私自转让（例如继承和赠予等），必须在转让行为发生后马上办理过户手续。

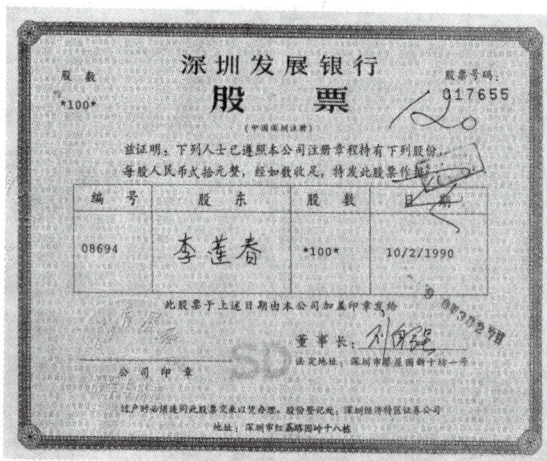

2. 无记名股

无记名股在发行时，在股票上不记载股东的姓名。持有者可自行转让股票，任何人一旦持有便可享有股东的权利，无需再通过其他方式证明自己的股东资格。这种股票转让手续简便，但也应该通过证券市场的合法交易实现转让。

3. 面值股

有票面金额股票，简称金额股票或面额股票，是指在股票票面上记载一定的金额，如每股人民币 100 元、200 元等。金额股票给股票定了一个票面价值，这样就可以很容易地确定每一股在该股份公司中所占的比例。

4. 无面值股

无面值股也称比例股票或无面额股票。股票发行时无票面价值记载，仅表明每股占资本总额的比例。其价值随公司财产的增减而增减。因此，这种股票的内在价值总是处于变动状态。这种股票最大的优点就是避免了公司实际资产与票面资产的背离，因为股票的面值往往是徒有虚名，人们关心的不是股票面值，而是股票价格。发行这种股票对公司管理、财务核算、法律责任等方面要求极高，目前只有在美国比较流行，而不少国家根本不允许发行。

2.2.2 按投资主体分类

我国上市公司的股份可以分为国有股、法人股和社会公众股。

国有股　是指有权代表国家投资部门或机构以国有资产向公司投资形成的股份，包括以公司现有国有资产折算成的股份。由于我国大部分股份制企业都是由原国有大中型企业改制而来的，因此，国有股在公司股权中占有较大的比重。

法人股　是指企业法人或具有法人资格的事业单位和社会团体以其依法可经营的资产向公司非上市流通股权部分投资所形成的股份。目前，在我国上市公司的股权结构中，法人股平均占 20% 左右。根据法人股认购的对象，可将其进一步分为境内发起法人股、外资法人股和募集法人股三类。

社会公众股　是指我国境内个人和机构，以其合法财产向公司可上市流通股权部分进行投资所形成的股份。

2.2.3 按上市地点分类

按照上市地点分类，国内外的股票可分为以下几类。

股票种类	基本信息	投资主体
A 股	人民币普通股票，由我国境内的公司发行，供境内机构、组织或个人（不含港、澳、台投资者）以人民币认购和交易的普通股股票	年满 18 周岁的个人投资者、国内的机构投资者、中国证监会规定的其他投资人
B 股	人民币特种股票，以人民币标明面值，以外币认购和买卖，在境内（上海、深圳）证券交易所上市交易	外国的自然人、法人和其他组织，我国香港、澳门、台湾地区的自然人、法人和其他组织，定居在国外的中国公民，中国证监会规定的其他投资人
H 股	注册地在中国内地、上市地在中国香港的外资股	中国机构投资者、国际资本投资者可以投资 H 股
N 股	在美国纽约（New York）的证券交易所上市的外资股票	境外投资者、国内投资者
S 股	在新加坡 (Singapore) 证券交易所上市的股票	境外投资者、国内投资者
L 股	在伦敦（London）证券交易所上市的股票	境外投资者、国内投资者

2.2.4 按性质分类

1. 优先股

优先股是股份制公司发行的、在分配红利和剩余财产时比普通股具有优先权的股份，是与"普通股"概念相对而言的。优先股是无期限的有权凭证，优先股的股东一般不能在中途向公司要求退股。

优先股主要有以下几点主要特征。

01 优先股通常预先定明股息收益率。由于优先股股息率事先固定，所以优先股的股息一般不会根据公司经营情况而增减，而且一般也不能参与公司的分红，但优先股可以先于普通股获得股息。对公司来说，由于股息固定，不影响公司的利润分配。

02 优先股的权利范围较小。优先股股东一般没有选举权与被选举权，对股份公司的重大经营无投票权，但在某些情况下可以享有投票权。

03 如果公司股东大会需要讨论与优先股有关的索偿权，即优先股的索偿权先于普通股，而次于债权人。

2. 普通股

普通股是随着企业利润变动而变动的一种股份，是股份公司资本构成中最普通、最基本的股份之一，是股份企业资金的基础部分。

普通股的投资收益（股息和分红）在购买时不进行约定，而是事后根据股票发行公司的经营业绩来确定。公司的经营业绩好，普通股的收益就高；反之，若经营业绩差，普通股的收益就低。普通股是股份公司资本构成中最重要、最基本的股份，也是风险最大的一种股份，但又是股票中最基本、最常见的一种。在我国证券交易所上市的股票都是普通股。

3. 后配股

后配股是在利益或利息分红及剩余财产分配时，比普通股处于劣势的股票，一般是在普通股分配之后，对剩余利益进行再分配。如果公司盈利巨大并且后配股的发行数量很有限，则后配股的股东可以获取很高的收益。公司发行后配股，一般所筹措的资金不能立即产生收益，因此投资者的范围会受限制。

后配股一般在下列情况下发行。

公司为筹措扩充设备资金而发行新股票时，为了不减少对旧股的分红，在新设备正式投用前，监护新股票作后配股发行。

企业兼并时，为调整合并比例，向被兼并企业的股东交付一部分后配股。

在有政府投资的公司里，私人持有的股票股息达到一定水平之前，把政府持有的股票作为后配股。

2.2.5 ST 股和 *ST 股

ST(Special Treatment) 股，即"特别处理"股。该政策针对的对象是出现财务状况或其他状况异常的上市公司。1998 年 4 月 22 日，沪深交易所宣布，对财务状况或其他状况出现异常的上市公司股票交易进行特别处理，由于是"特别处理"，所以在简称前冠以"ST"，因此这类股票称为 ST 股。如果某一只股票的名字加上 ST，就是给股民一个警告，该股票存在投资风险，但这种股票风险大收益也大。

*ST 意味着该股票有退市风险，需要警惕。如果上市公司向证监会递交的财务报表显示连续 3 年亏损，就有退市的风险。投资者在投资此类股票时需要特别谨慎。该类股票有退市的风险，但即使退市也并非意味着不可以交易，投资者可以到证券公司进行柜台交易。

2015 年 1 月 31 日，上交所在《风险警示板办法》（以下简称《办法》）中增加了参与退市整理期股票交易的投资者适当性的内容。《办法》规定，个人投资者参与退市整理股票交易的，应当具备 2 年以上的股票交易经历，且以本人名义开立的证券账户和资金账户内的资产（不含通过融资融券交易融入的证券和资金）在人民币 50 万元以上。不符合以上规定的个人投资者，仅可卖出已持有的退市整理股票，但不得买入。

深交所则规定，要求参与退市整理期股票买入交易的投资者必须具备两年以上交易经验和人民币 50 万元以上的证券资产规模。

> **提示**
>
> 长期来看，ST 股票的波动率比市场基准的波动率要低；ST 股票在牛市初期及牛市末期能够跑赢市场基准，中途会交替上升；在熊市初期能跑赢大盘，但是在长期熊市中，ST 股票会大幅跑输市场基准。因此可以结合市场特征进行投资，在牛市初期和末期可以持有 ST 股票，在熊市初期可以在对冲市场风险的基础上持有 ST 股票，而长期熊市则不要投资 ST 股票。

2.2.6 股票常见代码意义

用数字表示的股票代码有不同的含义。股票代码除了区分各种股票，也有其潜在的意义，例如 600*** 是上交所上市的股票代码，6006** 是最早上市的股票。一个公司的股票代码跟车牌号差不多，能够显示出这个公司的实力以及知名度。

根据上交所"证券编码实施方案"，股票代码采用 6 位数编制方法，前 3 位数用于区别证券品种，具体如下表所示。

代码	股票品种
001××	国债现货
110×××、120×××	企业债券
129×××、100×××	可转换债券
201×××	国债回购
310×××	国债期货
500×××、550×××	基金
700×××	配股

续表

代码	股票品种
710×× ×	转配股
701×× ×	转配股再配股
720×× ×	红利
730×× ×	沪市新股申购
735×× ×	新基金申购
737×× ×	沪市新股配售
080×× ×	深市新股配售
900×× ×	沪市 B 股
200×× ×	深市 B 股
600×× ×、601×× ×、603×× ×	沪市 A 股
000×× ×、002×× ×、300×× ×	深市 A 股、深市新股申购
002×× ×	深市中小板股票
300×× ×	深市创业板股票
580×× ×	沪市权证
031×× ×	深市权证
150×× ×	股票型指数基金

2.3 股票市场与股票发行

投资者一般熟知的股票交易市场实际上是股票流通的二级市场，而股票的发行市场被称为一级市场。投资者想要认购新股或者买卖股票必须在股票市场进行。

2.3.1 证券机构

证券机构是指依法设立的、从事证券服务业务的法人机构。在我国，证券机构主要包括证券交易所、证券公司、证券登记结算机构、证券业协会以及证券监督管理机构等。

证券交易所	是依据国家有关法律，经政府证券主管机关批准设立的集中进行证券交易的有形场所。证券交易所本身不持有证券，也不参与证券的买卖。我国内地目前有两个证券交易所，即上海证券交易所和深圳证券交易所。
证券公司	是为投资者提供代理证券买卖的中介服务机构，是依法成立的经营证券业务的有限责任公司或股份有限公司。证券公司在证券交易活动中发挥着重要的作用。有些证券公司除了提供代理证券买卖的中介服务，还是市场上的机构投资者。
证券业协会	是证券业的自律性组织，是不以营利为目的的社会团体法人。
证券登记结算机构	是为证券交易提供集中登记、存管和结算服务，不以营利为目的的法人。我国的证券登记结算机构是中国登记结算有限责任公司，该公司在上海和深圳各设一个分公司，分别为投资上海证券交易所和深圳证券交易所上市证券的投资者提供结算服务。
证券监督管理机构	是国家行政管理机构，是由国家或政府组建的对证券市场实施监督管理的主管机构。我国的证券监管机构是中华人民共和国证券监督管理委员会及其派出机构。

2.3.2 股份公司为什么要发行股票

股份公司如果需要资金为公司谋发展，有两种融资途径：一种是向银行或他人借贷，这属于间接融资；另一种是发行股票吸引投资者直接投资股票，这属于直接融资。对国家来说，投资者进行直接投资更为有利，因为这样既可以由整个社会来承担投资的风险，国家又能从中得到税收。此外，发行股票能够起到筹集资金的作用，一方面，可以将社会公众手中的闲置零散资金集中起来发挥作用，如用在国家鼓励发展的行业上去；另一方面，股份制公司更能从集资中得到好处，因为不管股东持有多少股票，只能将其转让，而不能退股，这样通过发行股票募集到的资金就成为公司的资本，而不受股东的影响。此外，发行股票使企业获得的是直接投资，降低了融资成本。

上市的股份公司通过发行股票把企业、大股东、小股东紧密联结在一起，股份公司要向全体股东负责，并且要受到社会和全体股民的监督。这样有助于促进上市公司加强经营管理，提高企业效益。因为企业的效益越好，股票的价格就越高，对投资者的吸引力也越大。

股份公司发行股票为闲置的资金找到了一条投资途径，它把人们手中零散的资金都集中起来，整合成有效的生产资金，让闲置的资金也有用武之地，在提高资金使用率的同时也推动了社会生产力的发展。从其他发达经济体的经验来看，股份制公司是市场经济的重要组成部分。虽然现在世界上各个发达国家的公司和企业各有特色，但是大型的企业基本上都采用股份制的模式。我国若想在社会主义市场经济的道路上走得更长久，发展股份制是必经之路。

2.3.3 股票上市对投资者有什么好处

股票上市不仅有利于企业本身，也对投资者有许多好处。具体的有利因素主要有以下几点。

（1）股票的流通性较好。股票的流通性越好，投资者的购买意愿就越强。如果股份公司的股票没有上市，知晓该公司的投资者就很有限，该公司的股票流通性将受到局限，不利于通过买卖该公司股票获取股差收益。

（2）增强了公司信息的透明度。有利于投资者获取上市公司的经营及财务方面的信息，了解公司的真实状况，从而有助于投资者作出正确的投资决策。

（3）成交价格更透明。上市股票的买卖，须经买卖双方的"讨价还价"，只有在买进与卖出报价基本一致时方能成交，所以证券交易所里的成交价格远比场外市场里的成交价格更加公平合理。

（4）有助于投资者了解趋势信息。目前，投资者可以通过网络直接查询股票的即时信息，及时获取上市公司的公告，这为投资提供了决策参考的依据。

（5）交易成本透明。证券交易所对经纪人所收取的佣金有统一的标准。投资者和证券经纪人可以谈判，降低其交易成本。

2.3.4 股票的发行与上市

股票发行是指符合条件的发行人以筹资或实施股利分配为目的，按照法定的程序，向投资者或原股东发行股份或无偿提供股份的行为。股票在上市发行前，上市公司与股票的代理发行证券商签订代理发行合同，确定股票发行的方式，明确各方的责任。股票代理发行的方式按发行承担的风险不同，一般分为包销发行方式和代销发行方式两种。

包销发行	➡	是由代理股票发行的证券商一次性将上市公司新发行的全部或部分股票承购下来，并垫支相当于股票发行价格的全部资本。
代销发行	➡	是由上市公司自己发行，中间只委托证券公司代为推销，证券公司代销证券只向上市公司收取一定的代理手续费。

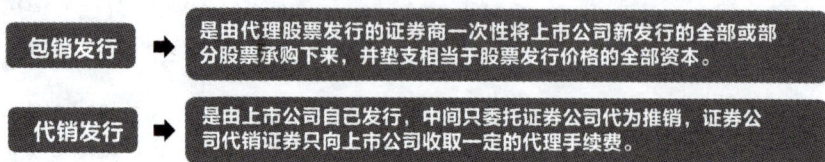

股票上市是指已经发行的股票经证券交易所批准后，在交易所公开挂牌交易的法律行为。股票上市，是连接股票发行和股票交易的"桥梁"。在我国，股票公开发行后即获得上市资格。上市后，公司将能获得巨额资金投资，有利于公司研发新产品，拓展新业务。新的股票上市规则主要对信息披露和停牌制度等进行了修改，增强了信息披露的透明性，是一个很大的进步，尤其是重大事件要求公司细化、持续披露，有利于普通投资者了解公司的最新信息，抵消部分信息不对称的影响。

2.3.5 股票的价格与价值

从政治经济学原理可知，任何商品的价格都要围绕其价值上下波动。股票也不例外，但是股票又不同于普通的商品，股票的价格还反映投资者对其的预期。

1. 股票价值

由于股票是虚拟资本的一种形式，因此它本身并没有价值。股票仅是一个拥有某一种所有权的凭证。股票能够有价，主要有两方面的原因：一方面是因为持有股票的股东可以行使股东权利，参加股东大会并且对股份公司的经营决策施加影响；另一方面，投资者享有参与分红派息的权利，可以从中获得相应的经济利益。综上所述，股票的价值主要取决于公司本身的盈利能力和未来发展的前景。上市公司盈利能力越强，相应的股票价值就越高；上市公司盈利能力越差，相应的股票价值就越低。如果公司发展前景非常好，不断开发新市场，研发新产品，投资规模不断扩大，效益不断提高，就能够不断分红，那么股票自身的价值就越高，反之则越低。

2. 股票价格

虽然股票本身不具有价值，但它可以当作商品买卖，并且有一定的价格。股票价格又称为股票行市，是指股票在证券市场上买卖的价格。股票价格主要分为理论价格与市场价格。股票的理论价格，就是为获得股息、红利收入的请求权而付出的代价，是股息资本化的表现。股票的市场价格即股票在股票市场上买卖的价格。股票的理论价格并不等于股票的市场价格，二者之间有相当大的差距。股票的理论价格为预测股票市场价格的变动趋势提供了重要的依据，这也是股票市场价格形成的一个基础性因素。

2.4 股票与债券、储蓄和基金有何不同

我国的金融市场为个人投资者提供了银行存款、债券和股票等多种理财方式。这些投资理财方式各有优劣，投资者可以结合自身的需求选择相应的理财方式。

2.4.1 股票与债券的区别

债券是一种有价证券，是社会各类经济主体为筹集资金而向债券投资者出具的、承诺按一定利率定期支付利息的、到期偿还本金的债权债务凭证，包括票面价值、到期期限、票面利率、发行者名称四个要素。债券具有偿还性、流动性、安全性和收益性四种特性。

股票和债券虽然都是有价证券,都可以作为筹资的手段和投资的工具,但两者却有明显的区别,如下表所示。

主要区别	股票	债券
发行主体不同	股票则只能是股份制企业才可以发行	无论是国家、地方公共团体还是企业,都可以发行债券
收益稳定性不同	股票一般在购买之前不定股息率,股息收入随股份公司的盈利情况变动而变动	债券在购买之前,利率已定,到期就可以获得固定利息,与发行债券的公司经营获利与否无关
保本能力不同	股票本金一旦交给公司,就不能再收回。公司一旦破产,要结合公司剩余资产清查状况,投资者的资金有可能难以赎回	债券到期可连本带利都收回,如同放贷款一样
经济利益关系不同	股票所表示的是对公司的所有权	债券所表示的只是对公司的一种债权
权属关系不同	股票持有者,有权直接或间接地参与公司的经营管理	债券持有者无权过问公司的经营管理
风险性不同	股票不仅是投资对象,更是金融市场上的主要投资对象,其交易转让的周转率高,市场价格变动幅度大,可以暴涨暴跌,风险很大	债券只是一般的投资对象,交易转让的周转率与股票相比很低

2.4.2 股票与储蓄的区别

股票与储蓄存款这两种行为在形式上均表现为,货币所有人将一定的资金交付给股份公司或银行机构,并获取相应的利益。但两者在本质上是不同的,具体如下表所示。

主要区别	股票	存款
性质不同	股票是以资本信用为基础,体现股份公司与股票投资者之间围绕股票投资行为而形成的权利与义务关系	存款是一种银行信用,建立的是银行与储蓄者之间的借贷性债务债权关系
持有者法律地位和权利不同	股票持有者处于股份公司股东的地位,依法有权参与股份公司的经营决策,并对股份公司的经营风险承担相应的责任	存款人的存款行为相当于向银行贷款,处于银行债权人的地位,其债权的内容仅限于定期收回本金和获取利息,不能参与债务人的经营管理活动,对其经营状况也不负任何责任
投资增值的效果不同	股票是持有者向股份公司的直接投资,投资者的投资收益来自于股份公司根据盈利情况派发的股息红利	存款是通过实现货币的储蓄职能来获取货币的增值部分,即存款利息。这一回报率是银行事先约定的,是固定的,不受银行经营状况的影响
存续时间与转让条件不同	股票是无期的,只要股票发行公司存在,股东不能要求退股以收回本金,但可以进行买卖和转让	储蓄存款一般是固定期限的,存款到期时存款人收回本金和利息。普通的储蓄存款不能转让,大额可转让储蓄存单除外
风险不同	股票投资行为是一种风险性较高的投资方式,其投资回报率可能很高,但高回报率伴随的必然是高度的风险	银行作为整个国民经济的重要金融支柱,其地位一般说来是稳固的,很少会衰落到破产的危险地步。存款人存款后也不必像买入股票后那样要经常性地投入精力去关注它的变动

2.4.3 股票与基金的区别

从广义上说，基金是指为了某种目的而设立的具有一定数量的资金。主要包括信托投资基金、公积金、保险基金、退休基金及各种基金会的基金。人们平常所说的基金主要是指证券投资基金。投资基金是一种信托投资方式，它集中了投资者众多分散资金而交由专门的投资者管理机构进行范围广泛的投资与管理，以获取资金增值，投资者按出资比例分享收益并承担风险。

许多刚入市的投资者对基金和股票二者之间的认识不够充分，有些甚至认为购买股票和购买基金是一回事，其实二者之间是不同的，如下表所示。

主要区别	股票	基金
反映的经济关系不同	股票反映的是所有权关系，投资者在购买该公司的股票之后就成为其股东	基金反映的是信托关系，投资者在购买基金之后只是成为其受益人，并没有股东的角色
所筹集的资金使用方式不同	股票属于直接投资工具，筹集的资金主要投向实业	基金属于间接投资工具，筹集的资金主要投向有价证券等金融工具
投资收益与风险水平不同	股票的直接收益取决于发行公司的经营效益，不确定性强，风险较大，属于高风险高收益的投资品种	基金主要投资于有价证券，其收益可能高于债券，投资风险可能小于股票，是一种风险相对适中、收益相对稳健的投资品种

钱龙 2.5 股票交易的单位

不同股票市场的股票交易规则也不同，我国 A 股市场对股票交易的最小单位及最小报价单位都有明确的规定，投资者要按照规定进行交易。

2.5.1 最小报价单位

最小报价单位是指证券买卖申报价格的最小变动单位。沪深两市的价格最小变动单位如下表所示。

上海证券交易所各品种价格变动最小单位

品种	上海证券交易所
A 股、债券、债券买断式回购交易	0.01 元人民币
基金、权证	0.001 元人民币
B 股	0.001 美元
债券质押式回购交易	0.005 元人民币

深圳证券交易所各品种价格变动最小单位

品种	深圳证券交易所
A 股	0.01 元人民币
基金、债券、债券质押式回购交易	0.001 元人民币
B 股	0.01 港元

例如，A 股票现价 5.01 元，李菲想要马上买入 A 股票，可以提高一个申报价格，以 5.02 元提交申报买入。按照价格优先原则，如果没有价位比李菲的价格更高的申报，将优先成交李菲的申报。

2.5.2 最小交易单位

沪深两市股票买卖申报最小交易单位均为一手，一手即为 100 股。账户因为送股等原因而出现不到 100 股的零散股数，可以一次卖出。但是在买入时只可以按手数委托。

如果下单时遇到对方卖出股票不够买入数，如某投资者 A 下单买入 300 股，卖出方 B 因某些原因多出 30 股而一次卖出 230 股，若无其他人报价时投资者 A 就买入成交 230 股，另外 70 股没有成交。当然，这只属于个别案例。

2.6 股票指数

世界各国的股票市场除了有股票的价格走势外，也会根据所有股票或者具有代表性的股票编制不同的股票指数。股票指数反映的是某一市场或者某一类股票的整体趋势。投资者在进行投资股票的时候，可以结合股票指数的走势，调整相应的投资策略。

2.6.1 什么是股票指数

股票指数即股票价格指数，是描述股票市场总的价格水平变化的指标。它是选取有代表性的一组股票，把它们的价格进行加权平均，通过一定计算得到的。不同指数选取的股票和计算方法是不同的。

2.6.2 上证指数

在我国，上证指数是最重要的指数之一。上海证券综合指数简称"上证综指"，其样本股是全部在上海证券交易所上市的股票，包括 A 股和 B 股，它反映了上海证券交易所市场总体的波动情况。上证指数本身不可以交易，但是上证指数是中国股市大趋势的晴雨表，对于投资者而言意义重大。

上证综合指数等以样本股的发行股本数为权数进行加权计算，计算公式为：报告期指数 =（报告期成分股的总市值 / 基期）× 基期指数。其中，总市值 = Σ（股价 × 发行股数）。成分股中的 B 股在计算上证 B 股指数时，价格采用美元计算。成分股中的 B 股在计算其他指数时，价格按适用汇率（中国外汇交易中心每周最后一个交易日的人民币兑美元的中间价）折算成人民币。

上证指数的指数代码为"000001"，投资者也可以使用快捷键，从键盘输入数字"03"，然后就可以快速查看上证指数的行情走势。

2.6.3 深证指数

深证指数是指由深圳证券交易所编制的股票指数，该股票指数的计算方法基本与上证指数相同，其样本为所有在深圳证券交易所挂牌上市的股票，权数为股票的总股本。由于以所有挂牌的上市公司为样本，其代表性非常广泛，且它与深圳股市的行情同步发布，它是股民和专业人员研判深圳股市股票价格变化趋势必不可少的参考依据。

深证指数包括深证成指、深证 A 指、深证 B 指、深证综合指数。如下图所示。

对投资者最具有参考价值的一般为深证成指，其指数代码为"399001"。投资者也可以从键盘输入"04"，使用快捷键快速查找到深证成指查看行情。

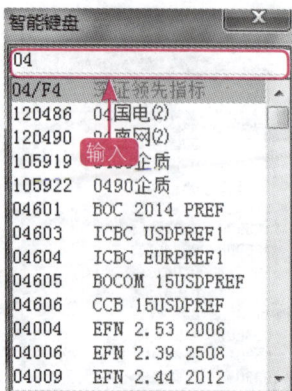

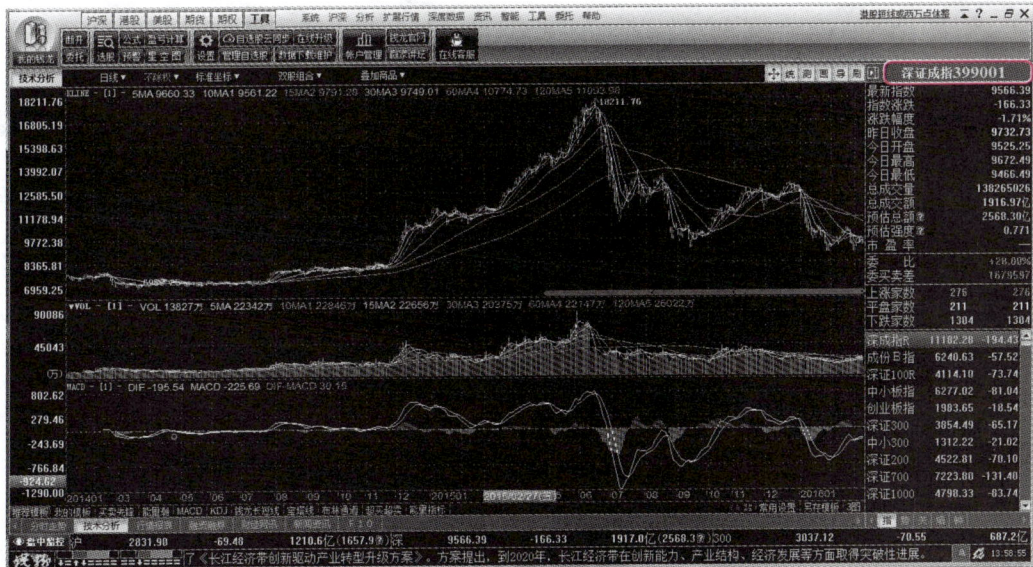

除此之外，深证 A 指的指数代码为"399107"，深证 B 指的指数代码为"399108"，深证
综合指数的指数代码为"399106"。

2.6.4 上证 180 指数

上证 180 指数（又称上证成分指数）是上海证券交易所对原上证 30 指数进行调整并更名而
成的，其样本股是在所有 A 股股票中抽取最具市场代表性的 180 种样本股票，于 2002 年 7 月 1
日正式发布。作为上证指数系列核心的上证 180 指数的编制方案，目的在于建立一个反映上海证
券市场的概貌和运行状况、具有可操作性和投资性、能够作为投资评价尺度及金融衍生产品基础
的基准指数。

上证 180 指数与通常计算的上证综指之间最大的区别在于，它属于成分指数而不是综合指数。
成分指数是根据科学客观的选样方法挑选出的样本股形成的指数，所以能更准确地认识和评价市
场。而综合指数包含了市场上所有的股票，在反映市场状况上存在不少缺陷。例如，目前上证综
指采用全市场平均市盈率标准，将不少业绩差、规模小、股价过高的股票包含进来，导致较高的
市盈率。上证 180 指数的推出，将有利于推出指数化投资，引导投资者理性投资，并促进市场对"蓝
筹股"的关注。

投资者可以通过键盘输入指数代码"000010"或者首字母缩写"SZ180"，快速查找到上证
180 指数来查看行情。

2.6.5 上证 50 指数

上证 50 指数是根据科学客观的方法，挑选上海证券市场规模大、流动性好的最具代表性的
50 只股票组成样本股，以综合反映上海证券市场最具市场影响力的一批优质大盘企业的整体状况。
上证 50 指数可以作为价值蓝筹股的代名词，是反映主流机构持仓的风向标。上证 50 指数代码为
"000016"。

2.6.6 沪深 300 指数

沪深 300 指数由沪、深证券交易所于 2005 年 4 月 8 日联合发布，反映沪深 300 指数编制目标和运行状况，并能够作为投资业绩的评价标准，为指数化投资和指数衍生产品创新提供基础条件。目前，沪深 300 指数是我国股指期货的标的物，这也意味着股指期货的走势紧紧跟随沪深 300 指数走势。

虽然沪深两个市场各自均有独立的综合指数和成分指数，并且这些指数在投资者中有较高的认同度，但市场缺乏反映沪深市场整体走势的"跨市场"指数。因此沪深 300 指数的推出切合了市场需求，适应了投资者结构的变化，为市场增加了一项用于观察市场走势的指标，也进一步为市场产品创新提供了条件。沪深 300 指数代码为"399300"。

2.6.7 创业板指数

创业板是专为暂时无法在主板上市的创业型企业、中小企业和高科技产业企业等需要进行融资和发展的企业提供融资途径和成长空间的证券交易市场，是对主板市场的重要补充。在创业板市场上市的公司大多从事高科技业务，具有较高的成长性，但往往成立时间较短，规模较小，业绩也不突出，但有很大的成长空间。可以说，创业板是一个门槛低、风险大、监管严格的股票市场，但也是一个孵化科技型、成长型企业的摇篮。

创业板指数，也称为"加权平均指数"，就是以起始日为一个基准点，按照创业板所有股票的流通市值，一个一个计算当天的股价，再加权平均，与开板之日的"基准点"比较。创业板指数是整个创业板股票的风向标，投资者可以结合创业板指数判断其中的个股趋势行情。创业板指数代码为"399006"。

2.6.8 中小板指数

中小板块即中小企业板，是指流通盘大约 1 亿以下的创业板块，是相对于主板市场而言的。有些企业的条件达不到主板市场的要求，所以只能在中小板市场上市。采用中小板企业的股票进行编制的成分指数就是中小板指。

中小板指全称为中小企业板指数，其初始成分股由前 100 只上市股票构成，此后需要对入围的股票进行排序选出成分股。中小板指委托深圳证券信息有限公司编制、维护和管理，由深圳证券交易所发布，其指数代码为"399005"。

创业板指数、深证成指、中小板指数共同构成反映深交所上市股票运行情况的核心指数。

2.6.9 恒生指数

恒生指数是香港股市价格的重要指标，该指数由香港恒生银行全资附属的恒生指数服务有限公司编制，是以香港股票市场中的 50 家上市股票为成分股样本，以其发行量为权数的加权平均股价指数，是反映香港股市价幅趋势最有影响的一种股价指数。恒生指数由恒生银行下属恒生指数有限公司负责计算并按季检讨，公布成分股调整。

2.6.10 其他主要指数

● 日经指数,是由日本经济新闻社编制公布的反映日本东京证券交易所股票价格变动的股票价格平均指数。该指数的前身为 1950 年 9 月开始编制的"东证修正平均股价"。1975 年 5 月 1 日,日本经济新闻社向美国道琼斯公司买进商标,采用修正的美国道琼斯公司股票价格平均数的计算方式编制。

● 纳斯达克综合指数是反映纳斯达克证券市场行情变化的股票价格平均指数,基本指数为100。纳斯达克的上市公司涵盖所有新技术行业,包括软件和计算机、电信、生物技术、零售和批发贸易等。主要由美国的数百家发展最快的先进技术、电信和生物公司组成,包括微软、英特尔、美国在线、雅虎这些家喻户晓的高科技公司,因而成为美国"新经济"的代名词。

● 道琼斯指数是世界上历史悠久的股票指数,它的全称为股价平均指数。通常人们所说的道琼斯指数是指道琼斯指数四组中的第一组道琼斯工业平均指数。如果说纳斯达克指数反映的是美国的高科技、高成长性股票的综合指数,那么道琼斯工业指数反映的是美国股票市场上工业构成的发展情况。

2.7 股票的常见风险

股市风险是指投资者买入股票后在预定的时间内不能以高于买入价的价格将股票卖出,这将导致浮动亏损,如果以低于买入价的现价卖出股票,将会造成实际损失。股市的风险主要分为两类:系统性风险和非系统性风险。本节主要介绍系统性风险。

2.7.1 购买力风险

由物价的变化导致资金实际购买力的不确定性,称为购买力风险,或通货膨胀风险。一般理论认为,轻微通货膨胀会刺激投资需求的增长,从而带动股市的活跃;当通货膨胀超过一定比例时,由于未来的投资回报将大幅减少,货币的购买力下降,也就是投资的实际收益下降,将给投资人带来损失。

2.7.2 宏观经济风险

宏观经济风险主要是经济政策变化、经济的周期性波动以及国际经济因素的变化等给股票投资者可能带来的意外收益或损失。宏观经济因素的变动会给证券市场的运作以及股份制企业的经营带来重大影响。例如经济体制的转轨、企业制度的改革、加入世界贸易组织、人民币的自由兑换等。

2.7.3 政策风险

经济政策和管理措施可能会造成股票收益的损失,这在新兴股市中表现得尤为突出。如财税政策的变化,可以影响到公司的利润;股市的交易政策变化,也可以直接影响到股票的价格。此外还有一些看似无关的政策,如房改政策,也可能会影响到股票市场的资金供求关系。

2.7.4 市场风险

市场风险是股票投资活动中最普通、最常见的风险之一，是由股票价格的涨落直接引起的。尤其在新兴市场上，造成股市波动的因素更为复杂，价格波动大，市场风险也大。

2.7.5 利率风险

在股票市场上，股票的交易价格是按市场价格进行，而不是按其票面价值进行交易的。市场价格的变化也随时受市场利率水平的影响。当利率向上调整时，股票的相对投资价值将会下降，从而导致市场上整体股价下滑。

2.8 常见的股票术语

2.8.1 利空、利多

利空是指能够促使股价下跌的信息，如股票上市公司经营业绩恶化、银行紧缩、银行利率调高、经济衰退、通货膨胀、天灾人祸等，以及其他政治、经济、军事、外交等方面促使股价下跌的不利消息。

利多又叫利好，是指刺激股价上涨的信息，如股票上市公司经营业绩好转、银行利率降低、社会资金充足、银行信贷资金放宽、市场繁荣等，以及其他政治、经济、军事、外交等方面对股价上涨有利的信息。利多消息大部分是来自于公司内部，如营业收入创新高、接获某大订单等；也可能来自外部。

2.8.2 洗盘、做多、做空

洗盘是常见的股市术语。洗盘可以出现在庄家任何一个区域内，基本目的无非是为了清理市场多余的浮动筹码，抬高市场整体持仓成本。庄家为达到炒作目的，会尽量让途中低价买进、意志不坚的散户抛出股票，以减轻上涨压力，同时让持股者的平均价位升高，以利于施行坐庄的手段，达到牟取暴利的目的。

做多是股票、外汇或期货等金融市场术语，即看好股票、外汇或期货等未来的上涨前景而买入持有等待上涨获利。做多就是做多头，多头对市场判断是上涨，就会立即买入股票，所以做多就是买入股票、外汇或期货等。

做空又称空头，是股票、期货等的投资术语，是股票、期货等市场的一种操作模式。与多头相对，理论上是先借货卖出，再买进归还。做空是指预期未来行情下跌，将手中股票按目前价格卖出，待行情跌后买进，获取差价利润。其交易行为特点为先卖后买。实际上有点像商业中的赊货交易模式。这种模式在价格下跌的波段中能够获利，就是先在高位借货进来卖出，等跌了之后再买进归还。例如预计某一股票未来会跌，就在当期价位高时将此股票（实际交易是买入看跌的合约）卖出，再到股价跌到一定程度时买进，以现价还给卖方，产生的差价就是利润。

2.8.3 庄家、主力

庄家通常指持有大量流通股、能影响金融证券市场行情的大户投资者。庄家通常会占有 50% 以上的发行量，但有时庄家控量不一定达到 50%，看各品种而定，一般 10% 至 30% 即可控盘。庄家坐庄某股票时可以影响甚至控制它在二级场的股价。庄家和散户是一个相对概念。

主力，是指主要的力量，一般也指股票中的庄家。形容市场上或一只股票里有一个或多个操纵价格的人或机构，以引导市场或股价向某个方向运行。一般股票主力和股市庄家有很大的相似性。

2.8.4 集合竞价、连续竞价

集合竞价是指在股票每个交易日上午 9:15—9:25，由投资者按照自己所能接受的心理价格自由地进行买卖申请。

连续竞价，是指对申报的每一笔买卖委托，由电脑交易系统按照以下两种情况产生成交价：最高买进申报与最低卖出申报相同，则该价格即为成交价格；买入申报高于卖出申报时，申报在先的价格即为成交价格。

2.8.5 分红、配股

分红是股份公司在赢利后，每年按股票份额的一定比例支付给投资者的红利，是上市公司对股东的投资回报。分红前需要按规定提取法定公积金、公益金等项目。通常股东得到分红后会继续投资该企业达到复利的目的。

配股是上市公司向原股东发行新股、筹集资金的行为。按照惯例，公司配股时，新股的认购权按照原有股权比例在原股东之间分配，即原股东拥有优先认购权。

2.8.6 除权、除息、填权、贴权

除权指的是股票的发行公司依一定比例分配股票给股东，作为股票股利，会增加公司的总股数。例如，配股比率为 20/100，表示原持有 100 股的股东，在除权后，股东持有股数会增加为 120 股。此时，公司总股数则膨胀了 20%。除权的股票会在除权当日暂时更改股票名称，改为"XR××"。

除了股票股利之外，发行公司也可分配"现金股利"给股东，此时则称为除息。当上市公司宣布上年度分红派息方案并获董事会及证监会批准后，即可确定股权登记日。在股权登记日交易（包括股权登记日）后手中仍持有这种股票的投资者均有享受分红派息的权力。除息的股票会在除息当日暂时更改股票名称，改为"DR××"。

在除权除息后的一段时间里，如果多数人对该股看好，该只股票交易市价高于除权（除息）基准价，这种行情称为填权。例如，互联网 B（150195）在 2015 年 3 月 23 日至 5 月 27 日，短短两个月的时间已经将原来的除权缺口完全填满。

贴权是指在除权除息后的一段时间里，交易市价低于除权（除息）基准价，即股价比除权除息日的收盘价有所下降。例如，天玑科技（300245）在2015年5月28日至7月3日之间的行情，该公司股票在除权之后一路下跌，属于明显的贴权行情。

2.8.7 股权登记日

上市公司在送股、派息、配股或召开股东大会的时候，需要定出某一天，界定哪些主体可以参加分红、参与配股或具有投票权利，定出的这一天就是股权登记日。也就是说，在股权登记日这一天收盘时仍持有或买进该公司股票的投资者，是可以享有此次分红或参与此次配股或参加此次股东大会的股东，这部分股东名册由证券登记公司统计在案，届时将所应送的红股、现金红利或者配股权划到这部分股东的账上。

2.8.8 市盈率、市净率

市盈率是某种股票每股市价与每股盈利的比率。市场广泛谈及的市盈率通常指的是静态市盈率，是用来作为比较不同价格的股票是否被高估或低估的指标。用市盈率衡量一家公司股票的质地时，并非总是准确的。一般认为，如果一家公司股票的市盈率过高，那么很可能该股票的价格具有泡沫，价值被高估。利用市盈率比较不同股票的投资价值时，这些股票必须属于同一个行业，因为此时各公司的每股收益比较接近，相互比较才有意义。

市净率指的是每股股价与每股净资产的比率。市净率可用于投资分析，一般来说市净率较低的股票，投资价值较高；相反，则投资价值较低。但在判断投资价值时，还要考虑当时的市场环境以及公司的经营情况、盈利能力等因素。

2.8.9 一级市场、二级市场

在金融市场方面的一级市场是筹集资金的公司或政府机构将其新发行的股票和债券等证券销售给最初购买者的金融市场。对于证券市场来讲，一级市场是证券发行的市场，销售证券的收入属于发行该证券的股份公司。

二级市场又称为证券交易市场、次级市场，是指对已经发行的证券进行买卖、转让和流通的市场。在二级市场上销售证券的收入属于出售证券的投资者，而不属于发行该证券的公司。

2.8.10 基本面、技术面

基本面分析是指对宏观经济、行业以及上市公司基本情况等各种指标进行的综合性分析，包括对公司经营理念策略、公司报表等的分析。它包括宏观经济运行态势和上市公司基本情况。宏观经济运行态势反映出上市公司整体经营业绩，也为上市公司进一步的发展确定了背景，因此宏观经济与上市公司及相应的股票价格有密切的关系。上市公司的基本面包括财务状况、盈利状况、市场占有率、经营管理体制、股东构成、人才构成等各个方面。

技术面指反映股价变化的技术指标、走势形态以及 K 线组合等。技术分析有三个前提假设：（1）市场行为包容一切信息；（2）价格变化有一定的趋势或规律；（3）历史会重演。

2.8.11 牛市、熊市

牛市一般指多头市场，是指股价的基本趋势持续上升时形成的投机者不断买进股票、需求大于供给的市场现象。例如，我国在 2006 年年初至 2007 年年底这段时间就属于牛市。

　　熊市一般指空头市场，证券市场总体的运行趋势向下，其间虽有反弹，但一波却比一波低，属于价格持续走低的市场。部分投资人开始恐慌，纷纷卖出手中持股，都保持空仓观望。此时，空方在市场中是占主导地位的，看好后市的氛围严重不足。在这样的市场中，绝大多数人是亏损的，因此在熊市市场中的操作尤其困难。我国在 2007 年年底至 2008 年年底这段时间就属于熊市。

2.8.12　涨停板、跌停板

　　目前，我国的证券市场实行涨跌停板限制制度，普通 A 股、B 股、ETF 基金、LOF 基金等均有上涨和下跌的限制。

　　涨停板是指证券市场中交易当天股价的最高限度。涨停板时的股价叫涨停板价。我国证券市场的涨跌幅以 10% 为限，当日涨幅达到 10% 则称为涨停板。ST 类股的涨跌幅设定为 5%，上涨达到 5% 即为涨停板。达到涨停板后，股票当日价格停止上涨，但非停止交易。

　　涨停板又分为一般的涨停和"一字涨停"。一般涨停是指开盘价不是涨停价格，经过一天的交易，在收盘之前涨至涨停板价。"一字涨停"是开市即封涨停的股票，势头较猛，只要当天涨停板不被打开，第二日仍然有上冲动力。下图为兰石重装（603169）2014 年 10 月至 12 月的行情，该股票在上市之后一路"一字涨停"。

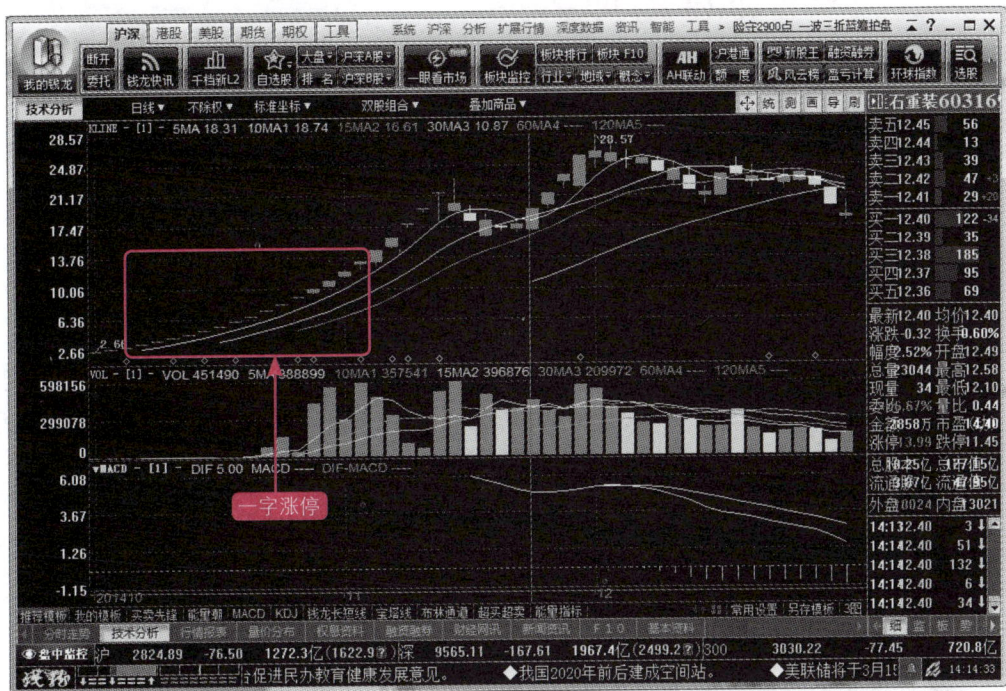

跌停板是与涨停板相对的概念，是指股价在一天中相对前一日收盘价的最大跌幅，我国目前规定当日最大跌幅为 10%。ST 和 *ST 当日最大跌幅为 5%。与涨停板相似，跌停板也有普通跌停和"一字跌停"。

高手私房菜

技巧 1：投资者参与集合竞价技巧

由于 9:15—9:20 这五分钟属于开放式集合竞价，允许撤销委托买进和委托卖出的申报，因此投资者看到的成交量有可能是虚假的。有些主力会在 9:15—9:30 撤单，然后把筹码成功地卖给投资者。因此投资者一旦发现主力有撤单行为，一定马上也跟着撤单。

如果投资者想要抢涨停板，9:20—9:25 这五分钟很重要。虽然此时投资者可以委托买卖，但是这五分钟撤单是无效的，买进委托都是真实的。投资者可以通过键盘输入"61"查看上海 A 股涨幅排名，输入"63"查看深圳 A 股涨幅排名。

投资者在 9:25—9:30 这五分钟可以委托买卖，也可以撤单，只是这五分钟主机不处理，如果投资者对自己手中股票的成交卖出有把握，资金在 9:25 分就可以使用。投资者此时可以调仓换股，在 9:26 买进另一只看好的股票。

技巧 2：沪深股票型基金的投资技巧

股票型基金与其他类型的基金相比波动幅度最大。如果基金投资的股票组合中有几只股票涨停，则该基金往往也会冲击涨停。当然，如果该基金投资的股票组合中有几只股票跌停，该基金往往也会跌停。因此，该类型的基金具有放大收益与亏损的功能。因此在牛市初期买入股票型基金，可以跑赢大盘，而在熊市当中则要远离。

如果投资者对某一个板块非常看好却不知道如何在该板块中选出牛股，可以买入该板块的股票型基金。常见的有军工 B、医药 B、信息 B、证券 B、新能源车 B 等。投资者可以通过股票分析软件查看相应的沪深股票型基金。

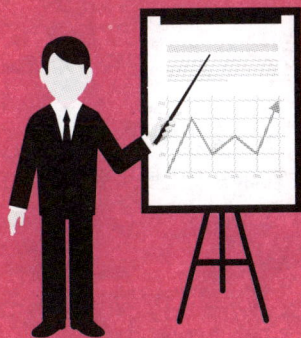

第 3 章
使用钱龙软件炒股

引语

不要懵懵懂懂地随意买股票，要在投资前扎实地做一些功课，才能成功。

——威廉·欧奈尔

不要懵懵懂懂地随意买股票，要在投资前扎实地做一些功课，这些功课不仅是炒股的专业知识，还包括炒股软件。本章就来介绍如何快速上手钱龙软件。

要点

☐ 钱龙的安装与界面介绍

☐ 钱龙的基本操作

3.1 认识钱龙

钱龙软件操作简单，使用便捷，投资者无需太多专业知识便可轻松上手。作为国内证券业 IT 产品市场的开拓、创新者，目前钱龙软件在中国使用量约 3000 万人。

钱龙软件具有以下特征。

（1）资讯实时、准确，分毫不差。

（2）分析全面、完整、客观、准确，绝不误导用户。

（3）画面设计清晰柔和、操作方便，堪称典范。

（4）系统安全、稳定、可靠，值得信赖。

3.2 下载与安装钱龙软件

要使用钱龙软件，首先就得下载、安装。钱龙软件的下载、安装方法如下。

3.2.1 下载钱龙

钱龙软件的下载方法很多，既可以在开户公司的网站下载，也可以在钱龙官方网站下载。

推荐用户去钱龙官方网站上下载，既可以保证下载到最新版本的软件，也可以保证软件的安全性。

在钱龙官方网站下载钱龙软件的具体操作步骤如下。

步骤 1 进入钱龙官方网站，如下图所示。

步骤 2 在钱龙首页的导航栏中，单击【下载中心】链接，打开的钱龙下载页面，如下图所示。

步骤 3 单击【钱龙旗舰】后的【下载】链接，弹出【新建下载任务】对话框，单击【浏览】更改保存的位置，然后单击【下载】按钮即可开始下载，如下图所示。

3.2.2 安装钱龙

现在来介绍钱龙的安装，具体安装步骤如下。

步骤 1 找到下载的钱龙软件，然后双击解压，如下左图所示。

步骤 2 弹出【欢迎界面】，单击【下一步】按钮，如下右图所示。

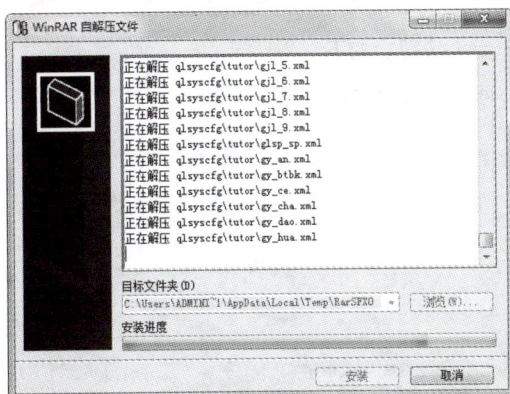

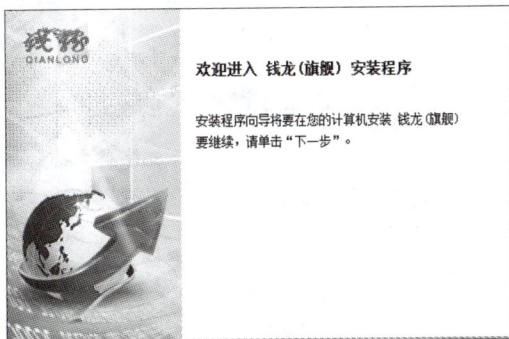

步骤 3 弹出【用户许可协议】对话框，选择【我接受使用许可协议中的条款】单选项，然后单击【下一步】按钮，如下左图所示。

步骤 4 在弹出的【组件选择】对话框上选择【钱龙（旗舰）应用程序】复选框，然后单击【下一步】，如下右图所示。

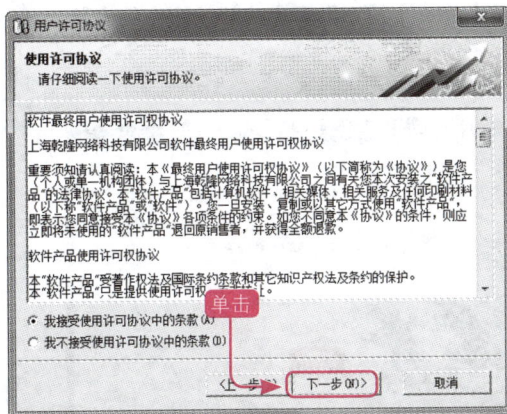

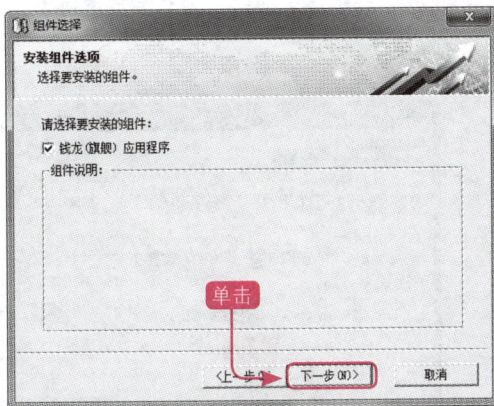

步骤 5 默认【安装路径】在 C 盘【Program Files】文件夹下，单击【更改】按钮可以更改安装文件的位置，单击【下一步】即可开始安装，如下左图所示。

步骤 6 弹出【程序组】窗口，单击【下一步】按钮，如下右图所示。

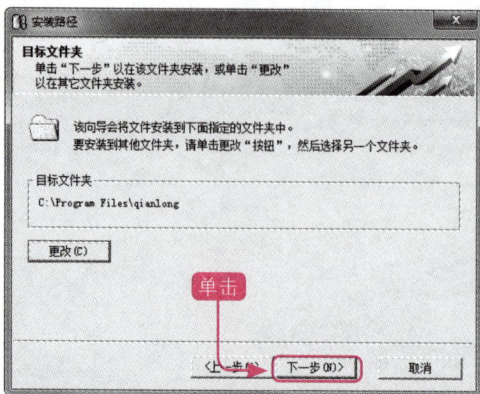

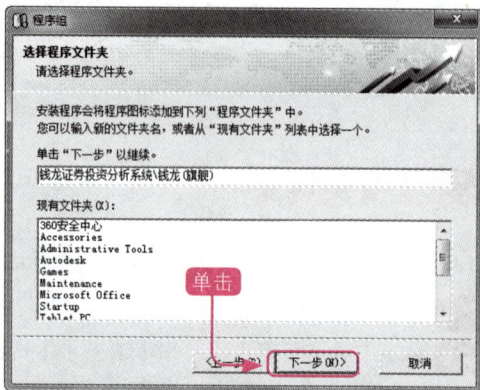

步骤 7 在弹出的【安装报告画面】窗口单击【下一步】按钮，如下左图所示。

步骤 8 单击【下一步】按钮后，弹出安装进度条，如下右图所示。

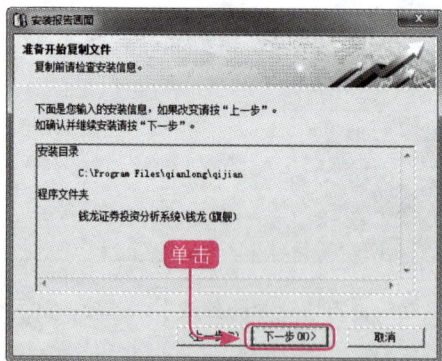

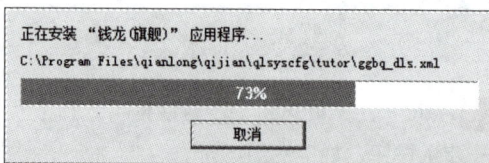

步骤 9 安装完成后弹出【网上交易程序选择】窗口，这里选择交易类别为【沪深证券】，开户券商为【渤海证券】，然后单击【下一步】按钮，如下左图所示。

步骤 10 安装结束后弹出【安装结束窗口】，单击【完成】按钮即可完成钱龙软件的安装，如下右图所示。

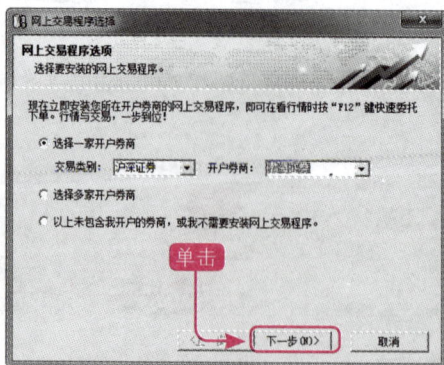

3.2.3 钱龙界面介绍

钱龙的界面窗口主要包括工具栏、操作面板、菜单栏、主界面、板块标签和状态栏等几大模块，如下图所示。

1. 工具栏

钱龙软件的【工具栏】包括沪深、港股、美股、期货、期权和工具，工具栏各选项卡是按板块划分的，它包含菜单栏的部分功能，以及一些菜单栏所不具备的更详细的板块功能。

> **提示**
>
> 单击标题栏的"▲"按钮可以收拢或打开工具栏。此外，通过单击【系统】▶【视图】▶【收拢工具栏】菜单选项，也可以打开和收拢工具栏，收拢工具栏后界面显示如下图所示。

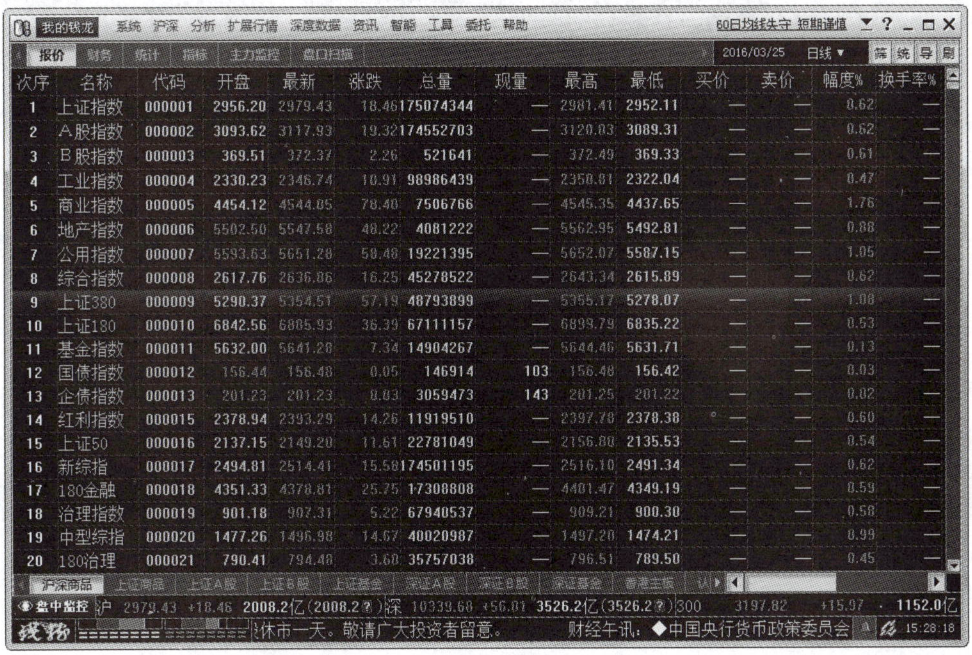

【沪深】选项卡：单击该选项板，进入沪深板块的相关选项，可以查看自选股、沪深两市的大盘、排名、新股王、风云榜、环球指数等情况，另外，还以进行盈亏计算、智能选股、设置动态报警等。下图所示即为沪深选项卡下各功能的操作面板。

【港股】选项卡：单击该选项卡，进入【港股】板块的相关查询，如下图所示。

【美股】选项卡：钱龙软件是投资分析软件的特色之一，也是首款具有该功能的软件，对于关注美股的投资者，可以单击该选项卡，进入【美股】板块的相关查询，如下图所示。

【期货】选项卡：单击该选项板，进入【期货】板块，该板块包括了中金期指、国债期货以及上海、郑州、大连等国内几大期货交易所的期货行情，如下图所示。想要查看几大交易所的期货行情，首先需要通过手机号码申请开通。

【期权】选项卡：单击该选项板，进入【期权】板块，该板块包含中金期权和上证期权，可以分别查看各期权的报价及套利组合，如下图所示。

【工具】选项卡：单击该选项卡，进入【工具】窗口，在其中可以通过【公式】系统，设置选股、买卖股票、选股组合等指标和条件。同时还可以计算盈亏、设置动态预警及查看星空图等，如下图所示。

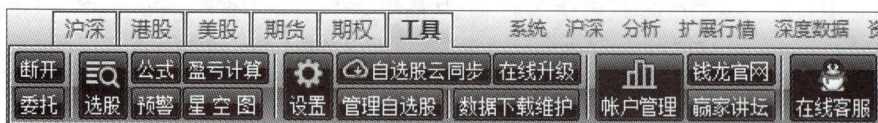

2. 菜单栏

钱龙软件的菜单栏主要包括系统、沪深、分析、扩展行情、深度数据、资讯、智能、工具、委托和帮助，展开后如下图所示。

系统
设为开机画面
取回画面...
保存画面...
画面截图
打印...
切换为中文繁体
视图　►
脱机浏览
退出

（港股）
港股　►
环球系列指数
期权　►

（扩展行情）
新股王
股市风云榜
融资融券
财富矩阵
策略魔方
港股大行直通车
港股卖空数据
中金期货持仓排名
环球指数
彩票

（智能）
智能选股
条件管理器...
星空图
强弱分析
区间分析...

（工具）
渤海证券网上交易程序　F12/12
模拟委托
委托设置...

（帮助）
在线帮助　Shift-F1 / Alt-H
钱龙点点通　Ctrl-F1
故障反馈
网站链接　►
行情授权
关于(A)...

菜单栏：系统　沪深　分析　扩展行情　深度数据　资讯　智能　工具　委托　帮助

（沪深）
上证指数　F3/03
深证成指　F4/04
中证系列指数
上证系列指数
深证系列指数
沪深板块指数　►
沪深板块监控　500
沪深分类股报表　►
沪深板块股报表　►
沪深今日热门股　►
沪深综合排名　80～89
股转分类股报表　►
申银万国指数报表　►
自选股报表　►
沪深商品报表
上证商品报表
深证商品报表
股转商品报表
多股同列...
双股走势...

盘中监控中心
分时走势　F5/05
成交明细　F1/01
价量分布图　F2/02
技术分析　F5/05
分笔走势
历史行情报表　F1/01
F10资料　F10/10
财务简表　11
技术指标　►
动态指标　*/►
变换分析周期　F8/08/Ctrl-F8　►
多周期陈列
双股技术分析...
画线分析
区间放大
个股区间统计　Alt-Q
个股记事...
个股交易测试...
权息校正　Alt-F10　►
权息资料　F2
所属板块　+
叠加指数　C+Enter
叠加个股　代码++

（资讯）
今日焦点　001
钱龙信息中心　30
沪市证券信息　71
深市证券信息　72
当日国债利息信息　7A
深圳证交所公告　76
龙讯财经频道
综合财经新闻　77
设定资讯厂商...

持仓盈亏计算工具
投资计算器...　170
初始化行情数据
清空本地数据...
在线升级...
数据维护...
自选股云同步...
系统参数设置...
管理自选股...
指标设定...
动态预警...
钱龙网络会场
钱龙天地帐户管理

3. 主界面

根据调用的命令不同，主界面显示也不相同，钱龙炒股软件最常见和最常用到的主界面是报表界面和技术分析界面。技术分析界面将在后面章节介绍，现重点介绍报表界面。

在报价界面可以查看股票当日的开盘价、最新报价、最低价、涨跌、总量及换手率等。

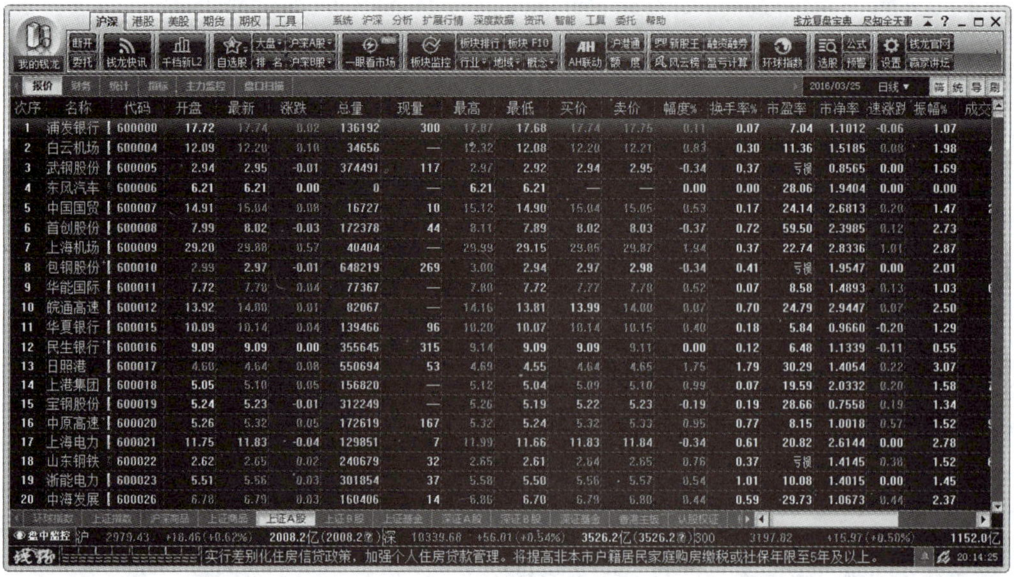

除了查看报价列表外，单击【财务】、【统计】、【指标】、【主力监控】和【盘口扫描】等标签，可以查看相应的内容。

（1）查看其他周期或日期的报表。

钱龙系统默认的是日线行情，用户还可以查看周线、月线、季线、半年线、年线等行情。

步骤 1 单击【日线】的下拉按钮，在弹出的下拉列表中选择【月线】，如下图所示。

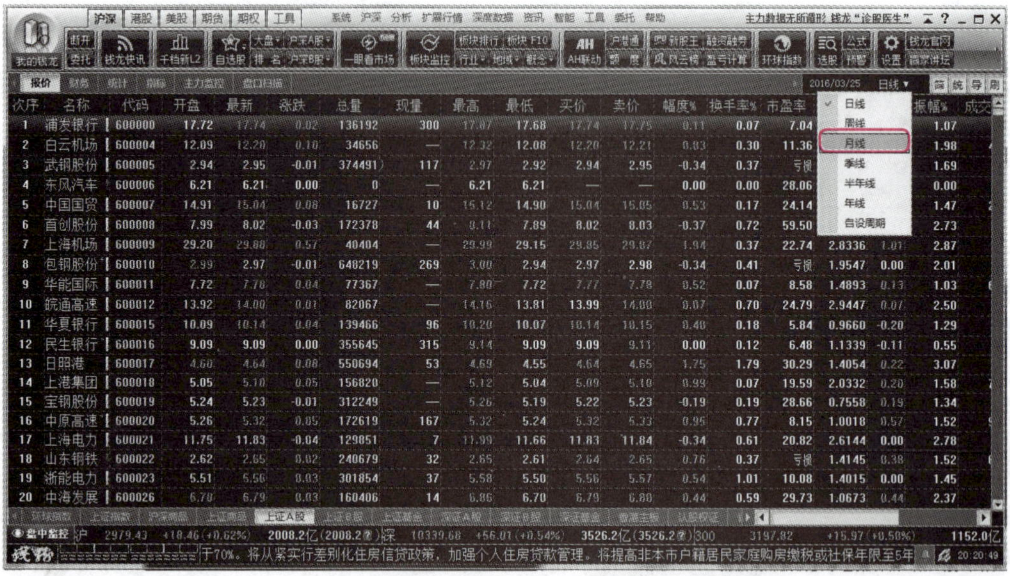

步骤 2 将周期切换为【月线】后显示如下图所示。

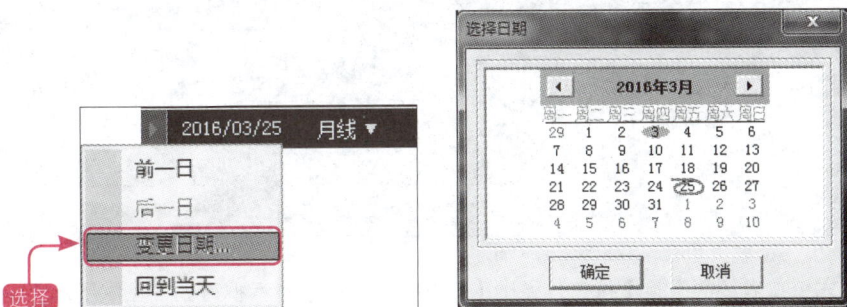

步骤 3 单击周期旁边的日期，在弹出的下拉列表中选择【变更日期】选项，如下左图所示。

步骤 4 在弹出的【选择日期】选择框中可以任意设置日期，例如选择 2016 年 3 月 3 日，如下右图所示。

步骤 5 2016 年 3 月 3 日的报表显示如下图所示。

> **提示**
>
> 如果历史报表数据不全，系统会提示下载历史报表数据，选择需要查看的板块的历史数据即可。需要注意的是在交易时间内（周一到周五的上午 9:30—11:30，下午 13:00—15:00）不能下载数据。

（2）筛选数据。

用户可以根据自己的筛选条件来查看符合自己要求的股票。下面以【深证 A 股】为例，来具体介绍如何查看符合自己筛选条件的股票情况。

步骤 1 单击板块菜单栏的【深证 A 股】板块，如下图所示。

步骤 2 单击窗口右侧的【筛】按钮，弹出【筛选条件编辑】对话框，如下左图所示。

步骤 3 单击【新增条件】▶【动态行情】▶【幅度】，如下右图所示。

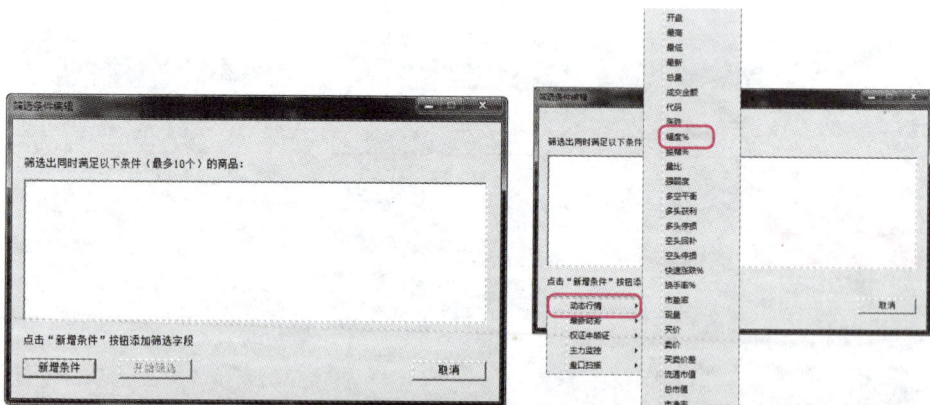

步骤 4 在弹出的【幅度】设置条件中，设置涨跌 ≥ 0.1，如下左图所示。

步骤 5 重复 **步骤 3** ~ **步骤 4**，分别对振幅和市盈率进行设置，如下右图所示。

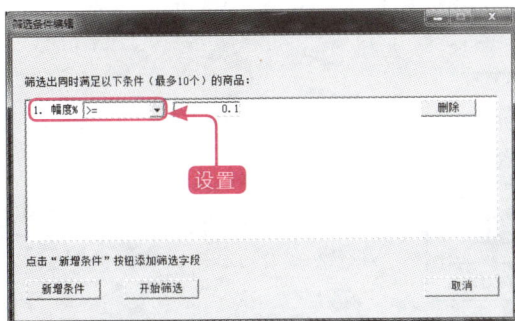

步骤 6 单击【开始筛选】按钮，在对话框下方显示筛选出符合条件的股票个数，并且符合筛选条件的股票亮显在最顶端，如下图所示。

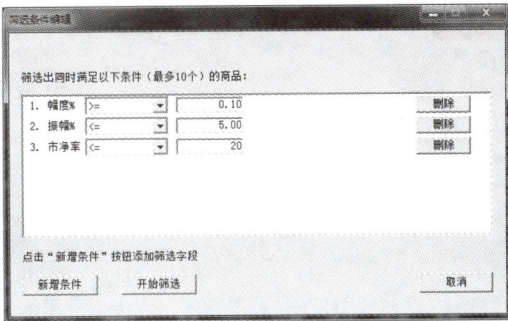

（3）统计数据。

钱龙软件统计数据包括平均值、最高值、最低值、前 0% 值、求和以及自行设定统计参数等。下面以【上证 A 股】为例，来具体介绍各种统计方法下的情况。

步骤 1 单击板块菜单栏的【上证 A 股】板块，选择【报价】选项卡，如下图所示。

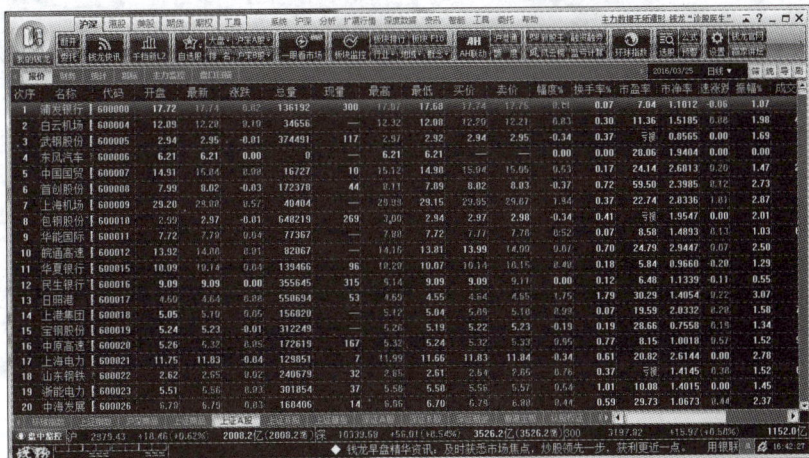

步骤2 单击窗口右侧的【统】按钮，弹出统计选项下拉列表，如下图所示。

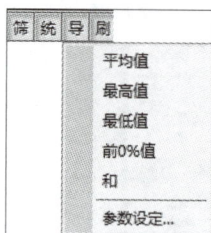

步骤3 选择"平均值"选项，可以查看上证A股的开盘平均值、涨跌平均值、最高平均值、最低平均值等，如下图所示。

步骤4 重复步骤2~3，选择其他统计值选项，可以以其他统计方式查看，如下图所示。

（4）导出数据。

钱龙软件除了可以在软件上查看数据，还可以将数据以"xls"或"txt"格式导出到电脑上。

56

下面以【上证基金】为例，来具体介绍如何将数据导出并打开导出的数据。

步骤 1 单击板块菜单栏的【上证基金】板块，选择【报价】选项卡，如下图所示。

步骤 2 单击窗口右侧的【导】按钮，弹出导出文件另存为对话框，如下左图所示。

步骤 3 选择合适的保存位置，然后单击保存即可。找到文件的保存位置，双击打开文件，如下右图所示。

4. 板块标签

板块行情菜单位于系统窗口下方状态栏的上侧，如下图所示。本节简单介绍这些市场行情板块的变更、插入、关闭，以及各板块的各种指标的查看方法。

（1）变更板块。

板块行情菜单上的板块是可以变更、插入和关闭的，例如将认股权证板块变更为沪深板块指数，具体操作步骤如下。

步骤 1 在【认股权证】板块上单击右键，弹出快捷菜单，如下左图所示。

步骤 2 在弹出的快捷菜单上单击【变更板块】选项，在弹出【选择板块】对话框上选择【分类股】➤【板块指数】➤【沪深板块指数】选项，如下右图所示。

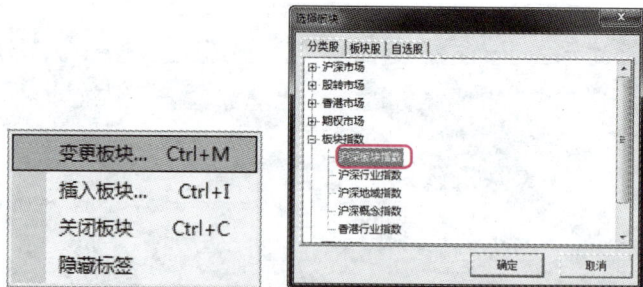

步骤 3 单击【确定】按钮后即可将【认股权证】板块更改为【沪深板块指数】，如下图所示。

（2）插入板块。

上一节我们介绍了变更板块，如果不想替换掉原来的板块，而又想增加新的板块，就用插入板块选项，下面以插入【上证 ETF】板块为例来具体介绍插入板块的操作步骤。

步骤 1 在板块行情菜单栏任意地方单击鼠标右键，在弹出的快捷菜单上选择【插入板块】选项。在弹出的【选择板块】对话框中选择【分类股】➤【沪深市场】➤【上证 ETF】选项，如下图所示。

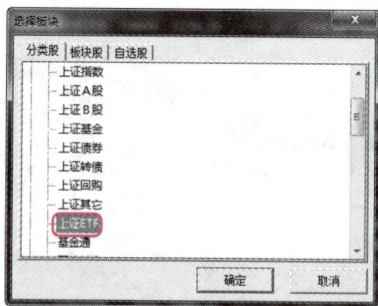

步骤 2 单击【确定】按钮后即可将【上证 ETF】板块插入到板块菜单栏，如下图所示。

（3）关闭板块。

关闭板块可以直接将该板块从板块行情菜单删除，下面以将【香港创业】区域板块关闭为例来介绍关闭板块操作。

在【香港创业】板块上单击鼠标右键，在弹出快捷菜单上选择【关闭板块】选项，【香港创业】板块关闭后板块行情菜单栏显示如下图所示。

📎 **提示**

在弹出的快捷菜单上如果选择【隐藏标签】选项，则将所有的板块行情标签隐藏不显示。

5. 状态栏

状态栏位于系统窗口的最下面，分为上状态栏和下状态栏，如下图所示。

上状态栏 ← ... +18.46 (+0.62%) 2008.2亿(2008.2亿)深 10339.68 +56.01(+0.54%) 3526.2亿(3526.2亿)300 3197.82 +15.97(+0.50%) 1152.0 → 下状态栏

（1）上状态栏。

根据用户个人习惯，上状态栏可以设置为二栏、三栏或四栏显示，而且每一栏可以根据自己的习惯设置成一个指数还是几个指数轮番显示。下图为四栏显示。

第一栏　　　第二栏　　　第三栏　　　第四栏

沪 3640.49 -6.40 5600.6亿深 12500.53 +47.29 6950.9亿300 3833.24 -7.12 3809.1亿创业指 2746.61 +21.99 1801.9亿

设置状态栏的栏数，介绍如下。

钱龙软件的状态栏最多可以同时显示四个指数，最少可以同时显示两个指数，上图为显示四栏时的情况，下面来分别设置当栏数为二、三时的效果。

① 在状态栏的任一栏指数上单击鼠标右键，弹出如下图所示的快捷菜单。

指数栏位 ▶	二栏式
指数选择 ▶	三栏式
刷新	✓ 四栏式

② 把鼠标放置到【指数栏位】上并选择【二栏式】，结果状态栏显示如下图所示。

沪 3640.49 -6.40 5600.6亿深 12500.53 +47.29 6950.9亿

③ 重复步骤 1~2，将指数栏位改为三栏式，结果显示如下图所示。

沪 3640.49 -6.40 5600.6亿深 12500.53 +47.29 6950.9亿300 3833.24 -7.12 3809.1亿

> **提示**
>
> 在任一栏位单击鼠标，均可显示该栏位当前指数的走势图，如选择第一栏的【上证指数】，显示如下图所示。

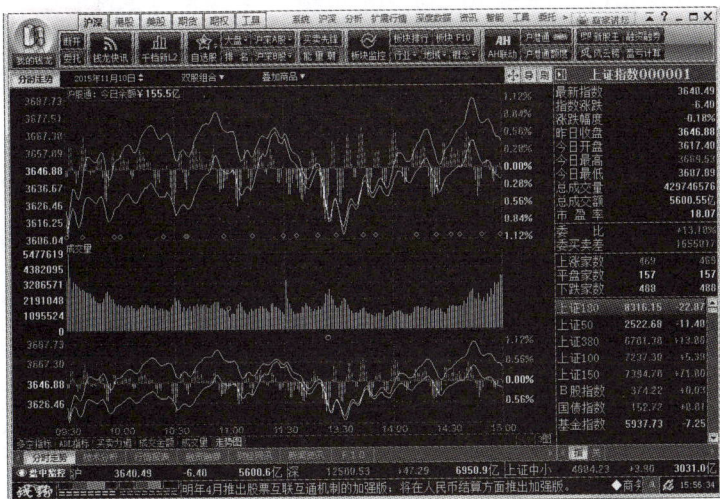

设置栏位的指数，介绍如下。

钱龙软件的状态栏的每个栏位既可以显示单一的指数，也可以多个指数轮番显示，钱龙软件的栏位指数的具体设置如下。

步骤1 在状态栏的任一栏指数上单击鼠标右键，把鼠标放置到【指数选择】选项上，并同时勾选【沪深300】指数和【创业板指数】如下图所示。

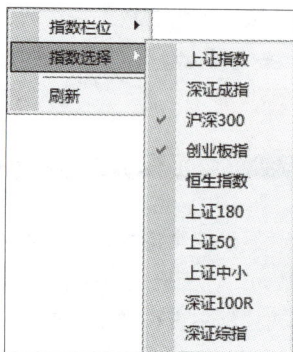

步骤2 这时状态栏显示如下图所示。

步骤3 稍等几秒之后，【沪深300】指数变为【创业指】，如下图所示。

步骤4 重复 **步骤1**，将【沪深300】和【创业板指】都去掉，只勾选【上证中小】选项。设置完成后，该栏位只显示【上证中小】指数，如下图所示。

（2）下状态栏。

下状态栏（如下图所示）最左侧显示钱龙软件的标识，双击可以打开钱龙官方网站。

多空红绿军：左边为沪市的多空条，右边为深市的多空条。

多空条分两部分，向左是正在涨（相对上一笔的成交价格变大）的股票比例（为红色，如果为深红，表示涨停部分）。向右是正在跌（相对上一笔的成交价格变小）的股票比例（为绿色，如果为深绿，表示跌停部分）。

方格条下面有8种不同的符号在滚动。

① 红色向上的箭头，表示整个市场涨势在增加。

② 红色向下的箭头，表示整个市场涨势在减弱。

③ 红色等于号，表示整个市场涨势持平。

④ 绿色向上的箭头，表示整个市场跌势在增加。

⑤ 绿色向下的箭头，表示整个市场跌势在减弱。

⑥ 绿色等于号，表示整个市场跌势持平。

⑦ 跑马灯信息条，以跑马灯的形式滚动显示最新的消息。

⑧ 动态警示，如果设置了预警，当达到预警条件时会发出提醒，双击该图标，会弹出【动态预警】提示框，如下图所示。

网络状态和时间，显示网络的连接状态和时间，当网络连接正常时显示为"√"，当网络连接有故障时显示"×"。

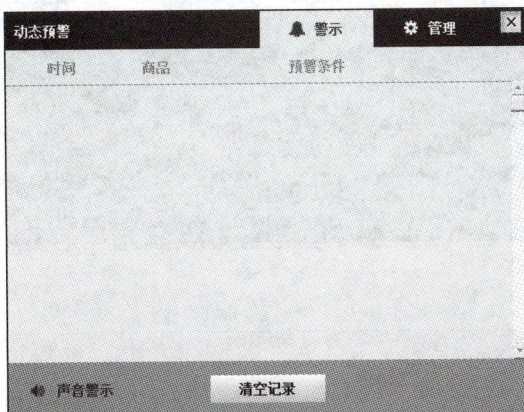

钱龙 3.3 钱龙的基本操作

钱龙的基本操作主要包括智能键盘、快捷键操作、盘中监控中心以及画线分析。这些操作是钱龙软件最基本也是使用最多的操作。

3.3.1 智能键盘

使用"智能键盘"功能可以帮助投资者在软件中快速查看和搜索某只股票。在钱龙软件的任何界面，直接输入中英文或数字就可以搜索相应的股票，如输入数字"6"，可以显示当前代码中以"6"开头的所有股票，如下图所示。

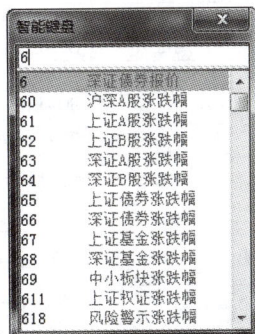

双击选中的股票（或选中后按【Enter】键），即可打开与之相关的页面进行查看，例如选中"600016"民生银行，显示如下图民生银行的相关走势和信息。

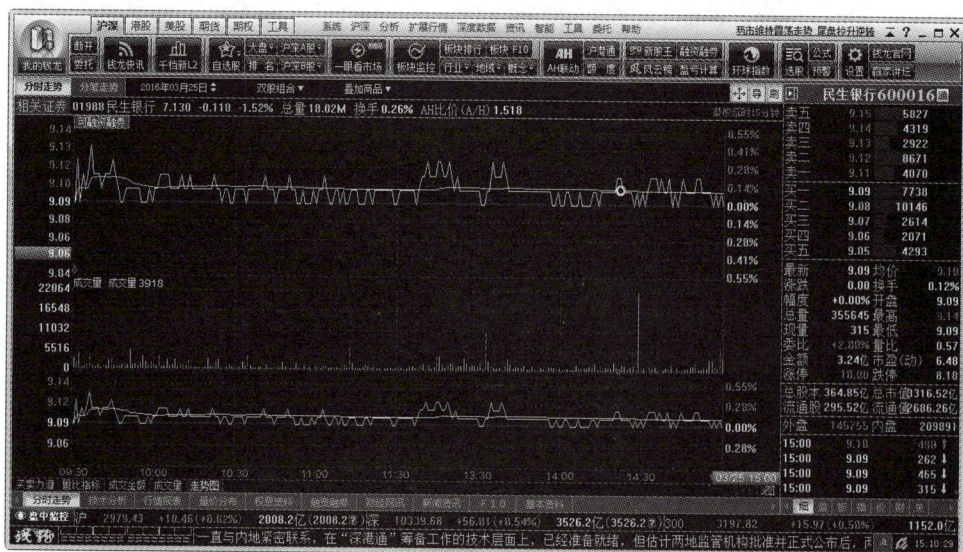

> **提示**
>
> 除了通过输入相关字母和数字查找外，还可以通过输入板块拼音缩写或输入技术指标的中英文名字，来查看相关板块股票或技术指标的信息。

3.3.2 快捷键操作

钱龙软件中，除了使用鼠标操作外，还可以使用快捷键来操作，常用的快捷键及相对应的操作如下表所示。

钱龙中常用的快捷键

快捷键	对应操作	快捷键	对应操作
00+Enter	进入"今日焦点"	16+Enter	切至新闻资讯画面
F1/01+Enter	分时走势画面时切至 1 分钟明细，K 线分析画面时切至日线资料	30+Enter	切换到"钱龙信息中心"菜单
F3/03+Enter	切至上证指数技术指标画面	500+Enter	切至所有板块分析
F4/04+Enter	切至深证成指技术指标画面	60+Enter	切至沪深 A 股涨跌排名
F5/05+Enter	分时走势与 K 线画面互相切换	61+Enter	切至上证 A 股涨跌幅排名
F6/06+Enter	切至自选股 1	63+Enter	切至深证 A 股涨跌幅排名
F8/08+Enter	于 K 线画面时切换周期类型	80+Enter	切至上证及深证 A 股综合指标排名
F9/09+Enter	于 K 线分析画面时进入画线状态	81+Enter	切至上证 A 股综合指标排名
F10/10+Enter	分时走势或 K 线分析画面时切至基本面资料	83+Enter	切至深证 A 股综合指标排名
11+Enter	当前商品的基本资料	/ 和 *	行情画面下切换各种指标信息和列表画面下字体放大
112+Enter/Alt+H	在线帮助信息	Alt+Z	将当前走势 /K 线画面个股添加到弹出的自选股中
114+Enter	切至前一天的分时走势画面	Alt+D	自选股报价分析中将光标所在个股从自选股中删除
115+Enter	切至后一天的分时走势画面	Alt+C	在技术分析画面中直接设定指标参数
C+Center	技术分析画面时在 K 线背景上叠加指数的收盘价线	Alt+S	设定当前画面为开机画面

3.3.3 盘中监控中心

盘中监控中心按钮位于钱龙软件状态栏的左端，单击此按钮，可以打开盘中监控中心，在盘中监控中心可以查看涨停个股、打开跌停、快速下跌、快速拉升等情况。

步骤 1 单击【盘中监控中心】按钮，打开盘中监控中心，如下图所示。

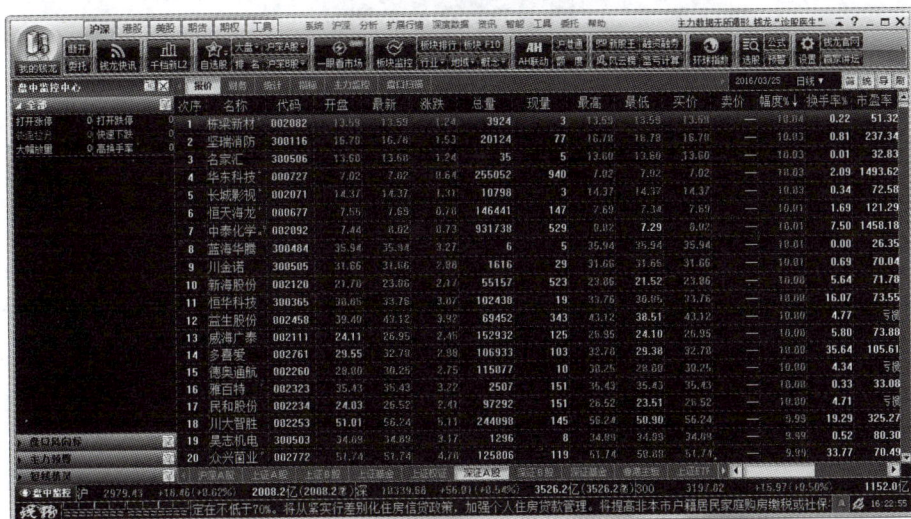

> **提示**
>
> 单击盘中监控中心窗口的 ▥ 按钮，可以改变监控中心窗口的显现形式，默认是"固定"形式。

步骤 2 单击任何一个选项卡上的 "▥" 图标，可弹出过滤设置对话框，勾选【大单买盘】和【大单卖盘】，取消【快速拉升】和【快速下跌】，如下左图所示。

步骤 3 选择【商品过滤】选项卡，选择过滤【上证指数】，取消【上证权证】，如下右图所示。

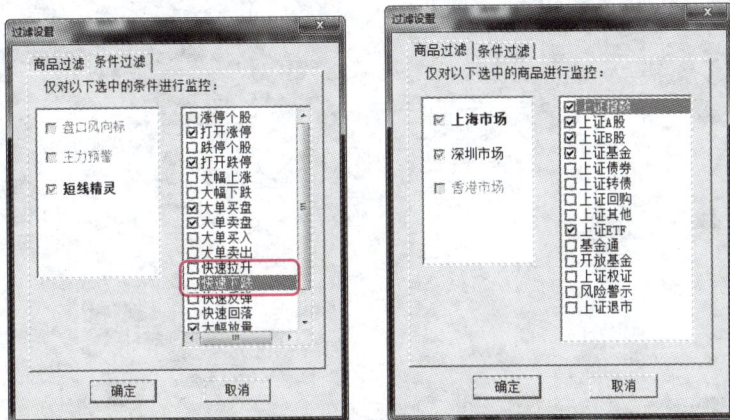

步骤 4 单击【确定】按钮，返回到盘中监控中心界面，可以看到取消的已不再显示，勾选的则显

示在盘中监控中心，如下图所示。

3.3.4 画线分析

【画线工具】里有直线、线段、射线、平行线、栅形线、百分比线、圆、圆弧、矩形、文字、箭头、黄金分割线、周期线、箱体线等。

步骤 1 在键盘上输入"03+Enter"进入上证指数的 K 线图（如果进入的是分时走势图，按【F5】键进入 K 线图），如下图所示。

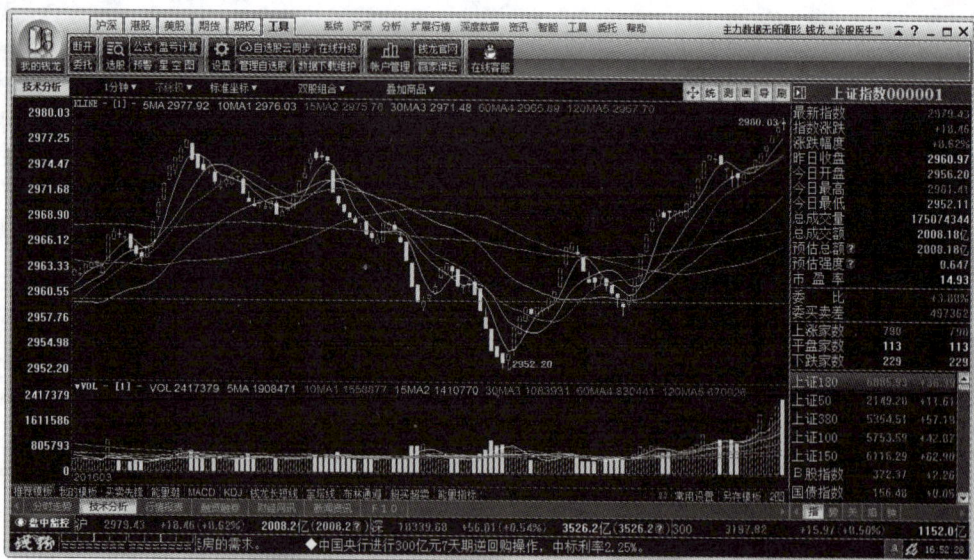

步骤 2 单击【分析】➤【画线分析】选项，系统弹出【画线工具】，如下图所示。

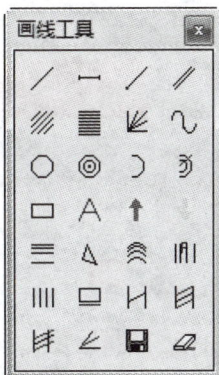

步骤 3 单击直线按钮 ╱ ，在 K 线图上指定两点画出一条直线，如下图所示。

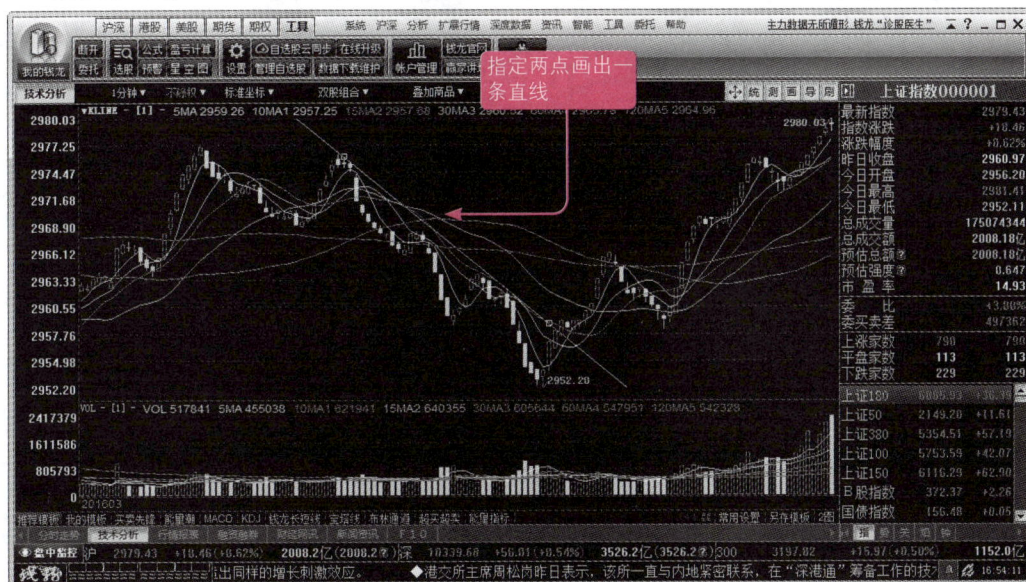

指定两点画出一条直线

提示

如果对所画的直线不满意，可以通过直线上的两个控点进行调整。

步骤 4 重复步骤 1~2 给成交量区域添加圆，结果如下图所示。

指定两点画出一条直线

圆

步骤 5 如果对某个画线不满意，单击删除按钮 ✎，然后选择要删除的画线图形，即可将该画线删除，例如将直线删除后结果如下图所示。

高手私房菜

技巧 1：散户选股的六大法则

法则 1. 买股票前先研判大势

看大盘是否处于上升周期的初期；宏观经济政策、舆论导向有利于哪一个板块，该板块的代表性股票是哪几只；收集目标个股的全部资料，包括地域、流通盘、经营动向、年报、中报，股东大会（董事会）公告、市场评论等。

法则 2. 中线地量

选择 6 个月各均线稳定向上的个股，其间大盘下跌时要抗跌，一般短暂跌破 30 日均线；OBV 稳定向上不断创出新高；大盘见底时出现地量。在出现地量当天收盘前 10 分钟逢低分批介入。

法则 3. 短线天量

选择近日底部放出天量之个股，日换手率连续大于 5%；5 日、10 日、20 日均线出现多头排列；60 分钟 MACD 高位死叉后缩量回调，15 分钟 OBV 稳定上升，股价在 20 日均线之上走稳。在 60 分钟 MACD 再度金叉的第二个小时逢低分批进场。一旦大盘突变立即保本出局。

法则 4. 强势新股

选择基本面良好、具成长性、流通盘 6000 万股以下的新股；上市首日换手率 70% 以上或当天大盘暴跌、次日跌势减缓立即收较大阳线，收复首日阴线三分之二以上者。创新高买入或以天量法则买点介入。获利 5%~10% 出局，止损点设为保本价。

法则 5. 成交量

成交量有助于研判趋势，高位放量长阴是顶部的迹象，而极度萎缩的成交量说明抛压已消失，往往是底部的信号，价稳量缩才是底；个股成交量持续超过 5%，这是主力活跃于其中的明显标志，短线成交量大，股价具有良好的弹性，可寻求短线交易机会；放量拉升、横盘整理后无量上升，这是主力筹码高度集中和控盘的标志，此时成交量极其稀少，是中线买入的良机。如遇突发性高位巨量长阴线，且情况不明，要立即出局。

法则 6. 不买走下降通道的股票

猜测下降通道的底部是危险的，下跌的股票一定有下跌的理由，不要去碰它。

技巧 2：如何选择黑马股

一般普遍认为选择黑马股应该主要从以下三个方面来选择。

1. 据上市公司资料，找出如下股票

（1）三无股票（即无法人股，无国家股，无内部职工股），这类股票很容易成为收购的对象。

（2）有较高的净资产，较高的税后利润，可能产生高送配题材的股票。

（3）流通股本极小的股票，在庄家的强烈拉抬时也会成为黑马。

（4）上市公司的主营方面是否属于国家大力发展的行业。

2. 纯技术方面

（1）长期盘整后领先上破阻力位。

（2）波段上升且经常涨的股票。

（3）跌到支撑位就上升的股票。

3. 宏观政策方面

（1）由于国家政策的改变，会极大地有利于某类上市公司的发展。

（2）重大利空出来仍不跌的股票。

（3）某股本结构不能达到法定标准时，准备扩展达标的股票。

第4章
利用钱龙软件进行看盘炒股

引语

不进行研究的投资，就像打扑克从不看牌一样，必然失败。

——彼得·林奇

投资就像打牌，如果你从来不看盘或不进行分析，那结局无疑是亏损。本章就来介绍如何使用钱龙分析看盘。

要点

□ 盘口的含义

□ K线及分时走势图介绍

□ 分时买入信号

□ 分时卖出信号

□ 钱龙的分析菜单

钱龙 4.1 盘口含义

"盘口"是在股市交易过程中，看盘观察交易动向的俗称。投资者看盘时，大部分时间都在观看所关注股票的盘口数据，在钱龙软件中，在个股的分时走势图和 K 线图的右侧都将显示盘口数据区，如下图所示。

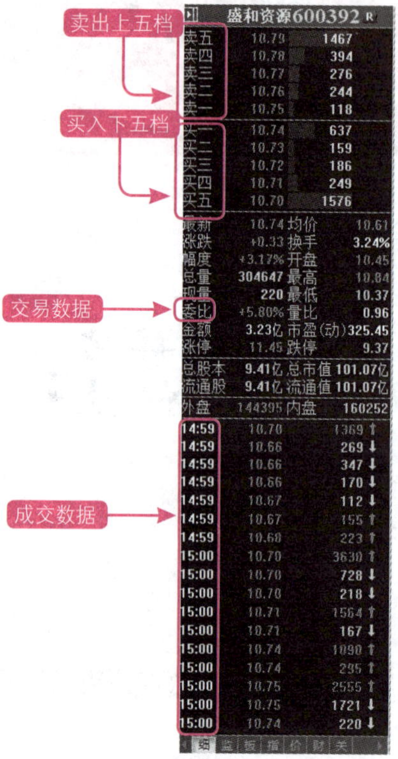

1. 委比

委比是衡量委买盘和委卖盘对比情况的一个实际指标，计算公式如下。

委比 =[（委买手数 - 委卖手数）÷（委买手数 + 委卖手数）]×100%

委买手数 = 现在个股所有委托买入下五档之手数相加总和

委卖手数 = 现在个股所有委托卖出上五档之手数相加总和

通过委比的计算方法可以看出，其数值为 +100%~-100%，委比值 -100%~+100% 是一个买盘逐渐增强、卖盘逐渐减弱的过程；相反，+100%~-100% 则是一个买盘逐渐减弱、卖盘逐渐增强的过程。

2. 涨停板的盘口形态

涨停板是一种极端的价格走势，也是一种特殊的盘口形态，它的出现源于涨跌停交易制度。上海、深圳两交易所规定，上市交易的股票以上一个交易日收市价为基点，在一个交易日内的价格涨跌幅度不得超过 10%。

在盘口分时图中，当个股上冲至涨停价位后，若买盘力度依旧强于卖盘力度，股价不回落的话，就会出现"一"字形态的走势，这种形态犹如股价停留在上面的板上，所以称为涨停板。同理，当个股跌至跌停价并无力回升时，也会出现"一"字板走势，这就是跌停板。

下图所示为白云机场（600004）2015 年 7 月 9 日涨停板分时图，个股早盘阶段受连续大买单向上扫盘推动，向上封住涨停板，并且，在上封涨停板之后，由于大买单并没有撤掉，这使得个股再也没有开板，而是一直牢牢封住涨停板直至收盘。

3. 涨停盘口的弱势板特征

弱势型的涨停分时图，可以概括为："宽""晚""开"三点。

"宽"是指个股的盘中振幅相对较大，一般来说，会超过 10%。即个股在大盘中出现跳水，随后走高并封板，或早盘低开幅度较大，随后逐渐走高并封板。

"晚"是指个股的封板时间较晚，多在午盘 14:00 之后。

"开"是指上冲封板后并未牢牢封住，而是在随后较长时间内出现开板，或者封板与开板在很长时间段内不断切换。开的时间越长，反复开合的次数越多，涨停板就越弱势。

下图所示为上汽集团（600104）2015 年 7 月 9 日分时图，个股振幅较大，从开盘到封盘，振幅超过 13%，冲板时间较晚，下午临近 15:00 才冲顶，而且短暂冲顶后略有回落，直至 15:00 停止交易也未能牢牢封板，这就是典型的弱势型。

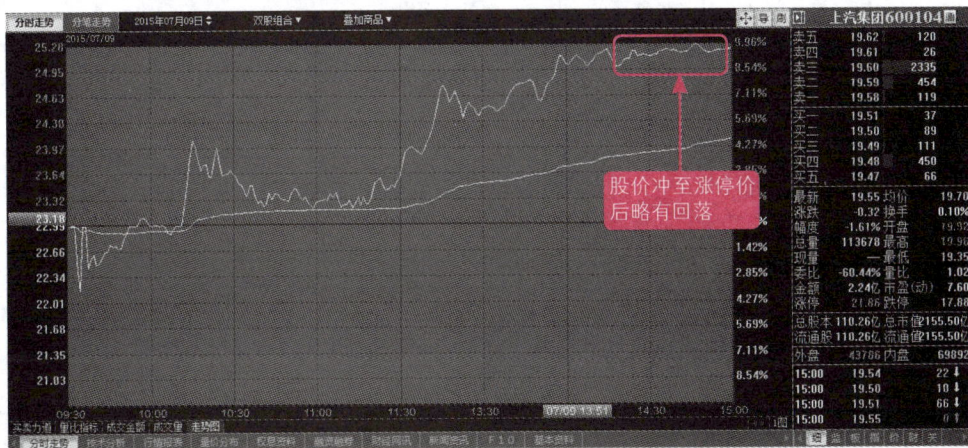

4. 涨停盘口的强势板特征

对于强势型的涨停分时图，其特点可概括为"窄""早""牢"三点。

"窄"是指个股的盘中振幅相对较小，一般来说，不宜超过10%。即个股最好适当高开，且盘中回探幅度较小。

"早"是指个股的封板时间宜早不宜晚，能够在早盘10:30之前封板最好，最晚不超过14:00。

"牢"是指上冲封板后牢牢地封死了涨停板，或者略作休整，即牢牢封板，此后的盘中交易时间段不再开板，涨停价堆积了大量的委托买单，场外投资者再挂单买入，是无法成交的。"牢"是强势板最关键的特征，只要个股始终无法封牢涨停板，即使封板时间早，盘中振幅小，这样的涨停分时图也绝不是强势型的。

钱龙 4.2 K线与分时走势图

K线图（Candlestick Charts，因为candlestick前面的字母发"k"音，故称为K线图）又称蜡烛图、日本线、阴阳线、棒线等，常用说法是"K线"，起源于日本18世纪德川幕府时代（1603—1867年）的米市交易，用来计算米价每天的涨跌。因其标画方法具有独到之处，人们把它引入股票市场价格走势的分析中，经过300多年的发展，已经广泛应用于股票、期货、外汇、期权等证券市场。

4.2.1 K线的构成及含义

1. 单根K线的构成

单根K线记录了某一交易周期内的价格波动情况，它由开盘价、收盘价、最高价、最低价4个价位组成，中间的矩形称为实体，实体上端的细线叫上影线，下端的细线叫下影线。实体的长短代表收盘价与开盘价之间的价差。开盘价低于收盘价代表价格上涨，这种K线称为阳线，中间实体部分常以空白或红色来表示；开盘价高于收盘价代表了价格下跌，这种K线称为阴线，中间实体部分常以黑色或绿色表示。单根K线如下图所示，左边为阳线，右边为阴线。

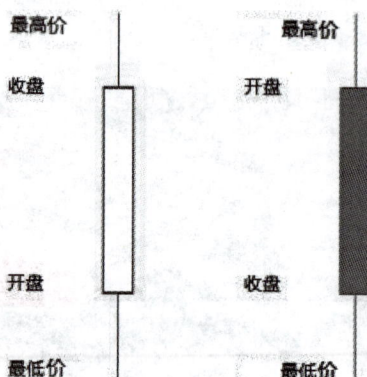

2. K线的形态所代表的市场含义

实体线是开盘价与收盘价之间的一段矩形区域，K线实体的长短代表的是多空双方的力量对比。当出现阳实体时，表明个股在当日开盘后至收盘前一段时间内，多方力量占有优势，阳实体越长，则多方的优势越明显；反之，当出现阴实体时，表明个股在当日开盘后至收盘前一段时间内，空方力量占有优势, 阴实体越长, 则空方的优势越明显。在上涨行情中, 由于多方力量处于主导地位, 因而以阳实体居多, 且阳实体线较长; 在下跌行情中, 一般来说阴实体居多, 且阴实体线较长, 因为是空方力量处于主导地位。

影线的出现反映了多空双方当日的盘中交锋情况, 且影线越长则多空双方的交战越激烈。一般来说, 上影线的出现说明多方曾在盘中发起过攻击, 但成果不是很理想, 上影线体现了多方在当日的拉高股价过程中所受到的挫败程度, 上影线越长则说明当日多方受挫力度越大。若长的上影线出现在个股前期涨幅较大的背景下, 则多意味着空方力量已开始持续释放, 是个股走跌的信号。

下影线与上影线正好是相对应的, 下影线的出现说明空方曾在盘中发起过攻击, 但是成果并不明显, 下影线体现了空方在当日的打压股价过程中所承受的反抗程度, 下影线越长则说明当日空方反抗力度越大。若长的下影线出现在个股前期跌幅较大的背景下, 则多意味着空方力量已开始持续枯竭、多方买盘已开始介入, 是个股走势止跌上扬的信号。

3. K 线所代表的时间周期性

单根 K 线记录了一定时间周期内的价格波动情况。依据 K 线所反映的时间周期的不同, 把 K 线分为分钟 K 线、日 K 线、周 K 线、月 K 线等。其中, 日 K 线和周 K 线在技术分析时用得最多。

日 K 线记录了个股股价 (或大盘指数) 在一天内的价格波动情况, 它以每个交易日的开盘价、收盘价、最高价、最低价绘制而成。

周 K 线记录了个股股价 (或大盘指数) 在一周内的价格波动情况, 它以每个交易周的周一的开盘价、周五的收盘价、本周最高价和本周最低价绘制而成。

在股票行情软件中, 出现在日 K 线下方的柱状图代表了日成交量 (出现在分时线下方的柱状图则代表每一分钟的成交量 (也称分时量)), 柱状越长则当日成交量越大, 如下图所示。

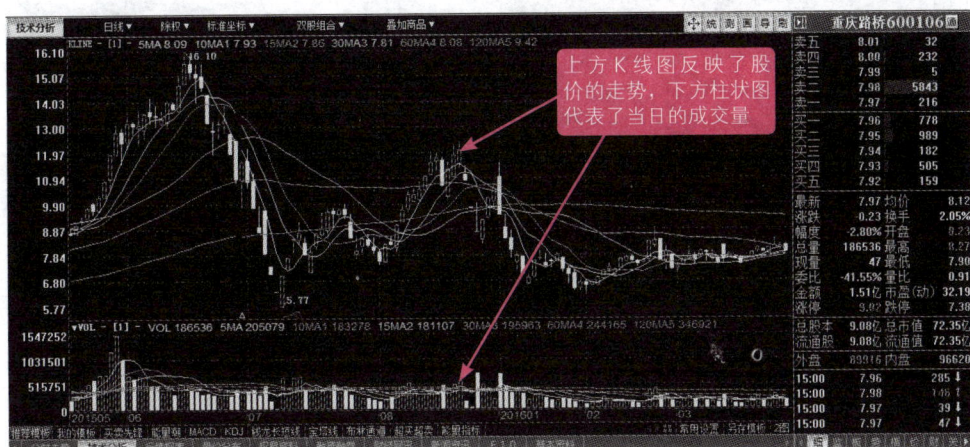

4.2.2 K 线走势

钱龙的 K 线走势图分大盘 K 线走势和个股 K 线走势, 在钱龙软件主界面可以通过以下几种方法进入到 K 线图。

- 选中某只股票, 然后单击【分析】➤【技术分析】
- 在分时界面, 按【F5】键可以进入大盘或所选股的 K 线
- 通过键盘精灵直接输入大盘的简称或代码 (个股的简称或代码) , 然后按【Enter】键即可

进入大盘（个股）K 线图。

1. 大盘 K 线走势

大盘一般指上证指数和深证成指。在键盘精灵中输入"04（或 SZCZ）"，然后按【Enter】键，即可进入深证成指的 K 线走势，如下图所示。

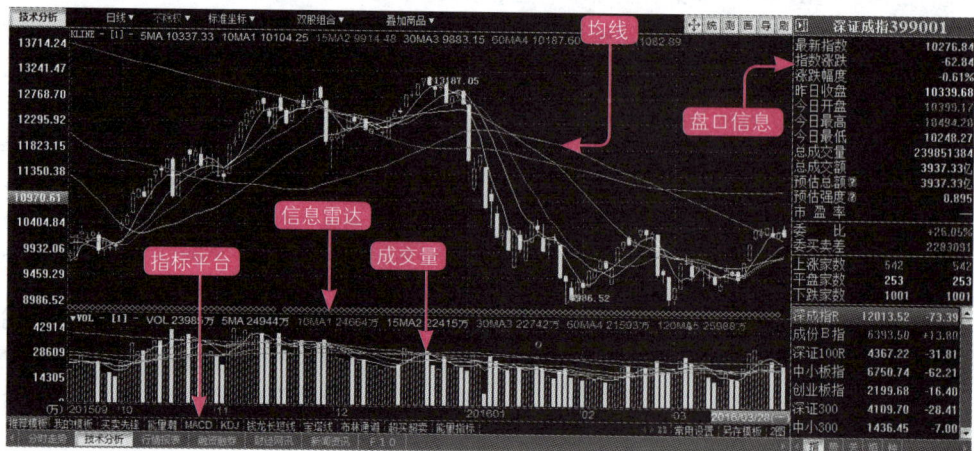

【信息雷达】：信息雷达位于 K 线图的下方，主要显示 K 线所对应时期的重要信息，将鼠标放置信息雷达上，将显示信息提示，单击提示可以打开【历史信息雷达】对话框，如下图所示。

📖 **提示**

　　△为权息资料、◇为新闻信息、□为个股记事。【15+Enter】将显示当日信息，【16+Enter】将显示历史信息。

【均线】：均线即"MA（Moving Average）"，原本的意思是移动平均，由于将其制作成与 K 线交织在一起的一系列线条，所以一般称之为移动平均线，简称均线。均线有 5 日均线、10 日均线、20 日均线、30 日均线、60 日均线、120 日均线和 240 日均线。

5 天、10 天、20 天的短期均线，是短线操作的参照指标，称做日均线指标；30 天和 60 天的是中期均线指标，称做季均线指标；120 天和 240 天的是长期均线指标，称做年均线指标。

均线的计算方法是将某一时间段的收盘股价或收盘指数相加的总和，除以时间周期，即得到这一时间的平均线，如 5 日移动平均线，就是将近 5 日的收盘价相加除以 5，得到的就是第一个 5 日平均线，再将第一个 5 日平均线乘以 5 减去第一日的收盘价加上第 6 日的收盘价，其总和除以 5 得到的就是第二个 5 日平均线，将计算得到的平均数画在坐标图上连成线，即是 5 日平均线。其他移动平均线的计算方法以此类推。

【成交量】：以柱状线条图显示每个分时周期内成交量的变化情况。

在成交量走势图中，双击成交量走势图标题栏的任意位置，即可打开【指标参数设定 – 成交量】对话框，可以对曲线的参数进行设置，如图所示。

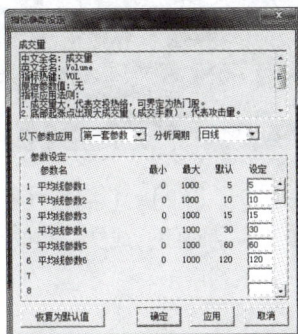

【指标平台】：通过单击不同的选项卡，可以查看相应的指标走势图。

【盘口信息】：大盘的盘口信息有【指】、【势】、【关】、【焰】和【钟】五个选项卡。【指】选项卡显示了该大盘各个板块的指数。【势】选项卡显示当日的分时走势图。【关】选项卡显示关联商品。【焰】选项卡显示火焰山图。【钟】选项卡显示逆时钟曲线图。五个选项卡显示的信息下图所示。

2. 个股 K 线走势

个股的 K 线走势图和大盘的 K 线走势图的形式和包含内容基本相同，所不同的是盘口信息。在键盘精灵输入"601211"并按【Enter】键进入【国泰君安】的走势图，如下图所示。

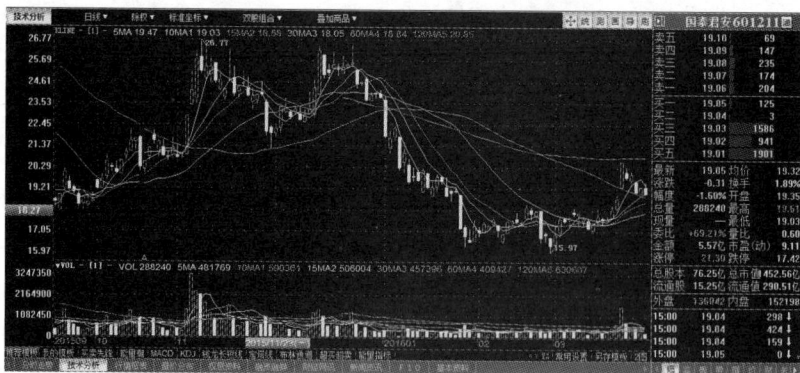

与大盘相比，个股K线图盘口信息多了【细】、【监】、【板】、【价】、【财】和【关】选项卡。

【细】：查看个股分时成交明细，包括时间、成交价和成交量，如下图所示。

【监】：打开个股的监控中心，如下图所示。

【板】：列出当前股票所属板块，包括所属板块、板块类别、家数等信息，如下图所示。

【指】：显示当前商品所属大盘的分时走势图，如下图所示。

【价】：查看AH、NH、CDP、NL、AL和多空平衡、获利、停损的指标，如下图所示。

【财】：显示个股最新公布的主要财务数据，如下图所示。

【关】：列出与当前证券相关联的其他证券，包括关联证券的名称、成交、涨幅，如下图所示。

细　　　　　　　　　　监　　　　　　　　　　板

指　　　　　　　　　　价

总股本	76.25亿
流通A股	15.25亿
流通B股	
总市值	1452.56亿
流通市值	290.51亿
每股收益(动)	2.0916
中期收益	1.5400
年度收益	0.8863
市盈率(动)	9.11
市盈率(LYR)	21.49
市净率	1.5748
总资产	4813.60亿
主营收入	290.37亿
利润总额	169.65亿
净利润	119.61亿
每股净资产	12.10

财　　　　　　　　　　关

　　在 K 线图页面窗口，可以切换 K 线的分析周期、不除权以及复权的 K 线走势图、进行坐标系切换、双股组合和叠加商品等操作。下面以国泰君安为例说明切换周期和坐标的方法。

步骤 1 单击【日线】下拉列表，在弹出的下拉列表中选择【周线】，如下图所示。

步骤 2 单击【标准坐标】下拉按钮，在弹出的下拉列表中选择【百分比坐标】，如下图所示。

步骤3 切换周期和坐标后，如下图所示。

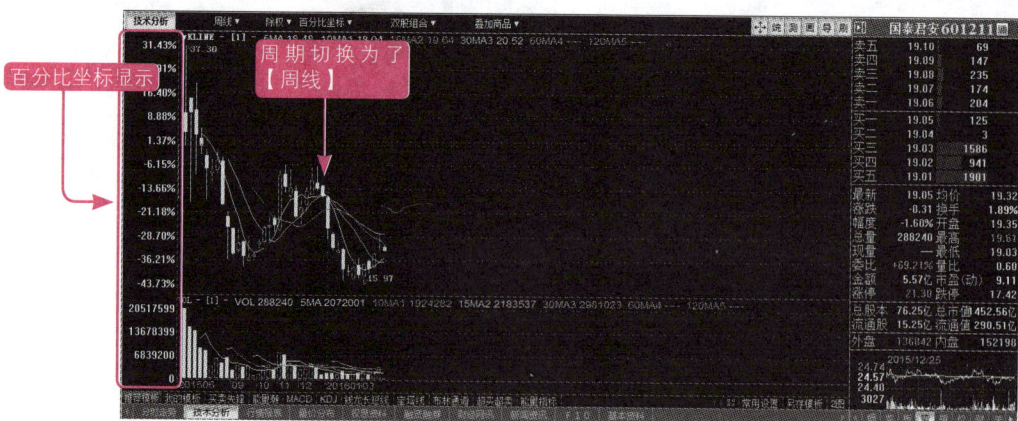

> **提示**
>
> 在技术分析的时间轴上按住鼠标左键，当鼠标变为↔符号时，左右拖动可以查看之前和之后的 K 线图。

4.2.3 认识分时图

分时走势图能展现当天股价的运行动态，投资者若能看懂并掌握分时走势图盘口语言，将更有利于投资者分析和判断大盘和个股短期内的运行趋势。

显示分时图的方法有很多种，下面介绍几种常用的显示方法。

- 选择菜单命令"【分析】▷【分时走势】"。
- 当处于 K 线图界面时，按【F5】键可以进入到分时图界面。
- 当界面位于大盘界面时，通过双击盘口界面报价表中的股票可以进入个股分时图。
- 在键盘精灵中输入股票代码或名称（或拼音缩写），按【Enter】键。

1. 成交量背后的含义

成交量是指当天成交的股票总手数（1 手 =100 股）。通过成交量可以判断股票的走势，成交量大且价格上涨的股票，趋势向好。成交量持续低迷时，说明市场交投不活跃。股票市场常说的"量是价的先行，先见天量后见天价，地量之后有地价"就是这个意思。在研究成交量时要正确地认识以下几点。

买盘 + 卖盘 ≠ 成交量

目前沪深交易所对买盘和卖盘的揭示，指的是买价最高前三位揭示和卖价最低前三位揭示，是即时的买盘揭示和卖盘揭示，其成交后纳入成交量，不成交不能纳入成交量，因此，买盘与卖盘之和与成交量没有关系。

外盘 + 内盘 = 成交量

既然"买盘 + 卖盘 ≠ 成交量"，那么怎样看出成交量中哪些是以买成交或哪些是以卖成交？这里有一个计算公式，那就是"外盘 + 内盘 = 成交量"。

委托以卖方成交的纳入"外盘"，委托以买方成交的纳入"内盘"。所以如果外盘很大意味着多数卖的价位都有人来接，显示买势强劲；如果内盘过大，则意味着大多数的买入价都有人愿卖，显示卖方力量较大；如果内盘和外盘大体相近，则买卖力量相当。

成交量与股价的关系

成交量与股价的关系体现为两种情况，即量价同向和量价背离。

量价同向是指股价与成交量变化方向相同。股价上升，成交量也相伴而升，是市场继续看好的表现；股价下跌，成交量随之而减，说明卖方对后市看好，持仓惜售，转势反弹仍大有希望，如下图所示。

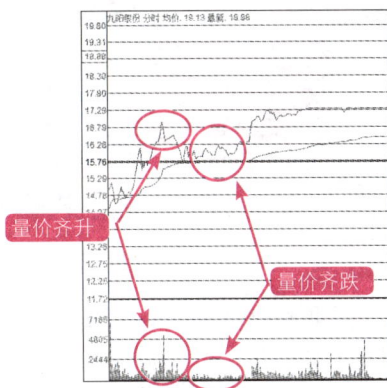

量价背离是指股价与成交量呈相反的变化趋势。股价上升而成交量减少或持平，说明股价的升势得不到成交量的支撑，这种升势难于维持；股价下跌但成交量上升，是后市低迷的前兆，说明投资者惟恐大祸降临而抛售离市，如下图所示。

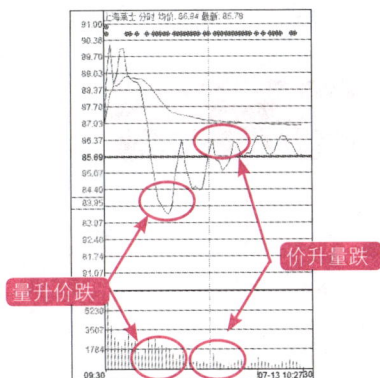

正确看待成交量

成交量的大小与股价的涨跌成正比关系，这种量价配合的观点正常情况下是正确的，但在不正常情况下，比如庄家有意设置陷阱时，往往一味痴迷于涨跌的正比关系，则会深受其害。

（1）温和放量。

这是指一只个股的成交量在前期持续低迷之后，突然出现一个类似"山形"一样的连续温和放量形态。这种放量形态，称作"量堆"。个股出现底部"量堆"现象，一般就可以证明有实力资金在介入。但这并不意味着投资者就可以马上介入，一般个股在底部出现温和放量之后，股价会随量上升，量缩时股价会适量调整。此类调整没有固定的时间模式，少则十几天多则几个月，所以此时投资者一定要分批逢低买入，并在支持买进的理由没有被证明是错误的时候，有足够的耐心来等待。

需要注意的是，当股价温和放量上扬之后，其调整幅度不宜低于放量前期的低点，因为调整如果低过了主力建仓的成本区，至少说明市场的抛压还很大，后市调整的可能性较大，如下图所示。

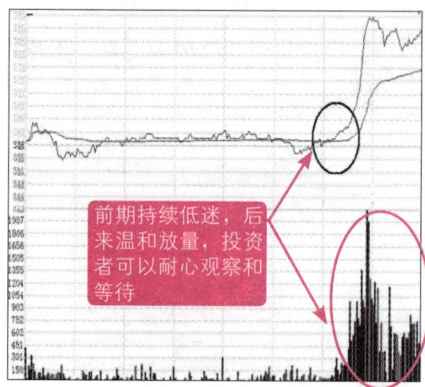

前期持续低迷，后来温和放量，投资者可以耐心观察和等待

（2）突放巨量。

对此种走势的研判，应该分作几种不同的情况来对待。一般来说，上涨过程中放巨量通常表明多方的力量使用殆尽，后市继续上涨将很困难。而下跌过程中的巨量一般多为空方力量的最后一次集中释放，后市继续深跌的可能性很小，短线的反弹可能就在眼前了。

另一种情况是逆势放量，在市场一片喊空声之时放量上攻，造成了十分醒目的效果。这类个股往往只有一两天的行情，随后反而加速下跌，使许多在放量上攻那天跟进的投资者被套牢。如下图所示

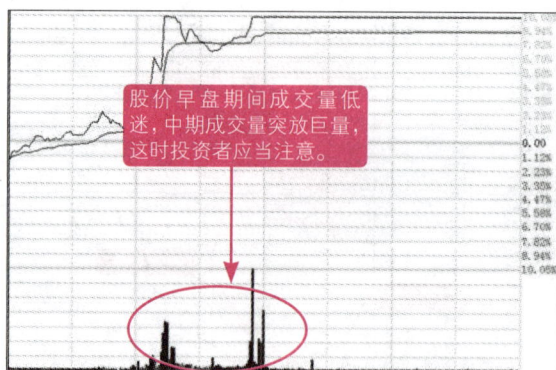

股价早盘期间成交量低迷，中期成交量突放巨量，这时投资者应当注意。

2. 竞价集合揭示当天走势

集合竞价是指每个交易日上午 9:15—9:25，由投资者按照自己所能接受的价格自由地进行买卖申报，由电脑交易主机系统对全部有效委托进行一次集中撮合的处理过程，这个过程称为集合竞价。

每一个交易日的第一个买卖时机就是集合竞价的时候，机构主力经常会借集合竞价跳空高开，拉高出货，或者跳空低开，打压建仓。通常情况下，散户的投资策略是卖出跌势股，买入热门股或强庄股，而机构主力操盘恰恰反其道而行之，他们总是利用集合竞价，卖出热门股，买入超跌股。

因此，当集合竞价开始时，投资者如果发现手中持有的热门股跳空高开，同时伴随着大的成交量，就要提高警惕了，继续观察，开市半小时内如果该股达到 5% 换手率，就应该做好逢高出手的准备。反之，当集合竞价开始时，投资者如果发现手中的热门股向上跳空高开的缺口较小，并且量价关系良好，则可以追涨。

集合竞价是大盘一天走势的预演，投资者在开盘前可以先看集合竞价的股价和成交额是高开还是低开，这通常预示着当天的股价是上涨还是下跌，集合竞价时成交量的大小往往对一天之内的成交活跃度有较大的影响。

一般来讲，"高开 + 放量"说明做多意愿较强，则大盘当日收阳的概率较大，如下图所示；"低开 + 缩量"说明做空意愿较强，则大盘当日收阴的概率较大，如下图所示。

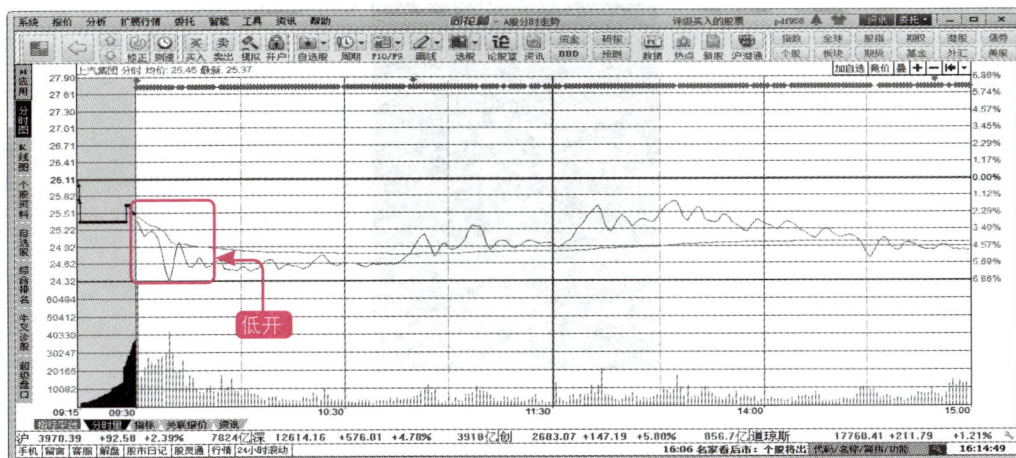

4.3 分时买入信号

要想在股市中赚钱，除了基本面分析，就是技术分析了，技术分析有很多，我们这一节主要研究通过分时图来判断和发现买入信号。

4.3.1 双线向上

这里所说的双线向上是指分时线和量比指标线在同一时段同时向上，即同时形成上升趋势，如下图所示分时走势图，股价持续上涨并持续得到了大量的成交量支持，说明股价良性上涨，这时，投资者就可以入场做多。

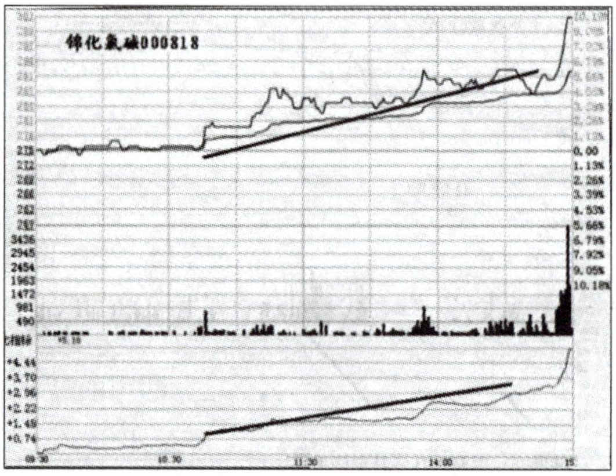

4.3.2 双线分离

双线分离就是分时线和量比走向呈喇叭形，分时线上涨，量比下跌，说明股价此时上涨已不需要成交量放大来配合。下图是庄家高度控盘的结果，或者是缩量上攻，量价背离。

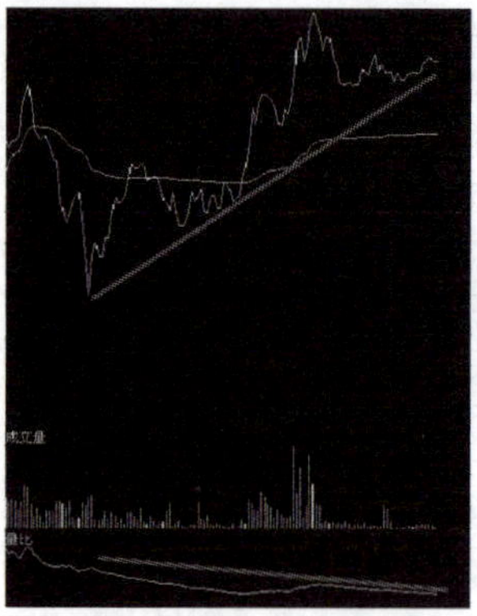

4.3.3 均价线支撑

均线支撑是指均价线支撑着分时线不往下跌的走势。均线支撑分为接近式、相交式、跌破式三种。接近式支撑是指分时线由上向下运行到均价线附近时就反弹。相交式支撑是指分时线向下运行与均价线相交的走势。跌破式支撑是指分时线向下跌破均价线后，在较短时间里，又被拉回均价线上的走势。

在第一次支撑出现后，如果股价涨势平缓，没有出现急涨的走势（指涨幅没有超过3%），随后出现的第二次和第三次支撑走势，均可放心买入。在第一次支撑出现后，如果股价大幅拉高，涨幅超过 3%，此后出现的支撑，应该谨慎或放弃。

下图是接近式，每个低点都是最佳买点。

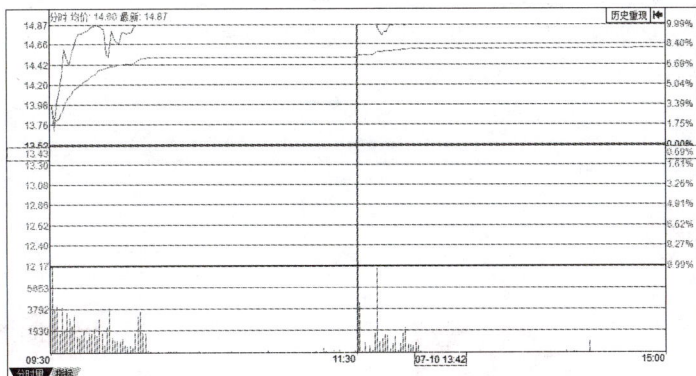

下图是相交式，每个低点都是最佳买点。

下图是跌破式，在第一次跌破均线时，被快速拉高，是最佳买点，第三次跌破后被逐渐抬高，也可进入。

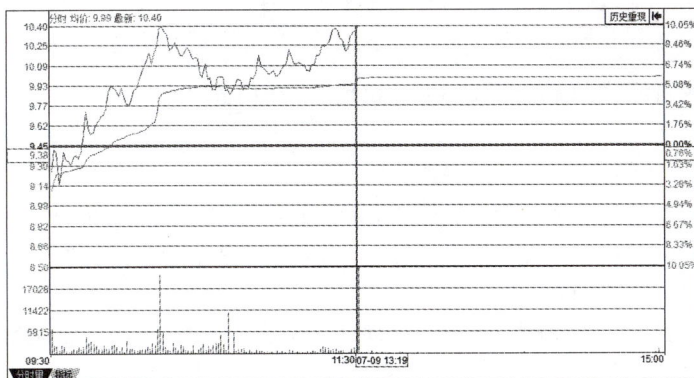

4.3.4 向上突破平台

向上突破平台是指分时线向上突破前面横向整理期间形成的平台的一种走势，该走势有以下特征。

（1）分时线必须在某一价位做一较长时间的横向整理，走势时间一般不少于半小时。

（2）分时线应贴近均价线波动，波动的幅度较小，所形成的高点大体处在同一水平线上。

（3）均价线在整理期间基本是一条水平线，无明显的波折。

（4）均价线必须向上越过平台的最高点。

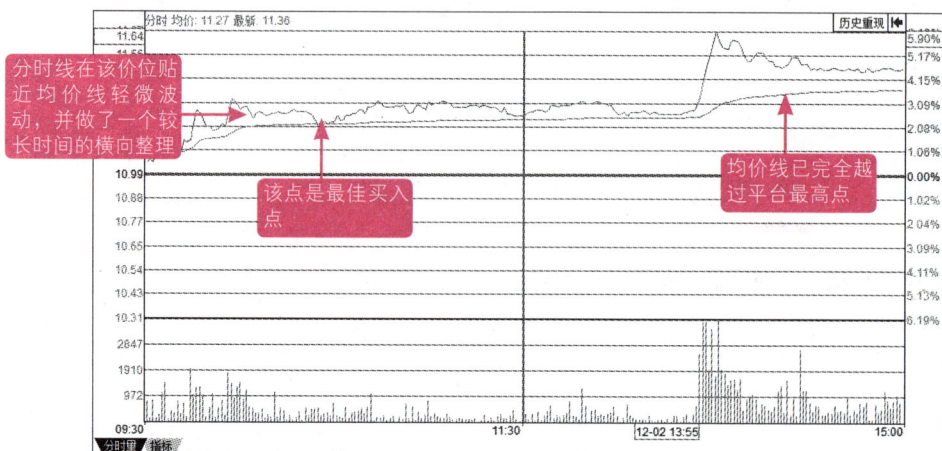

> **提示**
>
> （1）在一个交易日中，有可能会出现多个"向上突破平台"的走势，第一个"向上突破平台"出现时，应该第一时间买入，第二个"向上突破平台"出现时，如果涨幅不大，也可买入，第三个"向上突破平台"出现时，应杜绝买入。
>
> （2）设好止损点，如果遇到的是假突破，好第2天逃离。

4.3.5 分时双平底

双平底是指股价经过一段下跌后，在低位出现了两个同值的低点，这两个低点，就叫双平底。双平底具有以下特征。

（1）股价下跌的幅度较大，一般要大于3%。

（2）两底的底点应为同值（第2底略高于前底也可，但绝不能低于前底）。

（3）第2底出现后，分时线必须反转向上，且要超过均价线或"颈位线"。

出现双平底时需要注意以下几点。

（1）双平底最佳买点有两处，一是第2底部出现后，分时线与均价线的交点。二是分时线向上突破"颈位线"的位置。

（2）双平底形成时，分时线必须始终处在均价线之下，即第一底部与第二个底部之间的分时线不能向上穿越均价线。也就是说，两个的低点即两底之间的颈线位高点，均只能处在均价线之下。

（3）双平底有小双平底和大双平底，均可做多。

下图有一个小双底和一个大双底，两个双底均可买入。

4.3.6 分时头肩底

头肩底的曲线犹如倒置的两个肩膀扛一个头。股票价格从左肩处开始下跌至一定深度后弹回原位，然后重新下跌超过左肩的深度形成头部后再度反弹回原位；经过整理后开始第三次下跌，当跌至左肩位置形成右肩后开始第三次反弹，这次反弹的力度很大，很快穿过个形态的颈部并且一路上扬。头肩底为典型的较大涨势的信号。

步骤 1 急速的下跌，随后止跌反弹，形成第一个波谷，这就是通常说的"左肩"。形成左肩部分时，成交量在下跌过程中出现放大迹象，而在左肩最低点回升时则有减少的倾向。左肩形态如下图所示。

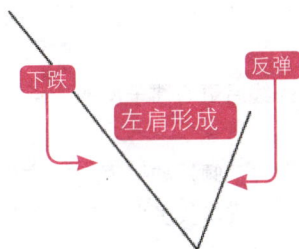

步骤 2 第一次反弹受阻，股价再次下跌，并跌破了前一低点，之后股价再次止跌反弹形成了第二个波谷，这就是通常说的"头部"。形成头部时，成交会有所增加。头部形态如下图所示。

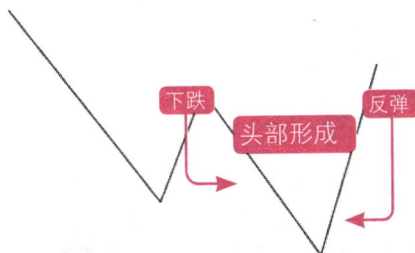

步骤3 第二次反弹再次在第一次反弹高点处受阻，股价又开始第三次下跌，但股价到与第一个波谷相近的位置后就不下去了，成交量出现极度萎缩，此后股价再次反弹形成了第三个波谷，这就是通常说的"右肩"。第三次反弹时，成交量显著增加。右肩形态如下图所示。

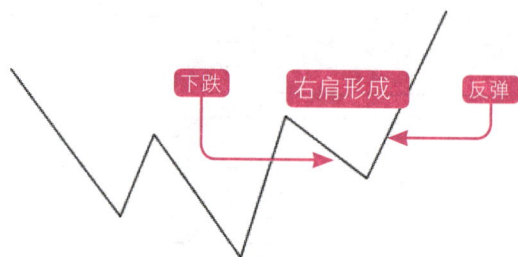

步骤4 第一次反弹高点和第二次反弹高点，用直线连起来就是一根阻碍股价上涨的"颈线"，但当第三次反弹时会在成交量配合下，将这根"颈线"冲破，使股价站在其上方。颈线形态如下图所示。

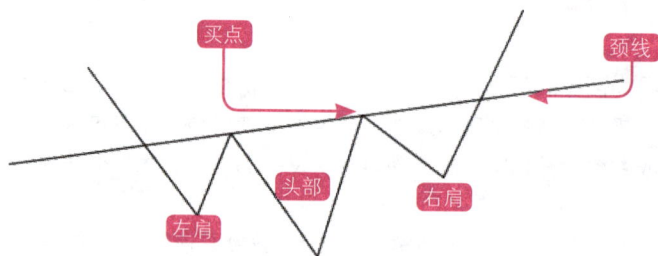

头肩底有以下几个特征。

（1）突破颈线时必须有量的巨增，若股价向上突破颈线时成交量并无显著增加，有可能是一个假突破。

（2）头肩底形态的价格在突破颈线后更习惯于反抽，原因是落袋为安的交易者比较多，这时会出现明显的两个买点，如下图所示。

（3）头肩底形态的颈线常常向右方下倾，如果颈线向右方上倾，则意味着市场更加坚挺。

（4）头肩底有时会出现一头多肩，或多头多肩的转向形态，此类形态较为复杂。

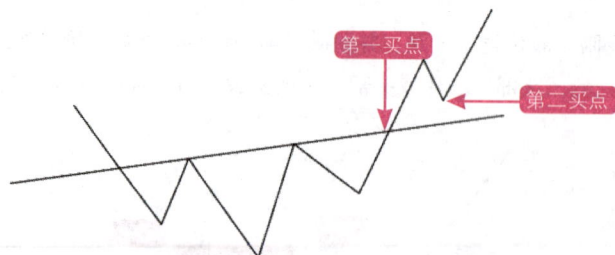

下图出现了两个头肩底，图中有两个买点。第一个头肩底颈线向右下方倾斜，突破颈线后成交量虽有增加但不明显，这时候应当谨慎进入。第二个头肩底颈线向右上方倾斜，突破颈线后成交量巨增，并且有回抽出现，因此出现两个买点，在这两个买点可大胆买入。

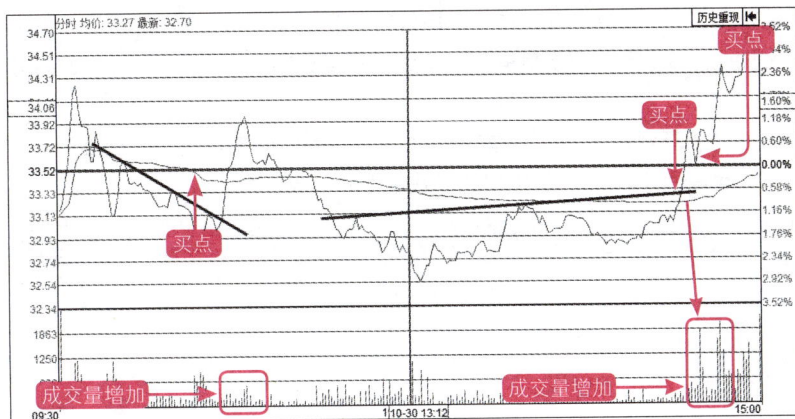

4.3.7 分时多重底

分时多重底具有以下技术特征。

（1）分时多重底底部低点相对平齐，但顶部没有规则。

（2）分时多重底底部低点多位于重要的均线位或者重要的技术支撑位附近。

（3）分时多重底盘旋时间往往较长，多在 60 分钟以上，且横盘区间内呈现极度缩量状态。

（4）分时多重底底部盘旋时要对多空量能进行合计，一般绝大多数情况多方量能之和是有优势的。这是多方吸筹状态的临盘体现，这是买点的显现。

如下图就是典型的分时多重底，该股从 11:00 左右一直到下午 14:00，横盘了一个半小时，期间多次探底，低点相对平齐，横盘期间成交量萎缩，之后尾盘拉起，涨幅达 7%。

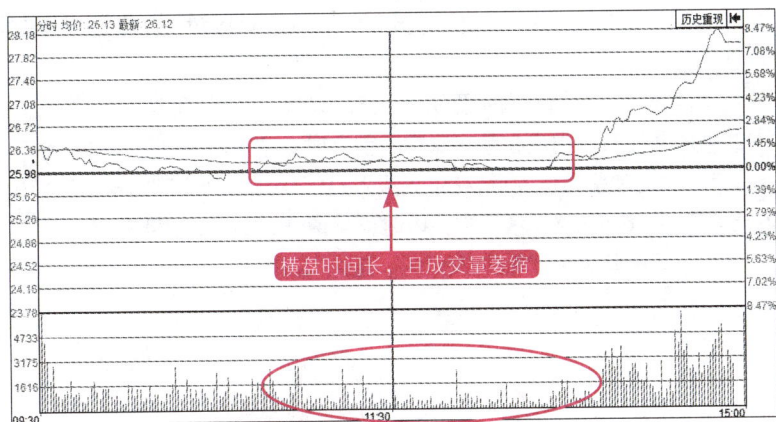

4.3.8 V 字尖底

V 字尖底就是股价急跌，然后被快速拉起，股价线形成一个"V"形态。

V 字尖底具有以下特征。

（1）该形态前，应是平开或低开，其后出现急跌的走势。

（2）该形态最低点的跌幅不能少于 2%，低点停留的时间不能超过 3 分钟。

（3）该形态形成前，分时线应一直处在均价线之下。

（4）该形态的底部低点必须是负值，且下跌的幅度必须大于2%。（下跌的幅度越大，则收益就越大）。

如下图所示，该股开盘即下跌，跌幅超过10%，触底后即刻走高，是标准的V字尖底，如果在低点买入，当天可获利13.4%，是典型的下跌幅度大，收益大。

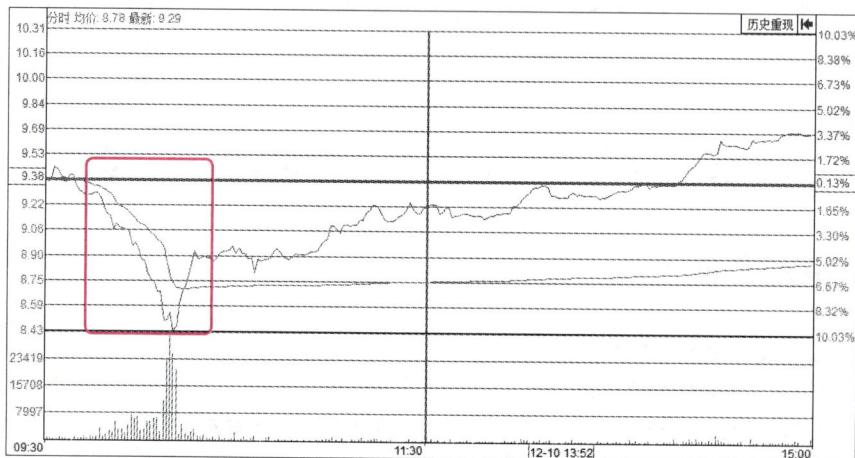

4.3.9 突破前高

突破前高是指股价在上升途中超过前期高点的走势。

突破前高买入时的注意点。

● 在超过前期波峰的高点时，第一、第二次突破前高时，可以放心做多。在第三次要小心了，因为此时价位已高，获利较难。

● 要注意日线图的走势。只有在日线图处于上升趋势，且价位不高时，才可放心做多。如果股价在盘整和下跌中的高位时，则应在第三次突破前高时做空了。

如下图所示，第一次突破是最佳买点，在该点买入，当天可获利5.25%，第二次突破是次佳买点，在该点买入，当天可获利2.6%左右，第三次突破时应当谨慎，虽然从走势看，当天买入仍然能获利，但当时价位已经很高，即使获利也非常少。

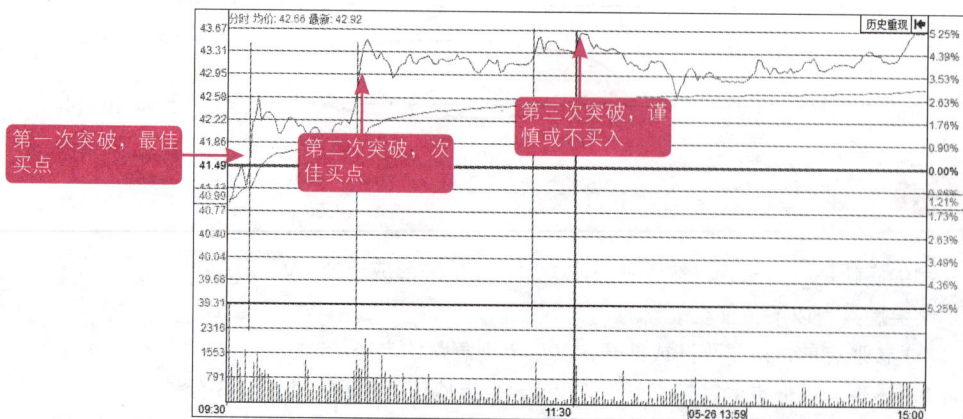

4.3.10 上穿收盘线

上穿收盘线是指股价线由下向上波动到昨天的收盘线的上方时买入。

上穿收盘线买入的注意点。

● 必须关注当天的开盘情况，只有当日是低开，特别是开盘后到分时线上穿昨日收盘线之前的这段时间里，分时线必须始终处在昨日收盘线之下。

● 先高开再跌破收盘线后再回升到收盘线上时，不太适合买入。

● 避免在开盘后深跌的"上穿"时买进，那很容易变成均线压力。

下图是典型的低开高走，开盘股价向下走，低于昨日收盘价，然后由下向上走，到昨天收盘价时可以买入，在该点买入，当日可获利 3.2% 左右。

4.4 分时卖出信号

上一节我们介绍了多种分时买入信号，这一节我们来介绍一些分时卖出的信号。

4.4.1 双线向下

分时线和量比指标不仅可以提升投资者获利区间的所在，还可以帮助投资者回避股价下跌的风险。当分时线和量比指标同时形成下降趋势时，表示盘中的能量开始不断减小，是卖出的信号。

如下图所示，开盘时量比指标值非常大，但随后出现连续下滑走势，股价下跌过程中可以看到，分时线形成狼牙形态，说明有资金在坚决出货。

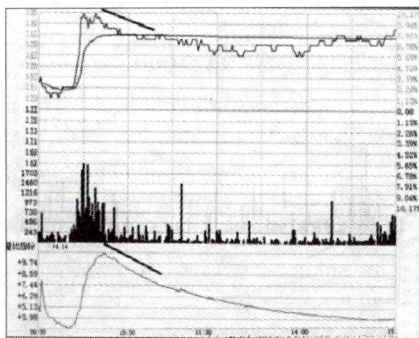

4.4.2 双线相对

双线相对即分时线下跌，量比却上涨，反映资金在盘中不断杀跌出货，这时应果断卖出。

4.4.3 均线压力

均线压力是指股价上升到均价线附近或短暂上穿均价线后，就回头下行的走势。

均线压力有以下几个特征。

● 均线应一直处在分时线之上，且呈水平状态横向移动。

● 分时线绝大多数情况下，处在均线之下，一般不向上突破均价线，即使突破，停留的时间也很短，突破的幅度也不会很大，并且很快回到均价线的下方。

● 分时线受到均线的阻挡前，须与均线有一段较大的距离，如果两线始终靠得很近，就不是均线压力，更不能按均线压力操作。

下图是个标准的均线压力卖出图。股价开盘后一路下跌，在 10:25 分形成第一次均线压力，是最佳卖点。随后在 10:45 分股价上穿均线，但短暂停留后又开始下跌，而且突破的幅度也是很大，11:00 左右是第 2 次卖点。之后在 11:20 左右再次受到均线的压力后就一路狂跌，最终当天跌幅超 8%。

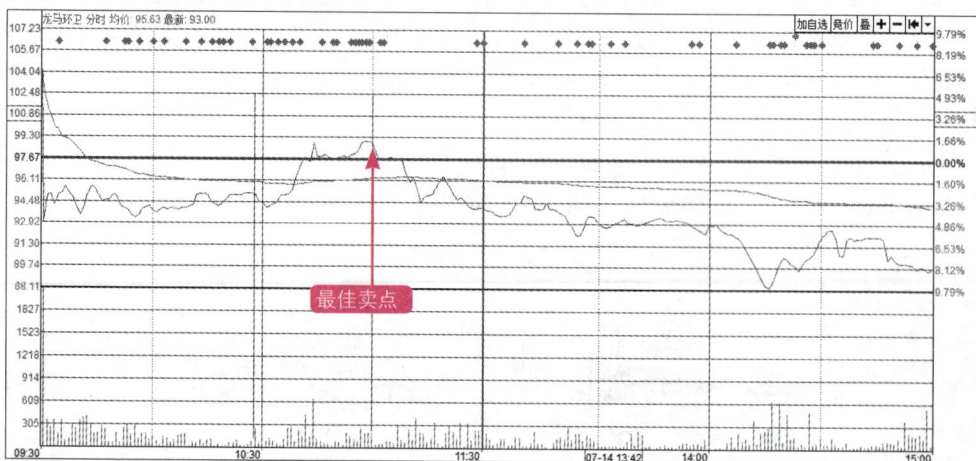

注意均线压力形态出现的价位。只有处在高价位的均线压力才可做空。如果是处在调整后的低位，最好不做空，而是持股待涨。

4.4.4 跌破平台

跌破平台是指分时线在离均线较近的地方进行长时间的横向整理后向下跌破平台的走势。

跌破平台有以下两个特征。

● 跌破前，一定要出现一段横盘走势，形成一个明显的平台。

● 分时线跌破平台的低点后，多数情况下会在短时间内又反弹到平台的低点附近，然后再次跌破平台的低点，此时就可确认跌破平台形态的形成，是最佳的卖点。

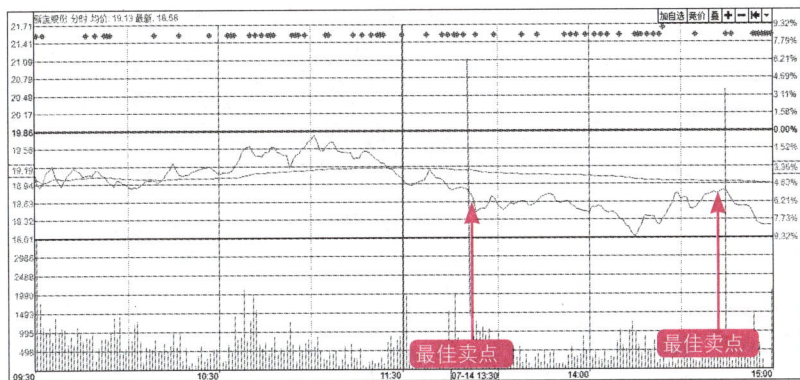

上图是标准的跌破平台图，股价开盘后沿均价线进行长时间的横盘，上下无大的波动，下午13:20 分，向下跌破平台，形成最佳卖点。随后，在 14:45 分短时间内又反弹到平台的低点附近，对跌破平台形态形成的回抽确认，再度向下跌，是最后的卖点，此后股价一泻千里。

跌破平台的卖出时机最好是在第一个跌破平台时。第二个次之，因为跌幅较大。

4.4.5 开盘急涨

开盘急涨分三种情况，即开后急涨、先跌后涨、盘后急涨。

开后急涨是一开盘就向上急涨。先跌后涨是一开盘后下跌一段，然后再向上急涨。盘后急涨是开盘后，横盘了一段时间才向上急涨。

开盘急涨有以下两个特征。

● 上涨的过程在短时间内完成，分时线成垂直上升状态，上涨的高度一般不低于 2%。

● 分时线与均价线的距离拉得较远。

下图是标准的开盘急涨卖出法（先跌后涨），开市后股价先向下跌一段，然后再向上急涨，在短短 15 分钟左右上涨幅达 6%，符合先跌后涨卖出原则，是最佳卖点。

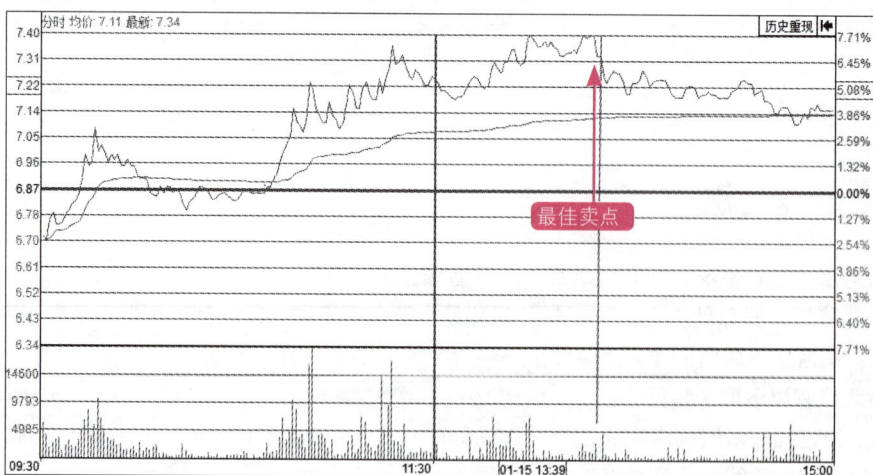

提示

（1）要快进快出。开盘急涨，一般会在当天出现急跌，急涨多高，就会下跌多深。

（2）开盘急涨的形态，其中间不能有波折，即使是短时间的升幅较高，也不能按"开盘急涨"操作。

4.4.6 分时双平顶

双平顶是指股价在经过一段涨势后，在高位形成了两个高点均为同值的顶部。

双平顶形态具有以下特征。

● 形成的两个顶部高点应为同值，且应处在均价线之上。

● "双平顶"形成时，当日的股价上涨幅度应高于 3%。

上图的双平顶出现的比较晚，在形成两个双平顶时，涨幅到 7.71% 而且处在最高位，完全符合涨幅度应高于 3% 的条件，可在第二顶形成后的下一档价位卖出。

> **提示**
>
> （1）形成"双平顶"形态时，上涨幅度越大，有效性越大。上涨幅度小于3%，避免操作。
> （2）"双平顶"形态的最佳卖点，为第二顶形成后的下一档或下两档价位。
> （3）"双平顶"形态只有在高位或波段的顶部时，才可放心做空。

4.4.7 对称上涨

对称上涨是指股价先跌后涨，且涨跌的幅度大体相当的走势。是高位卖出的一个十分有效的指标。对称上涨又分为"急跌急涨"和"缓跌缓涨"。

对称上涨具有以下特征。

● 下跌和上涨的幅度应大体相当或相等。

● 该形态下跌的低点到上涨的高点的波动幅度应在 3% 以上，小于 3% 的"对称上涨"不适合操作。

下图是个典型的"缓跌缓涨"的形态，股价开盘即开始缓慢下跌，直到 10:30 跌了 3.31% 后开反弹，约 11:20 反弹幅度达到 3.8% 后又开始走低，走势符合股价先跌后涨，且涨跌的幅度达到 3% 以上，是个不错的卖点。

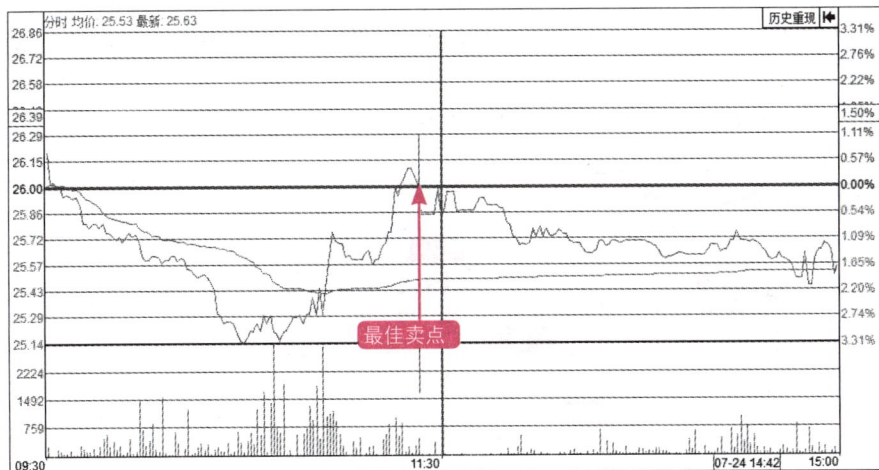

4.4.8 分时头肩顶

头肩顶和头肩底正好相反，股票价格从左肩处开始上涨至一定高度后跌回原位，然后重新上涨超过左肩的高度形成头部后再度跌回原位；经过整理后开始第三次上升，当上涨至左肩位置形成右肩后开始第三次回跌，这次下跌的力度很大，很快穿过个形态的颈部并且一路下跌。头肩顶为典型的卖出信号。头肩顶形态示意图如下图所示。

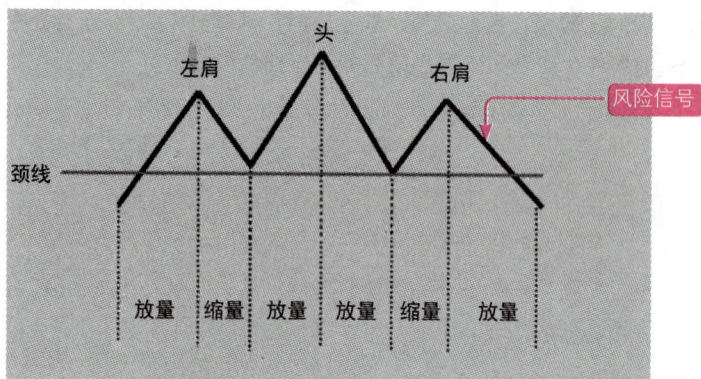

头肩顶形态走势可以分为以下几个不同部分。

（1）形成左肩。

持续一段上升的时间，成交量很大，过去在任何时间买进的人都有利可图，于是开始获利沽出，令股价出现短期的回落，成交较上升到其顶点时有显著的减少。

（2）形成头部。

股价经过短暂的回落后，又有一次强力的上升，成交亦随之增加。不过，成交量的最高点较之于左肩部分，明显减退。股价升破上次的高点后再一次回落。成交量在这回落期间亦同样减少。

（3）形成右肩。

股价下跌到接近上次的回落低点又再获得支撑回升，可是，市场投资的情绪显著减弱，成交较左肩和头部明显减少，股价没法抵达头部的高点便告回落，于是形成右肩。

（4）跌破。

从右肩顶下跌穿破由左肩底和头部底所连接的底部颈线，其突破颈线的幅度要超过市价的3%以上。

下图在早盘10:15—10:45之间出现了典型的头肩顶。

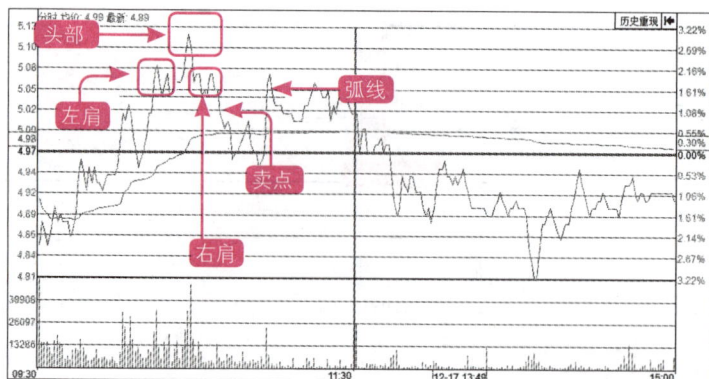

4.5 钱龙的分析菜单

通过钱龙软件的分析菜单，除了可以查看前面介绍过的分时走势、技术分析（K线图）、盘中监控中心外，还可以查看成交明细、价量分布图、分笔走势、历史行情报表、F10资料和财务简表等，钱龙软件的分析菜单如下图所示。

4.5.1 成交明细

通过【成交明细】可以时刻查看某只股票或大盘的成交、涨跌、涨跌幅度等情况，此外，还可以查看日线、周线、月线、季线以及自行定义分钟数和自设天数等。

大盘和个股查看成交明细的方法相同，下面以查看大盘成交明细为例来介绍如何查看成交明细。

步骤 1 打开钱龙软件，然后按【F3】键，进入上证指数的分时走势图，如下图所示。

步骤 2 选择【分析】➤【成交明细】菜单命令，进入到上证指数的成交明细界面，如下图所示。

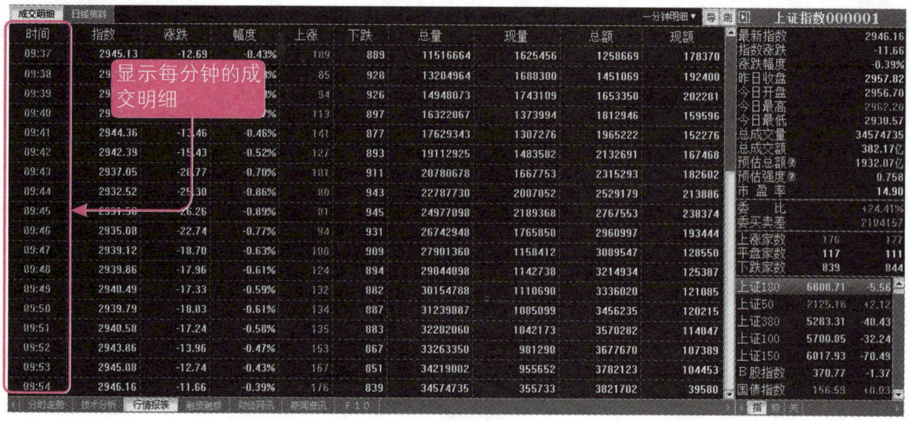

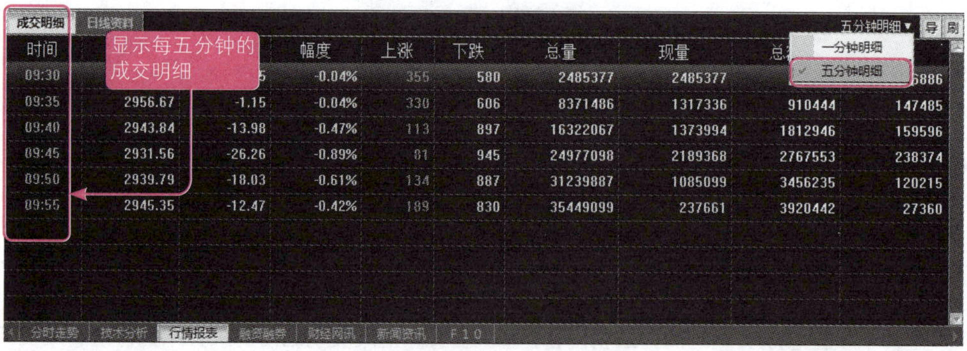

显示每分钟的成交明细

步骤3 单击标题栏右侧的【一分钟明细】下拉箭头，在弹出的下拉选项中选择【五分钟明细】，进入到五分钟明细，如下图所示。

显示每五分钟的成交明细

步骤4 单击【日线资料】并选择【行情报表】选项卡，可以查看历史每天的涨跌、开盘价、最高价、最低价、收盘价、成交量以及成交额等数据，如下图所示。

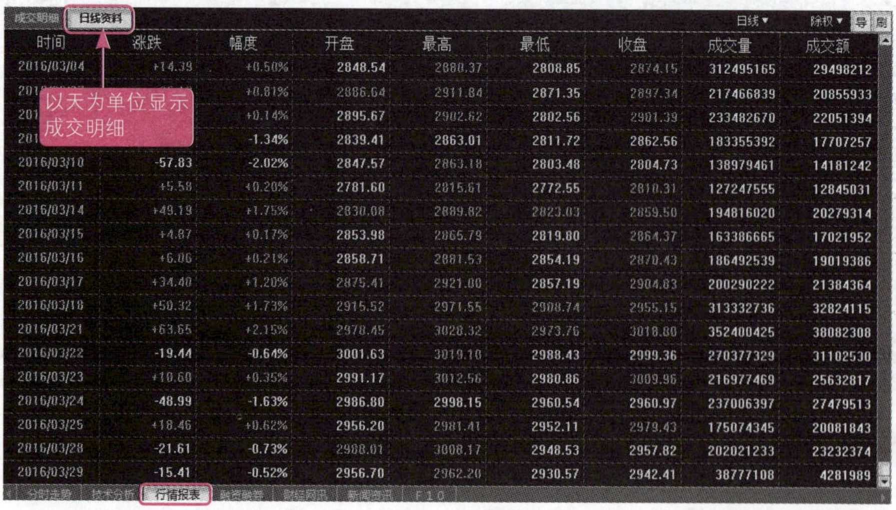

以天为单位显示成交明细

✎ 提示

除了查看日线资料，还可以查看周线、月线、季线等资料。钱龙软件默认的是除权后的明细，我们还可以查看除权前的明细，以及向前复权和向后复权的数据明细。

4.5.2 价量分布图

价量分布图不是趋势分析，而是短线分析工具。是用来看阻力线和支撑线的。交易集中的地方就是阻力线或支撑线。

查看某一只股票的价量分布图的操作步骤如下。

步骤 1 打开钱龙软件，在上证 A 股报价界面选中某一只股票，如【浪莎股份】，如下图所示。

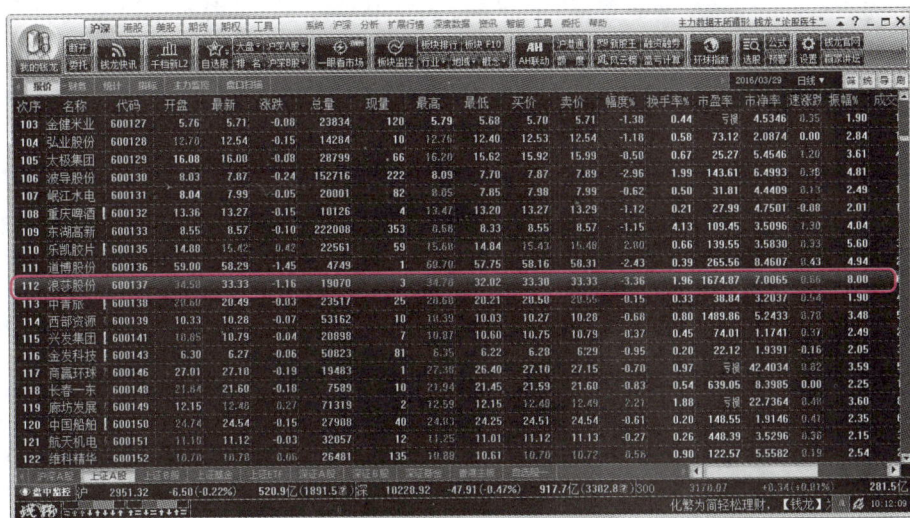

步骤 2 选择【分析】➤【价量分布图】菜单命令，打开"浪莎股份"的价量分布图，可以查看某个成交价的成交量，以及该成交量占总成交量的比例，如下图所示。

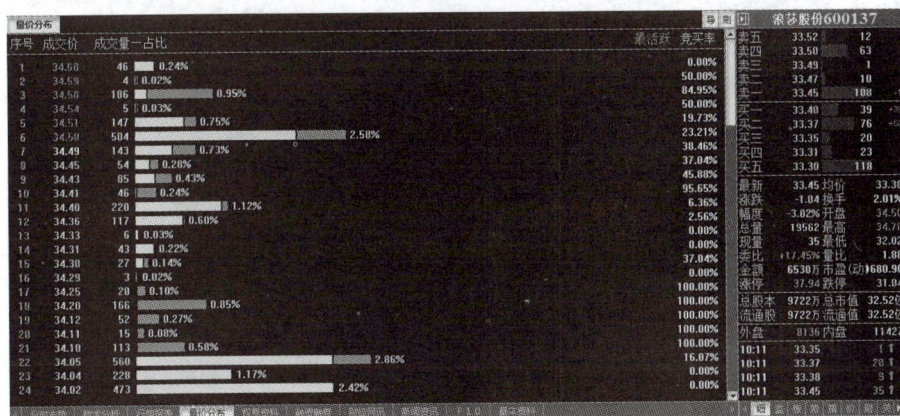

【颜色及成交价】：价量分布图中红色表示主动买，以卖一价成交；绿色表示主动卖，以买一价成交。

【成交量】：对应前面的成交价格，表示在此价位上成交的总量。

【占比】：对应前面的成交价格，表示在此价位上的成交量占总成交量的百分比。

【最活跃】：成交量最高的那个价格，或者说占总成交量比例最高的那个价格为最活跃价格。

【竞买率】：对应前面的成交价格，在此价位上成交量中主动性买量占的比率。

4.5.3 分笔走势图

分笔走势图是商品当日每笔成交的走势图，通过分笔走势图可以查看每笔成交的成交价格、成交量以及成交额等。

查看分笔走势图的具体操作步骤如下。

步骤 1 打开钱龙软件，在上证 A 股报价界面选中某一只股票，如【古越龙山】，如下图所示。

步骤 2 选择【分析】➤【分笔走势】菜单命令，打开【古越龙山】的分笔走势图，如下图。

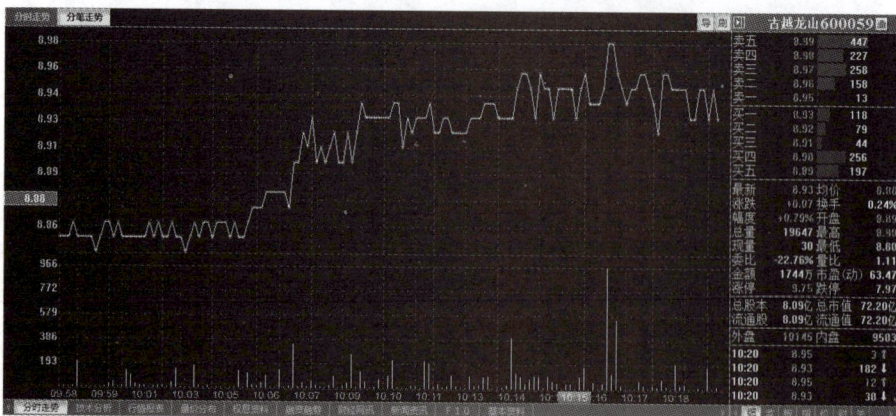

步骤 3 把鼠标放到某个时间点上单击，在弹出的快捷菜单上即可查看该时刻的最新价、涨跌、幅度、成交量和成交额，如下图所示。

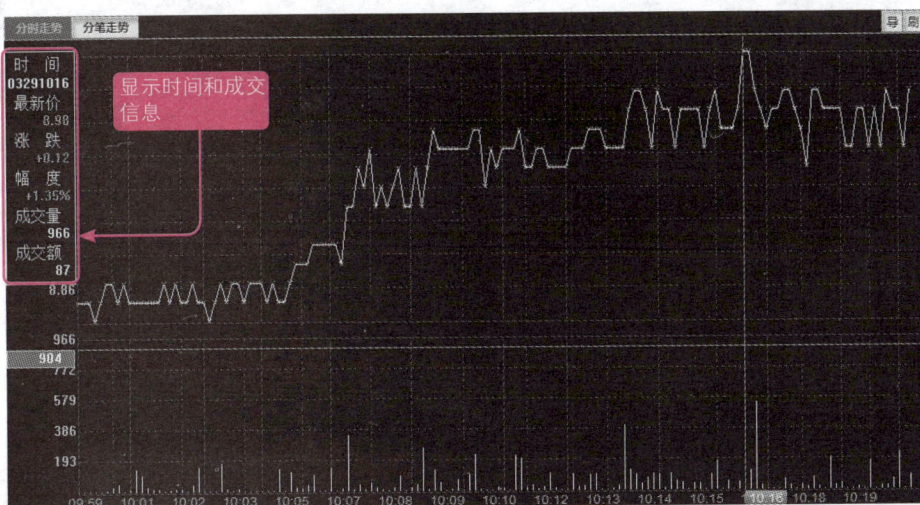

4.5.4 F10 资料和财务简表

F10 资料和财务情况我们在前面已经介绍过了，这一节我们来介绍如何通过【分析】菜单来查看 F10 资料和财务简表。

通过【分析】菜单查看股票的 F10 资料和财务简表的操作步骤如下。

步骤 1 打开钱龙软件，在上证 A 股报价界面选中某一只股票，如【海螺水泥】，如下图所示。

步骤 2 选择【分析】➤【F10 资料】菜单命令，打开海螺水泥 F10 资料页面后，可以查看该股票的最新简况、公司概况、行业分析、股本股改、财务分析、分红扩股以及股东等情况，如下图所示。

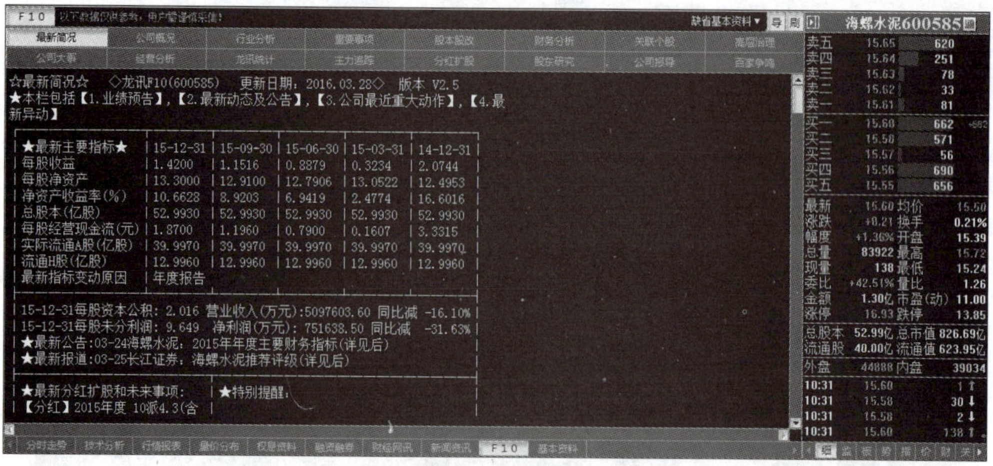

步骤3 选择【分析】▷【财务简表】菜单命令，打开财务简表页面后，可以查看该股票的总股本、流通股、总资产、股东权益、主营业务收入、利润总额、净利润等，如下图所示。

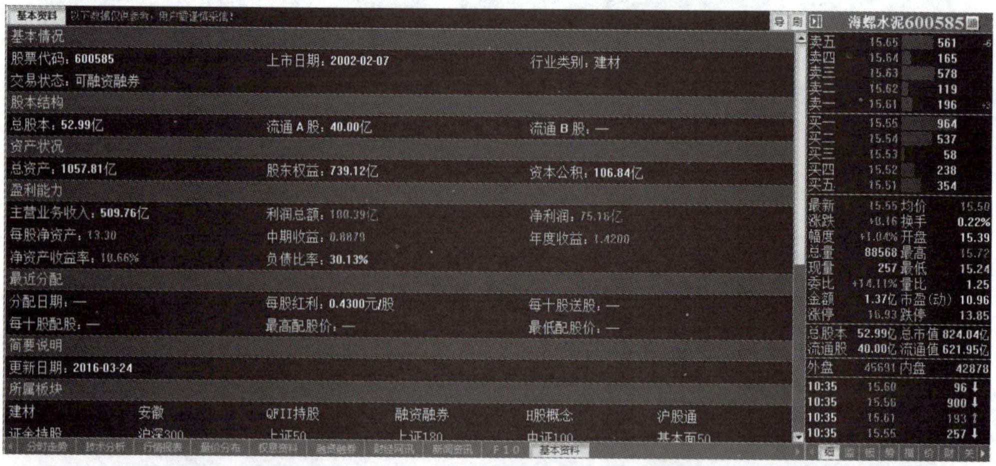

✍ **提示**

　　在 F10 资料页面，直接输入【11+Enter】键，也可以进入到财务简表页面，同理，在财务简表页面，按【F10】键也可进入 F10 资料页面。

4.5.5 个股记事

　　个股记事可以通过记事本以文字的形式对个股进行记录。

　　个股记事的操作步骤如下。

步骤1 打开钱龙软件，在上证 A 股报价界面选中某一只股票，如【大唐电信】，如下图所示。

步骤2 选择【分析】➤【技术分析】菜单命令，进入该股的K线图，如下图所示。

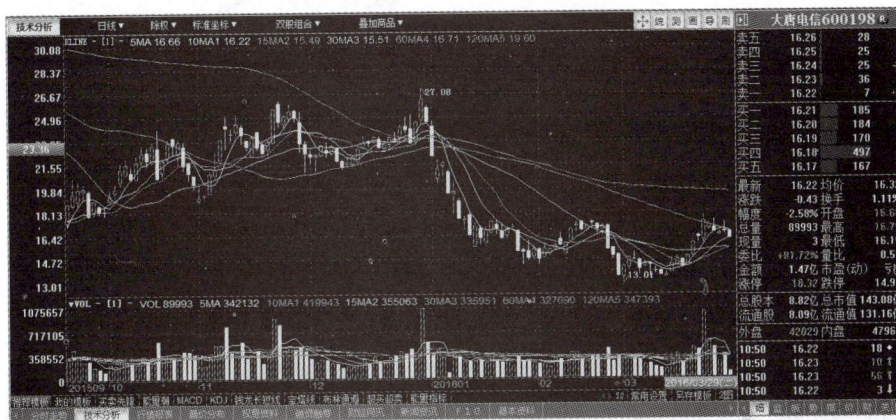

步骤3 选择【分析】➤【个股记事】菜单命令，弹出【个股记事】对话框，如下图所示。

步骤4 单击【新建】按钮，弹出【编辑个股记事】对话框，在该对话框中可以编辑输入文字，如下图所示。

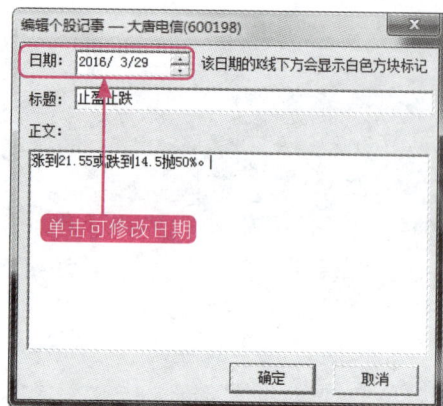

步骤5 单击【确定】按钮，在记事本中可以看到刚创建的记事本，如下图所示。

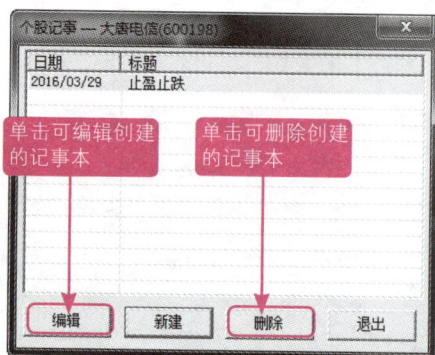

步骤6 单击【退出】按钮退出后，可以看到K线图上该日期下有个白色方框，如下图所示。

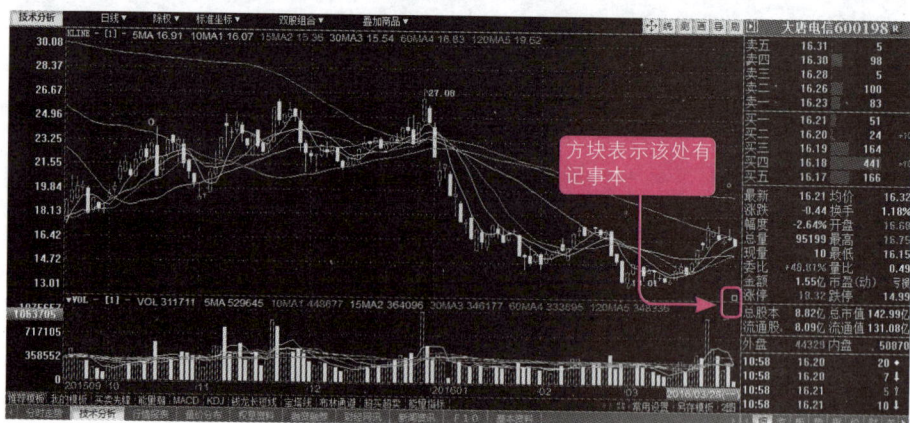

📝 **提示**

【分析】菜单中很多命令只有在技术分析（不仅仅是K线图，但不包括分时走势）界面下才可以使用，例如【个股记事】、【区间统计】、【区间放大】以及【多周期同列】等。

高手私房菜

技巧 1：区间统计与区间放大

通过区间统计，可以查看指定区域的最高价、最低价、振幅、上涨下跌的天数以及换手率等情况。

区间放大可以将某段区间内的技术分析图放大，以便清晰查看该区间的信息。

区间统计和区间放大的操作方法如下。

步骤 1 打开钱龙软件，在上证A股报价界面选中某一只股票，如"600007（中国国贸）"，然后选择【分析】▶【技术分析】菜单命令，进入该股的技术分析界面，如下图所示。

步骤 2 选择【分析】▶【个股区间统计】菜单命令，然后在技术分析图上左右移动光标，在自己需要查看的位置单击作为统计的起始日期，例如选择2016年2月25日，如下图所示。

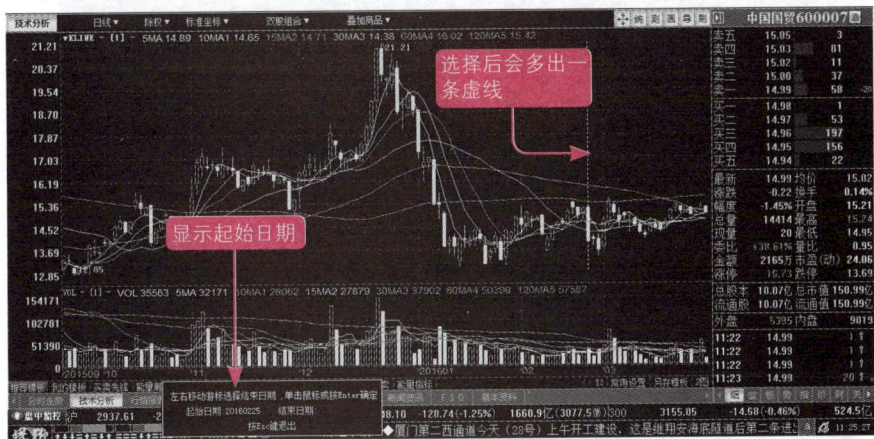

步骤 3 重复步骤 2，选择结束日期，例如选择 2016 年 3 月 11 日，结果显示如下图所示。

步骤 4 关闭【个股区间统计结果】后，选择【分析】➤【区间放大】菜单命令，然后移动鼠标在要放大的起始位置单击，如下图所示。

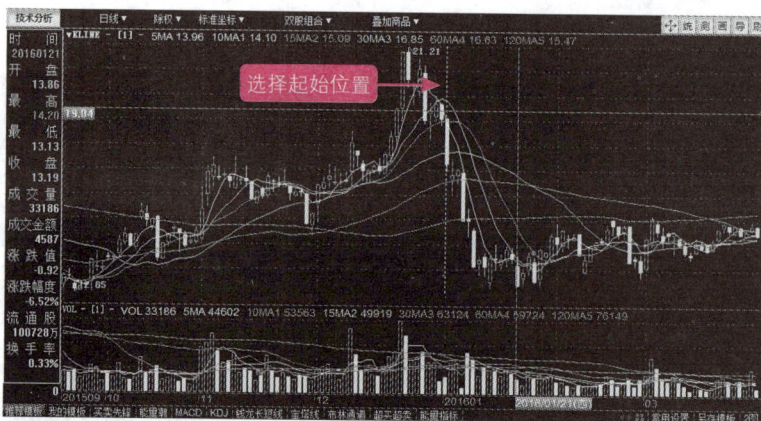

步骤 5 继续移动鼠标，在合适位置单击作为结束位置，结果选择的起始位置和结束位置的区间被放大，如下图所示。

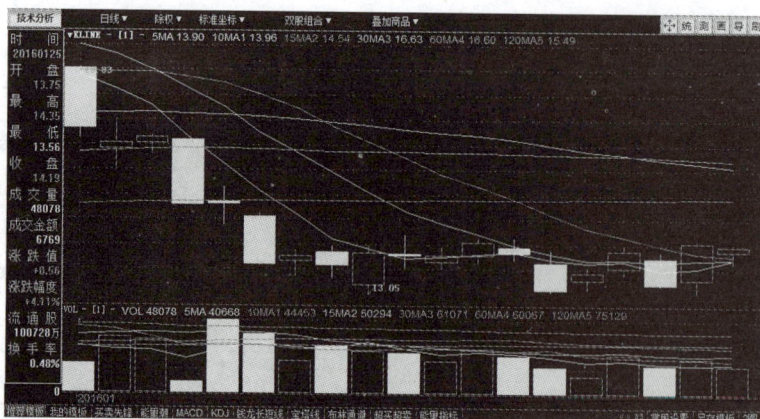

技巧 2：多周期同列

多周期同列可以同时将某个技术指标的 4 个周期同时列出，供投资者参考。

多周期同列的操作步骤如下。

步骤 1 打开钱龙软件，进入上证 A 股报价页面选中某一只股票，如【宝钢集团】，然后选择【分析】➤【技术分析】菜单命令，进入【宝钢集团】的技术分析页面，如下图所示。

步骤 2 选择【分析】➤【多周期同列】菜单命令，系统默认显示该指标的日线、周线、月线和季线四个周期，如下图所示。

步骤 3 在多周期同列页面单击鼠标右键，在弹出的快捷菜单上选择【变换指标】➤【常用指标】➤【KDJ 指标】选项，如下图所示。

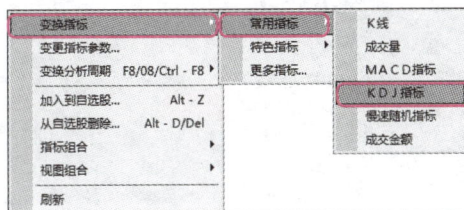

步骤 4 切换为【KDJ 指标】后，显示如下图所示。

步骤 5 在多周期同列的任一周期区域单击鼠标右键，在弹出的快捷菜单上可以选择【变换分析周期】，例如在"季线"区域单击鼠标右键，将"季线"变换为"半年线"，如下图所示。

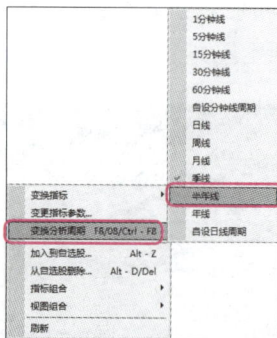

步骤 6 切换为"半年线"后，如下图所示。

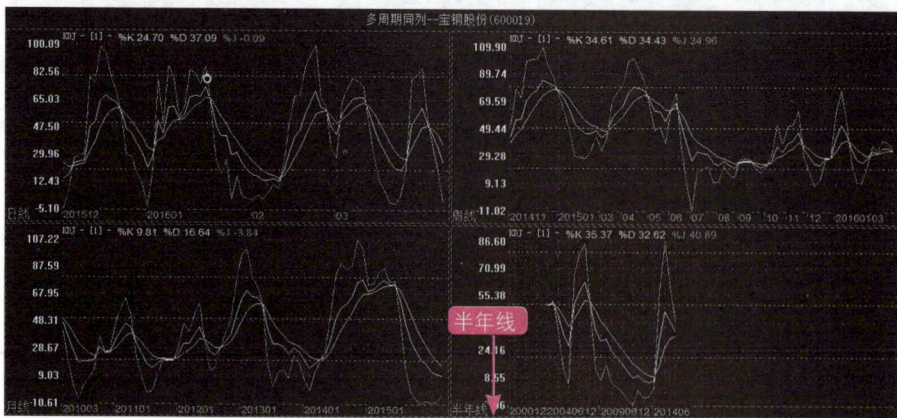

半年线

第 5 章
基本面分析

引语

　　投资的目的是寻找那些未来 20 年具有持续竞争优势而且价格上具有安全边际的优秀公司。

——巴菲特

　　价值投资是股神巴菲特一直奉行的，而价值投资的基础就是对公司的基本面分析。他也曾说过，如果不能根据公司基本面分析进行估值，就根本不会关注这家公司。所以，要成为一名优秀的投资者，基本面分析至关重要。

要点

☐ 宏观经济分析

☐ 行业层面的基本面分析

☐ 企业层面的基本面分析

股市是经济发展的"晴雨表"，股市的走势不仅反映宏观经济运行的情况，还能影响国民经济发展的好坏与快慢。那么作为股民，就应该熟悉基本面分析，从而了解股市变化的大方向。

5.1 宏观经济分析

宏观基本面对股市的整体走势能够产生很大影响，其中主要的影响因素有经济因素、政治因素和国内外重大事件等。说到底，股市最终是为经济发展服务的。因此，本节重点介绍经济因素。

5.1.1 经济政策

股市是社会经济的一个重要组成部分，必然受国家经济政策的影响。经济政策是国家经济发展意志和目标的集中体现，国家都看好的事情，普通股民没有什么理由不看好。

因此，投资者要想炒股成功，就需要深入理解国家经济政策的取向，密切关注国家经济政策的出台，抓住机遇，选择具有发展前景的行业，把握好的投资时机和投资产品。

例如，2015 年 3 月 5 日上午十二届全国人大三次会议上，李克强总理在政府工作报告中首次提出"互联网＋"行动计划。总理在报告中提出，"着力培育新的增长点，促进服务业加快发展，支持发展移动互联网、集成电路、高端装备制造、新能源汽车等战略性新兴产业，互联网金融异军突起，电子商务、物流快递等新业态快速成长，众多'创客'脱颖而出，文化创意产业蓬勃发展"。显然，国家要通过互联网来促进经济转型和升级。这就是国家的经济政策，反映在股市上就是"互联网＋"概念受到资金持续追捧，"互联网＋"企业的股价稳步上升。

目前的交易软件里基本上都带有资讯板块，投资者可充分利用该功能。以钱龙软件为例，介绍具体操作步骤。

步骤 1 打开钱龙软件，进入其主界面。单击菜单栏中的【资讯】➤【今日焦点】选项。

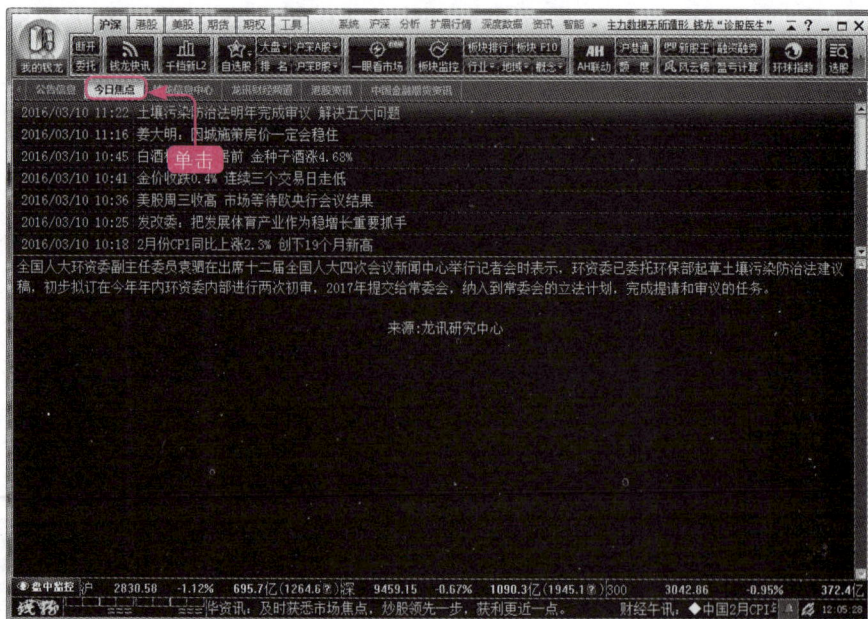

步骤 2 如下图所示，该图为【钱龙信息中心】界面。

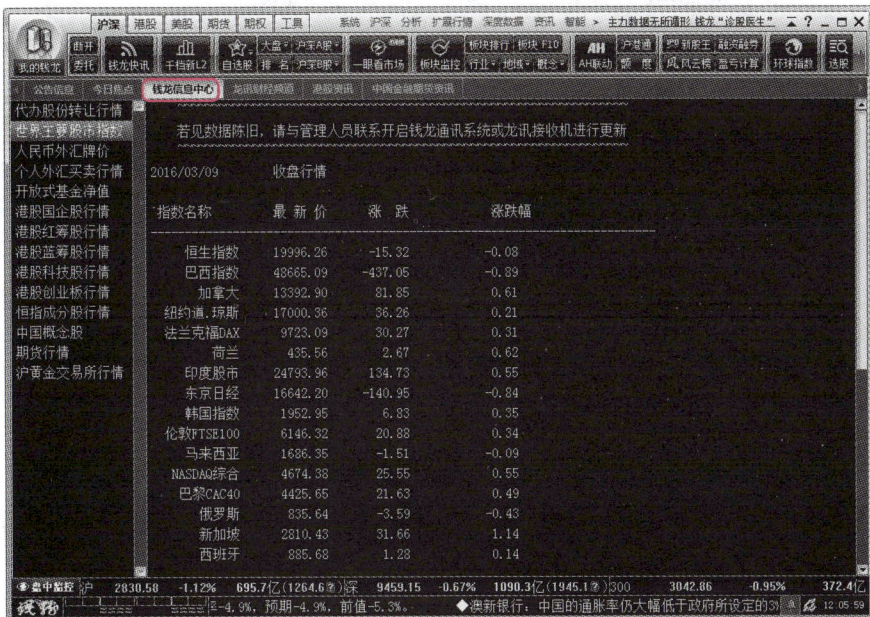

步骤 3 单击【龙讯财经频道】选项卡，可查看上市公司最新公告，如下图所示。

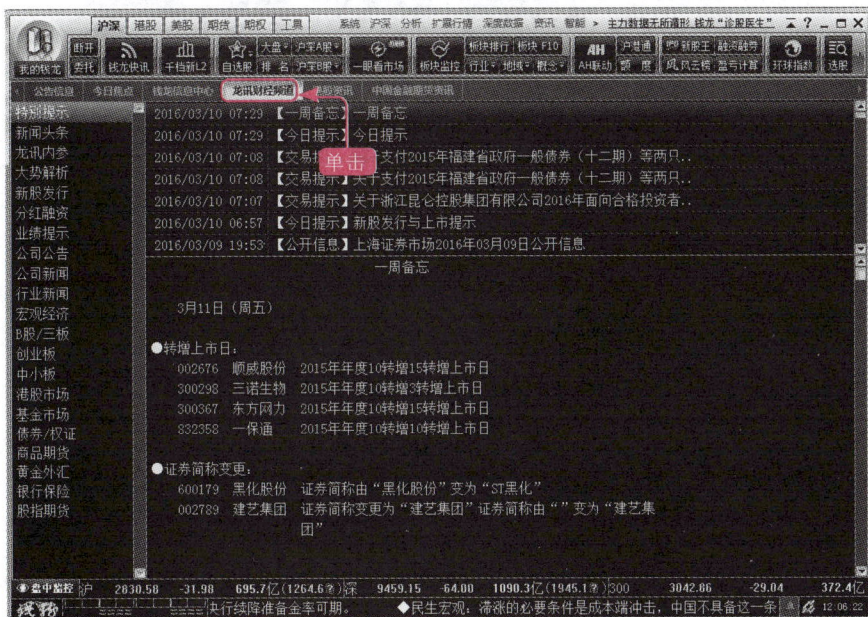

投资者也可以通过《中国证券报》的中证网，了解最新的经济政策信息。中证网的首页，如下图所示。

投资者还可以利用《上海证券报》主办的中国证券网，了解最新的国家经济政策。中国证券网的首页，如下图所示。

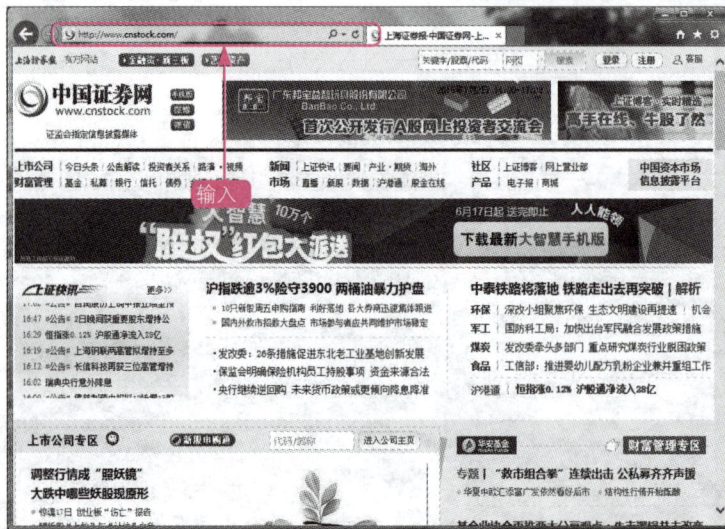

提示

投资者还可以关注《证券日报》，它是中国证监会指定披露上市公司信息、中国保监会指定披露保险信息、中国银监会指定披露信托信息、四大产权交易所指定产权信息披露的报纸。

5.1.2 经济指标

投资者在新闻中常常会接触到一些经济指标，如国内生产总值、物价指数、外贸形势等。这些指标由国家统计局定期公布，对判断宏观经济形势具有重要作用。

1. 国内生产总值（GDP）与经济增长率

国内生产总值（GDP）是指在一定时期（一般按年统计），在一国领土范围内生产的产品和劳务的总值。这些产品和劳务的界定以在一国领土范围内生产为标准。

例如，中国的制造企业在俄罗斯设厂，其生产产品的产值不计入我国的 GDP；但是，俄罗斯公司在中国设厂，它的产值计入我国当年的 GDP。

经济增长速度，反映一定时期一个国家或地区经济发展水平的变化程度。2015 年在我国有一句流行口号"保七"，指的就是力争 2015 年经济增长速度达到 7%。

在宏观经济分析中，GDP 指标举足轻重。当国内生产总值连续、稳定地增长，经济发展势头良好时，首先是企业赢利水平不断上升，提高了股票的内在价值；同时，经济增长带来了人们生活水平的改善和收入的提高，增加了投资者对股票的需求。所以，股票价格开始慢慢上涨，形成牛市。

相反，当国内生产总值持续下跌，经济发展动力不足时，首先企业自身的赢利能力下降，股票的内在价值有所降低；而人们收入的增速缓慢，就会减少投资者对股票的需求。两者因素共同作用下，造成股票慢慢下跌，股市走熊。

2. 利率

利率是影响股市的最为敏感的因素之一。通俗来说，利率就是货币的价格。自然，货币供给多了，利率要降低；货币供给少了，利率则升高。那么，反过来我们可以这样简单认为，如果某个时刻利率下降了，说明货币供给多了，流动性相对宽松，而这些多的钱来买股票，必定会把股价给抬高上去。所以，利率下降，股市走高；反之，利率提高，股市走低。所以，大部分投资者把央行降息降准当成重大利好。

3. 汇率

汇率又称汇价，是一国货币兑换另一国货币的比率。汇率对股价的影响有短期影响和长期影响。从短期分析，汇率对股市的影响主要表现在国际热钱的流入和流出上，其基本过程如下图所示。

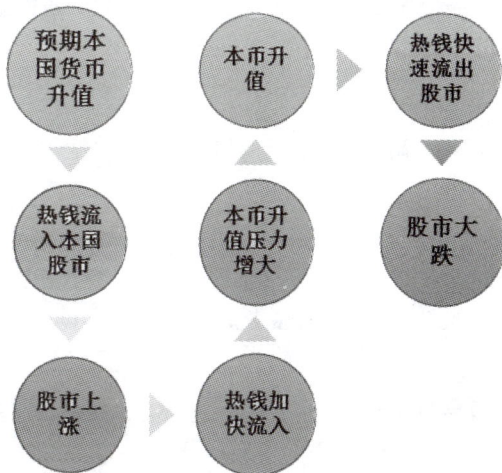

从图中可以看出，热钱的快进快出会对本国的股市造成剧烈影响，使股价短期内大起大落，让股市成为投机豪赌的场所。从长远分析，这种变动破坏了股市融资、定价和资产配置的基本功能，使股市不能很好地为实体经济服务，必然会对上市公司产生诸多不利影响，甚至危及到整个证券市场和国家经济的健康发展。

4. 通货膨胀（CPI）

通货膨胀是因纸币超发，货币供给大于货币实际需求，从而导致货币贬值，进而引起的一段时间内物价持续而普遍上涨现象。通货膨胀实质就是货币超发现象。

> **提示**
>
> 通货膨胀率（CPI）是居民消费价格指数（Consumer Price Index）的简称。居民消费价格指数，是一个反映居民家庭一般所购买的消费商品和服务价格水平变动情况的宏观经济指标。

有关通货膨胀对股市的影响，是仁者见仁，智者见智。其实，通货膨胀对股市的影响有两个方面，分别是对股价的影响和对股市发展的影响。这里介绍一下通货膨胀对股价的影响。

通胀初期对股价起推动作用，主要表现如下。

（1）通胀初期，货币供应量有所增大，个人、企业也会掌握较多的货币资金。投资者如果看好股市或者预测股市赢利非常乐观，这些多余的资金就流入股市。买的人多了，股票的价格就会上涨。

（2）随着货币供应量的增大，市场产品的价格也会上涨，而通常情况下投资品的价格上涨得更快。这样，以生产投资品为主的上市公司，其账面赢利将会大幅提升。因此，股民看好这些上市公司的前景，纷纷买入股票，从而促使股价上涨。

不过，持续的通货膨胀会使股价下跌，主要表现如下。

（1）当通货膨胀趋于高峰时，将会造成经济秩序的混乱、消费者抱怨、各阶层不满等现象，都超出了社会的忍受能力范围。这时，决策者采取措施抑制通货膨胀。个人、企业手中的货币资金减少，导致资金流出股市，从而股价下跌。

（2）持续的通货膨胀会使市场产品的价格持续上涨，造成实际生产成本的大幅上升，物资供应紧张，导致一些上市公司账面赢利减少，股民相应地不看好其前景。再加上严重的通货膨胀，投资者的信心降低，纷纷退出股市，导致股价下跌。

总结来说，短期温和的通货膨胀会促使股价上涨，长期恶性的通货膨胀最终导致股价下跌。

5.1.3 经济周期

宏观经济变动，呈现复苏期、高峰期、衰退期和谷底期反复循环的周期性波动。

1. 复苏期

否极泰来，经济已经处在底部无法再低，只能转头向上。随着经济形势的好转，消费需求逐步增加，企业投资增加，产品生产、销售、利润都稳步上升，呈现出蓬勃发展的预期。所以，投资者纷纷开始大举抄底，无人问津的股市开始复苏。

2. 高峰期

经过前期的复苏，经济发展步入正常轨道，生产、投资、消费都快速提高，企业利润稳步上升，投资者看好的预期不变，所以，该时期股票市场活跃，形成牛市。

3. 衰退期

盛极而衰，这是客观规律，股票市场也不例外。高峰期的持续上涨，使企业本身的潜能基本上得到充分挖掘，股价处在相对高位，如果没有新的经济增长点，回调是在所难免。此时，投资者获利出货的心态更加迫切，市场稍有风吹草动，就会纷纷出货。买入动力不足，卖出压力盛行，股价开始下跌。

4. 谷底期

经济发展速度迅速下降，甚至出现倒退，整个经济生活被阴霾笼罩，企业产能萎缩，大面积企业出现亏损，甚至倒闭。消费需求严重不足，缺乏促使经济上涨的动力因素，企业和投资者普遍情绪相对悲观。此时，股票市场一跌再跌，投资者争相出货，又进一步加剧了市场的下跌。

"选股不如选时"。根据经济循环周期，投资者最佳的获利时间是从经济开始复苏到高峰期，在衰退期、谷底期，投资者应该以保本不亏损为主。此外，不同行业的股票在整个经济周期中的表现大不相同。通常情况下，基建类、制造类企业在复苏期间表现比较强势，而消费类、公共事业类企业则在高峰期开始发力。把握住这些，投资者在具体操作时，要特别注意不同企业的投资组合。

综上所说，不同的经济周期，投资者应该有不同的投资策略，如下图所示。

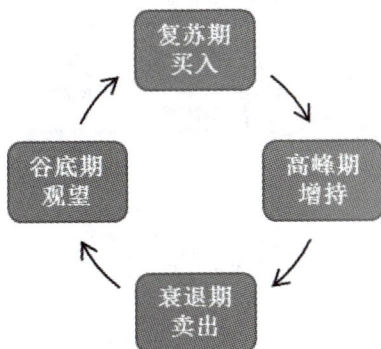

5.1.4 其他因素

股票市场价格的波动，除受经济的、社会的和技术的因素影响外，还受政治因素的影响。通常，政治因素对股价是系统性、全面的影响。

政治因素主要指的是指国内外的政治形势变化，例如政局的动荡、政治领导人的更迭、国家或地区间的战争、冲突等。这些因素，特别是其中的政局突变和战争爆发，会令股市产生巨大的波动。

投资者能够经常遇到的是国家经济政策和方针措施的调整。这么重要的外部环境发生变化，自然上市公司的经营环境、经营方向以及战略也需要跟着改变，股价必然会受到影响。

具体来说，能够对股价产生影响的政治因素包括以下三点。

1. 战争

战争是政治的集中体现，因而对股市的影响最大。例如，2015 年由于乌克兰东部危机，俄罗斯甚至有可能卷入冲突，导致俄罗斯股价大幅跳水。目前中国的周边环境相对稳定，发生大规模战争的可能性比较小，投资者可以安心进行投资。

2. 国际重大政治活动

随着世界政治多极化、经济一体化进程的加快，以及现代通信技术的飞速发展，国际上重大政治事件对一国股市的影响越来越大。例如，2015年7月的希腊可能退出欧盟的风波，不光使欧洲股市下挫，甚至波及我国股市。

3. 重大战略和政策

国家重大社会经济发展战略的选择和重大政策的出台实施，会对股市产生重要影响。例如，2015年国家提出"一带一路"战略，上证指数开启了连续上涨模式。

> **提示**
>
> 投资者还需要考虑自然灾害（如台风、海啸、地震等）对经济和股市的影响。总体来说，宏观经济分析的因素可以用下图表示。

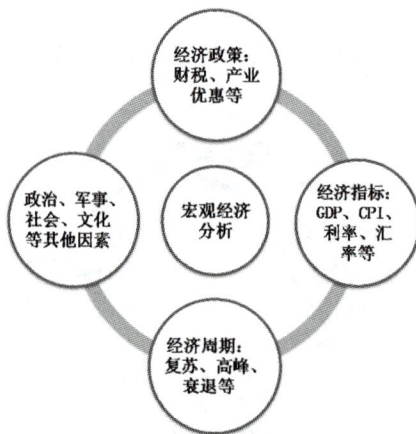

5.2 行业层面的基本面分析

行业分析是指运用多种分析工具对行业经济的运行状况、产品生产、销售、消费、技术、行业竞争力、市场竞争格局、行业政策等行业要素进行深入的分析，进而发现行业运行的内在经济规律，从而预测未来行业发展的趋势。行业分析是介于宏观经济与微观经济分析之间的中观层次的分析，是发现和掌握行业运行规律的必经之路，是行业内企业发展的大脑，对指导行业内企业的经营规划和发展具有决定性的意义。

5.2.1 行业特征

行业的经济结构不同，变动规律不同，其赢利水平的高低、经营的稳定状况也不同。这是投资者在进行行业分析时要着重考虑的因素。

根据不同的特征，行业有很多种分类情况。根据经济结构的不同，行业基本上可分为四种市场类型：完全竞争、垄断竞争、寡头垄断、完全垄断。

> **提示**
>
> 行业的经济结构主要包括该行业中企业的数量、产品的性质、价格的制定和其他一些因素。

1. 完全竞争型

完全竞争型是指一个行业中有众多的生产者，他们以相同的方式向市场提供同质产品。其主要特点如下。

（1）企业只能是价格的接受者，不能够影响产品的价格。

（2）所有企业向市场提供的产品都是同质的、无差别的。

（3）生产者众多，所有资源都可以自由流动。

（4）市场信息完全透明，可随意进入或退出此行业。

完全竞争型行业的条件要求比较苛刻，现实中只有部分农产品生产行业比较接近。

2. 垄断竞争型

垄断竞争型是指行业中有许多企业生产同一类产品，但相互之间是有差别的。其主要特点如下。

（1）生产同一类产品，但不同企业的产品之间是有差别的，其差别主要表现在质量、商标、尺寸、售后服务等方面。

（2）企业对产品的价格有一定的影响能力。

（3）由于生产者众多，所有资源可以流动，进入该行业比较容易。

现实经济结构中，大部分行业都是属于此类行业，例如，服装行业、家电行业等。

3. 寡头垄断型

寡头垄断是指一个行业中少数几家大企业（称为"寡头"），他们控制了整个行业当中绝大部分产品的生产和销售。其主要特点如下：

（1）企业数量不多，而且彼此之间相互联系。每个企业的战略选择和变动都会给其他企业造成影响。

（2）企业对产品的价格具有相当的控制力。

（3）由于企业数量有限，所以进入该行业十分困难。

寡头垄断在现实中是普遍存在的，例如汽车产业和石化产业。

4. 完全垄断型

完全垄断型是指一个行业中只有一家企业，全部的产品需求都由这一家企业提供。完全垄断根据主题的不同，可分为政府垄断和私人垄断两种类型。完全垄断型的特点如下：

（1）一个行业仅有一家企业，其他企业根本无法进入该行业。

（2）产品没有替代性，所以企业能够完全控制产品的价格，是产品价格的制定者。

在现实经济生活中，公用事业（如铁路、煤气公司、自来水公司和邮电通信等）和某些资本、技术高度密集型行业或稀有金属矿藏的开采等行业属于这种完全垄断的市场类型。

面对不同类型的行业，投资者应当采取不同的投资策略。对于完全竞争型，由于行业中的企业同质化较严重，很难形成自己的核心竞争力，投资者应以短线波段投资为主；对于垄断竞争型，由于行业中企业存在一定的差异性，投资者应选择具有核心竞争力的企业，进行中长线操作；对于寡头垄断型，由于行业中企业数目不多，核心竞争力各不相同，投资者在选择标的后，应进行长线操作；对于完全垄断型，企业的核心竞争力是政府赋予的，投资者应密切关注政策变化进行操作。具体如下图所示。

完全竞争型	垄断竞争型	寡头垄断型	完全垄断型
•企业同质化较严重，很难形成核心竞争力，投资者应以短线波段投资为主	•企业存在差异性，投资者应选择具有核心竞争力的企业，进行中长线操作	•企业数目不多，核心竞争力各不相同，选择标的后，投资者应进行长线操作	•企业的核心竞争力是政府赋予的，投资者应密切关注政策变化进行操作

根据行业与国民经济总体周期变动的关系的密切程度不同，可以将行业分为以下三类。

（1）发展型行业。发展型行业主要是指通过技术的突破和产品的研发，出现全新的产品引领着消费需求的增长；或者通过不同的组合模式和全新的服务方法，使产品销售出现大幅增长。此类行业的投资回报率会非常高。投资者要想把握此类行业，除了具备丰富的知识和经验外，更要具备敏锐的眼光，能够及时捕捉到这些新生的投资机会。

（2）周期型行业。周期型行业与经济周期存在密切的关系。当经济处在上升阶段，该类行业迅猛发展，股票价格随之提高；而一旦经济出现下滑态势，该类行业的生存环境马上恶化，股票价格应声下跌。投资者要把握经济周期，适时投资该类行业。

（3）稳定型行业。此类行业主要是指那些消费需求相对固定的行业，不会随着经济周期的波动而产生剧烈的波动，例如食品行业等。通常情况下，由于此类行业变化不大，因此股票价格相对稳定，在经济处于下行空间时，此类股票成为保值的标的。

行业的分类有千万种，这里不再赘述。总之，投资者只有对行业进行全面、彻底的分析，才能更加清晰地了解某个行业的发展状况，以及它所处的行业生命周期的位置，并据此做出正确的投资决策。

5.2.2 行业市场空间

行业市场空间是指行业总的需求量，是一国经济长期增长的第一因素。市场空间是经济发展的客观原动力。有市场空间，可以自然拉动企业投资和经济发展；没有市场空间，仅仅靠企业自身的力量来推动经济增量，很有可能导致经济失调的巨大风险，自然经济发展质量不高。所以，一般来说，市场空间大的行业潜力巨大，市场空间小的行业潜力稍弱。

例如，改革开放之后，中国经济能够迅速地发展，除了其他一些因素外，中国潜力巨大的市场需求也是一个功不可没的因素。正是看到这一点，外资才源源不断地进入，开发中国市场。

通常情况下，企业通过以下两个方面扩张市场空间。

（1）科技创新。科技创新，一方面可以显著提高产品的使用价值，满足消费者更多样化、个性化的需求，另一方面更能大幅降低产品的生产成本，从而对消费者具有强大的吸引力。最终，通过科技创新，企业达到市场扩容的目的。

（2）走出去。本地区、本国家市场都是有一定限度的，最终都会趋于饱和。此时，一部分企业如果能走出本地区、本国家，去探索外部的市场，那么行业的市场容量同样可以有大幅提升。

赢得市场空间，就能获取更好的发展。所以，这两个方面做得比较好的企业投资价值就高。

5.2.3 行业环境

任何一个行业都有其生命周期。行业的生命周期指行业从出现到完全退出社会经济活动所经历的时间。行业的生命发展周期主要包括三个发展阶段：开创期、扩张期、停滞期。

1. 开创期

一个行业处于开创期，往往是技术革新时期，由于前景光明，吸引了很多公司进入该行业，投入到新技术新产品的创新和改造潮流中。经过一段时间的竞争，一些公司的产品被消费者所接受，逐渐占领和控制了市场，而更多的公司则是在竞争过程中遭到淘汰。因此，该行业正处于成长期，技术进步非常迅速，利润极为可观，风险也最大，所以，行业内公司的股价往往会出现大起大落的现象。

2. 扩张期

这一时期，少数大公司已基本上控制了该行业。这几家大公司经过创业阶段的资本积累和技术上的不断改进，已经取得了雄厚财力和较高的经济效益，技术更新在平缓发展。公司利润提高，主要取决于公司经济规模的扩大而平稳增长，这一时期公司股价基本上是处于上升的态势。投资者如能在扩张期的适当价位入市，则其收益会随着公司效益的增长而上升。

3. 停滞期

由于市场开始趋向饱和，使行业的生产规模成长开始受阻，甚至会出现收缩和衰退。但这一时期该行业内部的各家公司并未放弃竞争，因而利润出现了下降的趋势。所以在停滞期，该行业的股票行情表现平淡或出现下跌，有些行业甚至因为产品过时而遭淘汰，投资者应在此时不失时机地售出股票，并将其收益投向成长型的企业或公司。

钱龙软件当中的【板块监控】是查看热点主题信息的一个板块。投资者可以根据热门的主题板块去挑选理想的个股。

步骤 1 单击菜单栏中的【板块监控】➤【板块排行】，进入当天的热门主题板块。

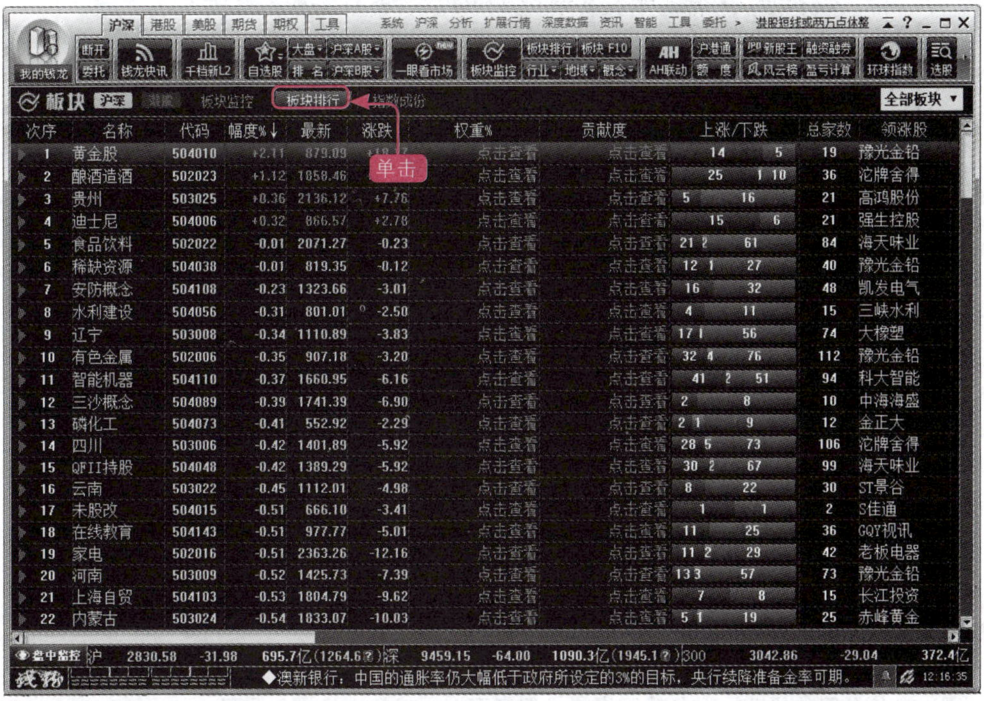

步骤 2 如下图所示，黄金股板块当天涨幅最大。单击贡献度下方的【点击查看】即可查看该板块

当中所有个股的涨跌排名情况。

步骤3 双击其中的个股"豫光金铅"，即可进入该股的分时图界面。

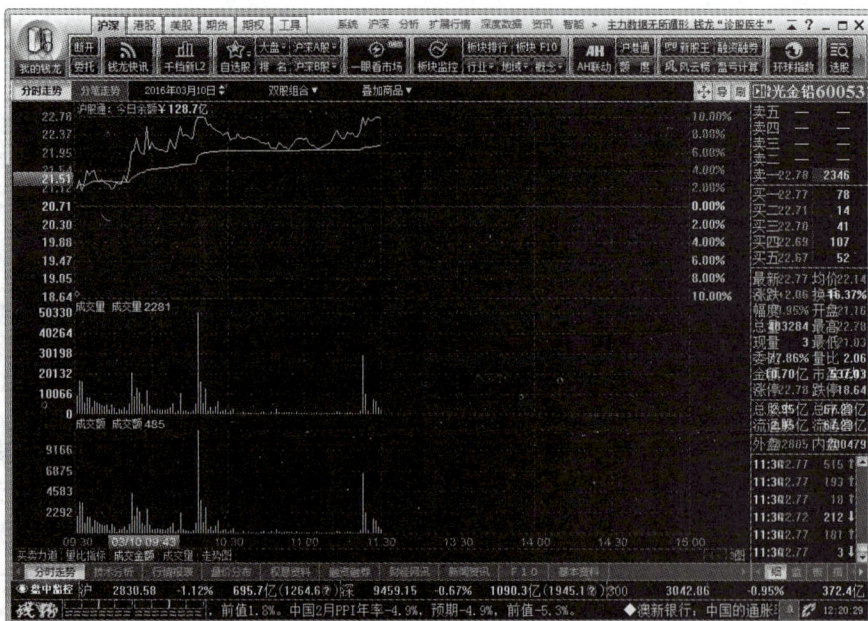

钱龙 5.3 企业层面的基本面分析

通过分析公司的经营、财务等因素，投资者可以更确切地把握公司目前的运营状况，并对公司未来发展做出判断和预测，然后做出相应的决策。

5.3.1 客户和供应商

客户对企业的影响，主要表现在对产品的压价和要求企业提供更好的产品或更高的服务质量的能力，通常称作客户的议价能力。影响客户议价能力的主要因素有以下三方面。

（1）客户的数量。客户数量越多，单个买者的议价能力就弱；客户数量越少，单个买者的议价能力就强。

（2）客户购买产品的数量。客户购买的数量占据企业销量的比例越大，议价能力越强；反之，议价能力越弱。

（3）企业产品的可替代程度。企业产品的可替代程度越高，客户的议价能力越强；反之，客户的议价能力越弱。

例如，在进货方面，沃尔玛采取中央采购制降低成本，实行统一进货。尤其特别的是，其在全球范围内销售的高知名度商品，如可口可乐、索尼相机等，沃尔玛一般将一年销售的商品一次性签定采购合同，由于数量巨大，其价格优惠远远高于同行，形成他人无法比拟的优势。所以，沃尔玛能够连续多年稳居零售业桂冠的宝座。

同理，供应商对企业的赢利和产品竞争力的影响，主要表现在提高投入要素价格与降低单位价值质量的能力，通常称作供应商的议价能力。影响供应商议价能力的因素主要有供应商数量、供应商提供量所占份额，以及其提供要素的可替代性。

总之，对于本企业来说，客户和供应商的议价能力不强，企业就有更强的市场主导权，进而就有能力获得比其他企业更丰厚的回报。这样的企业通常都是优质企业，投资者可适当关注。

5.3.2 竞争者和潜在竞争者

"一山难容二虎。"为了获取有限的生产资料和客户资源，同行业的生产企业之间必然存在相当激烈的竞争。这些竞争通常表现为价格战、广告战、营销战等等。通常来说，影响行业竞争激烈程度的因素有以下方面。

（1）竞争者的数量。整个行业中竞争者数量越多，竞争的激烈程度自然要加剧，这是生存法则。

（2）进入行业的门槛高低。进入行业的门槛越低，就意味着将会有更多的竞争者加入进来，门槛越高，就形成了一个天然过滤器，滤过那些有想法但无条件的潜在竞争者。

（3）行业的发展程度。如果行业处在初创阶段，由于存在太多未知因素，竞争者数量不会太多，基本上不存在同业竞争；而行业进入发展阶段时，局外人则纷纷加入来分得一杯羹，竞争自然会加剧。

潜在竞争者是指目前没有介入，但将来有可能会介入的非本行业企业。通常，企业比较重视本行业中的竞争者，对他们的信息掌握得比较全面，而对那些可能跨行业的潜在竞争者关注不够。但是，这些跨行业的潜在竞争者不光能影响原来行业中企业的经营，甚至能够给原行业带来致命打击。

例如，苏宁和国美是两家大型的家电卖场，因为两者经营业务的完全重叠，所以这两家企业都会密切注意着对方的最新动态，而对局外人缺乏关注。为了获得更多的市场份额，两家企业大打价格战，曾经多次成为当时的热点话题。就在不经意间，电子商务迅猛发展，淘宝的线上购物模式彻底颠覆了这两家企业的竞争样态，短时间内迅速占领了大部分市场份额，倒逼着两家企业纷纷改变营销模式。

总之，对于本企业来说，竞争者和潜在竞争者的能力不强或数量很少，企业就有更强的市场主导权，进而就有能力获得比其他企业更丰厚的回报。这样的企业通常都是优质企业，投资者可适当关注。

5.3.3 管理层和战略

战略观念，是指管理主体在管理实践中从全局和长远出发，对管理客体和管理过程进行总体谋划的管理观念体系。管理主体是否确立战略观念，有无进行战略思考和研究的能力，是导致管理者素质与才能差异的重要原因。因此，一个优秀的管理者，必须始终坚持从全局、长远看问题，树立牢固的战略观念,亲自研究发展战略问题,使战术服从于战略,近期服从于未来。必须指出的是，强调从战略角度看问题，并不是不干实事，恰恰是为了求得全面均衡发展，使各种短期措施与长远目标有机地衔接起来。

例如，苹果公司成立三年就上市，公司发展很顺利。然而好景不长，不久后却因乔布斯与公司董事会意见不一致，被董事会挤出公司管理层。接下来因产品开发思路不能适应投资者的需求，苹果的业绩逐步走向下坡路。1996 年乔布斯重返苹果时，苹果已经濒临破产了。受命于危难之际的乔布斯开始大刀阔斧的改革，先是与以前的宿敌微软结成战略联盟，进行交叉授权。然后借当年修习美术课的功底和对消费者心理的洞察，带领苹果推出了炫目的 iMac 电脑——半透明的外观，发光的鼠标，以及丰富的色彩，标新立异的构思，出色的工业设计使得 iMac 和随后的 iMac 二代、iBook 等产品获得了一系列最佳称号，成为时尚的代名词。直至现在，苹果产品都代表着主流的设计理念，成为竞争者争先效仿的对象。

一位优秀的企业家给企业带来的发展潜力是无限的。从某种角度来说，投资者投资企业，实际上是在对企业家以及他的企业发展战略进行投资。因此，充分了解企业的管理层和企业战略，能够使投资者做出最明智的决策。

5.3.4 企业经营状况

企业经营状况分析，主要是以企业公开的财务报表和其他相关资料为依据，然后搜集各种与公司决策相关的信息，并对其加以分析的方法。通常包括以下几个方面。

1. 赢利能力

赢利能力（也称：收益能力）是指企业获取利润的能力，也称为企业的资金或资本增值能力，通常表现为一定时期内企业收益数额的多少及其水平的高低。赢利能力指标主要包括营业利润率、成本费用利润率、盈余现金保障倍数、总资产报酬率、净资产收益率和资本收益率六项。实务中，上市公司经常采用每股收益、每股股利、市盈率、每股净资产等指标评价其获利能力。反映企业赢利能力的指标很多，通常使用的主要有销售净利率、销售毛利率、资产净利率、净值报酬率。

2. 偿债能力

偿债能力是指企业用其资产偿还长期债务与短期债务的能力。企业有无支付现金的能力和偿还债务能力，是企业能否健康生存和发展的关键。企业偿债能力是反映企业财务状况和经营能力的重要标志。偿债能力是企业偿还到期债务的承受能力或保证程度，包括偿还短期债务和长期债务的能力。企业偿债能力，静态的讲，就是用企业资产清偿企业债务的能力；动态的讲，就是用企业资产和经营过程创造的收益偿还债务的能力。企业有无现金支付能力和偿债能力是企业能否健康发展的关键。

3. 营运能力

营运能力是指企业的经营运行能力，即企业运用各项资产以赚取利润的能力。企业营运能力的财务分析比率有：存货周转率、应收账款周转率、营业周期、流动资产周转率和总资产周转率等。这些比率揭示了企业资金运营周转的情况，反映了企业对经济资源管理、运用的效率高低。企业资产周转越快，流动性越高，企业的偿债能力越强，资产获取利润的速度就越快。

钱龙软件为投资者提供了各种分析企业的功能，帮助投资者进行分析。

【基本资料】板块列出了该股票的各项最基本财务数据，使投资者能够方便直接地了解整个公司的财务状况。以"中国中车"为例说明。

步骤1 打开钱龙软件，进入其主页面。

步骤2 通过键盘输入"ZGZC"，按【Enter】键确认，进入"中国中车"的分时图界面。

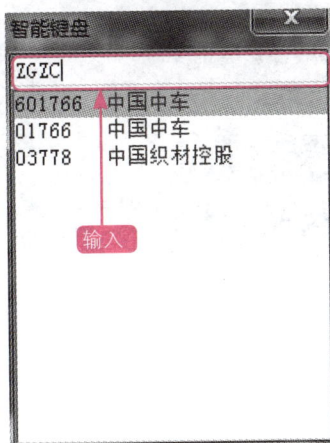

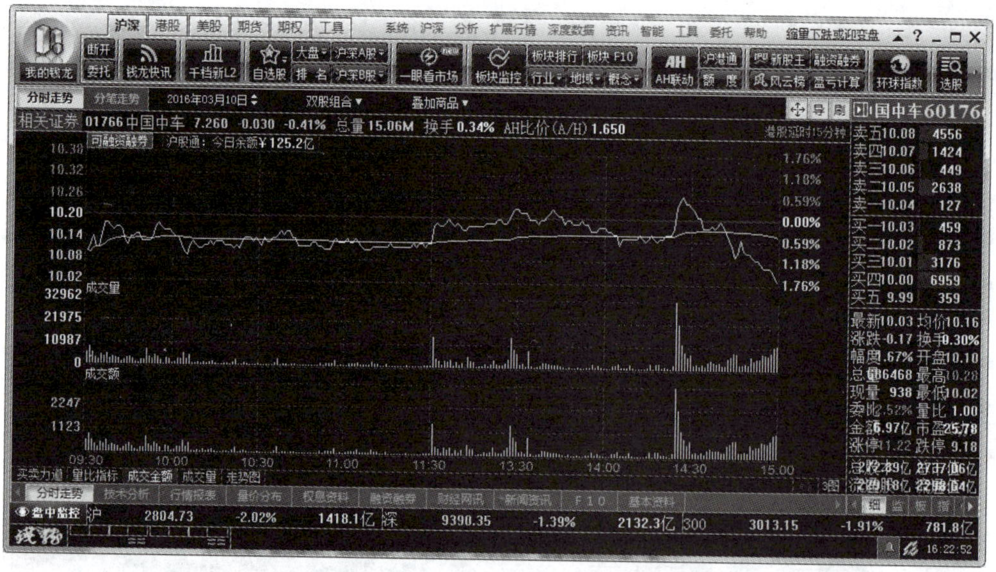

步骤 3 按【F10】键确认，进入【基本资料】页面。如下图所示，基本资料包括最新简况、公司概况、行业分析、重要事项、股本股改、财务分析、关联个股、高层治理、公司大事、经营分析龙讯统计、主力追踪、分红扩股、股东研究、公司报道和百家争鸣。

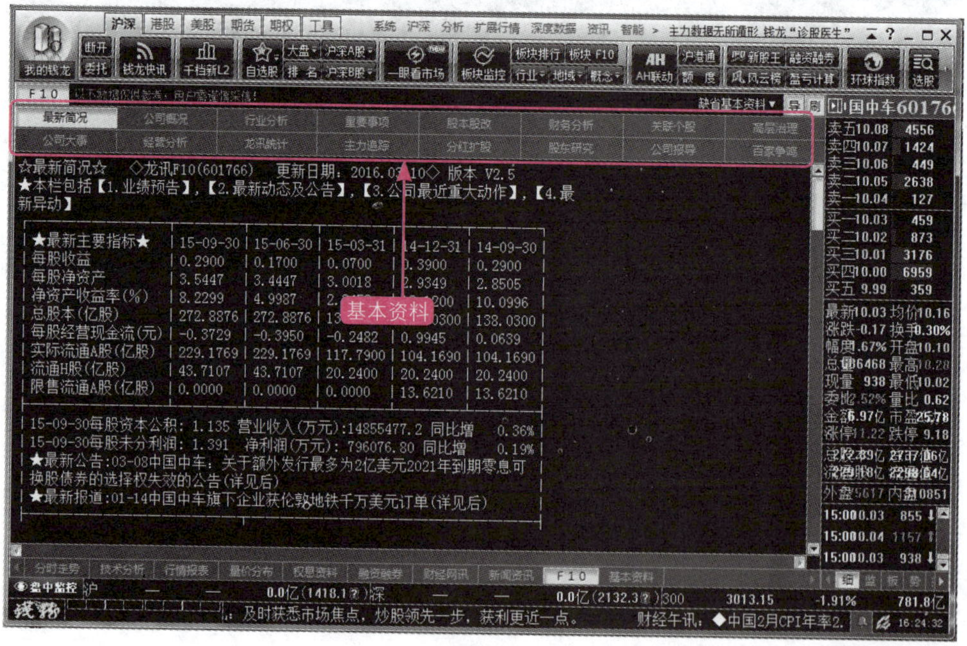

下图为"中国中车"的最新财务分析,投资者可查看其最近年份的财务指标状况。

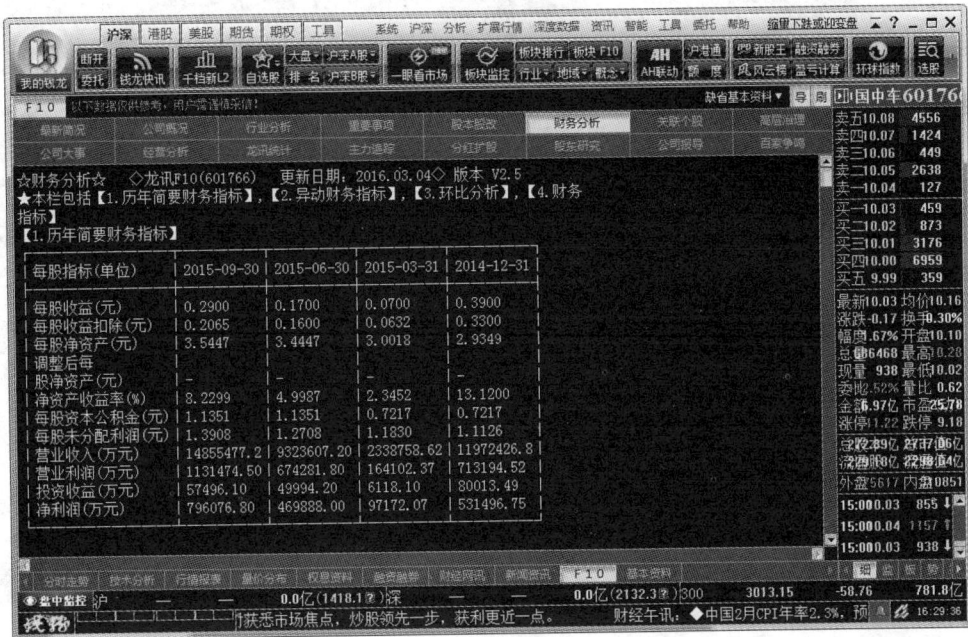

下图为"中国中车"的经营分析,投资者可以查看公司的主营业务收入及其所占比重等重要信息。

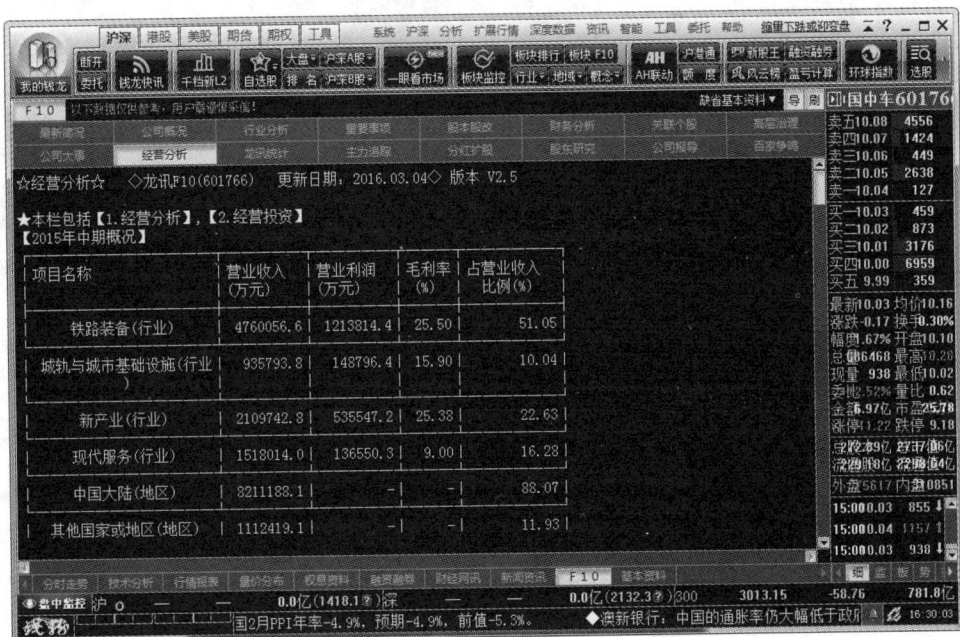

下图为【公司大事】页面窗口。

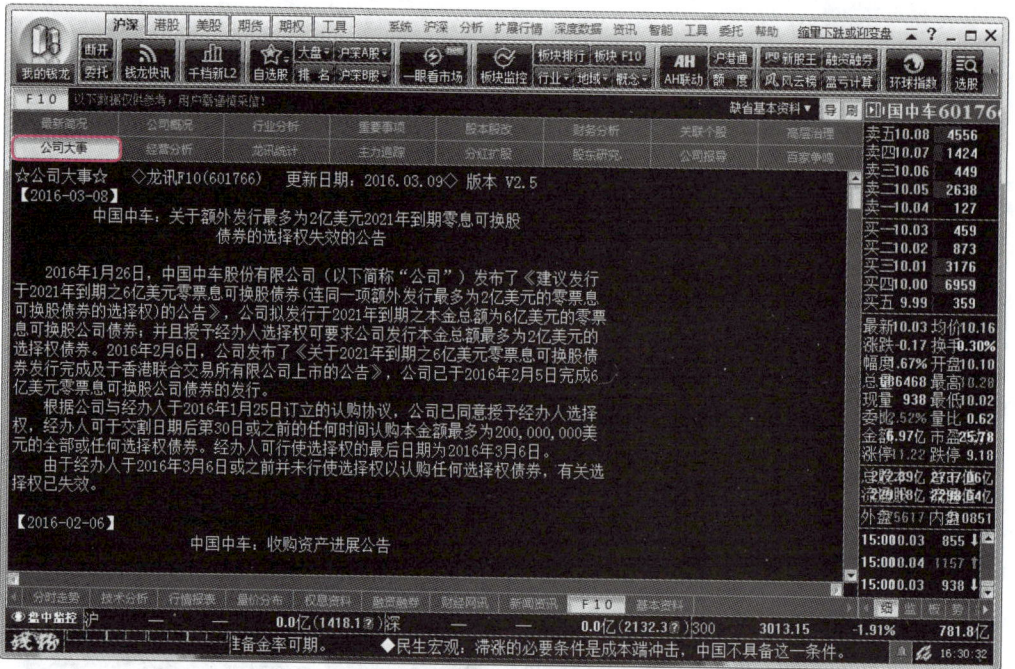

下图为【公司报导】页面窗口，投资者可查看公司最新的相关新闻。

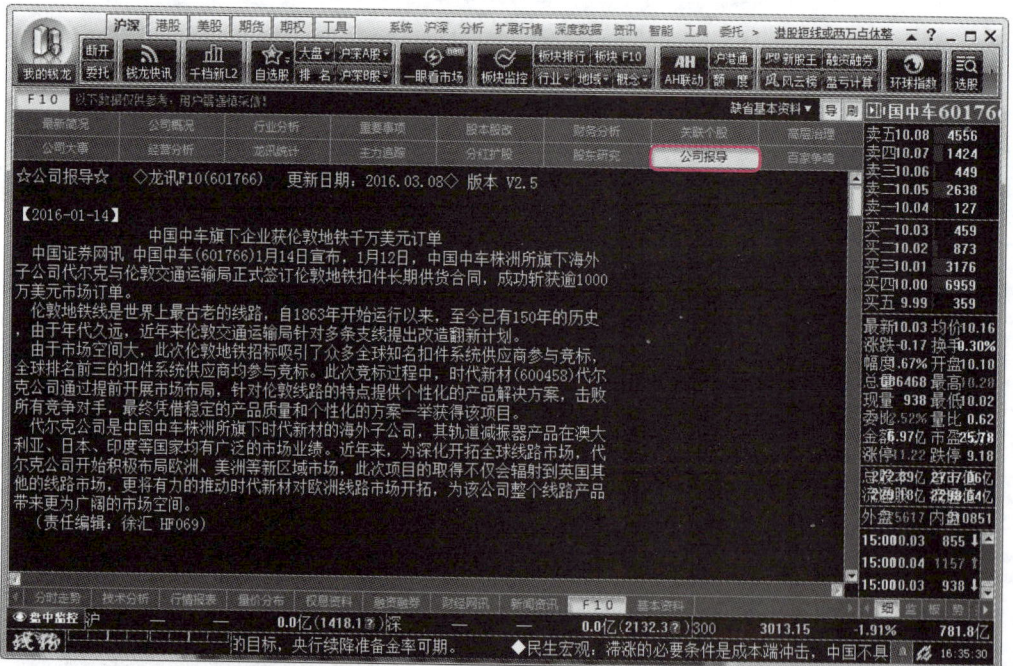

下图为【分红扩股】页面窗口。

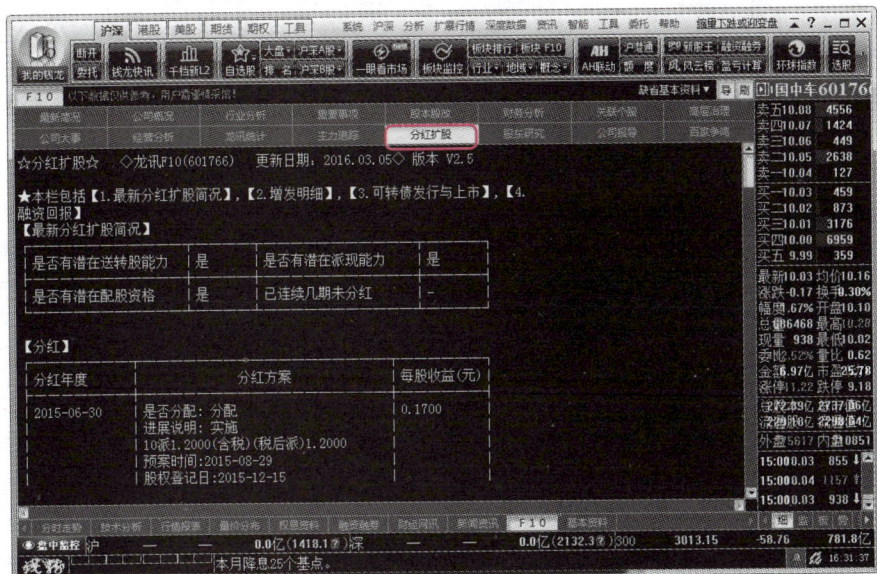

5.4 基本面分析误区

基本面分析法是市场分析方法中最科学实用的方法之一，但很多投资者不能真正理解基本面分析的应用条件和应用环境，进而盲目崇尚基本面分析，最终有可能陷入基本面分析的误区。

5.4.1 舆论误导

舆论误导主要指庄家或者机构利用信息传播机构，故意吹捧某一个行业或形势，使投资者盲目跟风进入。

股市过快上涨时，投资者情绪通常会过分高涨，完全忽略市场风险的一面。这个问题在市场上由来已久，其实，之所以会出现此类问题，除了投资者本身有一定的错误之外，舆论宣传也不能完全脱离干系。因为在上涨的过程中，舆论一般会侧重报道那些利好因素，以此来吸引更多的投资者加入，更多新资金的投入引来更加猛烈的报道，如此这般循环往复。更有甚者，庄家利用投资者这种跟风的特性，通过舆论造势，进而达到建仓、出货的目的，收获暴利。

例如，2008 年世界金融危机爆发后，媒体报道说对中国影响不大，中国只要扩大内需就能解决问题，因此 A 股市场可以一枝独秀。为了避免打击投资者的信心，舆论也有意无意地对 A 股市场存在的问题视而不见，甚至反过来宣称大小非已不是问题，还是一涨遮百丑，给投资者打气。由于上述偏差，给投资者传递了错误的市场信息，投资者以为又歌舞升平了，于是盲目乐观起来，当暴跌突如其来时便被打了个措手不及。这应该是给投资者一个提醒，不应盲目跟风，应该形成自主的价值判断。

5.4.2 简单类比

简单类比主要是指没有逻辑的分析和对比，片面地认为热门行业的公司股价普遍比较高，那么那些价格偏低的股票肯定存在补涨的机会，于是大举买入。

股票不是简单的类比，这个领域某个股票涨，不表明其他股票也要涨，因为，公司无论内部管理水平，产品结构，市场以及客户群体的差异，甚至管理层的意愿，都会影响股票的价格。如有的管理层只是想利用股票来套现，并没有真正的经营企业，这样的公司目的不外乎就是让散户来接棒。

5.4.3 以偏概全

以偏概全主要体现在发现企业有优点，就把企业当成优质投资标的；把财务指标分析当成企业的整个价值分析。

通过财务数据来评估股票价值，在我们这个历史不长的证券市场上实际上是从 1996 年开始的。1996 年初，市场逐渐活跃起来，为了进一步激活股市，引导市场注重"绩优"的理念，深交所曾搞了一个"20 家绩优公司"的评选，主要依据就是一些财务指标，例如每股收益、每股净资产、净资产收益率、负债率、流动比率等等财务指标。应该说，上述指标都是对上市公司及其价值研究的不断探索过程。但是，如果把这些结果用到股票投资上，却会发现这些方法对股票投资几乎没有直接用途。例如，按照上述方法选出的公司且不论能否保证今后仍然"绩优"，即便是，由于没有和股价直接联系，无从判断是否被市场高估或低估，所以，这些结果对投资就没有直接作用。当然，上述研究可能纯粹是就公司的某一方面研究而言的，并非是针对具体的选股而言的，但在证券市场上这些结果很容易被人理解为"价值评估"。

在此要特别提醒投资者，公司的财务数据是为了更加科学地反映公司某一方面的特质，绝对不表示财务数据就是公司的实际价值。因为，企业很多的内在价值是无法通过数据表现的。所以，投资者在判断一个企业是否具有投资价值时，财务数据是很重要的方面，但不是全部。如果想更加彻底地了解一个企业，投资者需要了解报表以外的其他综合信息，这样才不会被财务数据蒙蔽双眼。更有甚者，为了获得投资者的青睐，个别企业会通过财务造假的方法来骗取投资。

投资者需要做的是，综合运用多种财务指标，多种层面分析，尽可能了解公司的全部资料，在此基础上做出综合判断，才能有效避免损失，取得相对客观的投资收益。

高手私房菜

技巧：如何高效查看企业年报

查看企业的年报，投资者需重点关注财务报告、会计和业务资料、董事会报告三大部分。

财务报告由审计报告、资产负债表、损益表、现金流量表等组成。这些信息是企业日常经营活动的一种记录形式，充分了解这些，不仅能有效提高阅读年报效率，更能让投资者对企业有更深层次的认识。

会计资料和业务资料主要给投资者提供盈利能力、偿债能力、经营能力等技术指标，让投资者对企业的竞争力有直观感受，并最终有效地指导投资行为。

董事会报告能够透露出公司的战略布局或战略谋划，使投资者对公司未来的发展能更加清楚地认识。

第 6 章
技术面分析

引语

夫未战而庙算胜者，得算多也；未战而庙算不胜者，得算少也。多算胜少算，而况于无算乎！

——《孙子兵法》

兴兵作战之前，首先要周密地分析、比较、谋划，估算形势的有利与不利，制定相应的作战策略，这样取胜的可能性就大。所以，投资者要在股票市场中立于不败之地，恰当的分析是必不可少的。

要点

☐ 常见的技术分析

☐ 各类理论

投资者在进行股票买卖时除了基本面分析，还需要掌握技术面分析，才能更好地把握买卖的最佳时机。通过对股票的价格、成交量和成交时间的分析，以此推测股价下一步的变动方向。

6.1 常见的技术分析

技术派分析人士对股票等金融产品进行投资是建立在技术分析的三个基本的前提条件之上的。即市场行为包容消化一切；价格以趋势方式演变；历史会重演。

技术分析最主要包括蜡烛图理论、波浪理论、江恩方正力论和相应的其他理论。投资者可以根据技术分析提供的信号，买进卖出以赚取差价获取利润。微观技术分析通过研究大多数人对价格的心理承受力和反应，来推断整个股票的价格走势。但人的心理变化是非常复杂的，社会上的很多事情不可能简单地重复出现。所以说炒股是门艺术，不是科学。但投资者如果能够抓住羊群效应，充分利用，就可能拥有更高的收益率。

6.1.1 技术分析的由来

现代技术分析的起源可以追溯到查尔斯·亨利·道创造的道氏理论，虽然道氏从未为自己的理论著书立说，但是他在华尔街日报上发表的一系列文章，清晰地阐述了其对股票市场行为的深刻认识与研究心得。在道氏逝世一年之后，他的理论被收编入 S·A·纳尔逊所著的《股市投机常识》一书中，文中首次使用"道氏理论"一词，从此道氏理论广泛地被人知晓。道氏理论成为之后的许多技术分析的基础，各种各样的技术分析技术都是从道氏理论发展演变而来。

6.1.2 技术分析要点

对于较为成熟的职业投资者，通常先结合基本面判断宏观环境以及热点方向，再结合技术分析把握具体的买卖次序。简而言之，就是把技术分析当作一种手段，而不是唯一的判断标准。而技术分析的核心主要有以下几点：价格趋势、成交量、时间背景和振荡指标。

1. 价格趋势

道氏理论认为趋势可以分为三类：主要趋势、次要趋势和短暂趋势。主要趋势如同大海中的潮汐运动，次要趋势如同潮汐中的小波浪，短暂趋势则是浪涛中的波纹。主要趋势可以是上涨趋势，也可以是下跌趋势。如下图所示。

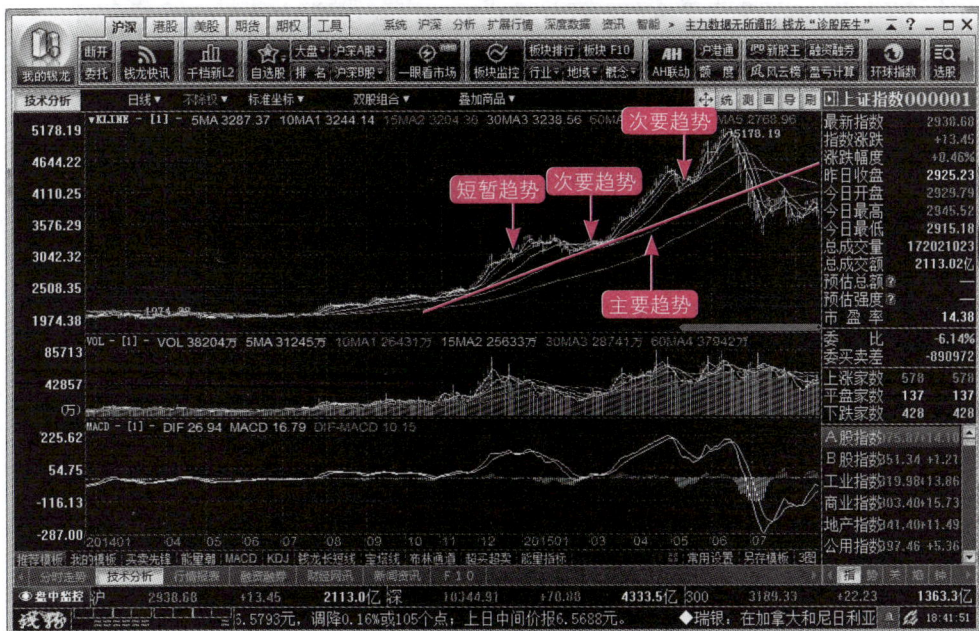

2. 成交量

成交量是帮助投资者进行研判市场状态的重要指标。成交量放大反映出市场的获利机会增加，成交量缩小反映出市场意见趋于一致，成交不活跃从而获利的机会也相应减少。辅助分析大盘成交量的指标有 PSY 指标、周 KDJ 指标等。辅助分析个股成交量的指标有 SS、 OBV、宝塔线以及经典 K 线组合指标。

3. 时间背景

沪深股市中股票涨跌还与时间周期有着密不可分的关系，每年的财报前后、节假日等都会对股票市场有影响。

（1）每年财报前后股市走向。

上市公司每年一季度必须公布上一年度的财务报表。如果当年的各项财务指标好于上一年度的财务指标时，股价就会上涨。一般运营正常的情况下企业的效益会一年比一年好，所以出现了一个规律，在上市公司公布财务报表之前，投资者因预期上市公司会有好表现而买入股票，供求关系导致股价有一定的上涨空间。时间段一般为当年的 12 月底至第二年 3 月份、4 月份。投资者将上市公司披露的公司财务报表作为概念来买卖股票，这就是所谓的年报行情。

当然也并非所有年报预增的公司都得到市场的追捧而股价上涨。年报披露前有预披露，如果预披露的年报经营业绩有大幅度增长，此时股价就会得到炒作，等到正式年报披露的时候，股价已经涨到天上，这时会出现赢利盘兑现，引发股价下跌。一般爆炒的概念会是业绩大幅度上升，或者预期有高分红高送配，因此，投资者需要辨别利润增长的原因。最好的利润增长的原因是其原有主营业务的销售额增长，在提高技术含量的同时降低成本，从而扩大毛利率。其他的因素也会引起利润的急剧变化，例如，出让资产、股权改变引发的会计记账的变化等。因此投资者还需要注意年报中的其他项目变化，例如，投资利润、主营业务利润、政府补贴、负债率等。投资者可以在巨潮资讯网（证监会指定信息披露网站）对所有上市公司的年报季报信息进行查询。

（2）各大节日对相关股票的影响。

除了年报会对上市公司股价有所影响，节日效应对行情也有特殊的影响。每年的春节、国庆节、元旦和其他假日或多或少会对我国证券市场有一定的影响。因为我国每年休市时间最长的假期就是春节，因此春节对于我国证券市场的影响也最大，其次是国庆节和元旦。

① 春节对股市的影响。

据江恩理论，在所有假日因素的影响中，最应当注意圣诞节前后的市场变化。因为圣诞节相当于西方国家的春节，市场经常会选择在它前后发生变盘。而这一理论套用在中国证券市场就是中国的股票往往会选择在春节前后发生变盘。因为年关将至，投资者对持股过年还是持币过年看法不一，因此，容易发生变化。据统计，自1999年后，春节因素对于股市的影响的确非常大，多次产生了重要的市场拐点。

春节引发的重要的市场拐点一览表如下表所示。

年份	时间	走势变化
1999 年春节	2 月 9 日—3 月 1 日	中期趋势转折
2000 年春节	1 月 28 日—2 月 14 日	中期趋势转折
2001 年春节	1 月 19 日—2 月 5 日	短期趋势转折
2002 年春节	2 月 8 日—2 月 25 日	短期趋势转折
2004 年春节	1 月 16 日—1 月 29 日	短期趋势转折
2007 年春节	2 月 16 日—2 月 22 日	短期趋势转折
2008 年春节	2 月 5 日—2 月 18 日	短期趋势反弹
2009 年春节	1 月 23 日—2 月 2 日	短期趋势加速
2010 年春节	2 月 12 日—2 月 22 日	短期趋势回调
2011 年春节	1 月 25 日—2 月 16 日	短期趋势回调
2012 年春节	2 月 1 日—2 月 28 日	短期趋势回调
2013 年春节	2 月 18 日—2 月 28 日	中期趋势转折
2014 年春节	1 月 27 日—2 月 9 日	短期趋势回调

通过对历史数据的观察，投资者不难发现每年春节前两个交易日和节后两个交易日是春节因素爆发的时间窗口期，在这四天内市场往往会出现较大幅度的上涨或下跌，进而有可能进一步改变市场趋势，值得大家重点留意。

② 国庆节对股市的影响。

国庆小长假的放假时间基本上是仅次于春节长假的放假时间的，再结合国庆节节日因素，因此其对市场的影响也是有目共睹的，仅次于春节对股市的影响。不过相对春节而言，国庆节对于市场的影响多为短期趋势的转折。由统计可知，在 2000 年、2003 年、2005 年、2006 年、2008 年、2009 年和 2010 年的国庆节前后，均引发了市场不同程度的转折。

例如，上证指数 2010 年国庆前后均出现了较为明显的趋势转折。2010 年 9 月 29 日，收盘为 2736.81 点，由于受到国庆因素对市场的影响，在假期结束的第一个交易日就放量上涨，收出一根大阳线。在之后的第二个交易日又高开高走，收出一根跳空缺口的长阳线。股票走势发生转变，一路高歌，并于 2010 年 11 月 11 日，涨至最高 2736.81 点，如下图所示。

4. 技术指标

技术指标的分析主要是买卖微观时机的分析，不是对买卖品种定性的分析，这种微观的分析只有在前三种分析进行之后才有其价值。如果没有前面三种更重要的分析，纯做单纯的技术指标分析，或者再加上不完善的趋势分析，这种分析很难对实战操作起帮助作用。主要常用的技术指标有 MACD 指标、KDJ、BOLL、RSI、MA 等指标。

6.2 蜡烛图（K 线图）理论

记录股市价格变动的图形有很多，其中最重要也是最常用的就是 K 线图。K 线是由一个交易日内的开盘价、收盘价、最高价和最低价四个价格绘制而成。

K 线是多空双方博弈的结果，投资者可以从单根 K 线中找到资金博弈的踪迹，进而发现主力资金的动向，为后续操作提供依据。如果单根 K 线提供的线索有限的话，投资者还可以把几根或多根 K 线结合起来分析，这样信号的可信度会更加强烈一些。

本节只是对相关的概念做简单描述，后续章节会进行更加详尽的介绍。

例如，新农开发 2015 年 5 月 19 日至 22 日收盘价分别为 14.3 元、14.79 元、15.1 元、15.29 元，从中能清晰看到该股正处在上升趋势当中，投资者可以买入该只股票，如下图所示。

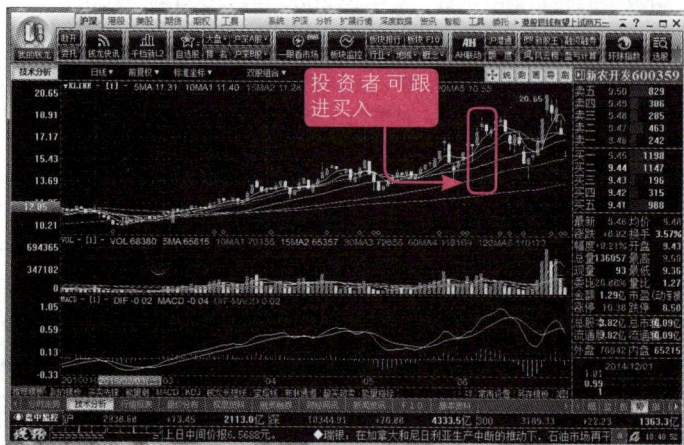

6.3 波浪理论

投资者都希望能预测未来，波浪理论正是这样一种价格趋势分析工具，它根据周期循环的波动规律来分析和预测价格的未来走势。波浪理论的创始人——美国技术分析大师 R.N. 艾略特（1871—1948）正是在长期研究道琼斯工业平均指数的走势图后，于二十世纪三十年代创立了波浪理论。投资者仔细观察记录着股价波动信息的 K 线图，会发现它们有节奏、有规律地起伏涨落、周而复始，如同大海的波浪一样。

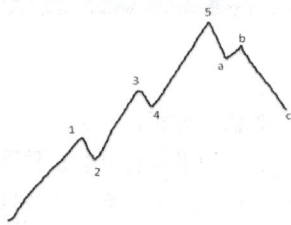

一个完整的波动周期，即完成所谓从牛市到熊市的全过程，包括一个上升周期和一个下跌周期。如上图所示，上升周期由五浪构成，用 1、2、3、4、5 表示，其中 1、3、5 浪上涨，2、4 浪下跌；下跌周期由三浪构成，用 a、b、c 表示，其中 a、c 浪下跌，b 浪上升。与主趋势方向（即所在周期指明的大方向）相同的波浪称为推动浪，与主要运动方向相反的波浪称为调整浪。也就是说，在上升周期中，因为主趋势向上，那么 1、3、5 浪为推动浪，2、4 浪为调整浪，是对上涨的调整；在下降周期中，因为主趋势向下，那么 a、c 浪为推动浪，b 浪为调整浪，是对下跌的调整，通常称为反弹。

波浪理论的主要特征之一就是它的通用性。因为股票的价格运动是在公众广泛参与的自由市场之中，市场交易记录完整，与市场相关的信息全面丰富，因此特别适于检验和论证波浪理论，所以它是诸多股票技术分析理论中被运用最多的，但不可否认，它也是最难被真正理解和掌握的。

6.4 江恩理论

江恩理论是投资大师威廉·江恩（Willian D.Gann）结合数学、几何学、宗教、天文学的综合运用建立的独特分析方法和测市理论。江恩通过自己在股票和期货市场上的实践，提出了江恩时间法则、江恩价格法则以及江恩线等著名理论。

江恩理论认为可以通过数学方法预测股票、期货市场的价格运行趋势。这两个市场中存在着所谓的自然规则，市场的价格运行趋势并不是没有任何规律可循，而是可通过数学方法预测的。江恩理论的实质即在看似无序的市场中建立了严格的交易规则，投资者可以用江恩理论的方法来发现何时股价会发生回落以及股价将回落至什么价位。

江恩线是江恩理论与投资方法的重要概念。江恩在 X 轴上建立时间，在 Y 轴建立价格，江恩线符号由"TXP"表示。江恩线的基本比率为 1∶1，即一个单位时间对应一个价格单位，此时的江恩线为 45°。通过对市场的分析，江恩还分别以 3 和 8 为单位进行划分，如 1/3，1/8 等，这些江恩线构成了市场回调或上升的支持位和阻力位。

江恩认为：不论价格上升或下降，在江恩价位中，50%、63%、100% 最为重要，它们分别与几何角度 45°、63° 和 90° 相对应，这些价位通常用来决定建立 50% 回调带。

江恩的循环理论是对整个江恩思想及其多年投资经验的总结。

江恩把他的理论用按一定规律展开的圆形、正方形和六角形来进行描述。这些图形包括了江恩理论中的时间法则、价格法则、几何角、回调带等概念，图形化地揭示了市场价格的运行规律。

江恩认为较重要的循环周期有三个。

- 短期：1 小时、2 小时、4 小时……18 小时、24 小时、3 周、7 周、13 周、15 周、3 个月、7 个月。
- 中期：1 年、2 年、3 年、5 年、7 年、10 年、13 年、15 年。
- 长期：20 年、30 年、45 年、49 年、60 年、82 或 84 年、90 年、100 年。

6.5 其他相关理论

1. 移动平均线分析

股价有涨有跌，K 线有红有绿，多样的变化使刚入市的投资者感到迷茫。而移动平均线是一定时间周期内收盘价的平均值，可有效地熨平股价过度的起伏，使走势变得清晰。因此，投资者要想消除疑云，更好地把握市场趋势，移动平均线分析必不可少。

移动平均线的作用主要有以下三点。

（1）移动平均线反映当前市场的平均成本。

例如 20 日均线代表了 20 日内买进者的平均成本，60 日均线代表了 60 日内买进者的平均成本。

（2）移动平均线揭示股价运动方向。

移动平均线表示了上升趋势或者下降趋势。通常判断的方法是：移动平均线向下，表明趋势看跌；移动平均线向上，表明趋势看涨。短期移动平均线反映的是短期趋势的好坏，中期移动平均线反映的是中期趋势的好坏，长期移动平均线反映的是长期趋势的好坏。

（3）移动平均线有助涨助跌作用。

在股票价格变化过程中，K 线变化非常迅速，而移动平均线的变化则相对迟缓，通常都会在原有趋势的基础上再持续一段时间。所以，K 线运行到移动平均线附近时，会受到均线的支撑或阻力作用。

2. 趋势线分析

趋势线反映的是股票价格的移动趋势。股票的价格不可能永远朝一个方向移动，有涨必有跌，通常是以一种波浪的形式移动的。它是用来预测后面价格走势的，当价格到什么价位会反转，根据趋势线的信号，结合投资者的判断，在此处买进或卖出，从而在延期市场中赚取利润。

趋势线是用划线的方法将低点或高点相连，利用发生过的事例，推测次日走向的一种图形分析方法。若股价处于上升趋势，价格波动必然是向上发展，出现回调也不影响其总体的趋势，如果把上升趋势中的低点分别用直线相连，就是上升趋势线。如下图所示。

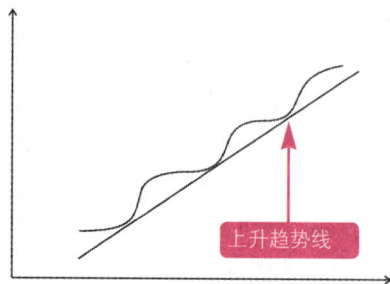

上升趋势线

同样道理，投资者可以得到下降趋势线。投资者正确画出了趋势线，就可以大体了解股价的未来发展方向，从而做出最合理的投资决策。

高手私房菜

技巧 1：不用天天看盘也能钓大鱼

宏观基本分析法是做长期趋势判断的，因此，对于那些长期操作的投资者，以及没有时间盯盘的特殊投资者，具有非常重要的作用。基本面分析看重的是股票的内在价值，实际上投资的是股票背后的企业。投资者通过这种方法选中股票，除了一小部分价格因素外，更主要的是对公司发展前景有良好的预期。股票价格每天都会变化，而一个成熟的公司想改变方向是不容易的。所以，投资者要做的就是耐心地等待，完全可以不理睬公司股票价格每天的波动，真正的运筹帷幄之中，决胜千里之外。

技巧 2：操作理念和心态的重要性

技术分析具有客观性和精确性，能够为投资者提供非常具体、清晰的决策依据。但技术分析毕竟仅仅是一门分析工具，会有其优势的一面，更会有其不足之处。更为重要的是，工具本身并无优劣，起决定作用的是使用工具的人。如果抛开经济形势，心理因素，市场特性这些因素，单纯追求技术分析，恐怕往往会事与愿违。所以，面对纷繁复杂的市场，面对时刻都在变化的股民的心理预期，投资者首先应该要有一个良好的心态，看淡盈亏。在此基础上，保持一个良好的操作习惯，这样才能真正地笑傲股市。

第 7 章
快速学会看懂 K 线

引语

以目而视，得形之粗者也；以智而视，得形之微者也。

——刘禹锡《天论中》

用眼睛去看事物，只能看到事物粗略的概貌；以智慧去看事物，才能看到事物的细小精微之处，看到事物的本质。投资者炒股时，不仅要注意 K 线的形状，更应该分析 K 线背后的买卖信息，才能科学地预测股价的未来趋势，把握合理的买卖时机。

要点

☐ K 线入门
☐ 常见单根 K 线
☐ 不同技术周期中的 K 线图

K线，作为一种记录价格的工具，目前在股票市场和期货市场被广泛采用。因此，投资者要入市炒股，第一步得先认识K线。

钱龙 7.1 K线入门

K线其实很简单，一点都不神秘。日用消费品的价格会变动，通常用价格变动表未反映。同样，股市股价每天都不一样，有涨有跌，而K线就能反映股票价格的历史变动情况。

7.1.1 什么是K线、K线图

K线是技术分析的一种，被当时日本米市的商人用来记录米市的行情与价格波动，包括开市价、收市价、最高价及最低价，阳烛代表当日升市，阴烛代表跌市。这种图表分析法在当时的中国以至整个东南亚地区均尤为流行。由于用这种方法绘制出来的图表形状颇似一根根蜡烛，加上这些蜡烛有黑白之分，因而也叫阴阳线图表。

如下图所示，开盘价和收盘价之间是K线的实体。K线实体的上下方有一条竖线，上方的是上影线，表示当天股价曾达到过的最高价；下方的是下影线，表示当天股价曾达到的最低价。如果收盘价高于开盘价，K线就用红色或者空心显示，称为阳线；反之，收盘价低于开盘价，K线用绿色或实心显示，称为阴线。

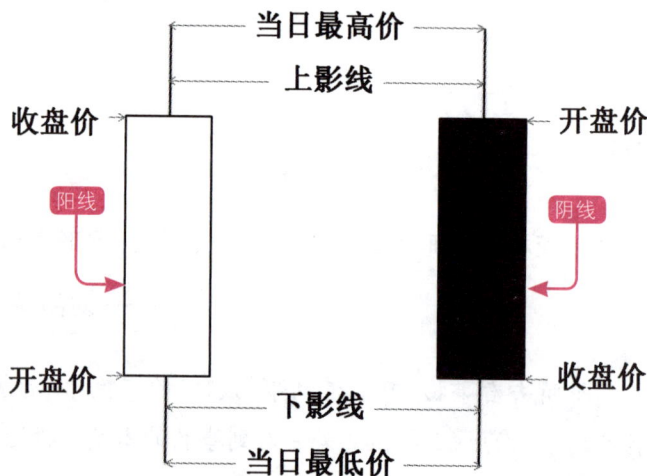

股市的K线图包含四个数据，即开盘价、最高价、最低价、收盘价，所有的K线都是围绕这四个数据展开，反映大势的状况和价格信息。把单个K线连续不间断地放在一张纸上，就能得到K线图。

根据形态的不同，K线可以分为光头光脚K线，大阳或大阴K线，十字星K线，螺旋桨K线，T型K线，锤子K线，一字K线等等，后面章节会详细介绍。

根据时间周期的不同，K 线可以分为 1 分钟 K 线图、5 分钟 K 线图、15 分钟 K 线图、30 分钟 K 线图、60 分钟 K 线图、日 K 线图、周 K 线图、月 K 线图等。除了周 K 线、月 K 线为长期 K 线图，其他的都为短期 K 线图。每一种 K 线的使用范围是不同的，投资者根据操盘时间的不同，选择不同的 K 线进行参考。在此以同一只股票的月 K 线图，周 K 线图和日 K 线图进行介绍。

> 💡**提示**
>
> 同样的 K 线组合，月线的可信度最大，周线其次，最后是日线。因此，投资者通过分析日 K 线预测后市时，配合周线和月线使用效果最好。

月 K 线图是以本月第一个交易日的开盘价为开盘价，本月最后一个交易日的收盘价为收盘价，最高和最低价分别是本月的最高价和最低价。月 K 线图全面、清晰地反映了股票中长期的走势情况，投资者据此可以把握该股的长期走势，为长期投资提供参考。下图为大禹节水（300021）的月 K 线图。

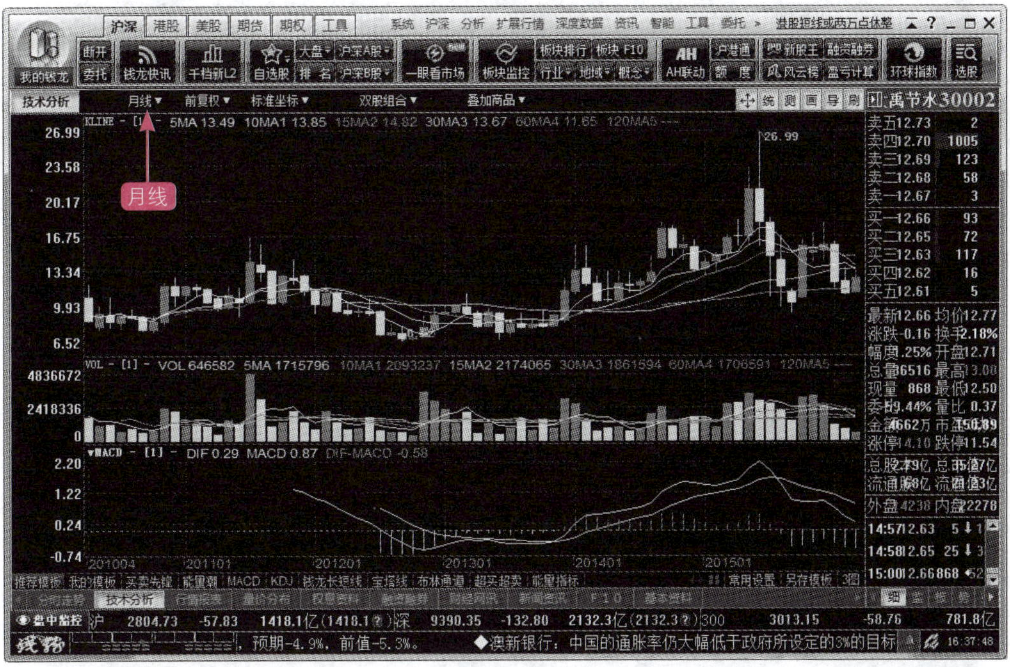

周 K 线图是以本周一的开盘价为开盘价，本周五的收盘价为收盘价，最高和最低价分别是本周的最高价和最低价。周 K 线图准确、客观地反映了股票中期的走势情况，投资者据此可以把握该股的中期走势，为中期投资提供参考。下图为大禹节水（300021）的周 K 线图。

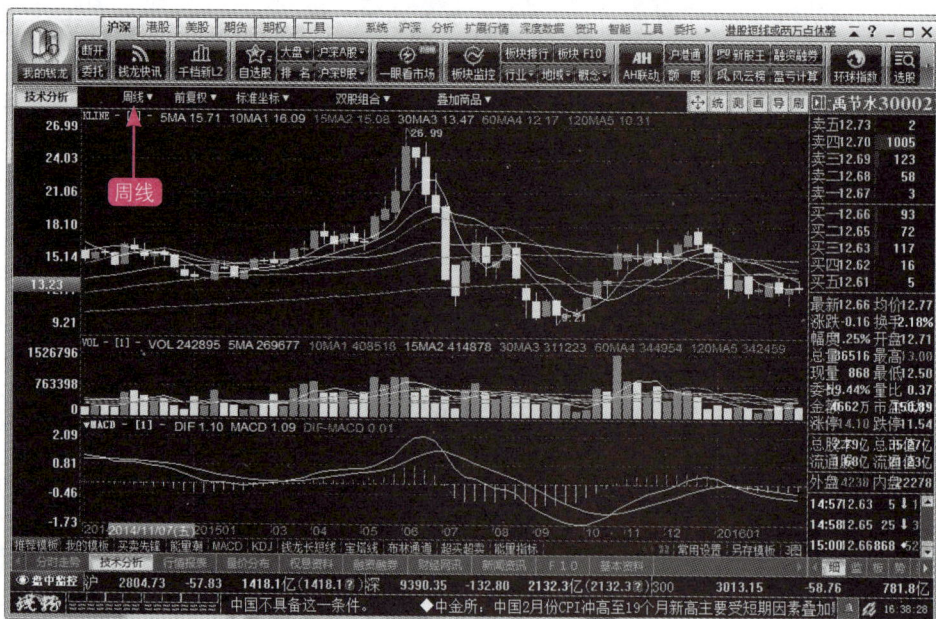

日 K 线图是以当天的开盘价为开盘价，当天的收盘价为收盘价，最高和最低价分别是当天的
最高价和最低价。日 K 线图准确、客观地反映了股票短期的变动情况，投资者据此可以把握该股
的短期变化趋势，为短期投资提供参考。下图为大禹节水（300021）的日 K 线图。

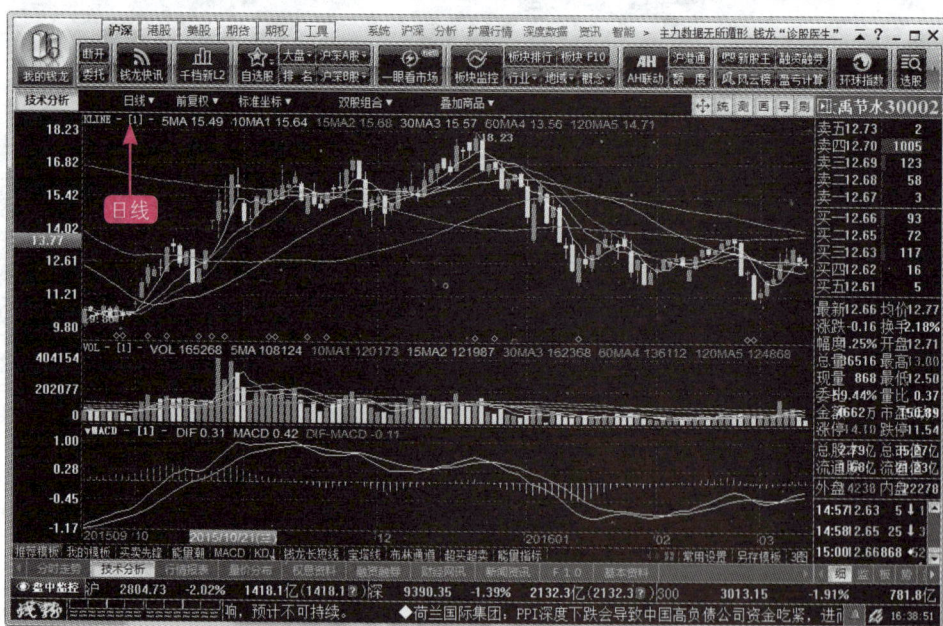

7.1.2 K 线图的作用

K 线图最基本的就是为了寻找"卖买点"。通过 K 线图，把每日或某一周期的市况表现完全
记录下来，能够从中找到一些庄家的蛛丝马迹。因为股价经过一段时间的盘档后，在图上即形成

一种特殊区域或形态，不同的形态显示出不同意义。投资者可以从这些形态的变化中摸索出一些有规律的东西，进而指导投资决策。

通常情况下，判断股市大体趋势，投资者需要关注长期 K 线图，如周 K 线图和月 K 线图。如果周 K 线图和月 K 线图处在相对较高的位置时，表明股价已经处在相对高位，下跌风险比较大。因此，投资者要注意控制仓位，重仓时尽早出货，轻仓时观望为主。如果周 K 线图和月 K 线图处在相对较低的位置时，表明股价相对较低，继续下探风险较小，此时投资者可以适时买入股票。当投资者具体买入股票时，可以通过短期 K 线图找到最适合的买点介入，这样就能使利润最大化。卖出股票的道理是一样的。

投资者虽然面对的是同样的 K 线图，但由于投资者本身的股票阅历和思维分析方法的不同，从其中得到的领悟各有不同。要想提高分析 K 线的能力，必须长期认真观察，主动积极思考。对于别人的投资技巧和经验，初学者不要盲目迷信，要"辩证"地看，暂时不懂也没关系。随着投资者看盘时间增加，领悟自然会越来越到位，投资判断的准确率也会大幅提升。

7.2 股市中常见的单根 K 线

K 线存在各种各样的类型，其中有部分 K 线出现的频率较高，并且能够传递出清晰的信号。本节对常见的 K 线进行介绍。

7.2.1 一字线

一字线是指以涨停板或跌停板开盘，全天基本上都在涨停板或跌停板价格成交，直到收盘为止，即当日的开盘价、收盘价、最低价、最高价粘连在一起，形成一字形状，如下图所示。

一字线应该受到投资者格外的关注。在上涨初期出现一字线，投资者应该积极跟进，第一个交易日没有跟进去，第二交易日还可以继续跟进。因为通常出现一字线后表明该股上涨动力很强，持续上涨的可能性非常大。但是，如果已经连续出现了多个一字线，股价上涨幅度过高风险较大，建议投资者就不要继续跟进，规避短期风险。下跌初期出现一字线，投资者应果断平仓出货，第一天没有卖掉，第二天接着出货。如果连续出现多个下跌的一字线，此时可以等反弹再出货。

步骤 1 打开钱龙软件，输入中国中车的股票代码"601766"，按【Enter】键确认。

步骤 2 下图为中国中车（601766）2015 年 4 月的日 K 线走势图。如图所示，中车出现两个一字

线之后连续打开两天，投资者可以果断介入，之后中车又连续出现多个涨停。

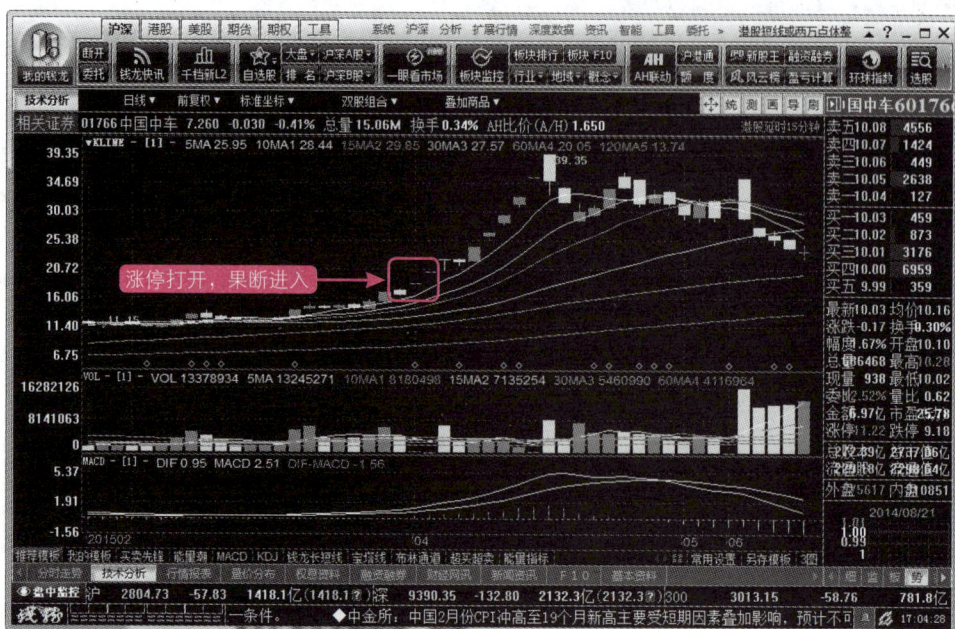

7.2.2 光头光脚阳线、阴线

如图所示，光头光脚阳线是指开盘价为当日最低价，收盘价为当日最高价；光头光脚阴线是指开盘价为当日最高价，收盘价为当日最低价。所以，严格意义上的光头光脚阳线、阴线都没有上、下影线。有时，如果影线很短也可以认为没有影线，近似看作光头光脚的阳线、阴线。通常，把当日涨跌幅在 1.5% 以内的定义为小阳、小阴线，涨跌幅在 1.5%~5% 之间定义为中阳、中阴线，涨跌幅大于 5% 定义为大阳、大阴线。

光头光脚的中大阳线、阴线具有极强的信号作用。如果股价处在底部，此时出现光头光脚的中、大阳线，这是逐步企稳、准备拉升的典型表现，如果再加上成交量的配合，反转行情将是大概率事件。如果在横盘整理期间出现中、大阳线，很可能是庄家进行突破的明确信号，后市看涨，投资者可果断跟进。如果位于顶部出现中、大阳线，投资者都应该保持谨慎，尽早落袋为安。相反，中、大阴线出现在顶部是下跌开始，出现在横盘期间是突破下行，出现在底部则可能要触底反弹。

步骤1 打开钱龙软件，输入海格通信的股票代码 "002465"，按【Enter】键确认。

步骤2 下图为海格通信（002465）2015 年 6 月份的日 K 线走势图。如图所示，光脚大阳线出现在顶部区域，预示着反转信号。光脚阴线出现在下跌过程中，后市继续看跌。

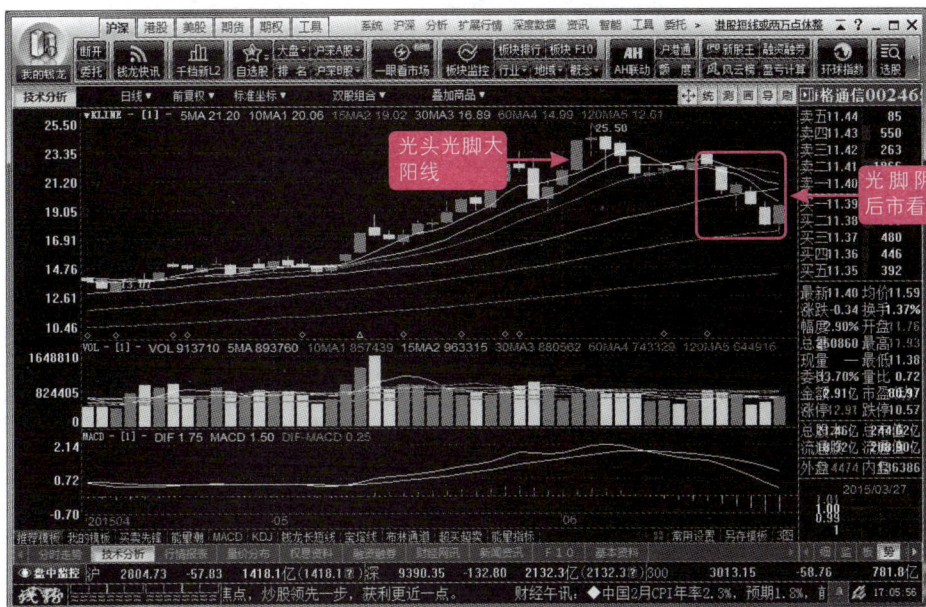

7.2.3 T 字线和倒 T 字线

T 字线是指当日开盘价、收盘价、最高价相同，K 线上只留下影线，如果有上影线也是很短很短，T 字线信号强弱与下影线成正比，下影线越长，则信号越强，如下图所示。

T 字线出现的位置不同，所表示的意义也就不一样。T 字线在股价大幅上涨之后出现，通常意味着股价基本见顶；T 字线在股价大幅下跌之后出现，通常意味着股价基本见底；T 字线在股价上涨过程中出现，通常是继续上涨的信号。T 字线在股价下跌过程中出现，通常是继续下跌的信号。投资者要根据具体的 K 线位置和其他信息进行综合判断。

步骤 1 打开钱龙软件，输入中元华电的股票代码"300018"，按【Enter】键确认。

步骤 2 下图是中元华电（300018）2015 年 4 月至 5 月的日 K 线图。如图所示，该股在上升途中出现了两次 T 字线，第二个交易日都出现向上跳空，如下图所示。投资者可果断介入。

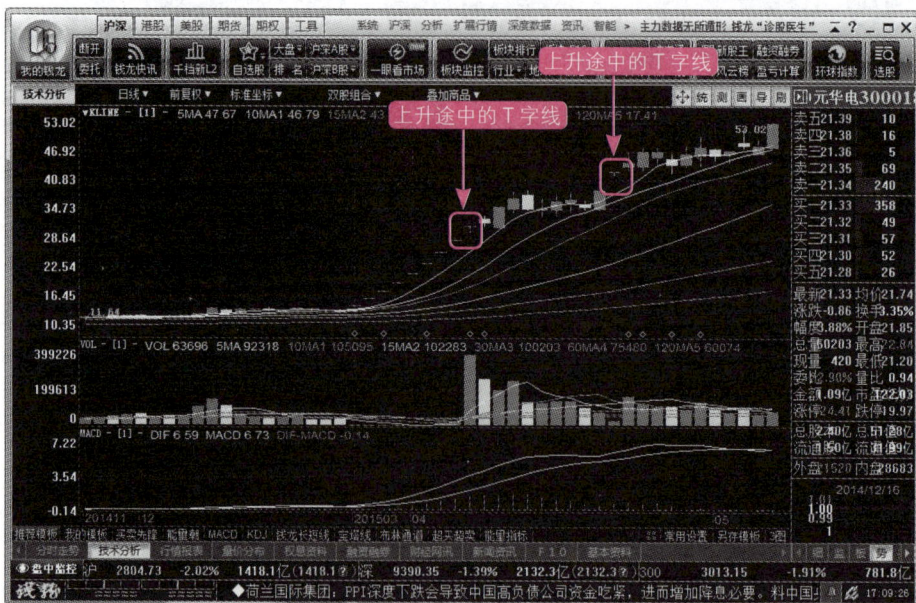

倒 T 字线是指开盘价、收盘价、最低价粘连在一起，成为"一"字，但最高价与之有相当距离，因而在 K 线上留下一根上影线，构成倒 "T" 字状图形。倒 T 字线上影线越长，力度越大，信号越可靠。

在上升趋势中出现倒 T 字线，通常称为"上档倒 T 字线"或"下跌转折线"，因为开盘时股价趁着上涨趋势继续走高，但是，在空方的打压下，股价逐步被打回原形，表明多方力量衰竭，上涨动力不足。此时，投资者应该以轻仓或观望为主。如果在一轮下跌趋势的末期出现倒 T 字线，通常视为是买入信号。如果在上涨途中出现，继续看涨；在下跌途中出现，继续看跌。

步骤 1 打开钱龙软件，输入钢研高纳的股票代码"300034"，按【Enter】键确认。

步骤 2 下图钢研高纳（300034）2015 年 4 月份至 5 月份的日 K 线走势图。如图所示，该股在横盘调整时期出现了倒 T 字线，不会改变股价的走势。

7.2.4 大阳线、大阴线

大阳线是指最高价与收盘价相同（或略高于收盘价），最低价与开盘价一样（或略低于开盘价），上下没有影线或影线很短。大阴线是指最高价与开盘价相同（或略高于开盘价），最低价与收盘价一样（或略低于收盘价），上下没有影线或影线很短，如图所示。

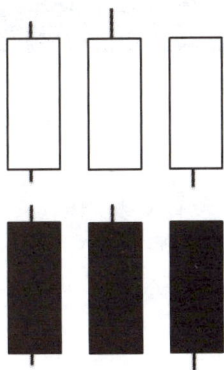

从多空力量角度分析，大阳线表明从开盘到收盘，多方始终占据着优势，基本上没有给空方任何机会。这是一种强势的信号，也表现出投资者跟进热情高涨。但是，大阳线出现的位置不同，对未来股价的走势判断也会不同。如果出现在长期横盘或底部，毫无疑问这是上涨信号，投资者可果断买入，等待上涨；如果出现在上涨过程中，这是涨势的强化，投资者可继续持有；如果出现在股价大幅上涨之后，这可能是庄家为了更好地出货，故意拉高，投资者最好还是尽早落袋为安。大阴线则刚好与大阳线相反。

步骤 1 打开钱龙软件，输入铁龙物流的股票代码"600125"，按【Enter】键确认。

步骤 2 下图为铁龙物流（600125）2015 年 6 月的日 K 线走势图。如图所示，左边阳线分别表示了上涨和见顶信号，右边的阴线表示了继续下跌的信号。

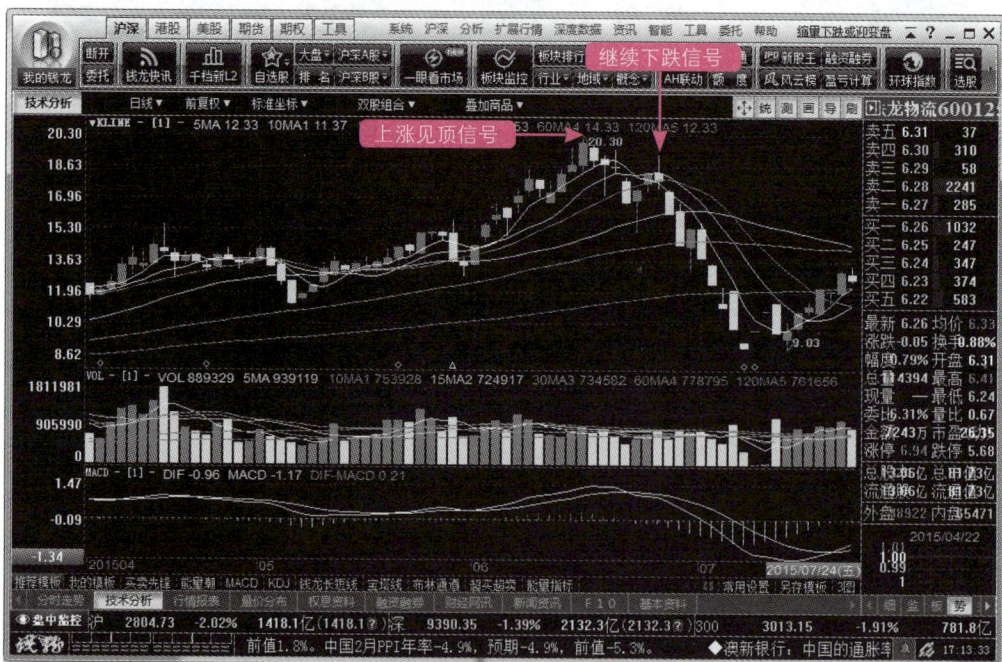

7.2.5 十字星

十字星是指开盘价和收盘价相同，没有 K 线实体，只有上下影线。上影线越长，表示空方力量占优。下影线越长，表示多方力量占优，如下图所示。

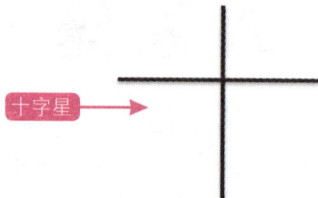

十字星表现的是多空双方力量基本平衡的状态。分析十字星，主要不是区分阴阳，而是分析十字星出现的位置。通常情况下，在股价高位或大幅上涨过后出现十字星，是见顶信号，行情反转下跌的可能性较大；在股价低位或大幅下跌过后出现十字星，是见底信号，行情反转上升的可能性较大；在涨势、跌势或横盘过程中出现十字星，基本上不能改变原有的走势，继续维持原来趋势发展。总体来说，十字星往往预示着市场到了一个转折点，投资者需密切关注，及时调整操盘的策略，做好应变的准备。

步骤 1 打开钱龙软件，输入中国中铁的股票代码"601390"，按【Enter】键确认。

步骤 2 下图是中国中铁（601390）2015 年 3 月至 4 月的日 K 线走势图。如图所示，底部十字星表示开始上涨，上涨途中和横盘时的十字星不改变走势。

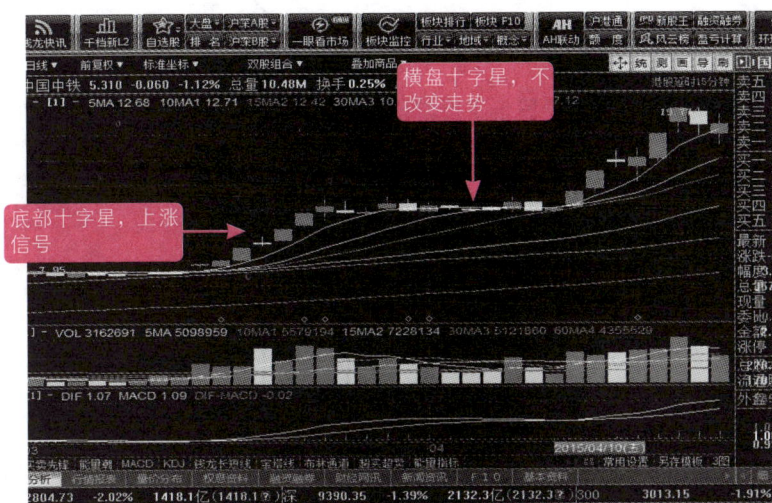

7.2.6 其他常见 K 线

除了以上几个常见的单根 K 线形状外，K 线还有其他一些特殊形状。

1. 锤子线和上吊线

锤子线和上吊线的共同特征是实体位于整个价格区间的上端，下影线的长度至少达到实体高度的 2 倍，没有上影线，即使有上影线，其长度也是极短的，如图所示。

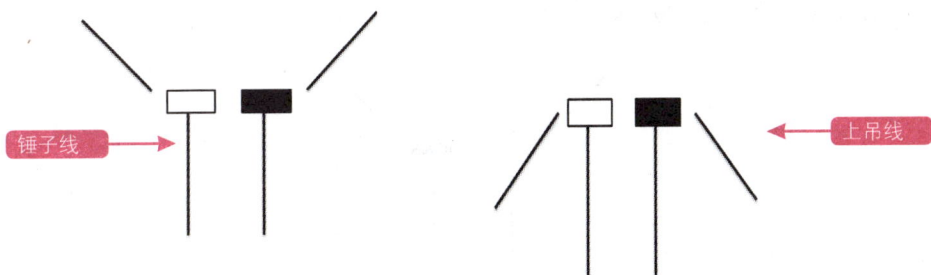

两者主要区别是锤子线位于股价下行阶段的低位，而上吊线则是位于股价上行阶段的高位。两者都是很强的股价反转信号。

2. 倒锤子线和射击之星

倒锤子线和射击之星的共同特征是实体位于整个价格区间的底部，上影线的长度至少达到实体高度的 2 倍，没有下影线，即使有下影线，其长度也是极短的，如图所示。

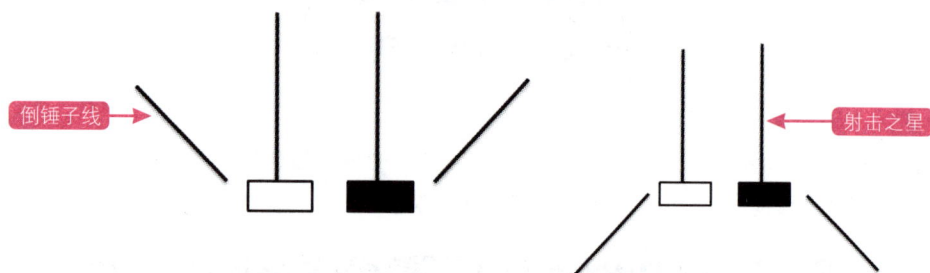

两者主要区别是倒锤子线位于股价下行阶段的低位，而射击之星则是位于股价上行阶段的高位。两者都是很强的股价反转信号。

3. 螺旋桨

螺旋桨是指 K 线实体较小，上下影线较长，如图所示。

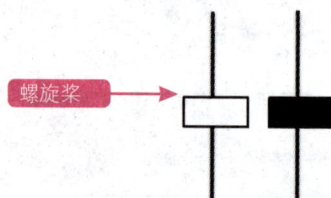

7.3　不同技术周期中的 K 线图

下面介绍整个 K 线分析的过程。

7.3.1　下影长、实体短的锤子线形态

锤子线是实体位于整个价格区间的上端，下影线的长度至少达到实体高度的 2 倍，没有上影线，即使有上影线，其长度也是极短，如图所示。

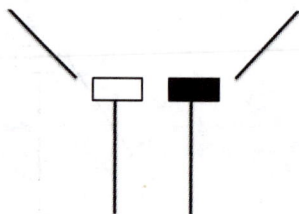

下影长、实体短的锤子线通常出现在阶段顶部，投资者如果能熟练掌握，就能够利用该形态识顶和逃顶，避免损失。

具体操作步骤如下。

步骤 1 打开钱龙软件，输入中国中冶的股票代码"601618"，按【Enter】键确认。

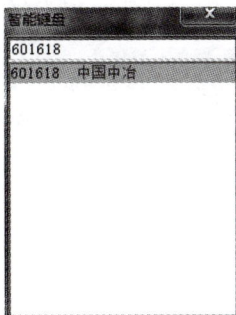

步骤 2 进入中国中冶的日 K 线走势图。通过缩放，可以看到中国中冶 2015 年 5 月的日 K 线走势图。如下图所示，中国中冶的股价经过一轮上涨之后，阶段高点基本已经形成，此时出现了高位的锤子线，这是行情反转的一个信号，投资者应尽早出货。

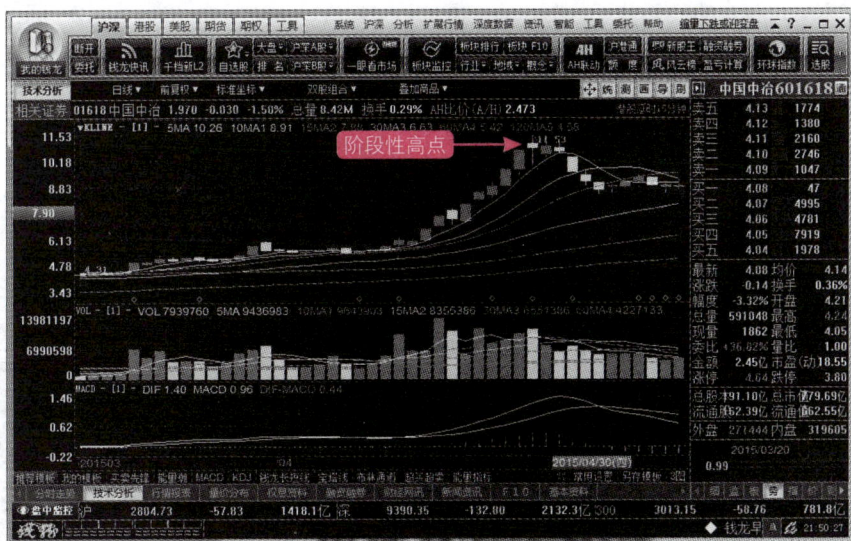

7.3.2 快速下跌后的低点螺旋桨形态

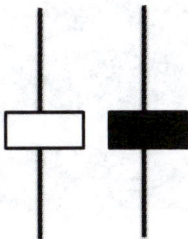

如上图所示，螺旋桨是指 K 线实体较小，上下影线较长。

螺旋桨通常是多空双方互相拉锯、不分伯仲时的一种特殊形态，所以，该形态是很好的行情反转信号，投资者应该把握。

具体操作步骤如下。

步骤 1 打开钱龙软件，输入国民技术的股票代码"300077"，按【Enter】键确认。

步骤 2 进入国民技术的日 K 线走势图。通过缩放，可以看到国民技术 2014 年 12 月至 2015 年 1 月的日 K 线走势图。如下图所示，国民技术接连迎来 5 根阴线，最后还是一根大阴线，此时主力基本上已经完成了出货，然后出现"螺旋桨"，该 K 线是反转的信号。投资者可以及时买入，待股价上涨之后卖出，即可获取丰厚回报。

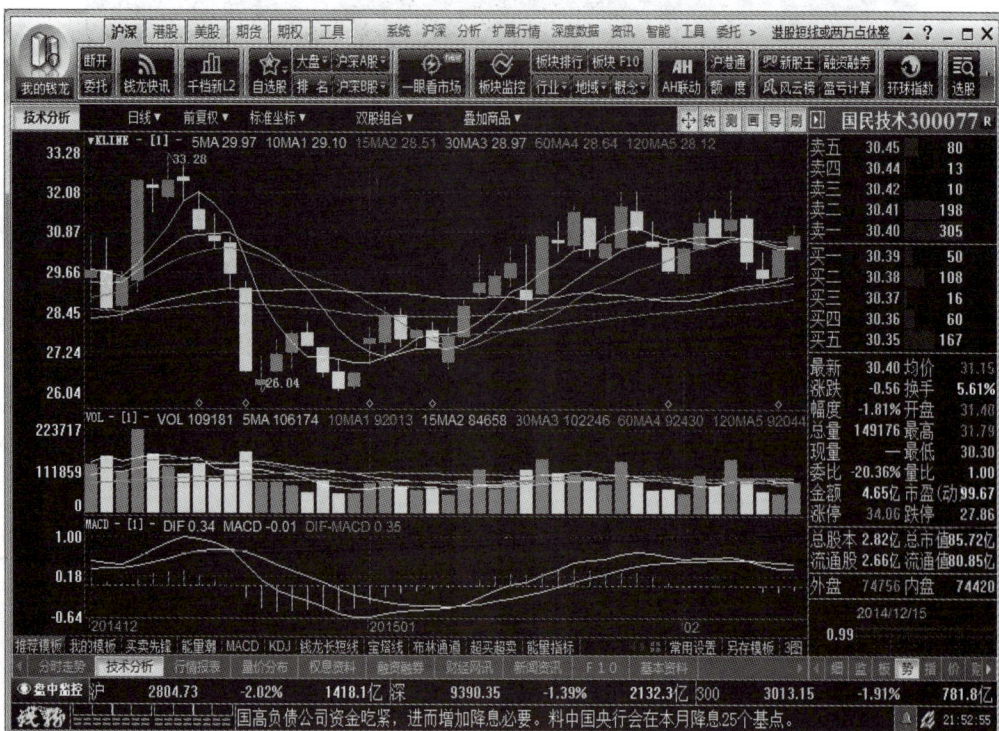

7.3.3 长阴后的探底十字星形态

十字星是具有很强反转信号的 K 线形态，而长阴线说明股价大幅下跌。通常来讲，大幅下跌过后出现十字星，多半是行情反转的开始，投资者应格外关注。

步骤 1 打开钱龙软件，输入爱尔眼科的股票代码"300015"，按【Enter】键确认。

步骤 2 进入爱尔眼科的日 K 线走势图。通过缩放，可以看到爱尔眼科 2014 年 11 月至 2014 年 12 月的日 K 线走势图。如下图所示，经过两周左右的横盘，主力准备抬高拉升。主力先拉起一根大阳线，造成马上要上涨的假象，诱导散户跟进，然后迅速下调，拉出大阴线，造成下跌的态势，以此来洗出意志不坚定的投资者。一切就绪，出现探底十字星，最后开始真正拉升。

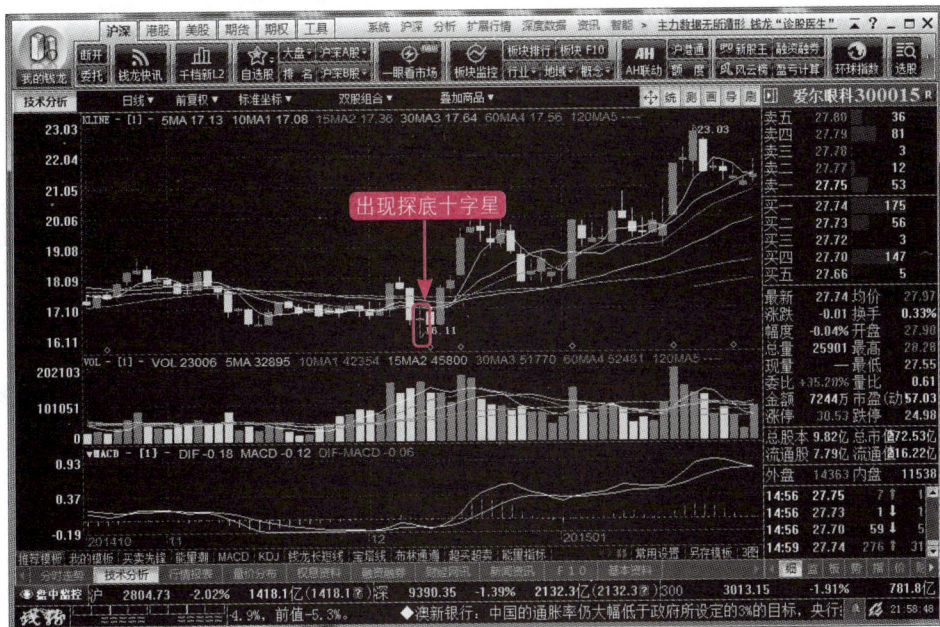

高手私房菜

技巧 1：积极把握向上跳空缺口

通常情况下，向上跳空缺口的产生是主力资金大规模集中造成的，因此，向上突破缺口的出现就意味着多方资金大规模积聚，那么新一轮的上涨即将开始。判断该形态时，投资者需要注意两个因素。

（1）缺口位置。如果处在低位，很可能是上涨信号；如果处在上涨途中，继续看涨；如果出现在顶部，可能是主力拉高出货，后市看跌。

（2）成交量。如果低位向上跳空缺口的产生，伴随成交量的明显放大，可以确信此为上涨信号。

技巧 2：谨慎看待日 K 线的见顶下跌

多数投资者都有这样的经历，分析日 K 线图，感觉股价已经开始见顶下跌，于是赶紧卖出，但没过多久股价就调转枪头，迅速拉升，创出新高。究其原因，自然是被日 K 线中的假顶部所迷惑。因为日 K 线期限相对较短，庄家常常创造假 K 线欺骗投资者，而在期限长的周 K 线上，出现骗线的概率就大大减少。所以，投资者在卖出时，眼光要放长远，等到周 K 线筑顶之后再操作。

第8章
大盘趋势理论分析

引语

故善战人之势，如转圆石于千仞之山者，势也。

——《孙子兵法》

善于指挥作战的人所造就的"势"，就如转动圆形巨石，从几百丈高的山顶滚下，这就是所谓的势。股市投资跟行军作战并无两样，投资者也应像带兵打仗的将军一样，善于分析形势，更要抓住形势，这样才能立于不败之地。

要点

☐ 大盘走势的常见趋势

☐ 上升趋势

☐ 下跌趋势

☐ 次级趋势

8.1 大盘走势的 3 种常见趋势

大盘和个股的中长期走势可大致分为三种，上升趋势、下跌趋势和次级趋势。在一个价格运动当中，如果其波峰和波谷都相应地高于前一个波峰和波谷，那么就称为上涨趋势；相反，如果其包含的波峰和波谷都低于前一个波峰和波谷，那么就称为下跌趋势；如果后面的波峰与波谷都基本与前面的波峰和波谷持平的话，那么称为振荡趋势，或者横盘趋势，或者无趋势。投资者可以借助趋势线对大盘或者个股的走势进行分析。

下图为上证指数（000001）在 2015 年 1 月至 6 月期间的走势图，从图中可以看出股价一直沿上升趋势线，呈单边上升态势。

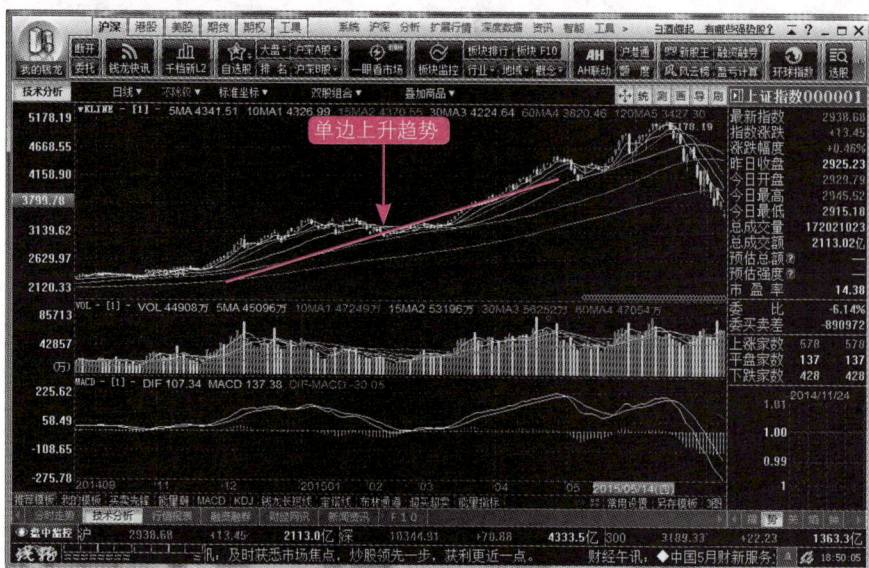

通常来说，趋势形成之后不会轻易被改变。例如，一旦下跌趋势形成，股价会跟着下跌；同样，股价也会跟着上涨趋势上涨。所以，理性的投资者要顺势而为，才能获取丰厚回报，逆势而为的成功率一般都不高。

"一把尺子闯天下"是用来形容趋势线的重要作用的，通常这种作用主要通过以下几个方面表现出来。

（1）对股价变动起约束作用。上升趋势线一旦形成，就成为多方的一条防线，该线对股价有支撑作用，即股价回调至该线时，就像皮球撞到墙上一样，立即弹起。所以上升趋势线又被称为支撑线。类似的，下降趋势线一旦形成，它就成为空方的阻力，股价反弹到该线时会遭到有效狙击，重归跌势。所以下降趋势线又称为压力线。

趋势线的支撑压力作用可以互相转化。上升趋势线一旦被有效击穿则它由原来的支撑线变为压力线，股价将很难再顶穿该线。同样下降趋势线一旦被有效顶破，则它由原来的压力线变为支撑线，股价遇该线将回弹。

步骤 1 打开钱龙软件，输入国电电力的股票代码"600795"，按【Enter】键确认。

步骤 2 如下图所示，国电电力（600795）在 2015 年 1 月至 3 月期间的走势图，股价大幅下跌，始终不能突破趋势线的压制。

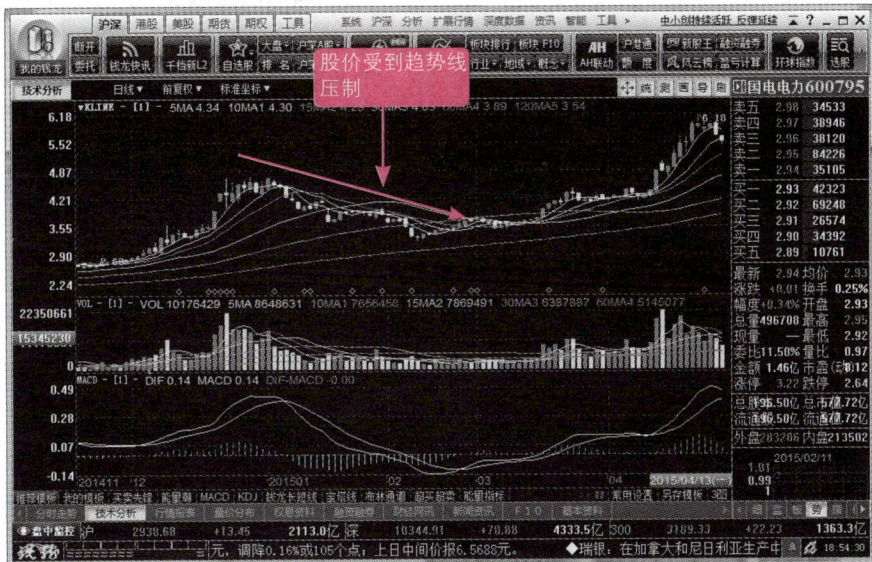

（2）对趋势演化起追踪作用。因为每条趋势线都有一个角度，从角度的变化中，投资者可以清楚地看出趋势变化的特征。通常股价的上升可分成三个阶段，即初升段、主升段、末升段。趋势线在这三个阶段会形成不同的角度，即启动角度、加速角度、减速角度。一般情况下，启动角度和减速角度都较小，行情在主升段较猛烈，因而加速角度大。但是，如果启动角度和加速角度都较小，通常在末升段会出现拉升行情，即减速角度较大。

（3）趋势线一旦被突破，说明趋势可能朝相反方向发展。越是重要、有效的趋势线被突破，其转势信号越强烈。

8.2 上升趋势（多头市场）

上升趋势线是具有代表意义的两低点连接而成的一条向上直线，体现出整个股价向上运动的趋势。上升趋势线一旦形成，表示做多力量已经就绪，准备拉升，投资者可适时进入，获取丰厚回报。

8.2.1 行情分析

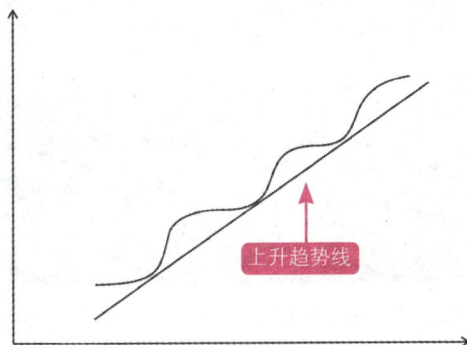

上升趋势线可以分为普通上升趋势线、快速上升趋势线、慢速上升趋势线、上升趋势线被有效突破和新的上升趋势线。

趋势线通常都有一定的倾斜角度。倾斜角度越大，表明短时间内股价上升幅度大，但其支撑作用就小，持续上涨时间不长；倾斜角度越小，表明短时间内股价上升幅度小，但其支撑作用就大，持续上涨时间相对较长。另外，上升趋势线被触及的次数越多，可靠性越强。

普通上升趋势线是指倾斜角度既不太大，也不太小，属于中间情况。它体现出股价呈上升态势，投资者此时可以从容进出。快速上升趋势线倾斜角度很大，说明短期内股价快速上升，持续时间很短，投资者要果断买进和卖出。慢速上升趋势线倾斜角度很小，说明短时间内股价上涨不多，但持续时间会很长，投资者此时应该进行中长线投资。

8.2.2 买卖点案例分析

【案例1】

步骤1 打开钱龙软件，输入申达股份的股票代码"600626"，按【Enter】键确认。

步骤2 如下图所示，申达股份（600626）2015年2月至6月期间的走势图，2月至4月中旬是慢速上涨趋势线，角度比较平缓；4月中旬过后变成快速上涨趋势线，角度陡峭，短时间内股价大幅提升。

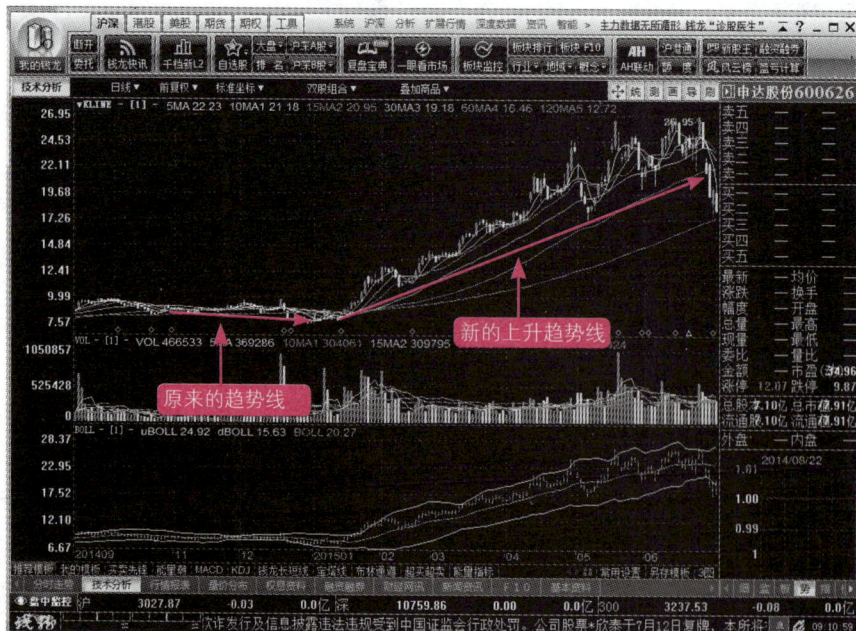

上升趋势线被有效突破是指在上升过程中，股价突破了原有的趋势线，且下跌幅度达到3%

以上，时间超过 3 天，此时表明趋势线的支撑作用失效，转化为限制作用。如果此时有成交量的突然放大，就更能增加信息的可信度。投资者应尽早出货，避免损失。

【案例 2】

步骤 1 打开钱龙软件，输入中国中冶的股票代码 "601618"，按【Enter】键确认。

步骤 2 如下图所示，中国中冶（601618）2015 年 4 月至 7 月期间的走势图，6 月 15 日上升趋势线被有效突破，投资者此时应该尽早出货。

新的上升趋势线是指在上涨过程中，股价虽然出现了下跌，但经过短暂的调整之后，股价又出现一轮新的上涨。此时，投资者应该放弃原有的上升趋势线，重新绘制新的上升趋势线。

8.3 下跌趋势（空头市场）

下降趋势线是具有代表意义的两高点连接而成的一条向下直线，体现出整个股价向下运动的趋势。下降趋势线一旦形成，表示做空力量已经就绪，多方力量偏弱，投资者应及时清仓离场，避免被深度套牢。

8.3.1 行情分析

下降趋势线可以分为普通下降趋势线、快速下降趋势线、慢速下降趋势线、下降趋势线被有效突破和新的下降趋势线。

跟上升趋势线类似，下降趋势线同样有倾斜角度。倾斜角度越大，表明短时间内股价下降幅度大，但其限制作用就小，持续下跌时间不长；倾斜角度越小，表明短时间内股价下降幅度小，但其限制作用就大，持续下跌时间相对较长。另外，下降趋势线被触及的次数越多，可靠性越强。

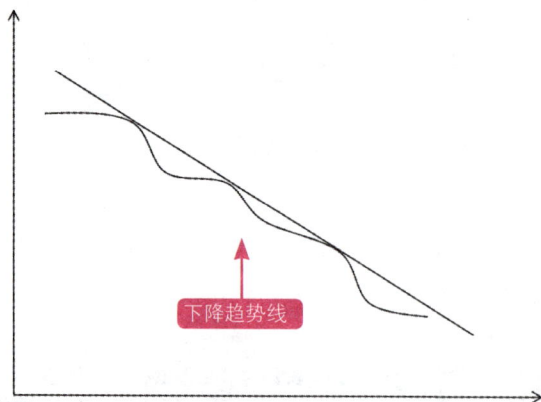

下降趋势线

💬 **提示**

> 支撑线和压力线是可以相互转化的。当股价从上向下突破一条趋势线后，原有的上升趋势线将可能转变为一条压力线；而当股价从下向上突破一条压力线后，原有的下降趋势线也将可能转变为支撑线。

普通下降趋势线是指倾斜角度既不太大，也不太小，属于中间情况。它体现出股价呈下降态势，投资者此时应尽早出货。快速下降趋势线倾斜角度很大，说明短期内股价快速下降，持续时间很短，投资者要果断买进和卖出。慢速下降趋势线倾斜角度很小，说明短时间内股价下降不多，但持续时间会很长，投资者此时应该进行中长线投资。

下降趋势线被有效突破是指在下降过程中，股价突破了原有的趋势线，且上涨幅度达到 3% 以上，时间超过 3 天，此时表明趋势线的限制作用失效，转化为支撑作用。如果此时有成交量的突然放大，就更能增加信息的可信度。投资者应果断进入。

8.3.2 买卖点案例分析

【案例 1】

步骤 1 打开钱龙软件，输入红日药业的股票代码"300026"，按【Enter】键确认。

步骤 2 如下图所示，红日药业（300026）2015 年 7 月至 2015 年 8 月期间的走势图，在 2015 年 7 月 7 日股价有效突破下降趋势线，投资者可先观望，之后进行做多操作。

新的下降趋势线是指在下跌过程中，股价虽然出现了上涨，但经过短暂的调整之后，股价又出现一轮新的下跌。此时，投资者应该放弃原有的下降趋势线，重新绘制新的下降趋势线。

【案例2】

步骤 1 打开钱龙软件，输入大禹节水的股票代码"300021"，按【Enter】键确认。

步骤 2 如下图所示，大禹节水（300021）2014年5月至2015年3月期间的走势图，原有的下降趋势线被突破后，不是行情的反转，而是继续下跌，市场还处在空头的控制之中。仅仅短时间回调之后，空方马上展开第二轮的下跌，投资者尽早撤出。

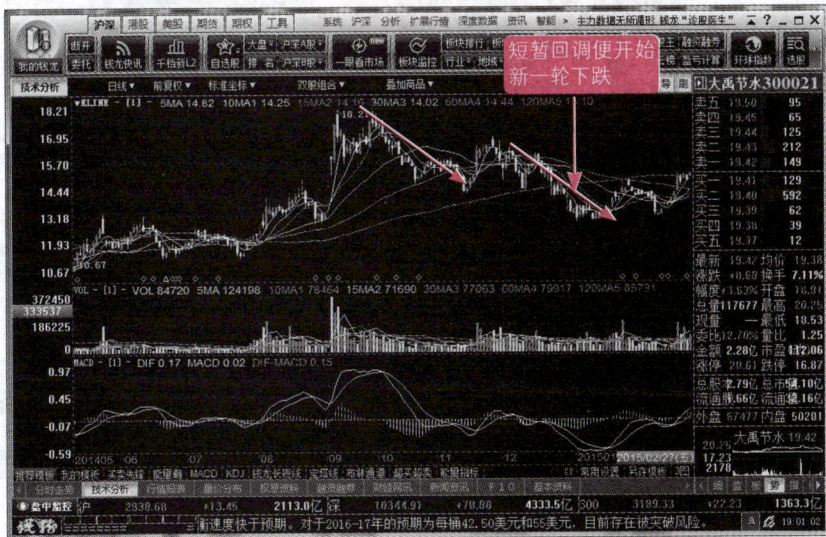

钱龙 8.4 次级趋势（主趋势中的逆动行情）

次级趋势是与主要趋势相对的概念，是指股价在上升趋势中的短暂回调或者下降趋势中的反弹。通常，在上升趋势当中，次级趋势会跌落波峰与上一个波谷之差的三分之一至三分之二，参照黄金分割定律，具体回调的比例主要有38.2%、61.8%。

8.4.1 箱体整理趋势

次级趋势从具体形态看大部分呈箱体整理趋势，个股在箱体整理运动时，通常触及箱顶即回落，触及箱底即反弹。高点之间的连线与低点之间的连线呈平行状态。

步骤1 打开钱龙软件，输入海南海药的股票代码"000566"，按【Enter】键确认。

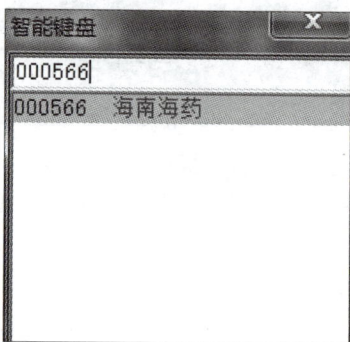

步骤2 如下图所示，海南海药（000566）2014年5月至2015年5月期间的走势图，从图中可以看出，2014年7月至10月股价逐步攀升，之后股价上涨受阻，维持高位震荡趋势，呈箱体震荡趋势状态。对于次级趋势，不建议投资者进行买入操作。

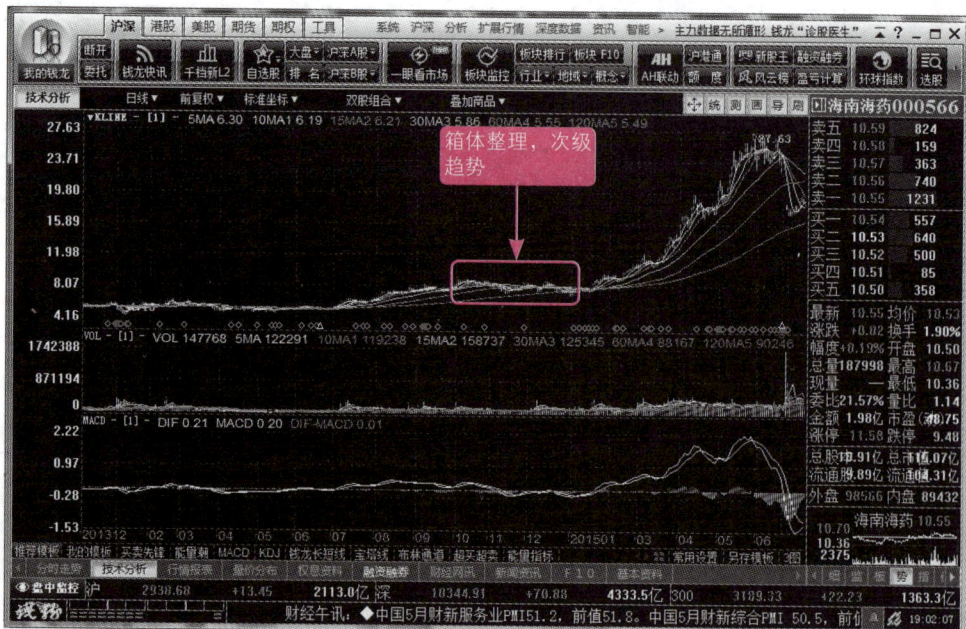

8.4.2 成交量分析

通过第 4 章技术分析的基本介绍，投资者可知股价的上涨伴随着成交量的放大，股价下跌伴随成交量的减少。成交量的走势十分有助于判断个股和大盘是否进入次级趋势。以威孚高科为例。

步骤 1 打开钱龙软件，输入威孚高科的股票代码"000581"，按【Enter】键确认。

步骤 2 如下图所示，威孚高科（000581）2014 年 5 月至 2015 年 5 月期间的走势图，从图中可以看出，股价从 2014 年 7 月至 10 月股价逐步攀升，之后股价上涨受阻，维持高位震荡趋势，呈箱体震荡趋势状态。对于次级趋势，不建议投资者进行买入操作，但是从 2015 年 3 月，股价开始带量突破，投资者可适时介入。

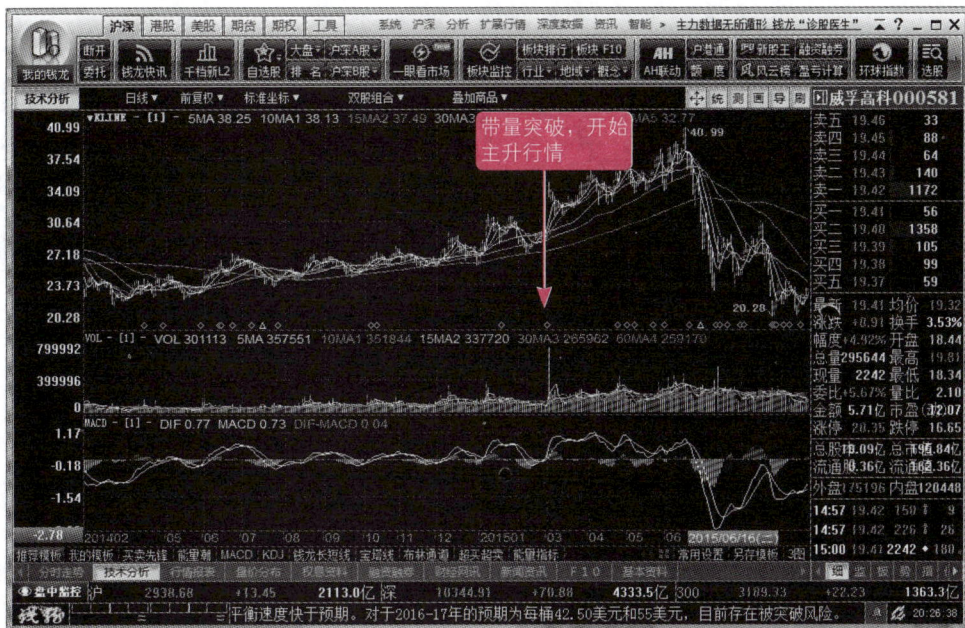

钱龙 8.5 趋势线

在利用趋势线进行技术分析时可分为压力线和支撑线，本小节将对这两种技术分析进行具体介绍。

8.5.1 压力线

当股价上涨达到一定价位时，继续上涨会受到阻力并使股价回落。在 K 线图中，在每个波峰的最高点处画一条切线，即为压力线。压力线对股价具有压制的作用，一旦股价难以突破，则会拐头向下。投资者如果没能尽早出货，将会遭受损失。

下面以包钢股份为例，分析压力线对股价的影响。

步骤 1 打开钱龙软件，输入包钢股份股票代码 600010 或拼音首字母 "BGGF"，按【Enter】键确认。

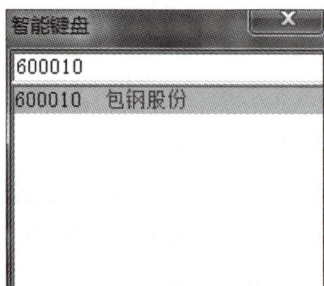

步骤 2 通过缩放找到该股 2015 年 4 月至 2015 年 7 月期间的走势图。利用【画线】绘制出压力线。如图所示，压力线对股价起到压制作用，到了该位置股价即开始回调。

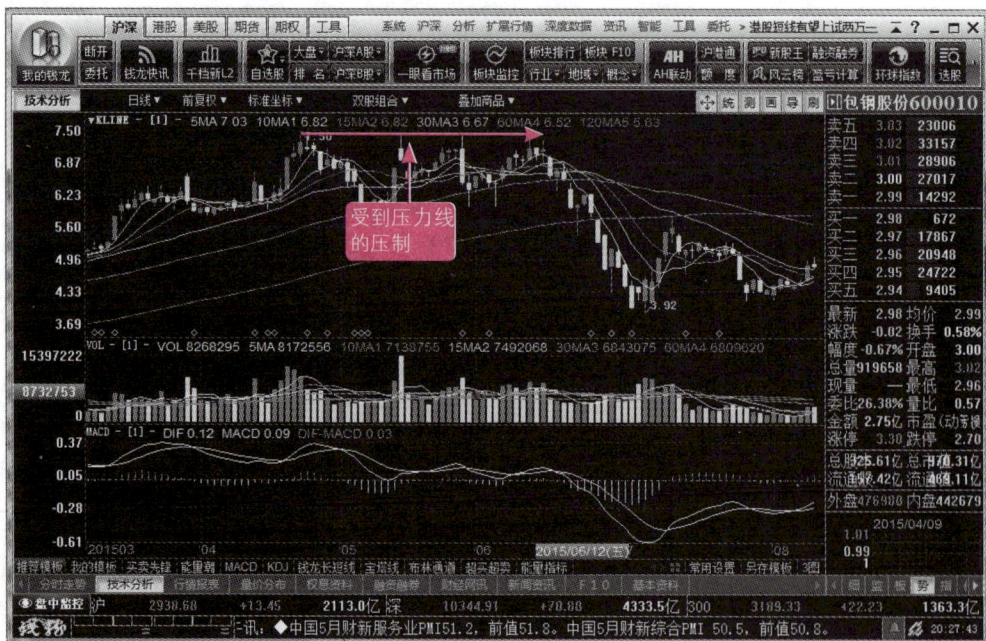

8.5.2 支撑线

在股价连续下跌达到一定价位时，股价继续下跌受阻并且止跌回升。在 K 线图中，在每个波谷的最低点处画一条切线，即为支撑线，支撑线对股价具有支撑的作用。

> **提示**
>
> 判断重要的支撑和压力位置需要考虑的因素。
> （1）股价在该区域停留的时间。
> （2）股价在该区域时伴随的成交量大小。
> （3）该区域离现在股价的远近程度。
> （4）习惯数值（如整数位置、黄金分割位置）具有重要的支撑和压力意义。

下面以同济科技为例，分析支撑线对股价的影响。

步骤 1 打开钱龙软件，输入同济科技的股票代码"600846"或拼音首字母"TJKJ"，按【Enter】键确认。

步骤 2 通过缩放找到该股 2014 年 9 月至 2015 年 4 月期间的走势图。利用【画线工具】绘制出支撑线。如图所示，该支撑线起重要作用，股价接近支撑线，就反弹上升。投资者此时可在接近支撑线的位置大胆买入，等待上涨。

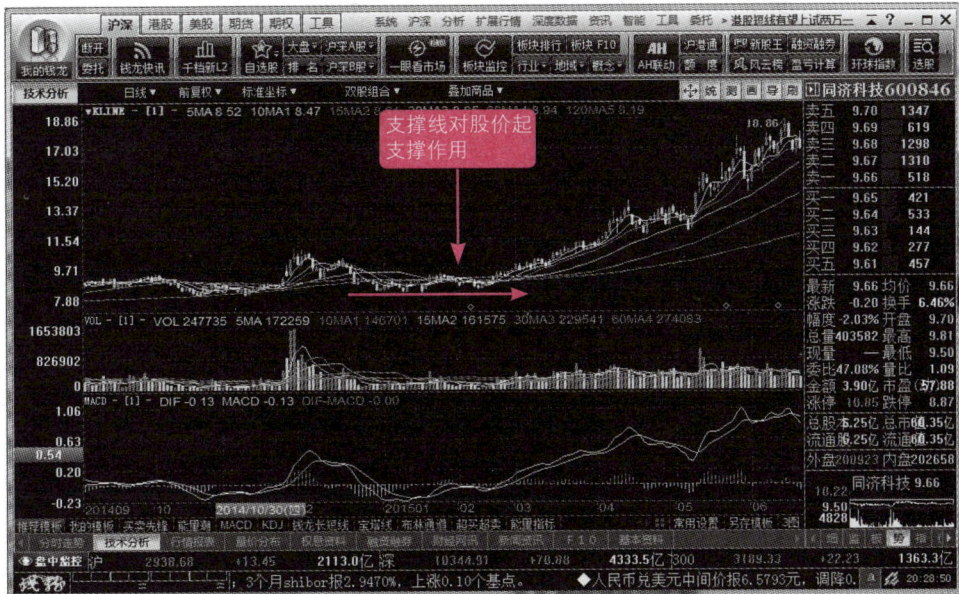

8.6 趋势理论的缺陷

趋势理论主要应用于股票的基本趋势，一旦上涨或者下跌趋势确立，趋势理论则会认为趋势会一直持续下去，直至遇到外来影响发生改变。类似于牛顿第一定律，所有物体移动时都会以直线发展，直到外力迫使它改变运动状态为止。但有一点要注意的是，趋势理论只推断股市的大势所趋，却不能推断大趋势里面的升幅或者跌幅将会到何种程度。

滞后性是趋势理论的第二大缺陷，趋势理论每次都要两种指数互相确认，这样做已经慢了半拍，错失了最佳的买入和卖出机会。滞后性将导致趋势形成以后跟进，而此时股价已经长了 10% 到 20%，加大了投资风险。此外趋势理论对选股没有太大的帮助。最后，趋势理论注重长期趋势，对中期趋势尤其是震荡趋势难以给投资者明确的启示。

高手私房菜

技巧 1：如何确认趋势线的有效突破

在实战中，投资者需要把握以下 3 个原则。

（1）收盘价突破原则。收盘价突破趋势线比交易日内最高、最低价突破趋势线重要。

（2）3% 突破原则。通常情况下，突破趋势线后，离趋势线越远，突破越有效。该原则是要求收盘价突破趋势线的幅度至少达到 3%，才算有效，否则无效。

（3）三天原则。通常情况下，突破趋势线后，在趋势线的另一方停留的时间越长，突破越有效。该原则是要求收盘价突破中长期趋势线的天数至少达到 3 天，才算有效，否则无效。

技巧 2：根据大盘趋势选择股票

大盘呈现出不同的变动趋势，各种股票的活跃程度就不同，以下是几种常见的对应原则。

（1）波段急跌——指标股（如银行、石油股等）。

（2）调整尾声——超跌股。

（3）牛市确立——高价股。

（4）休整时期——题材股。

（5）报表时期——"双高"股（高净值、高分红）。

第9章
熟练掌握常用的技术指标

引语

发现市场规律，然后紧紧把握住，这就是投资。

——"股神"巴菲特

巴菲特之所以能成为股神，靠的是对市场敏锐的把握和积极的行动。面对浩瀚的市场，如何正确地分析市场走势让投资者无所适从。而技术指标正是对市场某一特征的精确表现，所以掌握了技术指标，就掌握了打开市场大门的金钥匙。

要点

☐ 指数平滑异同移动平均线（MACD）
☐ 常用指标
☐ 随机指标（KDJ）

技术指标是对股市中的价和量依据一定的数学关系，得出各种技术图形，用以对市场的走势做出分析和判断。钱龙软件中预设了很多技术指标，如大趋势型指标、超买超卖指标、趋势型指标等。投资者要想在股市中游刃有余，需要掌握全面的分析指标，除了均线和趋势线指标外，还需要掌握布林通道线（BOLL）指标、乖离率指标（BIAS）、随机指标（KDJ）和指数平滑异同移动平均线指标（MACD）等技术指标。本章将对常见的技术指标进行详细的介绍。

钱龙 9.1 常用指标

技术指标分析是目前股票分析中比较常见的一种方法，一切以数据来论证股票趋向、买卖等。技术指标实际上是对股市中价格和成交量的不同反映，体现出投资者对股票的信息，在此基础上，按照一定的算法即可计算出技术指标。

常见的技术指标有布林通道线（BOLL）指标、乖离率指标（BIAS）、随机指标（KDJ）和指数平滑异同移动平均线指标（MACD）和威廉超买超卖指标等。在钱龙软件中，用户可以选择工具栏中的【工具】菜单，打开【公式】选项。其中包含了很多常用的固定参数指标，同时，用户也可以根据自己的切身需要，修改指标的具体参数。

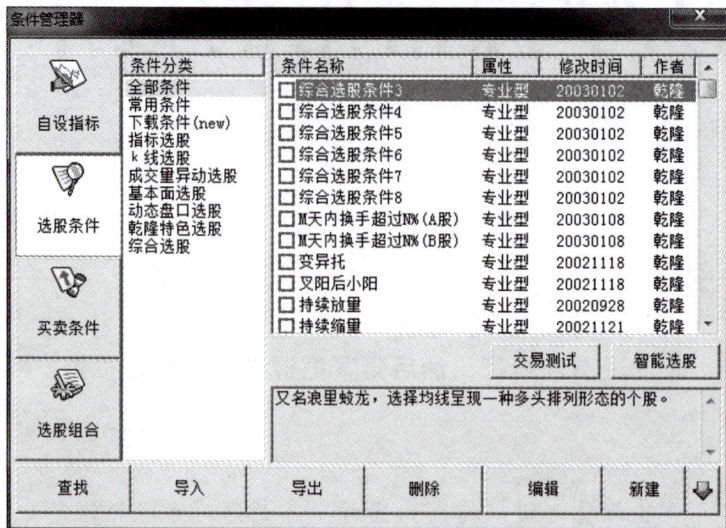

投资者通过对股票技术指标的分析可以更深一层地了解股票的走势，判断未来股票的趋势，为自己的投资做好充分的准备。

9.1.1 乖离率指标（BIAS）

乖离率是指股价与平均移动线之间的偏离程度，通过百分比的形式来表示股价与平均移动线之间的差距。如果股价在均线之上，则为正值；如果股价在均线之下，则为负值。因为均线可以代表平均持仓成本，利好利空的刺激，造成股价出现暴涨暴跌。股价离均线太远，就会随时有短期反转的可能，乖离率的绝对值越大，股价向均线靠近的可能性就越大。

投资者可以将乖离率绝对值大小作为买卖依据。当股价在下方远离移动平均线时，可适当买进；当股价在上方远离移动平均线时，可考虑卖出。乖离率计算公式具体如下：

BIAS=(当日收盘价 – N 日内移动平均价)/ N 日内移动平均价 ×100%

5 日乖离率 =（当日收盘价 –5 日内移动平均价）/5 日内移动平均价 ×100%

公式中的 N 按照选定的移动平均线日数确定，一般定为 5 或 10。当股价在移动平均线之上时，称为正乖离率，反之为负乖离率；股价与移动平均线重合，乖离率为零。正乖离率超过一定数值时，显示短期内多头获利较大，获利回吐的可能性也大，呈卖出信号；负乖离率超过一定的数值时，说明空头回补的可能性较大，呈买入信号。

💳 提示

在涨势中，如果 BIAS 的高点越来越低，显示出追高的意愿越来越弱，卖压越来越重，股价有反转向下的疑虑。

下面举例说明如何使用乖离率指标。

步骤 1 打开钱龙软件，输入红日药业的股票代码"300026"，按【Enter】键确认。

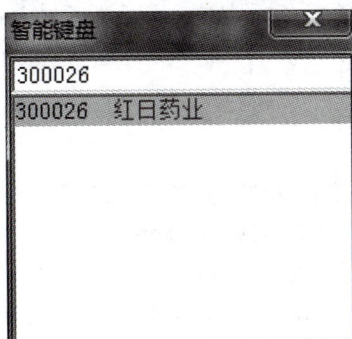

步骤 2 输入乖离率指标"BIAS"，按【Enter】键确认，或直接单击指标选项中的【BIAS】。

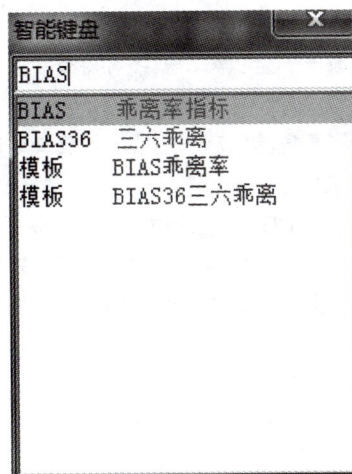

步骤 3 在 2014 年 12 月至 2015 年 1 月时，负乖离率超过一定数值，说明空头回补的可能性比较大，12 月 30 日时，BIAS 线达到最低点，31 日，BIAS 指标也发出买入信号，投资者可适时介入。

9.1.2 布林通道线指标（BOLL）

BOLL 指标，即布林线指标，是根据统计学中的标准差原理设计出来的技术指标。一般而言，股价的运动总是围绕某一价值中枢（如均线、成本线等）在一定的范围内变动，布林线指标正是在上述条件的基础上，引进了"股价通道"的概念，其认为股价通道的宽窄随着股价波动幅度的大小而变化，而且股价通道又具有变异性，它会随着股价的变化而自动调整。

BOLL 指标由三条曲线组成，分别是上轨线、中轨线和下轨线。其中中轨线是股价的移动平均线，而上轨和下轨分别用当前的移动平均线值加上和减去 2 倍的标准差得出。

投资者在使用布林通道线指标时需要注意 5 点。

（1）股价在中轨上方运行时属于安全状态，短线可持有观望；股价自下而上突破上轨线时，短线要格外小心股价下跌。

（2）股价在中轨下方运行时属于危险状态，短线应趁反弹中轨时离场；股价自上而下突破下轨线时，短线可择机进入，等待上涨。

（3）股价自下而上突破上轨线后，回探中轨线时不跌破中轨线，显示后市看涨，可持股或加仓。

（4）股价自下而上突破下轨线后，反弹中轨线时不站回中轨线以上，则后市看跌，要卖出。

（5）通道突然呈急剧变窄收拢形状时，显示股价方向将会发生重大转折，这时结合其他指数技术进行行情判断。

下面举例说明如何使用布林通道线指标。

步骤 1 打开钱龙软件，输入东信和平的股票代码"002017"，按【Enter】键确认。

步骤 2 输入布林通道线指标"BOLL"，按【Enter】键确认，或直接单击指标选项中的【BOLL】。

步骤3 在 2015 年 5 月底，股价已经在上轨线的上方运动，下跌的风险比较大，布林通道呈高位收缩态势。同时高位出现多根阴线，且成交量有所放大。投资者最好尽早出货，避免被深度套牢。

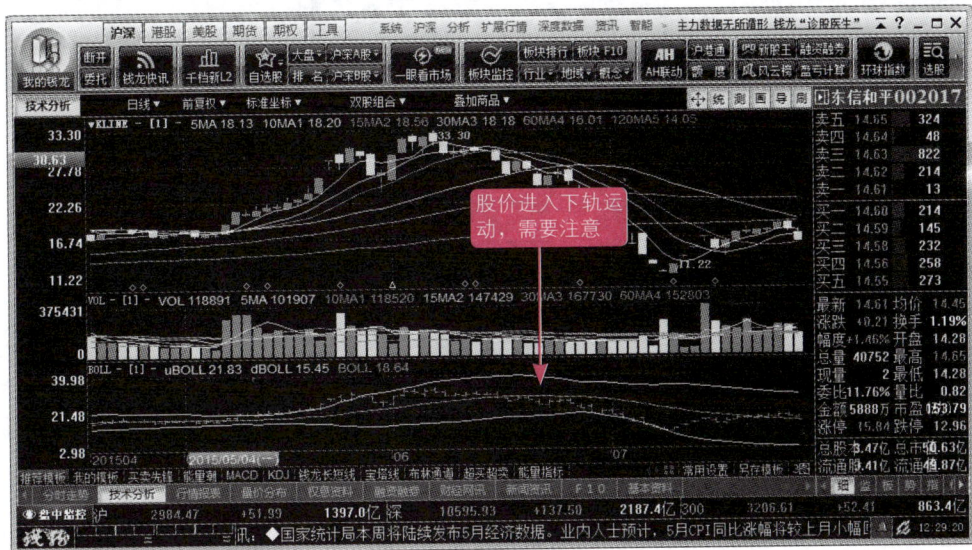

9.1.3 威廉超买超卖指标（W&R）

威廉超买超卖指标是一个振荡指标，主要用于研究股价的波动，通过分析股价波动变化中的峰与谷决定买卖时机。利用振荡点来反映市场的超买超卖现象，可以预测循环内的高点与低点，从而显示出有效的买卖信号，是用来分析市场短期行情走势的技术指标。

WR 指标的计算主要是利用分析周期内的最高价、最低价及周期结束的收盘价等三者之间的关系展开的。以日威廉指标为例，其计算公式为：$W\&R = (H_n - C) \div (H_n - L_n) \times 100$

其中

n：交易者设定的交易期间（常用为 30 天）。

C：第 n 日的最新收盘价。

H_n：过去 n 日内的最高价（如 30 天的最高价）。

L_n：过去 n 日内的最低价（如 30 天的最低价）。

投资者在运用威廉超买超卖指标时需要注意以下几点。

（1）当 W&R 高于 80，即处于超卖状态，行情即将见底，应当考虑买进。

（2）当 W&R 低于 20，即处于超买状态，行情即将见顶，应当考虑卖出。

（3）在 W&R 进入高位后，一般会回头，如果股价继续上升就产生了背离，是卖出信号。

（4）在 W&R 进入低位后，一般要反弹，如果股价继续下降就产生了背离。

（5）W&R 连续几次撞顶（底），局部形成双重或多重顶（底），是卖出（买进）的信号。
同时，使用过程中应该注意与其他技术指标相互配合。

下面举例说明如何使用威廉超买超卖指标。

步骤 1 打开钱龙软件，输入苏宁云商的股票首字母"SNYS"，按【Enter】键确认。

步骤 2 输入威廉超买超卖指标"W&R"，按【Enter】键确认，或直接单击指标选项中的【WR】。

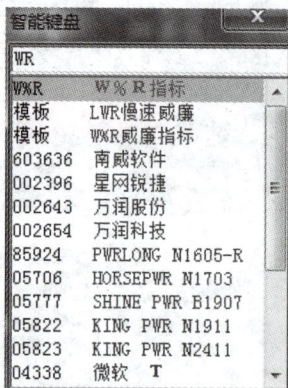

步骤 3 在 2015 年 4 月中旬，如图标记所示，WR 数值接近 100，高于标准的 80，说明股价处于
超卖状态，同时经过这么长时间的横盘，表明股价基本上已经见底，反弹行情可以期待，投资者
可以果断介入。

9.2 指数平滑异同移动平均线（MACD）

指数平滑异同移动平均线，又称"平滑异同移动平均线"，英文简称"MACD"。MACD 是利用快速移动平均线与慢速移动平均线之间的聚合与分离状况，对买进、卖出时机做出研判的技术指标。MACD 在市场上非常流行，使用的人非常多，也被证明为较有效的技术分析手段之一。

9.2.1 MACD 形态

MACD 指标是基于均线的构造原理，对价格收盘价进行平滑处理（求出加权平均值）后的一种趋向类指标。它主要由两部分组成，即正负差（DIF）、异同平均数（DEA），其中，正负差是核心，DEA 是辅助。此外，MACD 还有一个辅助指标——柱状线（BAR）。在大多数技术分析软件中，低于 0 轴以下是绿色，高于 0 轴以上是红色，前者表示趋势向下，后者表示趋势向上，柱状线越长，趋势越强。

首先，DIF 的计算步骤是：分别计算出收市价 SHORT 日指数平滑移动平均线与 LONG 日指数平滑移动平均线，分别记为 EMA(SHORT) 与 EMA(LONG)。求这两条指数平滑移动平均线的差，即：DIF=EMA（SHORT）– EMA（LONG）。以现在流行的参数 12 和 26 为例，其公式如下：

12 日 EMA 的计算：EMA12 = 前一日 EMA12 × 11/13 + 今日收盘 × 2/13

26 日 EMA 的计算：EMA26 = 前一日 EMA26 × 25/27 + 今日收盘 × 2/27

差离值（DIF）的计算：DIF = EMA12 – EMA26 。

其次，DEA 的计算步骤是：再次计算 DIF 的 M 日的平均的指数平滑移动平均线，记为DEA。其公式如下。

今日 DEA =（前一日 DEA × 8/10 + 今日 DIF × 2/10）

最后，MACD=（DIF–DEA）×2，正值用红色柱表示，负值用绿色柱表示。

投资者在运用 MACD 指标时需要注意：

（1）当 DIF 和 MACD 均大于 0 并向上移动时，一般表示为行情处于多头行情中，可以买入开仓或多头持仓。

（2）当 DIF 和 MACD 均小于 0 并向下移动时，一般表示为行情处于空头行情中，可以卖出开仓或观望。

（3）当 DIF 和 MACD 均大于 0 但向下移动时，一般表示为行情处于下跌阶段，可以卖出开仓和观望。

（4）当 DIF 和 MACD 均小于 0 但向上移动时，一般表示为行情即将上涨，可以买入开仓或多头持仓。

9.2.2 MACD 黄金交叉

MACD 指标是股票技术分析中一个重要的技术指标，由两条曲线和一组红绿柱线组成。两条曲线中波动变化大的是 DIF 线，通常为白线或红线，相对平稳的是 DEA 线（MACD 线），通常为黄线。当 DIF 线上穿 DEA 线时，这种技术形态叫做 MACD 黄金交叉，通常为买入信号。

根据 MACD 指标金叉出现的位置不同，有着不同的市场含义。MACD 金叉出现在 0 轴上方或附近是强烈的买入信号，0 轴附近的金叉要优于 0 轴上方的，接近 0 轴说明涨势刚开始，股价将来有更大的上升空间，买入的风险相对小。0 轴下方的 MACD 金叉，表明多方力量暂时占上风，但是上涨行情还没有完全展开，此时介入会有一定的风险。如果 MACD 金叉出现的同时伴随着成交量的逐渐放大，代表着多方力量的增强，此时的看涨信号更可靠。

下面举例说明如何使用该指标。

步骤 1 打开钱龙软件，输入九洲电气的股票代码"300040"，按【Enter】键确认。

步骤 2 输入平滑异同移动平均线指标"MACD"，按【Enter】键确认，或直接单击指标选项中的【MACD】。

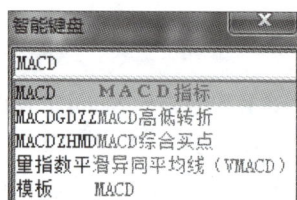

步骤 3 在 2015 年 1 月中期，如图标注所示。DIF 线由下向上穿过 DEA 线，出现黄金交叉形态，同时交叉低点位于零轴附近，绿色柱开始转变为红色柱，成交量也明显放大，更加确定此为上涨信号无疑，后市看涨，投资者可果断买入。

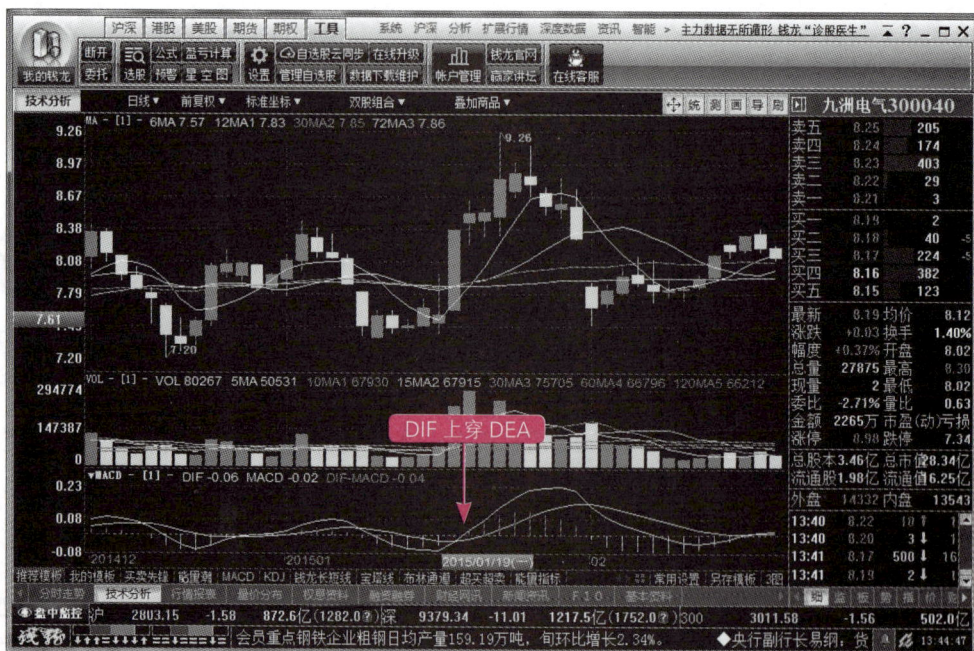

9.2.3 MACD 死亡交叉

死亡交叉，顾名思义是与黄金交叉相对。当 DIF 线下穿 DEA 线时，这种技术形态叫做

MACD 死亡交叉，通常为卖出信号。

根据 MACD 指标死叉出现的位置不同，有着不同的市场含义。MACD 死叉出现在 0 轴上方的高位是强烈的卖出信号，在高位说明涨势已经见顶，股价很可能转势，股价将来有很大的下降空间，买入的风险大，最好卖出。0 轴下方或接近 0 轴的 MACD 死叉，表明空方力量暂时占上风，但是下跌行情还没有完全展开，此时介入会有一定的风险。如果 MACD 死叉出现的同时伴随着成交量的逐渐放大，代表着空方力量的增强，此时的看跌信号更可靠。

下面举例说明如何使用该指标。

步骤 1 打开钱龙软件，输入赛为智能的股票代码"300044"，按【Enter】键确认。

步骤 2 输入平滑异同移动平均线指标"MACD"，按【Enter】键确认，或直接单击指标选项中的【MACD】。

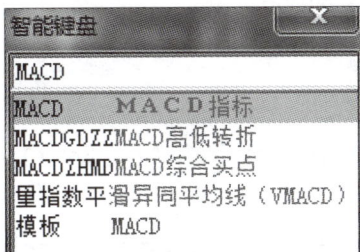

步骤 3 在 2015 年 6 月至 7 月的走势中，如图标注所示。MACD 线经过前期的高点，已经显示出下降的趋势，红色柱越来越小，逐步消失转为绿色柱。此时，出现了死亡交叉的形态，这是强烈的卖出信号，投资者应该抓住这难得的机会，果断出货。这之后，股价开始迅速下跌。

9.2.4 MACD 背离

MACD 指标是非常实用的一个技术指标，除了金叉、死叉等可以对股票走势进行判断，投资者还可以结合 MACD 的背离选到操作性比较强的个股。MACD 的背离分为两种，一种是顶背离，一种是底背离。下面是顶背离与底背离的具体介绍。

1. 顶背离

当股价在 K 线图上的走势一峰比一峰高，股价一直在向上涨，而 MACD 指标图形上的由红柱构成的图形的走势是一峰比一峰低，即当股价的高点比前一次的高点高、而 MACD 指标的高点比指标的前一次高点低，这叫顶背离现象。顶背离现象一般是股价在高位即将反转的信号，表明股价短期内即将下跌，是卖出股票的信号。

下面举例说明如何使用该指标。

步骤 1 打开钱龙软件，输入潜能恒信的股票代码"300191"，按【Enter】键确认。

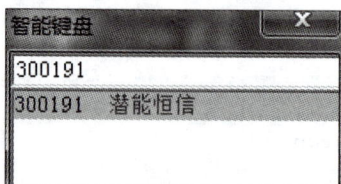

步骤 2 输入平滑异同移动平均线指标"MACD"，按【Enter】键确认，或直接单击指标选项中的【MACD】。

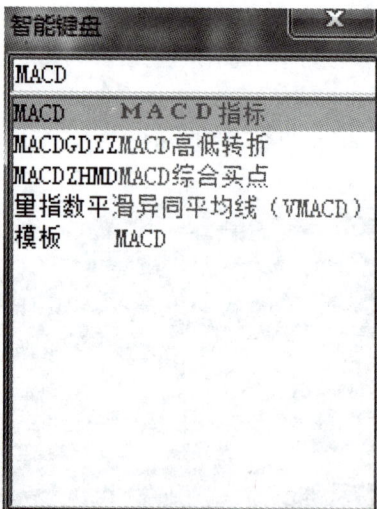

步骤 3 在 2013 年 10 月至 12 月的走势中，如图标注所示。当股价创出新一轮的高价的时候，MACD 的两线并未超过前期的高点，此时表示上涨动能不足。具体表现为 DIF 线上穿 DEA 线金叉后见第一波上涨的高点，然后 DIF 线下穿 DEA 线出现死叉，MACD 出现绿色柱，之后绿色柱逐步减小。DIF 线再次上穿 DEA 线，金叉后见第二波上涨的高点，此时，DIF 线和 DEA 并不像 K 线一样超过前期的高点，这就出现了顶背离形态，这是强烈的卖出信号，投资者应该抓住这难得的机会，果断出货，适时止盈。在这之后，股价开始下跌，步入调整阶段。

2. 底背离

底背离一般出现在股价的低位区，往往出现在一轮中长期的下跌行情的末期。当股价在下跌过程中出现一轮又一轮的新低时，MACD 指标图形在 0 轴以下反而呈现出一轮又一轮的上扬态势，即当股价的低点比前一次低点底，而指标的低点却比前一次的低点高，这叫底背离现象。底背离现象一般是预示股价在低位可能反转向上，是短期内止跌或者反弹向上的信号，也是短线投资者在短期买入股票的信号之一。

下面举例说明如何使用该指标。

步骤 1 打开钱龙软件，输入中国平安的股票代码"601318"，按【Enter】键确认。

步骤 2 输入平滑异同移动平均线指标"MACD"，按【Enter】键确认，或直接单击指标选项中的【MACD】。

步骤 3 在 2013 年 7 月的走势中，如图标注所示。当股价创出新一轮的低点的时候，MACD 的两线并未低于前期的低点，此时表示下跌动能不足。具体表现为 DIF 线下穿 DEA 线死叉后见第一波下跌的低点，然后 DIF 线上穿 DEA 线出现金叉，MACD 出现红色柱，之后红色柱逐步减小。DIF线再次下穿 DEA 线死叉后见第二波下跌的低点，此时，DIF 线和 DEA 并不像 K 线一样低于前期的低点，这就出现了底背离形态，这是强烈的买入信号，投资者可以伺机买进，适时建仓。

钱龙 9.3 随机指标（KDJ）

KDJ 指标称为随机指标，是一种相当实用的技术分析指标，它最先用于期货市场的分析，后来被广泛地应用于股市的中短期趋势分析，是期货和股票市场上较为常用的分析工具。

随机指标 KDJ 是以最高价、最低价及收盘价为基本数据进行计算，得出的 K 值、D 值和 J 值分别在指标的坐标上形成一个点，连接无数个这样的点位，就形成一个完整的、能反映价格波动趋势的 KDJ 指标。它主要是利用价格波动的真实波幅来反映价格走势的强弱和超买超卖现象，在价格尚未上升或下降之前发出买卖信号的一种技术工具。

KDJ 指标由 K、D、J 三条指标曲线组成。其中波动最大、反应最灵敏的是指标线 J，其次是指标线 K，指标线 D 最为平滑、反应最慢。如下图所示。

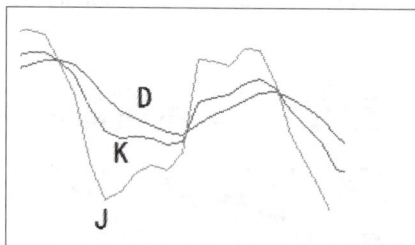

下面举例说明如何使用随机指标。

步骤 1 打开钱龙软件，输入红日药业的股票代码"300026"，按【Enter】键确认。

步骤 2 输入随机指标"KDJ",按【Enter】键确认,或直接单击指标选项中的【KDJ】。

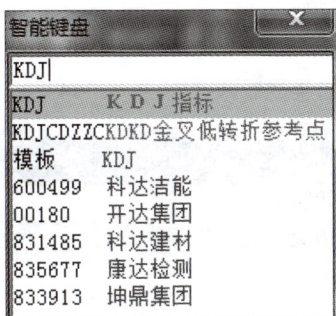

9.3.1 KDJ 取值

在 KDJ 指标中,K 与 D 值永远介于 0 到 100 之间。J 值可以超过 100 和低于 0。但在分析软件上 KDJ 的研判范围都是 0~100。通常就敏感性而言,J 值最强,K 值次之,D 值最慢,而就安全性而言,J 值最差,K 值次之,D 值最稳。

根据 KDJ 的取值,可将其划分为几个区域,即超买区、超卖区和徘徊区。按一般划分标准,K、D、J 这三值在 20 以下为超卖区,是买入信号;K、D、J 这三值在 80 以上为超买区,是卖出信号;K、D、J 这三值在 20~80 之间为徘徊区,宜观望。

一般而言,当 K、D、J 三值在 50 附近时,表示多空双方力量均衡;当 K、D、J 三值都大于50 时,表示多方力量占优;当 K、D、J 三值都小于 50 时,表示空方力量占优。

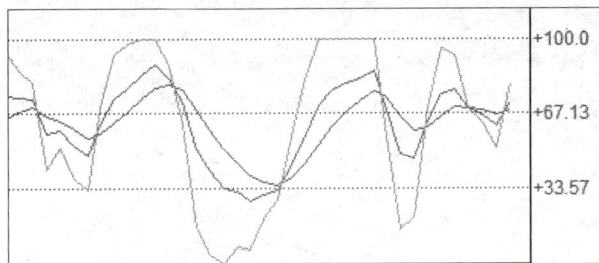

9.3.2 KDJ 黄金交叉

KDJ 曲线的黄金交叉分为两种形态,一种是金叉出现的位置比较低,是在超卖区的位置。一种是黄金交叉位置较高,处于超买的位置。当股价经过一段很长时间的低位盘整行情,并且 K、D、J 三线都处于 50 线以下时,一旦 J 线和 K 线几乎同时向上突破 D 线时,表明股票即将转强,股价跌势已经结束,将止跌朝上,可以选择买入。另一种形态是 K、D、J 三线都处于 50 线附近偏上,此时 J 线和 K 线同时向上突破 D 线形成黄金交叉，此时表明股市处于一种强势之中，股价将再次上涨，可以加码买进股票或持股待涨。

下面举例说明如何使用该指标。

步骤 1 打开钱龙软件，输入赛为智能的股票代码"300044"，按【Enter】键确认。

步骤 2 输入随机指标"KDJ"，按【Enter】键确认，或直接单击指标选项中的【KDJ】。

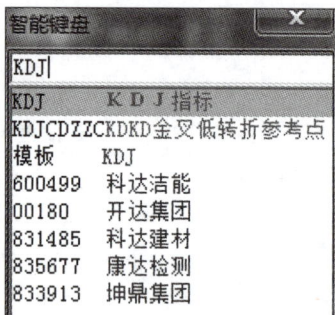

步骤 3 赛为智能在 2015 年 4 月 22 日附近的走势中，如图标注所示。KDJ 指标中的 J 线和 K 线几乎同时向上突破 D 线，出现 KDJ 金叉，表明股票即将转强，股价跌势已经结束，将止跌朝上，可以选择买入。投资者应该结合其他指标以及 K 线图，抓住这难得的机会果断买入。在此之后，股价开始一路上扬。

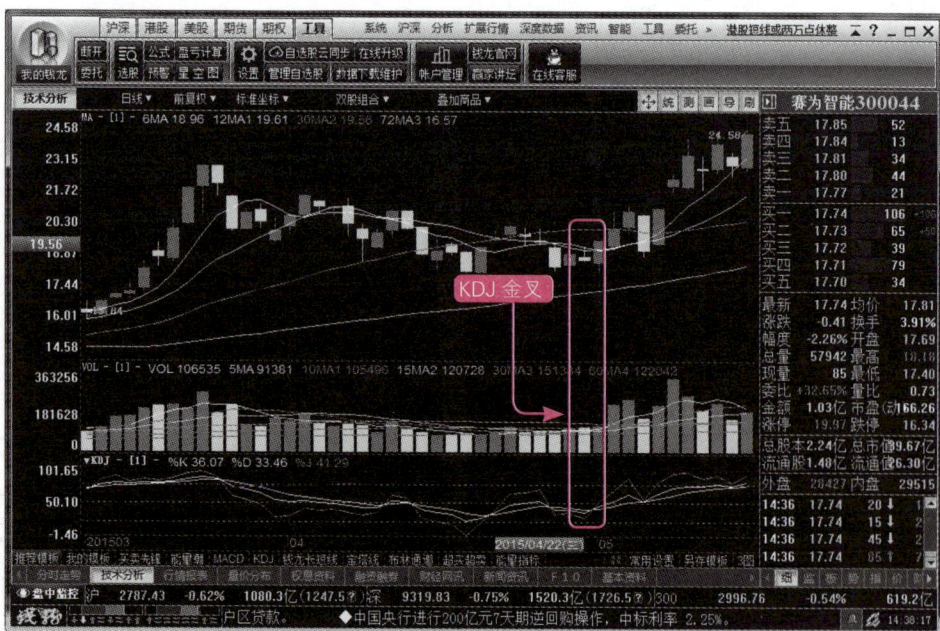

9.3.3 KDJ 死亡交叉

KDJ 在高位向下就形成了死亡交叉,即 J 线和 K 线几乎同时向下跌破 D 线。与黄金交叉一样,死亡交叉也有两种不同的表现形式。第一种是当股价经过一段很长时间的高位盘整行情,并且 K、D、J 三线都处于 50 线以上时,一旦 J 线和 K 线几乎同时向下跌破 D 线,此时表示股市即将从强势转为弱势,股价将有下跌风险。第二种情况是当股价经过一段时间的下跌之后,而股价向上反弹动力缺乏,并且各条均线对股价形成较强的压力时,KDJ 曲线向上反弹无力,小于 50 再次选择向下,形成死亡交叉,表明股市将再次进入极度弱市,股价还将下跌,可以再卖出股票或观望。

下面举例说明如何使用该指标。

步骤 1 打开钱龙软件,输入万科 A 的股票代码"000002",按【Enter】键确认。

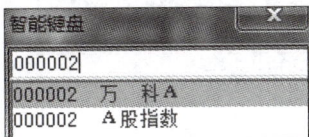

步骤 2 输入随机指标"KDJ",按【Enter】键确认,或直接单击指标选项中的【KDJ】。

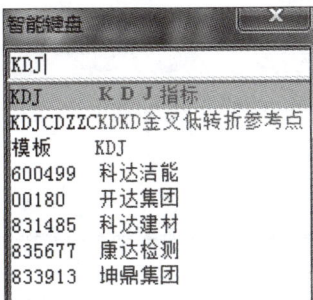

步骤 3 万科 A 在 2015 年 6 月 11 日附近的走势中,如图标注所示。KDJ 指标中的 J 线和 K 线几乎同时向下跌破 D 线,出现 KDJ 死亡交叉,表明股票即将转弱,股价涨势已经结束,将转头向下,投资者可以适时选择卖出止盈。如果结合其他指标以及 K 线图进行确认判断,会更加准确。

9.3.4 KDJ 双重黄金交叉

KDJ 双重黄金交叉一般是指先在弱势区黄金交叉后在强势区又黄金交叉。这种情况一般出现在股价前期处于较低的位置，当在弱势区 KDJ 出现黄金交叉，表明股票已经扭转趋势，摆脱前期的下降趋势或者震荡趋势，方向选择向上的概率较大。当股价强势拉升之后，横盘 KDJ 指标就会修整向下死亡交叉，但是这时虽然死亡交叉但是 K、D、J 三线处于强势区域，股价稍微上扬，马上再次出现强势区域的黄金交叉。

下面举例说明如何使用该指标。

步骤 1 以平安银行为例，打开钱龙软件，输入平安银行的股票代码"000001"，按【Enter】键确认。

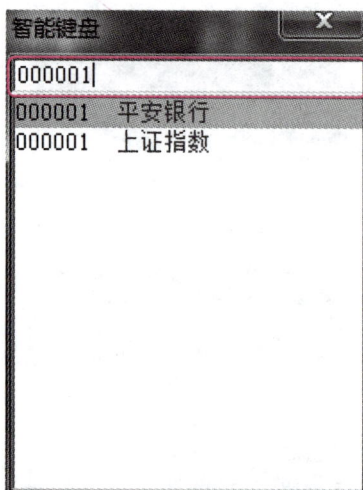

智能键盘

000001
000001　　平安银行
000001　　上证指数

步骤 2 输入随机指标"KDJ"，按【Enter】键确认，或直接单击指标选项中的【KDJ】。

智能键盘

KDJ
KDJ　　　　 K D J 指标
KDJCDZZCKDKD金叉低转折参考点
模板　　　　KDJ
600499　　科达洁能
00180　　　开达集团
831485　　科达建材
835677　　康达检测
833913　　坤鼎集团

步骤 3 平安银行在 2015 年 3 月 9 日至 2015 年 4 月 3 日的走势中，如图标注所示。平安银行在

2015 年 3 月 9 日在弱势区 KDJ 出现黄金交叉，表明股票已经扭转趋势，摆脱前期的下降趋势或者震荡趋势，方向选择向上的概率较大。之后股价强势拉升，横盘 KDJ 指标修整向下死亡交叉，但是这时虽然死亡交叉但是 K、D、J 三线处于强势区域。在 2015 年 4 月 3 日股价上扬，出现强势区域的二次黄金交叉。

9.4 牛市中常见指标的展现

前面已经为投资者介绍了若干个指标的应用，那么投资者也许会问，单纯的用一个指标对一个股票的判断是否完全精准？答案一定不是肯定的，单纯用一个指标对个股判断的准确率并不是十分高，要多种指标结合起来，进行判断才更加的准确。那么投资者会问牛市中常见的指标的形态是什么样的形态？笔者就为投资者进行牛市中指标的总结。

牛市中常见指标如下。

（1）均线多头排列。

（2）K 线在布林线中轨以上运行并且布林线轨道方向向上。

（3）KDJ 金叉并始终在 50 以上运行。

（4）MACD 金叉并且 DIF 和 DEA 始终在 0 轴以上运行。

（5）成交量不断放大。

以上证指数在 2014 年 7 月至 2015 年 6 月的行情为例，投资者可以清晰地看到，牛市行情所应当具备的特征就是上述所罗列的特征。投资者可以借鉴这些牛市特征，对个股进行筛选，一定可以选出牛股。

高手私房菜

技巧 1：活用指标，探寻真底

当 MACD 指标中 DIF 线在 0 轴以下运动时，DIF 线由下往上穿过 DEA 线形成金叉，并未一路上升突破 0 轴，而是很快下行又与 DEA 线形成死叉。在此之后，如果 DIF 线和 DEA 线又在 0 轴以下形成金叉，且此时中长期均线也开始转头向上，这就表明底部形态即将完成，行情反转已是大概率事件。

技巧 2：活用 MACD 指标

投资者如果根据 MACD 指标进行操作，会发现当 MACD 指标发出买入信号时，股价已上升大半；MACD 指标发出卖出信号时，股价已大幅下跌。总之，MACD 指标存在严重的滞后性。

活用 MACD 指标，就是指根据颜色柱的长短变化进行操作。通常，当红色柱升到最高开始慢慢变短时，为卖出信号；当绿色柱升到最高开始慢慢变短时，为买入信号。

第 10 章
选股实战技法

引语

观察与经验和谐地应用到生活上就是智慧。

——冈察洛夫

在炒股中，牛股常有，但选对牛股则不容易，选对牛股且能拿住的更不容易，细心的观察和经验的积累就显得十分重要。如何在牛市中选择牛股，又如何在震荡市，甚至熊市中抓住牛股，本章给你一个视角，如何在千股之中，选中牛股。

要点

☐ 常见的选股方法

☐ 基本面选股法

☐ 技术面选股

☐ 消息面选股

钱龙 10.1 常见的几种选股方法

除了了解证券常识外，个股的买卖就变得尤为重要，买卖很简单，有钱输入代码就可以了，但怎么能保证买来的股票能赚钱呢？为什么买这只股票而不买那一只股票呢？网上看到很多大 v 推荐的股票到底值不值得买呢？为什么他们选择的股票就能上涨而自己买的股票就有可能下跌呢？

这里面有什么技巧，这一节我们就来说一下常见的几种选股方法。

10.1.1 通过基本面选股

要想在市场中生存，除了必备的技术外，更要懂得基本面分析，才能立于不败之地。所谓的基本面就是指当前以及预测公司未来的经营情况，包括当前该公司是赚钱还是亏损。因为无论是短期炒作还是长期跟随公司成长，股票价格的支撑都必须依靠公司的业绩。好股票或有未来预期的股票就能上涨，烂股票或者没有未来前景的股票则会持续下跌，即股票的价格由股票对应的公司价值所决定。因此一个能够不断赚钱的公司，未来能够不断发展壮大（即成长性），当然股票价格也能不断上升。这就是基本面选股，所以基本面选股就是根据公司的经营情况以及发展情况综合考虑进行的选股工作。

那么怎么通过基本面选股呢？投资者要投资的公司应有下述特质。

（1）公司处于一个具有很大成长空间的行业中，如现在的清洁能源。

（2）公司在所处行业中具有自己的核心竞争优势，如国电电力。

（3）公司的管理团队优秀，具有前瞻眼光和战略规划能力，也有很强的执行力，如中国平安。

（4）公司的财务状况稳健，如万科 A。

（5）公司的估值具有吸引力，如浦发银行。

即使具有这样的特质，仍然可以筛选出很多股票，是不是每只股票都要买一点呢？当然是否定的。还需要进行以下判断。

（1）对于行业的判断，要看动态估值。

即使现在估值比较低，但如果未来是走上坡路，则其未来估值就是高；而如果相反呢，则今后的估值也会变低。所以，对估值需要辩证地看。

（2）关注该企业对自己所在行业的一些判断。

主要看他们自己对公司的分析，包括最大风险来自哪里？行业是否有壁垒，在这个行业处于前列还是后面？主要竞争力是什么？渠道建设好，营销做得好，还是有专利技术……

（3）选择自己熟悉、能把握的股票。

除了以上外，还应该尽量选择自己熟悉的股票。彼得·林奇曾经说："从身边使用的产品来发现大牛股。"个人投资者因为没有精力和能力去现场拜访公司，也要先从公司公开信息中了解情况，透视它的行业前景，再进行深入分析，找出有倾向性的行业或个股，比较稳的是选消费板块；然后以长期视野考察优势公司并在低风险区域介入。

综上所述，基本面选股应该是投资者决定是否买卖股票的重要依据之一，对于长期生存在股市里的人来说，是最基本的必修课。基本面选股从过程看比较复杂，其实等你熟练掌握之后，一般情况下在 1~2 分钟之内就能快速确定股票的估值水平。选到了低估的股票，对你来说就成功了一半。

10.1.2 利用技术面选股

基本面决定趋势，则技术面决定了该股的买卖点，当前买入是不是最好的时机。基本面决定你能不能赚钱，技术面决定你在这只股票中能不能多赚钱，能不能赚到最大收益。

如通过 MACD 金叉选股、创 10 日新高、多技术指标共振选股等。

10.1.3 通过消息面选股

以上两个选股方法是基本要求，而消息面则是决定该股能不能像"风口上的猪"猛飞一阵。好的股票都能赚钱，而如果是处在消息面上的好股票，则能一飞冲天，短期内获取极大收益或者避免大的损失。

消息面主要是指当前市场情况，大家是都准备入市还是都不准备买股票了，以及政策面情况，国家是不是有什么新政策出台；行业发展是否符合需求等。

10.1.4 通过条件选股

除了基本面、技术面和消息面外，还可以通过设定的条件进行选股。股息收益率 >5%，创 N 日内新高等各种条件设定，设定完成后，执行选股即可显示根据你设定条件得出的结果。

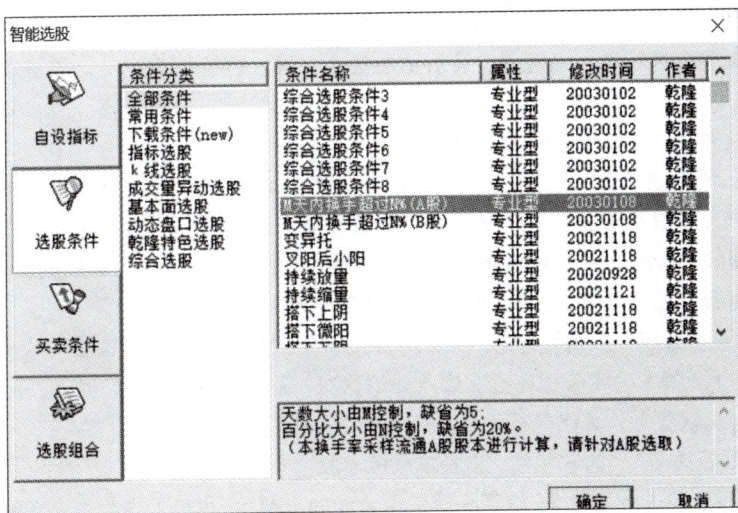

10.2 基本面选股法

基本面选股，就是利用现有 F10 中的公开信息，比如财务数据、股东人数变化等公开数据来进行选择股票的方法。

10.2.1 F10 选股法

所谓 F10 选股法，就是看中某一只股票时，按【F10】键，进入该股票的个股资料页中，显示该企业的相关信息，包括公司资料、经营分析、财务概况等数十项信息。下图为广聚能源（000906）

的 F10 信息。

像贵州茅台，看这公司的财务报表就知道，公司的主营业务收入是不断在增长的，净利润也是在不断增长的，因此其股价也能一直不断地慢慢上升。

经过综合分析后，得出该股的动态市盈率及成长性的结果；再参考其所在行业板块的平均市盈率状况，参考现有的股价，迅速得出该股估值是否合理。根据估值水平，再决定是否（短线或者中长线）参与。具体步骤如下。

打开行情软件，进入某股票的 F10 中。

（1）先看"公司概况"。了解该股所处的地域及注册地址、行业（确定平均估值水平）、主要业务及主要产品（确定细分行业、是否有题材及发展前景）；向下再看股票的上市时间（确定配售股、大小非的解禁时间）、发行价（其高低与净资产的多少有关，还有就是看看破发与否）；至于发行市盈率看不看无所谓，因为一般都是上市前一年的。

（2）看"财务分析"。内容包括：近三年来的净利润增长率（确定该股的成长性），销售毛利率及主营业务利润率（确定公司在行业内所处的状况，确定公司的质量如何），每股现金流量（确定公司现有的经营状况），环比分析（看看公司业绩是否有季节性）等。

（3）看"最新提示"。内容包括：总股本及流通股本（确定盘子大小，与股价是否活跃有关），每股净资产、公积金和未分配利润（确定股价是否合理的一部分，也是公司能否高送转的前提条件），最近分红扩股及未来事项（确定是否分红及时间），特别提醒（看业绩预告、年报及季报披露时间、限售股的解禁时间及数量等等），最新公告（看有没有什么消息）。

做完上述功课后，你就可以初步确定该股的基本面情况，然后再参考该股所在板块的市盈率水平及最新收盘价，确定该股目前是否处于合理水平以及未来的盈利空间有多大。

10.2.2 财务数据选股法

利用财务数据进行选股，就是根据财务状况来进行选择。当投资者想投资某家上市公司的股票时，可以首先通过查看企业历年的净资产收益率来查看这家企业的盈利能力，这对于投资者来说是一项非常重要的指标。

那么什么是净资产收益率呢？例如投资者购买了一家上市公司的股票，按照企业一年的净利润来计算，净利润 / 投资者投入的资金所得的百分比，就是净资产收益率。净资产收益率越高，说明该公司给股东的回报比例越高。净资产收益率为 20% 的企业比净资产收益率为 12% 的企业盈利能力高，当然其生命力就更强，后续更有竞争力。

某调查机构对美国过去几十年来的统计数据进行分析表明：89% 的企业平均净资产收益率在 10%~12%，即企业为股东投入的每 100 元钱，一年赚 10~12 元钱。这也是成熟市场上的企业的平均收益率。超过 15% 即可以认为该企业收益率较高，低于 10% 则企业的持续性发展可能就会出问题。

【案例】利用净资产收益率选股

步骤 1 登录钱龙软件，输入"HHJT"或"300330"快捷键，弹出钱龙智能键盘。

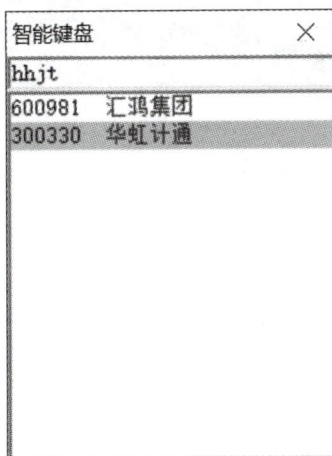

步骤 2 按【Enter】键，进入【K 线图】界面。按【F10】键进入个股资料页。

步骤 3 选中"净资产收益率"选项，即可以看到按年度计算的净资产收益率情况。

年均收益率 (23.07+24.86+28.94+25.16+24.29+10.98)/6 ×100% = 24.05%

用户可以根据需求进行多只股票的比较。

钱龙 10.3 技术面选股

虽然基本面选股是最重要的，但是对于很多看不懂财务数据、经营分析的用户来说，有一定的困难，特别是一些新入市者，更是以听消息、看 K 线为主。

而技术分析就是通常所说的看 K 线的升级版，很多人对这个更为热衷。那么，如何利用技术面来进行选股呢？

10.3.1 MACD 金叉选股

技术选股时，除了常用的均线、量价外，MACD 算是最常用的一种技术形态。通过 MACD 的红绿柱，很多人都能说得头头是道。但真正能熟练运用的人则相当少。这一节来说明如何运用 MACD 金叉中的一次金叉选股。

条件如下。

（1）当前市场股价处于上升趋势，股价底部抬高，而 MACD 底部在缓慢降低。

（2）第一次黄金交叉的位置比第二次黄金交叉的位置高，买点就是第二次 MACD 黄金交叉的位置。

（3）出现 MACD 金叉时，该股票的成交量要出现温和放大。

（4）买点的空间要和前期压力位的距离在 20% 以上。

选股原理如下。

市场上升趋势代表市场环境良好，主力控制市场的能力非常强，MACD 出现底部降低，这说明市场处于跌无可跌的状态。MACD 金叉代表市场将要启动，成交量放量代表主力资金开始入场。

【案例】利用 MACD 一次金叉进行选股

步骤1 登录钱龙软件，输入 "LXGF" 或 "600592" 快捷键，弹出钱龙智能键盘。

步骤2 按【Enter】键，进入【K线图】界面，查看 2014 年 6 月 4 日至 2014 年 10 月 5 日之间的 K 线图。

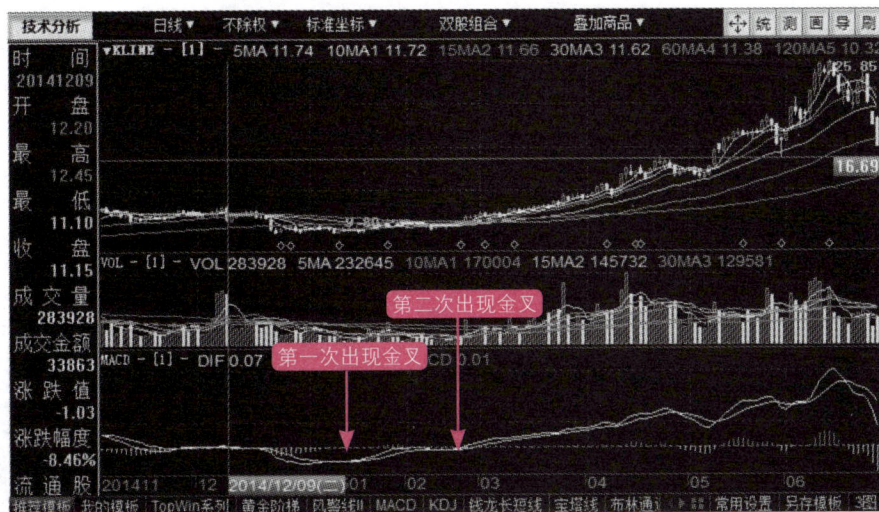

步骤3 由图中可以看出，该股在 6 月 18 日出现第一次金叉，然后震荡出现下行场面，符合一次金叉定义，用户可以在第二次出现金叉（8 月 4 日）后买入，用户可以看到随后该股出现大涨。

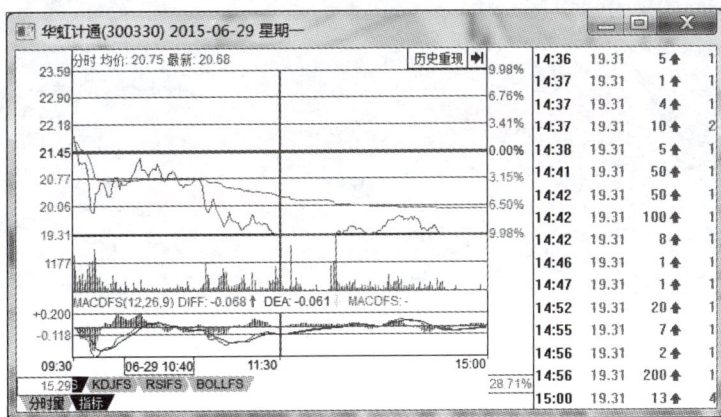

需要注意的是，虽然 MACD 的底部在降低，但 K 线图的形态底部必须抬高，即均线向上走形态。

10.3.2 BOLL 线下轨选股

布林线指标（BOLL）是由约翰·布林根据统计学中的标准差原理设计出来的一种非常简单实用的技术分析指标。

　　该指标在图形上画出三条线，其中上下两条线可以分别看成是股价的压力线和支撑线，而在两条线之间还有一条股价平均线，布林线指标的参数最好设为 20。一般来说，股价会运行在压力线和支撑线所形成的通道中。

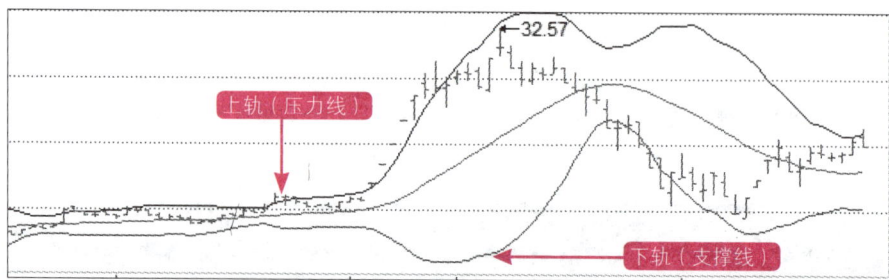

提示

　　利用布林线指标选股主要是观察布林线指标开口的大小，对那些开口逐渐变小的股票就要多加留意了。因为布林线指标开口逐渐变小代表股价的涨跌幅度逐渐变小，多空双方力量趋于一致，股价将会选择方向突破，而且开口越小，股价突破的力度就越大。

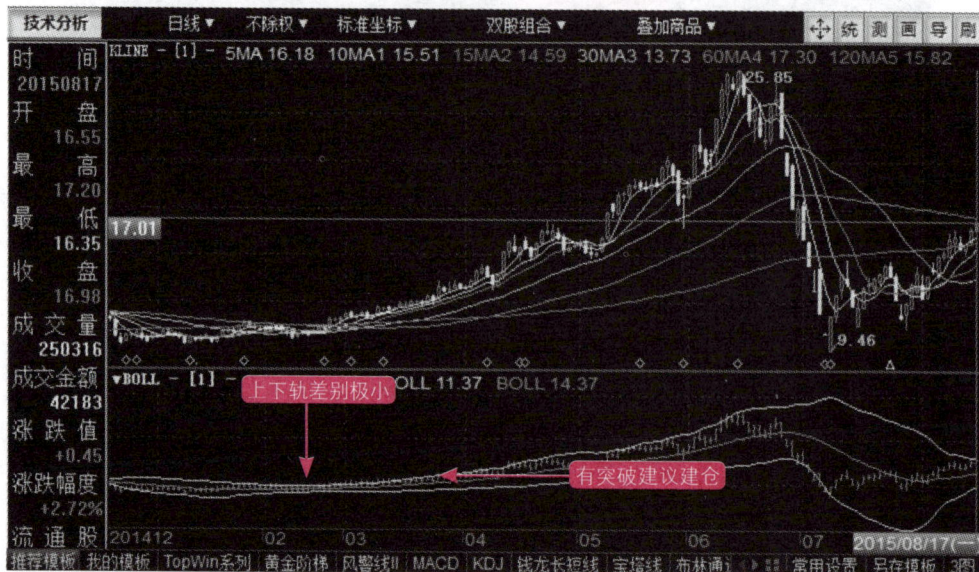

　　当上下轨差别极小（即开口很小）时，预示后市如果一旦突破，力度就很大，建议赶快加码。提醒注意的以下几点。

　　（1）当布林线的上、中、下轨线同时向上运行时，表明股价的强势特征非常明显，股价短期内将继续上涨，投资者应坚决持股待涨或逢低买入。

　　（2）当布林线的上、中、下轨线同时向下运行时，表明股价的弱势特征非常明显，股价短期内将继续下跌，投资者应坚决持币观望或逢高卖出。

　　（3）当布林线的上轨线向下运行，而中轨线和下轨线却还在向上运行时，表明股价处于整理态势之中。如果股价是处于长期上升趋势时，则表明股价是上涨途中的强势整理，投资者可以持股观望或逢低短线买入；如果股价是处于长期下跌趋势时，则表明股价是下跌途中的弱势整理，投资者应以持币观望或逢高减仓为主。

（4）当布林线的上轨线向上运行，而中轨线和下轨线同时向下运行，这种可能性非常小。

10.3.3 多技术指标共振

除了以上单个技术指标进行选股外，大部分投资者选股买入时都要考虑到多个指标之间的互相验证，因为单个技术指标都有其局限性。这一节用 KDJ 指标和 BOLL 指标来进行综合验证，从而提高操作的准确率。

KDJ 和 BOLL 指标都是大家常用的指标，投资者经过长时间的摸索与总结，发现很多指标如果能配合使用，预测趋势的准确度将大大提高。

两者结合的优点是：使 KDJ 指标的信号更为精准，提升获利机会。因为价格日 K 线指标体系中的布林线指标，反映的是中期趋势，因此综合利用这两个指标来判定价格到底是短期波动，还是中期波动具有一定作用，尤其适用于判断价格到底是短期见顶(底)，还是进入了中期上涨(下跌)，具有比较好的研判效果。

需要注意的是，布林线中的上轨有压力作用，而中轨和下轨有支撑作用，因此当价格下跌到布林线中轨或者下档时，可以不参考 KDJ 指标发出的信号而采取相应的操作。如 KDJ 指标也走到了低位，那么应视作短期趋势与中期趋势相互验证的结果，而采取更为积极的操作策略。

简要说一下综合运用 KDJ 指标和布林线指标的原则。

以布林线为主，对价格走势进行中线判断，以 KDJ 指标为辅，对价格进行短期走势的判断，KDJ 指标发出的买卖信号需要用布林线来验证配合，如果二者均发出同一指令，则买卖准确率较高。

钱龙 10.4 消息面选股

技术面选股可以提升准确率，而消息面选股则是通过各种公开或非公开的消息进行的短期方向的预判。消息面选股主要由以下几种：市场消息，行业消息以及相应的政策支持等。

10.4.1 市场消息面偏暖

这里的市场消息，主要是指当前整体大势，如 2015 年，上证上涨到 4000 点以后，《人民日报》发表文章《4000 点才是 A 股牛市的开端》文章，给 A 股加油助威，而各种入市消息、新开户人群等各类消息都是形势一片大好，这种情况下，作为投资者安心持股或者根据前面的选股方法选择股票建仓即可。下图是文章发表前后的上证综指走势图。

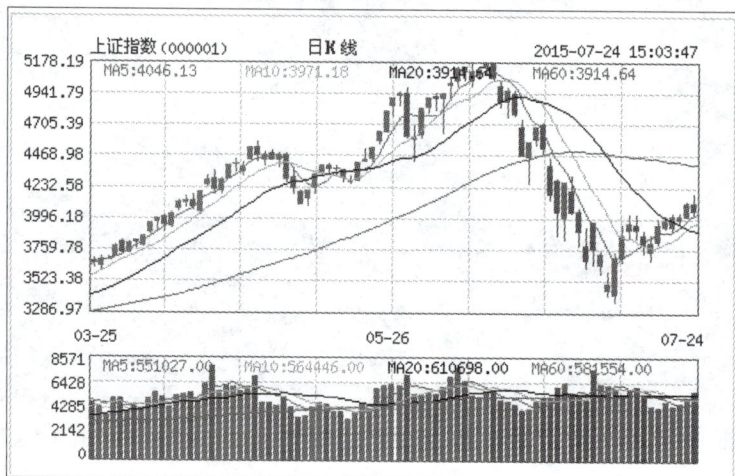

10.4.2 行业符合市场预期

经过了充分的竞争，当前的各类行业均有涨有跌，行业发展是否符合市场预期，就成为该行业股票是否能有涨跌动力的一个依据。

2015 年 3 月，在产业转型的迫切需要和当下的政策引导下，互联网金融形成了新的增长点，其快速发展以及其行业利润均符合发展预期。因此互联网金融板块在 2015 年 3 月到 6 月中旬出现了一轮单边上涨的牛市行情。

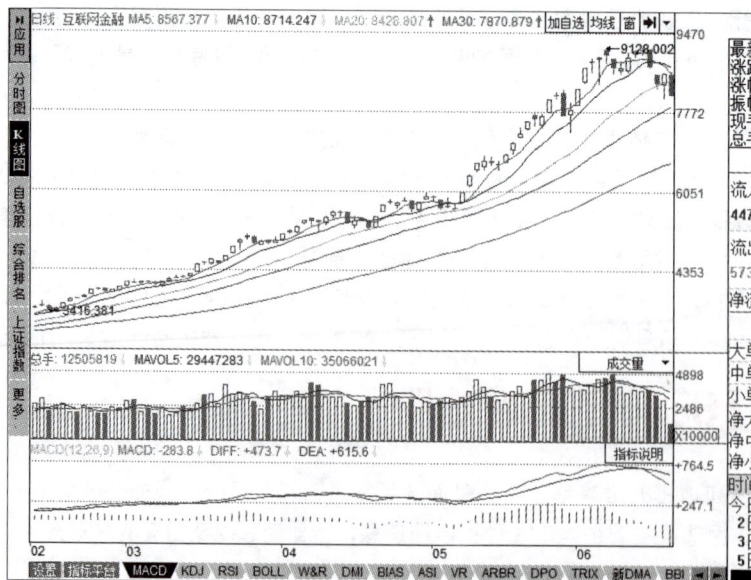

10.4.3 政策扶持力度加大

政策扶持也会对股票市场产生影响。由于有国家政策为导向，在扶持范围内的上市公司往往会获得更为优惠的政策，无论是税收方面、财政政策方面还是货币政策方面的优惠政策，均能直接或间接提高上市公司的净利润率。

因此投资者在通过消息面选股的时候，应当多关注最新出现的政策，发现可投资的板块和行业。在查看最新政策时应当认真分析最新政策的扶持细则，进一步判断该板块的受惠力度以及行情的可延续时间周期。然后对个股进行筛选，为进一步投资做准备。

例如，2015 年管理层在相关省市调研时，提出健全城乡发展一体化体制机制，加快建设现代农业，加快推进农民增收，加快建设社会主义新农村，走出一条集约、高效、安全、持续的现代农业发展道路等。这对上市的农业股就是很大的利好，聪明的投资者可以投资涉及农业现代化、粮食安全和供销社改革的相关上市公司的股票。

高手私房菜

技巧 1：关注举牌股票

股票的大跌和一些机会，导致了很多资本争相对 A 股内股票争相举牌，投资者可以追踪这些明星资本和聪明的钱动向，发现相应的投资机会。

所谓举牌，就是根据证券法规定，投资人在各种市场购买持有的股份超过该股票总股本的 5% 时，必须马上通知证券交易所和证券监督管理机构，在证券监督管理机构指定的报刊上进行公告。

据 wind 资讯统计，2015 年 6—7 月份，很多股票暴跌出来的机会，使得不少产业资本成功完成了高抛低吸。

近期机构大幅买入的21只个股

股票代码	股票简称	累计净买入金额(亿元)	自由流通市值(亿元)	累计净买入金额/自由流通市值
002242.SZ	九阳股份	23.01	45.25	55.95%
002706.SZ	良信电器	8.79	20.18	47.91%
002269.SZ	美邦服饰	31.69	92.16	37.65%
300120.SZ	经纬电材	8.08	28.31	31.38%
300115.SZ	长盈精密	23.09	93.12	27.28%
002396.SZ	星网锐捷	13.18	54.38	26.67%
002166.SZ	莱茵生物	5.3	23.55	24.75%
000930.SZ	中粮生化	17.76	94.32	20.72%
002729.SZ	好利来	1.83	9.15	19.95%
000030.SZ	富奥股份	7.44	45.88	18.81%
002351.SZ	漫步者	2.84	16.79	18.59%
002149.SZ	西部材料	2.33	13.83	18.55%
000631.SZ	顺发恒业	5.56	34.5	18.06%
002012.SZ	凯恩股份	4.83	31.52	16.83%
002761.SZ	多喜爱	1.7	10.73	15.85%
002673.SZ	西部证券	40.4	280.79	15.75%
300140.SZ	启源装备	4.47	31.21	15.74%
002040.SZ	南京港	1.5	10.55	15.66%
002459.SZ	天业通联	3.74	26.26	15.53%
002682.SZ	龙洲股份	4.95	36.2	15.03%
02096.SZ	南岭民爆	2.98	21.87	15.00%

数据来源：Wind

在 2014 年底，被称为资本新贵的安邦保险多次举牌 A 股上市公司，如招商银行、民生银行、金融街等。从民生银行举牌前后股价走势图可以看出，自从安邦保险举牌以来，该股票一路走好，涨幅近一倍。

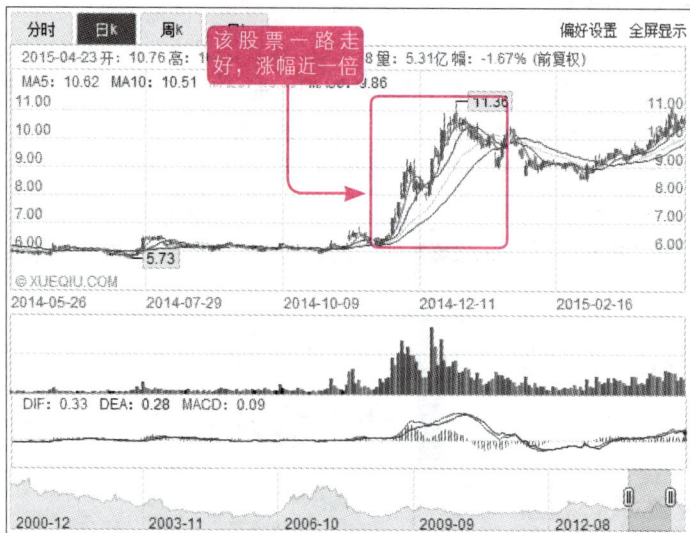

投资者根据市场传播该消息时买入，赚取合理的利润。

技巧 2：跟随著名营业部买股

除了各种市场消息外，每天 A 股收盘后，还会有相应股票的龙虎榜消息，包括了该只股票的成交金额，以及为什么上榜等。

这其中就包括了很多著名的营业部的买卖信息，这些营业部的背后都是著名的私募或大资金量的游资。当这些著名营业部发生大资金量买入时，可能就是其背后的著名游资或私募所为，即他们看好这些股票，后续大涨的可能性大增。

第 11 章
买卖点把握和资金策略

引语

知进而不知退，知存而不知亡，知得而不知丧，其唯圣人乎？

——《周易·乾·文言》

知道进而不知道退，知道存却不知道亡，知道得到而不知道丧失，能称得上圣人吗？炒股投资不仅要学会伺机进攻，更要识顶逃顶，避免亏损，把浮盈变成实际的盈利，这就需要卖股的技巧。

要点
☐ 股票走势特征
☐ 买卖点选择
☐ 逃顶技法

11.1 股票走势的几个常见特征

市场上有两千多只形态各异的股票，怎么判断哪一只或哪几只是黑马呢？这一节来说明一下个股底部的常见形态，从而为捕捉黑马股提供高效精准的方法，为投资者的胜率增加砝码。

11.1.1 底部形态明显

顶和底都是相对的，与宏观面、基本面、形态等关系非常的密切。在股票没成为大家所认为的黑马股前，其走势一般运行非常明显，即底部形态。可以用以下的方法判断股票是否处于底部。

（1）市净率低。

如果一家公司还不错，成长性（主要以净利润的成长性为标准）大于 105%，市净在 1 左右就可以说是底部了。这是 A 股长期以来，判断大底的一个非常重要的标志。

但请灵活运用它。比如说成长性为 120% 的公司，它的市净要推到 1.3 倍的市净左右。如果公司的成长性更高，它的大底市净也会相对的高。

我们现在可以看到很多的公司的市净小于 1，这和它的基本面太差是分不开的。

（2）市盈率较低。

市盈率和市净率类似，但市盈率往往是一家公司的成长性来负责，特别是很多中小板、创业板股票，市盈率动辄上百上千倍，很多人甚至觉得市盈率高说明了大家的认可度和成长性，从而进一步提升了该股票的市盈率。

> 创业板股票大部分市盈率较高

一般来说，成长性大于 5%，如果市盈能在 6 倍左右，基本是 5~6 倍的时候，也是大底到来的一个非常重要的标志。

每次股灾来临时，股价一跌再跌。5~8 倍市盈的股票比比皆是，可惜，满地的黄金却没人敢捡。为何，不知股票还有多大的空间要跌。然而，这个时候，股票却往往在这个时候冲天而起，往往是一去不回头。让无数股友大为后悔懊恼。可惜，还有什么用呢？

> 股灾后很多主板股票的市盈率较低

（3）技术分析（如 K 线）。

无论 K 线形态多好或者多差，都应该和上面的两项结合起来。在这个时候，股票可能会走出一个横盘的形态，也可能是一个有点弯度的锅底形态。但形态并不重要，重要的是在这个区间的时间要非常长，价格要非常低，成长量要非常低迷。这往往是孕育大牛的形态。如万科 A 经过近

6年的低迷，在 2005 年 7 月创出新低 3.12 元，成交量低迷，很多人因为被套或者空仓不再关注该股票，随后才开始了小幅震荡，直到 2016 年 4 月才出现牛股初来的迹象。

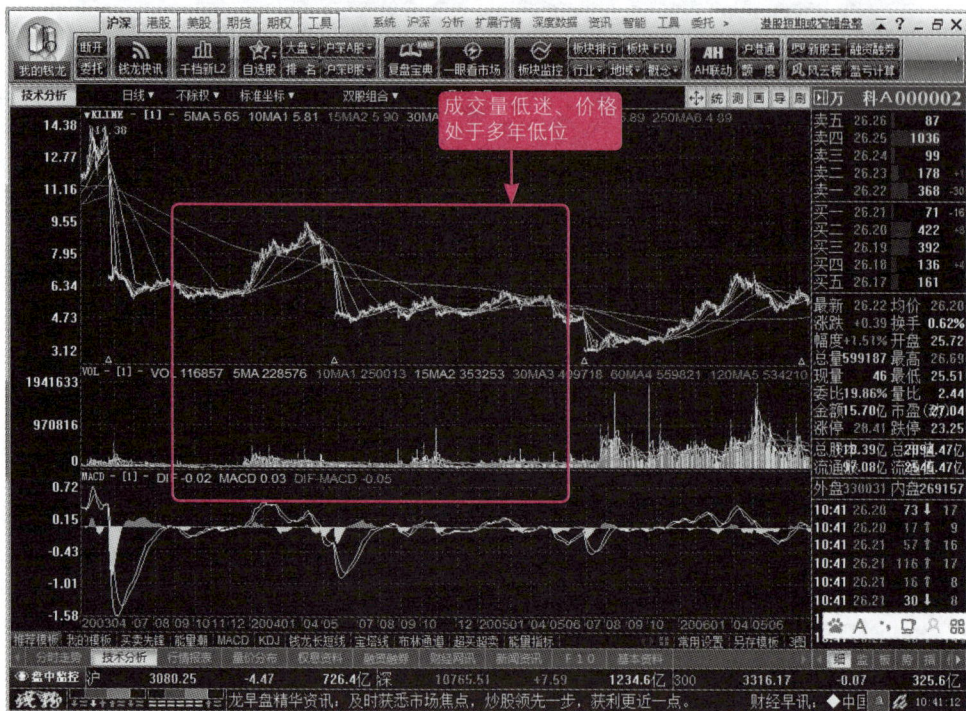

11.1.2 技术形态有强实底部

从技术形态分析，也会发现黑马股在涨势起来前都有技术形态支撑，一般也处于强实底部。

【案例】利用底部形态查看黑马股的常见特征

步骤 1 打开钱龙软件，输入北矿磁材的股票代码"600980"，按【Enter】键确认。

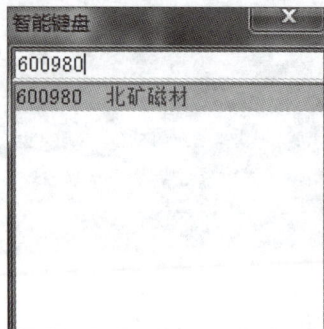

步骤 2 进入【技术分析】页面。单击技术分析页面左上方的【日线】选项，选择周线菜单选项进入个股的周 K 线图。

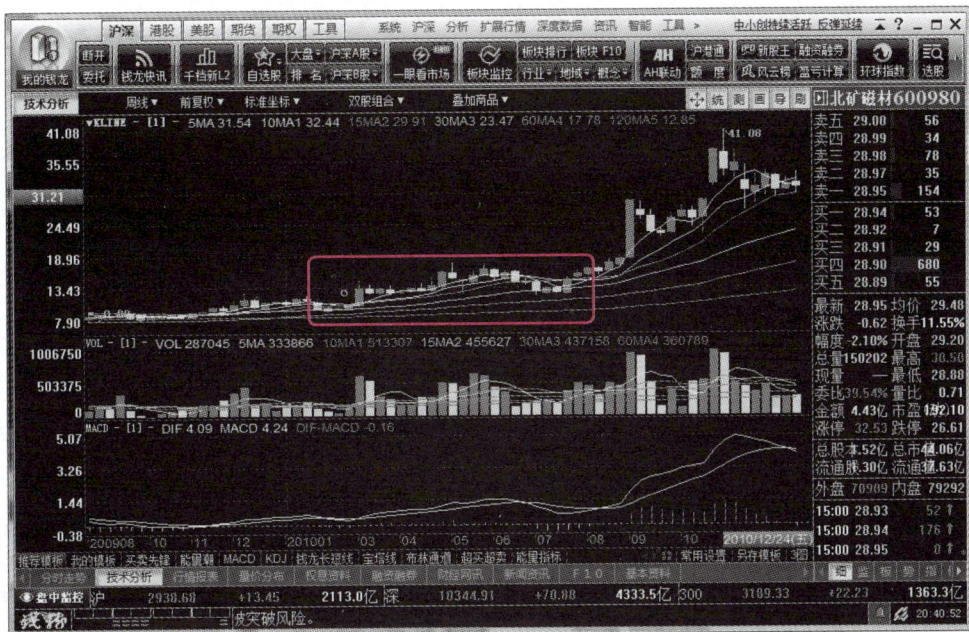

步骤 3 切换到周 K 线图，缩放显示 2010 年的全年周线行情。2010 年 2 月 5 日到 7 月 16 日之间，连续 19 周总换手率 506%，而股价还下跌 5.6%，底部形态较为明显。

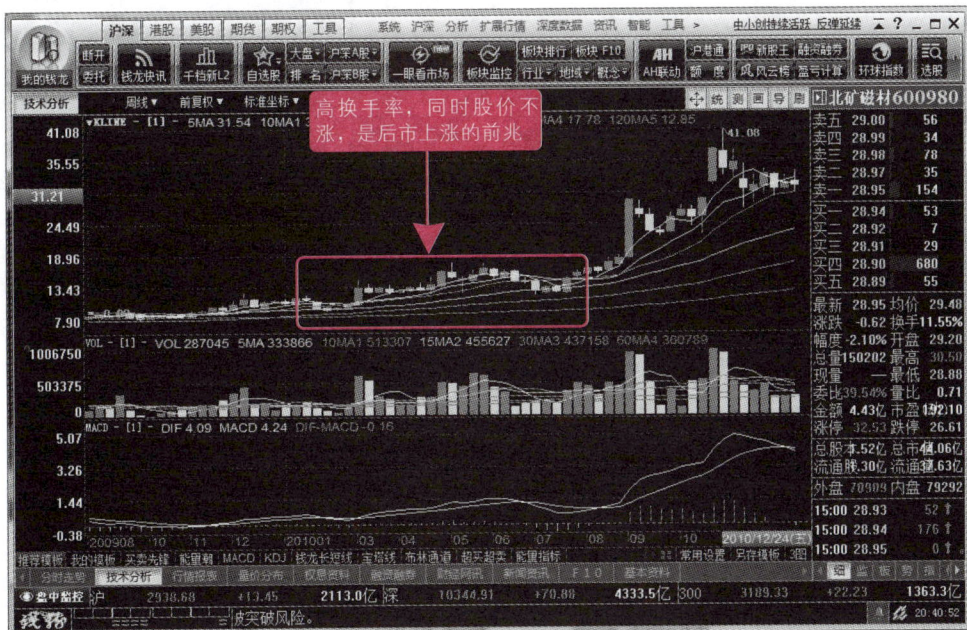

11.1.3 走势较强

黑马股在脱离底部区域之后都走势很强，很多都无视大盘涨跌而走出独立行情。一直处于熊市中的 A 股波澜不惊，但黑马股中青宝则在 2013 年走出独立行情，从年初的 5 元左右到 9 月份 50 左右，涨幅接近 9 倍。

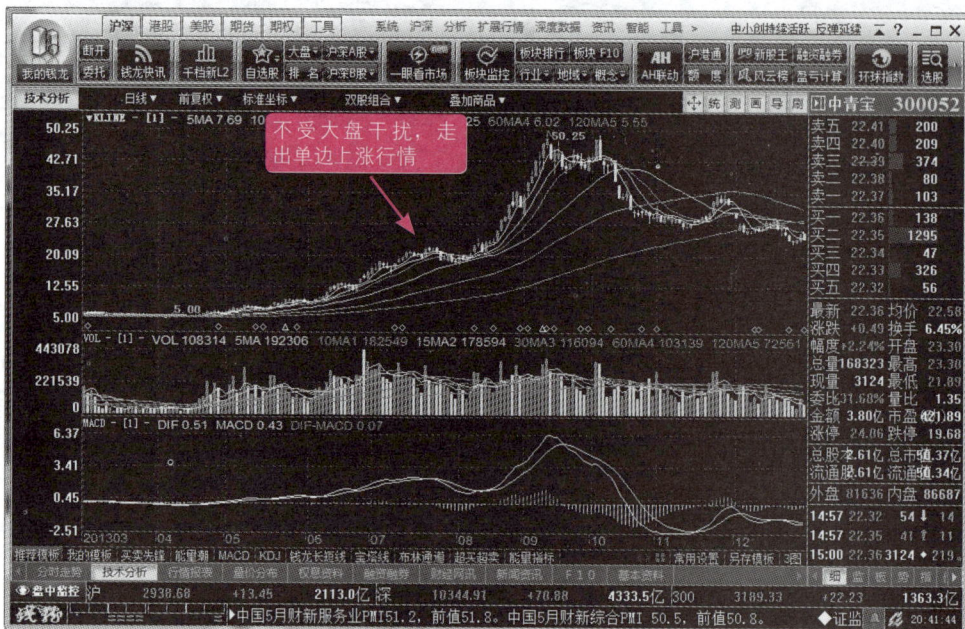

而同期上证指数跌幅是 3.8%。

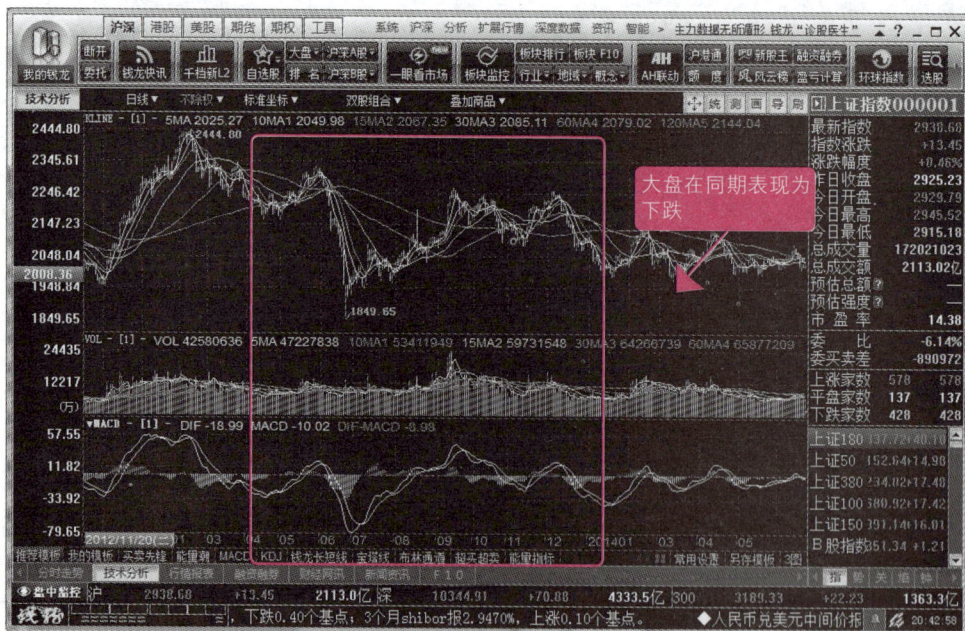

11.1.4 有题材热点

除了前面的几个特点外，黑马股一般能走出较好的行情，主要还是有相应的题材、热点配合，如中青宝主要有手游概念、营口港有高送转（10 转 20）、自贸区、混改及整体上市概念题材。在 2014 年 4 月底前，营口港还寂寂无名，但因"10 送 20 派 5.29 元"的神奇高送转，一跃成为耀眼大牛股，短期暴涨 222.72%。

11.1.5 换手率较高

无论是黑马股还是比较热点的牛股，它们还有一个共同的特征，就是换手率较高，通常日换手率超过 10%，即每 10 天该股票的股东就要轮换一遍。

跨境通（002640，原百元裤业）2014 年 8 月份换手率达到 668.64%，最高日换手率46.48%。

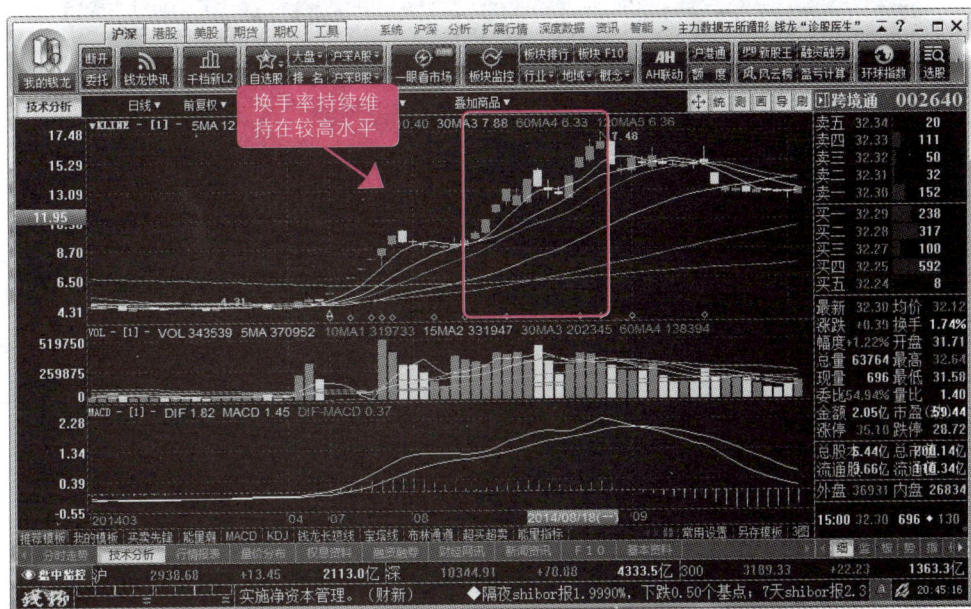

钱龙 11.2 买卖点选择

在筛选了具备底部特征的股票之后还需要仔细斟酌买卖点，才能真正地实现盈利，否则即使选对股票，也可能由于买卖点把握不准确导致盈利减少甚至亏损。

11.2.1 买入在相对低点

看了别人大涨的股票眼红，听到身边同一只股票因为别人比你的买入价格低而更放心，心底很不是滋味？怎么办，如何也能让自己低买呢？低买的原则又是什么？

1. 明确股票价值

最古老也最简单的原则是"低买，高卖"。即以低于内在价值的价格买进，以更高的价格卖出。但需要确定的是，你要对内在价值是什么、怎么计算有明确的认识。这样才能真正地买到低价，而不是短期的股价上面的低价。

从资产负债表或者清算价值角度来看，你可以看到这个企业确定性地被低估了。比如浦发银行 2014 年市净率仅仅为 0.84（很多银行市净率都低于 1），即使浦发银行马上破产，你分得的每股资产都比你买入的股价要高，具有足够高的安全边际，买入肯定能赚到钱。

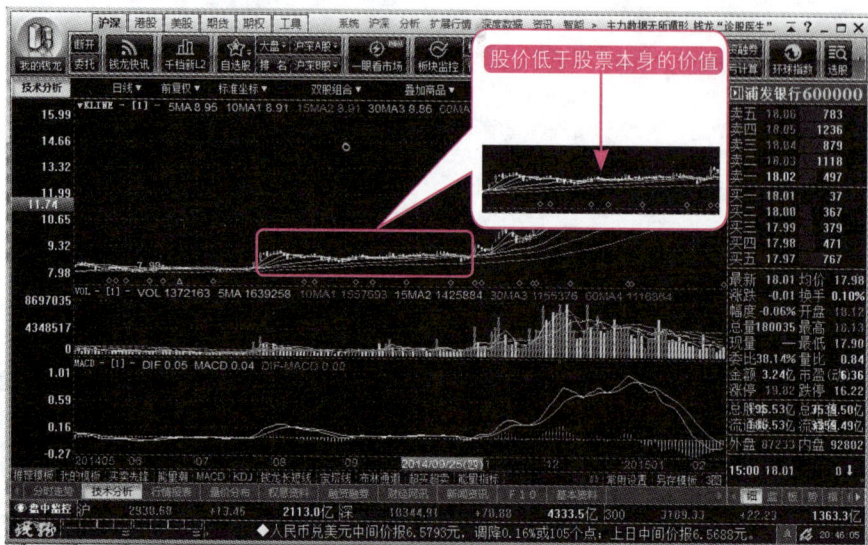

2. 顺势和借势

有部分个人投资者相信巴菲特的投资理念"别人贪婪时我恐惧，别人恐惧时我贪婪"，殊不知巴菲特投资理念是有前提的。如果很多人在 2015 年的 6 月底遵循这个原则，在别人争先恐后逃命时买入，必将遭受极大损失。

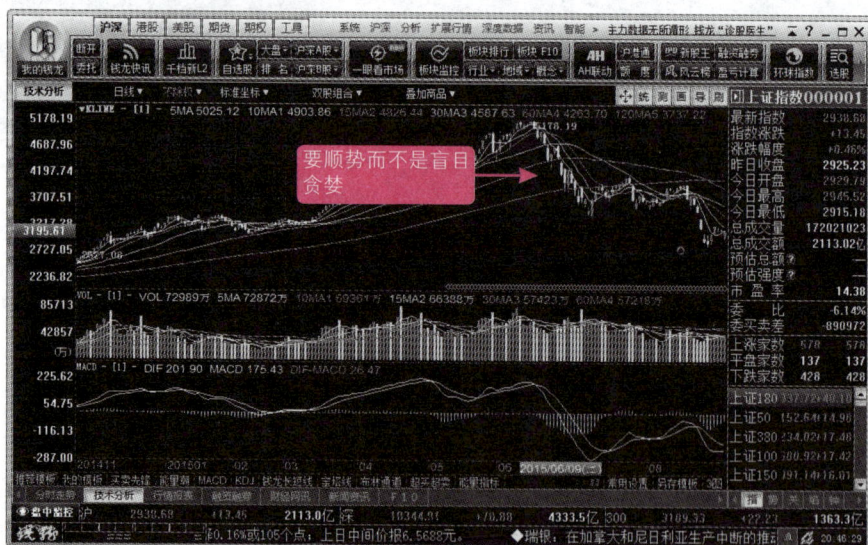

而应该在顺应大势的发展趋势上，巧妙选择入市时机，而且通常这种战略应用于中长线投资较为有效。逆市而为，在大势下跌之时做短线抢反弹，或在个股已在高位掉头向下时抢反弹，等待你的很可能是漫长的套牢期。同样是 2015 年大跌后买入，如果投资者是在 7 月中旬买入，则在短短几天内就能收获颇丰，甚至翻倍。

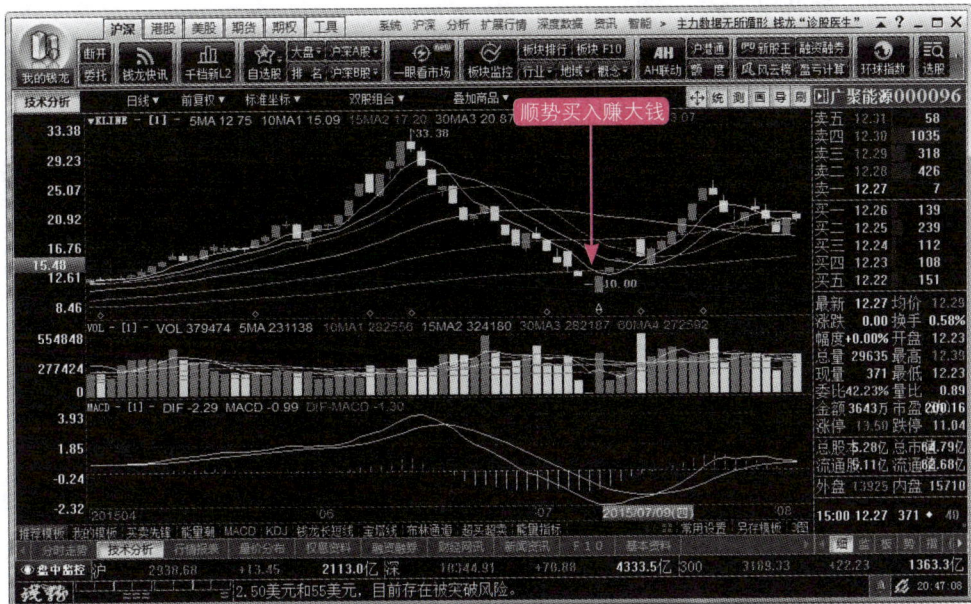

这就是顺势而为的妙处。

3. 善于等待机会

形容一个人善于等待和捕捉机会时会说"三年不开张，开张吃三年"。即在没有必胜且胜率系数很大时尽量别出手，一旦出手不但能收获而且收获巨大。

动物界的大型动物如狮子、老虎在看到猎物时，能一动不动等待很久只等猎物在捕获范围内一击即中。投资也是一样，要有空仓多时的决心、恒心和能力，一个聪明的投资者既不可能抓住每一次的上涨机会，更不可能赚取市场中所有的金钱，所以一定要耐心且善于等待机会。

否则，心浮气躁、瞎猜乱撞的买卖，很快就会毁掉一个的信心，从而丧失理智的判断，出现一连串的决策失误导致更加悲惨的时刻到来。等待并不是无所事事，而是时时分析思考。"该出手时就出手，不该出手不乱出手"，要做到"静若处子，动若脱兔"。

11.2.2 卖出在相对高点

除了低买原则，高卖也有一定的方法，主要有以下两种原则。

1. 见好就收

买卖股票的重要原则是盈利，不以盈利为目的的炒股都是耍流氓。如果有人以买入被套来证明自己买股票纯粹是为了扶持企业，这肯定不是真心话。

无论是短线买入还是中长线买入，最终的目的一定是赚钱，且赚大钱。所以，盈利就显得尤为重要，而不论是短、中长期投资者，如果见到股票趋势变坏，或者基本面发生了变坏，就应及时出手卖出见好就收。

2. 尽可能多赚

在保证赚钱的情况下，多赚钱。据有人统计，每次多赚 1% 经过 100 次后就能滚成一个非常大的雪球，投资收益是每次不多赚这 1% 的投资者的 2.7 倍。如果每次多赚 2% 甚至 5% 呢？会是一个非常庞大的数字。

钱龙 11.3 逃顶技法

知道进而不知道退，知道存却不知道亡，知道得到而不知道丧失，能称得上圣人吗？炒股投资不仅要学会伺机进攻，更要识顶逃顶，避免亏损，把浮盈变成实际的盈利，这就需要卖股的技巧。

11.3.1 通过消息面逃顶

技术面有多种分析方法，但消息面则常常只有有限的几种。包括国家的政策、市场新闻，还有一些已经发生的合并破裂、重组失败的消息，甚至利润大涨但不符合市场预期都有可能成为股价的转折点。

1. 2007 年的 5.30 政策消息

2006 年起，沪深股市开始了前所未有的大牛市。为抑制股市上涨，2015 年 6 月 15 日，证监会发布资讯说明要严查融资，跌幅达 2% 以上。随后开始了暴跌模式，被称为股灾。

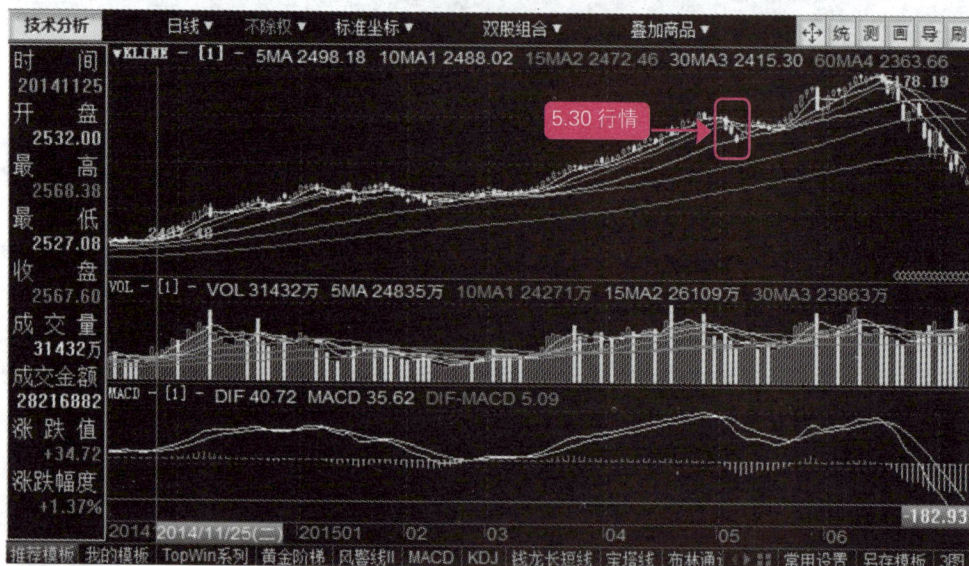

事实上，很多人听闻了该消息后就大幅减仓甚至空仓，从而躲过了该次大跌。

把握市场消息，当你不确认真假时，首先退出或轻仓参与，宁可错过，不可做错，否则受伤的都是你。

2. 公司故事被验证为假

提到该故事，肯定很多人想到的是重庆啤酒。

据说 1998 年的时候重庆啤酒宣称要研究乙肝疫苗，因为这个原因，公司前景被大为看好，公司股票被基金增持，散户跟风炒作，股价被炒至一个又一个新高，可 13 年之后，公司于 2011 年 12 月宣布乙肝疫苗研究无成果，由此导致股价九连跌，在一个月之内，公司股价由 80 多元跌至 20 元。投机重啤基金、散户的发财梦如重啤的疫苗梦一样破灭……这就是所谓的重啤事件。

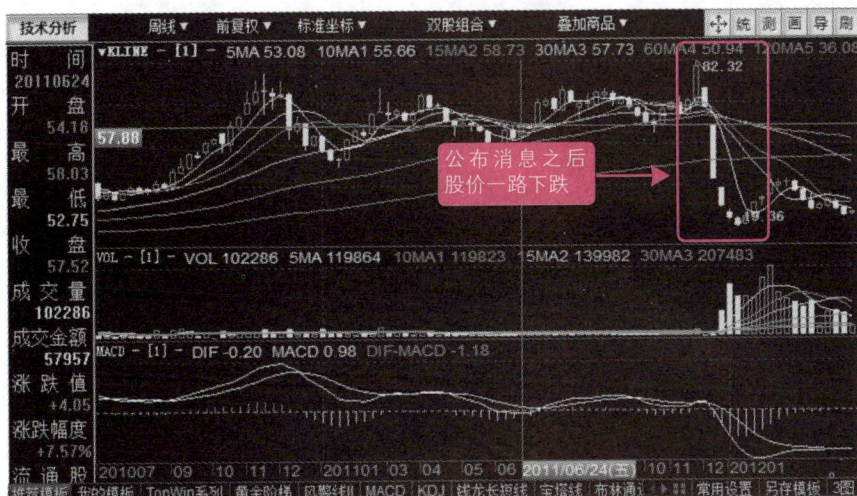

有句俗话: "会买的是徒弟,会卖的是师傅。"在股市中,无论你是短线客,还是中长线投资者,买进股票后总要卖出去,但卖出股票并不是一个简单的事情,很多人因没有把握好卖出股票的时机,最终先赢后输,有的舍不得割肉,只能深套其中。

逃顶是瞬间的过程,散户只需几秒钟就可以卖出股票,但又有几位能在高位顺利出逃呢?大多数投资者不是在低位被主力早早洗盘出局,就是在高位被牢牢套死。成功逃顶成了很多投资者心中的梦想,如何才能成功逃顶呢?只有下苦功练习,掌握常用的分析技巧,并能灵活运用,并且要从主力角度去理解逃顶的心理,只有这样,在关键时候才能成为逃顶高手。

3. 重组失败

从 2014 年中开始,中国股市慢慢进入了牛市,到 2015 年上半年进入了高潮阶段。特别是以创业板为代表的"成长型企业牛"和以国有大中型企业上市公司为代表的"重组企业牛"是这次牛市行情的两大亮点。进入到 2015 年 3 月后,一大批以"增发 + 重组"停牌套路的股票在复牌后更是跟随牛市出现了疯狂的涨停潮。

虽然在重组风口下,一大批个股在重组预案宣布失败之后,股价照样连续涨停板。如 2014 年 12 月 10 日就开始停牌筹划重组的锐奇股份在 5 月中旬宣布中止重组并复牌,同时公司表示,在未来的 6 个月内不再筹划任何资产重组事宜。虽然重组失败,公司股价在复牌后走出了 12 个"一"字涨停。

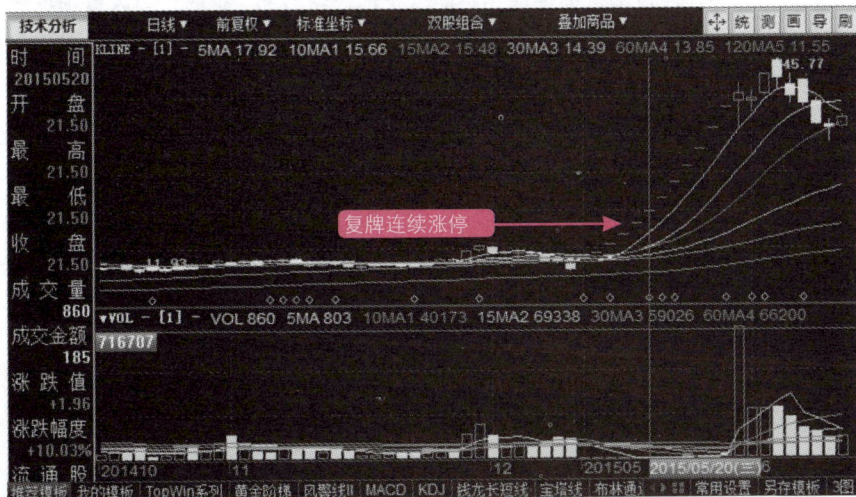

但并不是所有的股票都这么幸运，投资者更应该注意的是黑天鹅。随着一纸公告，威华股份与赣州稀土之间的重组宣告搁浅，经历了三个跌停板后，公司股价近乎腰斩，即使到目前股价仍深陷下跌泥潭，年度跌幅榜上有名。而就在重组预案终止前，大股东大手笔的套现，让投资者不得不怀疑公司相关人员进行内幕交易。

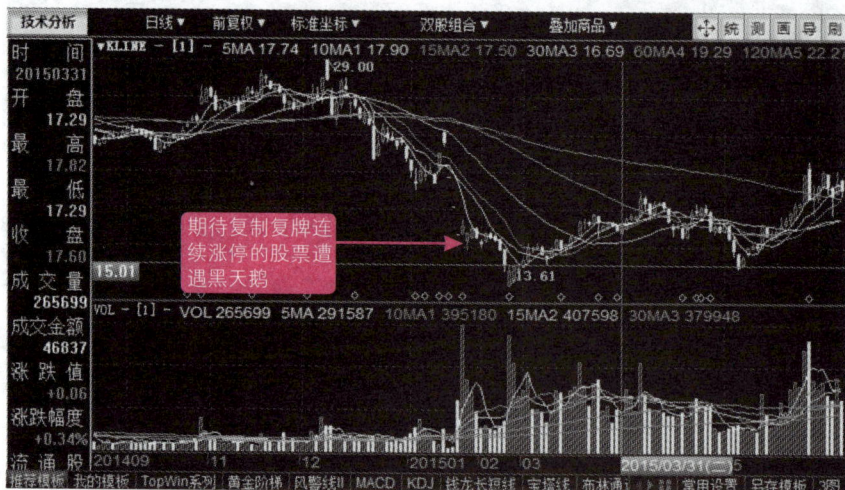

在该股还没有停牌前，很多投资者就提示风险，说明可能出现的问题，但对当时处于疯狂增值预期的人们来说，根本没有当回事。

2015年1月10日15:47分@大钱重意志在威华股份股吧发文《重组面临终止风险！》，称"赣稀并不具有行业准入证，赣稀也知道在规定的一年重组期内无法完成，重组可能面临终止风险。赣稀的重组对手方为什么在得知此消息的第一时间，甚至到现在不停牌公告此重大事项？并在此期间疯狂减持套现？是不是构成内幕交易"。从发文的时间上来看，正值威华重组上会的前三个交易日。假如你看到并做出了同样的思考，是不是就能提前避免这个悲剧了呢？

11.3.2 通过技术面分析逃顶

因为信息的不对称，通过消息面往往并不能真正地快速出逃。这时，有人就根据自己的擅长部分来通过技术面分析来进行识顶逃顶。

1. 利用单根K线识顶和逃顶

在本书的前面章节已具体讲解过各种见顶K线图，对这些K线图要熟记于心，并能结合股票的各种K线图走势进行整体分析。由于逃顶的重要性，下面通过具体实例讲解一下比较常用的逃顶K线图。

长十字星，是相当重要的见顶信号，因为其形状特殊，将"T字线"、"倒T字线"、"射击之星"、"吊颈线"、"螺旋桨"等K线的特性都包括在里面。

【案例1】利用长十字星K线逃顶

步骤1 登录钱龙软件，输入"HQKJ"或"600556"快捷键，弹出钱龙智能键盘。

步骤 2 按【Enter】键，进入【K线图】界面。缩放显示 2015 年 1 月 30 日至 2015 年 7 月 20 日 K 线图，从图中可以看出经过多次拉升后，该股在 6 月 12 日出现高位十字星 K 线，预示该股已到疯狂阶段，见顶概率极大，看到该形态尽快出逃才对。

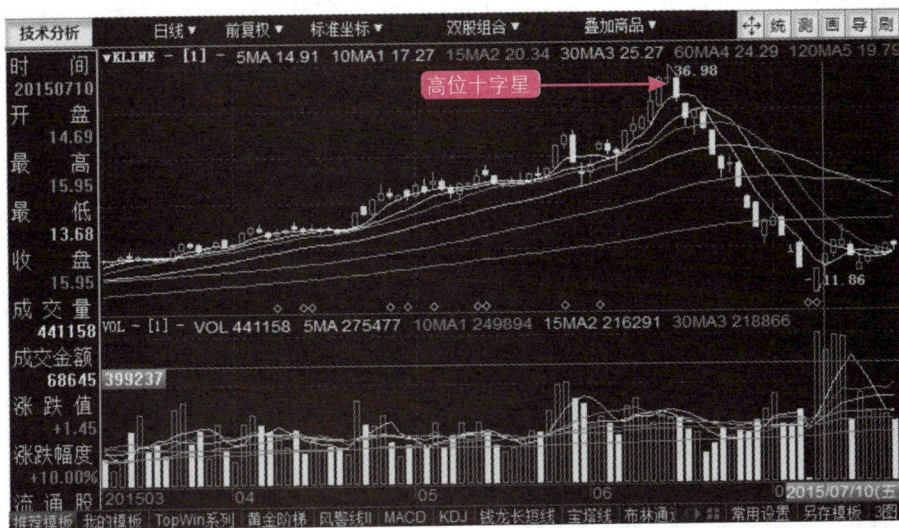

步骤 3 高位出现长十字星，预示两种可能，一是主力在震荡洗盘，二是主力在震荡出货。回头看一下慧球科技，从 2 月份到 6 月份 4 个月时间内从 12 元左右涨到 37 元左右，涨幅 200%，升势巨大，即使还能再有一波上涨也建议个人投资者清仓离场。即使后期没有大盘的大幅下挫，该股短期也前景不妙。

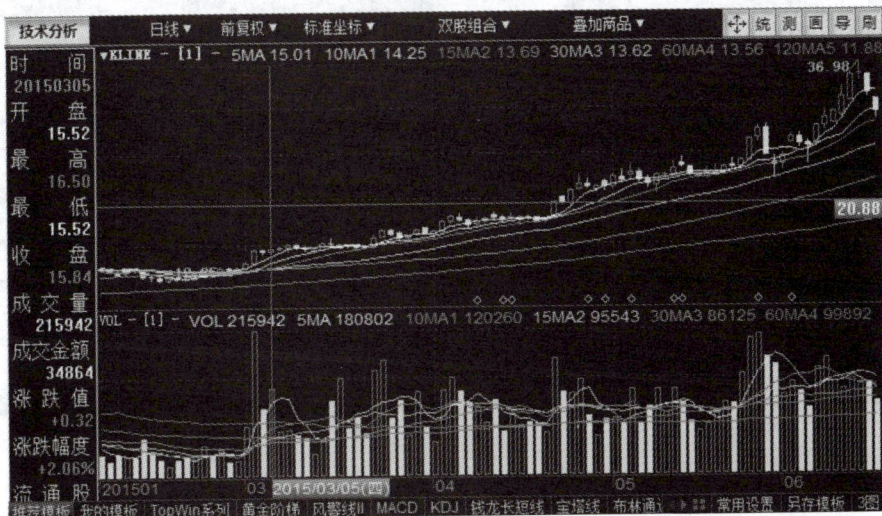

> **注意**
>
> 只要在高位出现十字星，投资者都要注意，等形势明朗后做决定，也可以减仓，但决不能再短线抄底了。

如果在牛市初期出现长十字星且在一个振幅较小的范围内反复出现，很可能是主力在震荡洗盘，可能会出现回调，但是中长期是向上的，这时可根据均线进行操作。

【案例2】利用单根K线逃顶

射击之星和倒T字线，属于上挡抛压沉重见顶信号，其共同特征是具有较长的上影线，实体部分较短。

步骤1 登录钱龙软件，输入"XYD"或"600571"快捷键，弹出钱龙智能键盘。

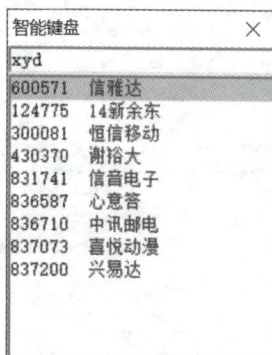

步骤2 按【Enter】键，进入【K线图】界面。缩放显示2015年1月5日至2015年7月1日K线图，从图中可以看出经过疯狂涨幅后，该股在6月5日出现射击之星K线，预示上挡抛压沉重见顶信号。

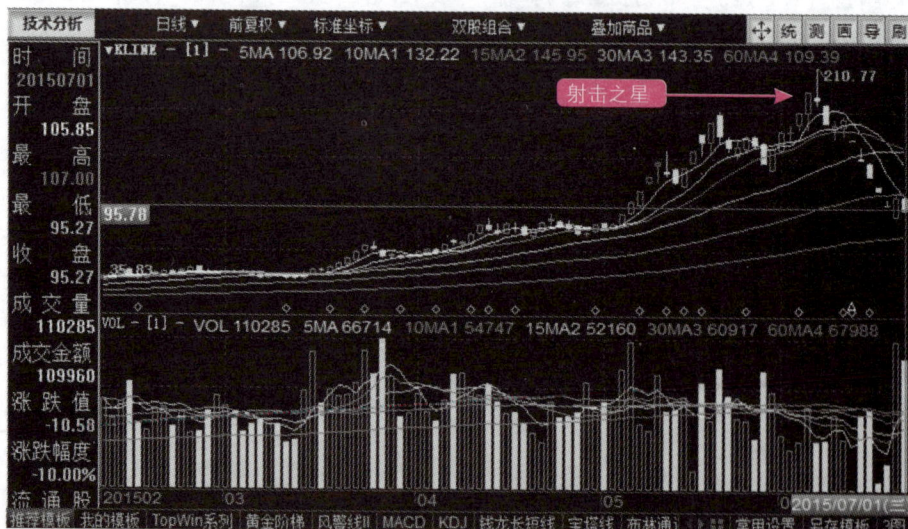

步骤3 从图中可以看出，该股不但现在出现了射击之星形态，前期还出现了十字星形态，即使第一种形态判断不准确，这一次也应该尽快抛出逃走，否则浮盈会有大幅缩水。

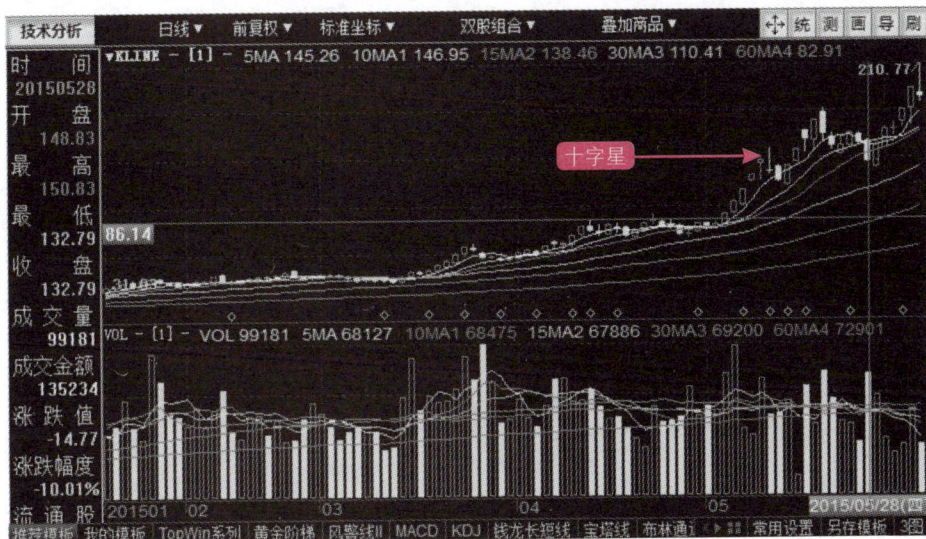

2. 利用 K 线组合识顶和逃顶

（1）穿头破脚是最常见的见顶 K 线组合，即第二根 K 线为长阴线，并且将前面的一根小阳线从头到脚全部穿在里面了。该 K 线组合出现后往往出现两种形态，一种是股价快速回落，另一种是股价盘整一段时间再向下突破。

（2）中国石化（股票代码为 600028）大幅上升后，就在高位出现穿头破脚 K 线组合，股价见顶后就开始大幅下跌，如下图所示。

（3）投资者见到穿头破脚 K 线组合后，股价又开始大幅下跌，就要马上斩仓出局。

（4）有些股票出现穿头破脚 K 线组合后，股价并没有马上跌下来，有的出现较长时间的盘整，有的可能还创出新高，但投资者一定要明白，主力是不可能在高位利用穿头破脚 K 线组合洗盘的，所以还是快逃为上。下图是民生银行（股票代码为 600016）在顶部出现的穿头破脚 K 线组合。

（5）如果在周线或月线中出现穿头破脚K线组合，则该股票要长期看空、做空，不要轻易进入该股票。下图是中信证券（股票代码为600030）在月K线中出现的穿头破脚K线组合。

（6）乌云盖顶是比较常见的见顶K线组合，在高位一旦出现该K线组合，可以先卖出一部分股票。

（7）一致药业（股票代码为000028）在反弹的过程中出现了乌云盖顶K线组合，投资者一定要果断清仓出局，否则就会深套其中，如下图所示。

> **提示**
>
> 　　利用K线逃顶的优点是只要能看准，就可以在高位卖出一个好价格；缺点是误判的可能性比较大，常常被主力洗盘出局，即把阶段性顶部看成中长期顶部。
>
> 　　解决办法如下：
>
> 　　K线图出现见顶信号后，要进行验证，即多观察几日或先卖出去一部分筹码。
>
> 　　在利用K线图逃顶时，利用均线进行辅助判断，如果是多头排列或关键支撑位没有破，不要轻易清仓走人。
>
> 　　看完日K线图，还要看一下周K线图、月K线图，进行综合验证。

3. 顶部背离时逃顶

在使用技术指标进行炒股时，经常会遇到期（股）价走势与指标走势"背离"的现象。背离，简单地说就是走势不一致。当背离的特征一旦出现，就是一个比较明显的采取行动的信号。

　　能够形成明显技术指标背离特征的指标有 MACD，RSI，KDJ 等，其形态都存在与期价背离的特征。

　　指标的背离有顶背离和底背离两种。

　　当股价 K 线图上的股票走势一峰比一峰高，股价一直在向上涨，而 MACD 指标图形上的由红柱构成的图形的走势是一峰比一峰低，即当股价的高点比前一次的高点高、而 MACD 指标的高点比指标的前一次高点低，这叫顶背离现象。顶背离现象一般是股价在高位即将反转转势的信号，表明股价短期内即将下跌，是卖出股票的信号。

　　反之，底背离一般出现在期（股）价的低档位置，当期（股）价的低点比前一次的低点低，而指标的低点却比指标前一次的低点高，也就是说当指标认为期（股）价不会再持续地下跌，暗示期（股）价会反转上涨，这就是底背离，是可以开始建仓的信号。

提示

　　一定要注意识别假背离。通常假背离往往具有以下特征。

　　（1）某一时间周期背离，其他时间并不背离。比如，短线图背离，但中长线图并不背离。

　　（2）没有进入指标高位区域就出现背离。所说的用背离确定顶部和底部，技术指标在高于 80 或低于 20 背离，比较有效，最好是经过了一段时间的钝化。而在 20~80 之间往往是强市调整的特点而不是背离，后市很可能继续上涨或下跌。

　　（3）单一指标的背离而其他指标并没有背离。各种技术指标在背离时候往往由于其指标设计上的不同，背离时间也不同，在背离时候 KDJ 最为敏感，RSI 次之，MACD 最弱。单一指标背离的指导意义不强，若各种指标都出现背离，这时期（股）价见顶和见底的可能性较大。

【案例3】利用顶背离指标逃顶

步骤1 登录钱龙软件，输入 "PFYH" 或 "600000" 快捷键，弹出钱龙智能键盘。

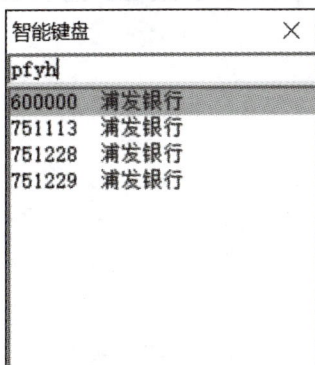

步骤2 按【Enter】键，进入【K 线图】界面。缩放显示 2013 年 6 月 14 日至 2016 年 4 月 29 日周 K 线图，从图中可以看出浦发银行在该阶段走势稳健，处于上升趋势，但其在 2016 年 10 月 8 日至 2016 年 4 日 29 日这段时间内，其股价处于上升趋势（均线也处于上升趋势），但其 MACD 线在这个阶段则处于下降趋势，就是所说的顶背离形态。

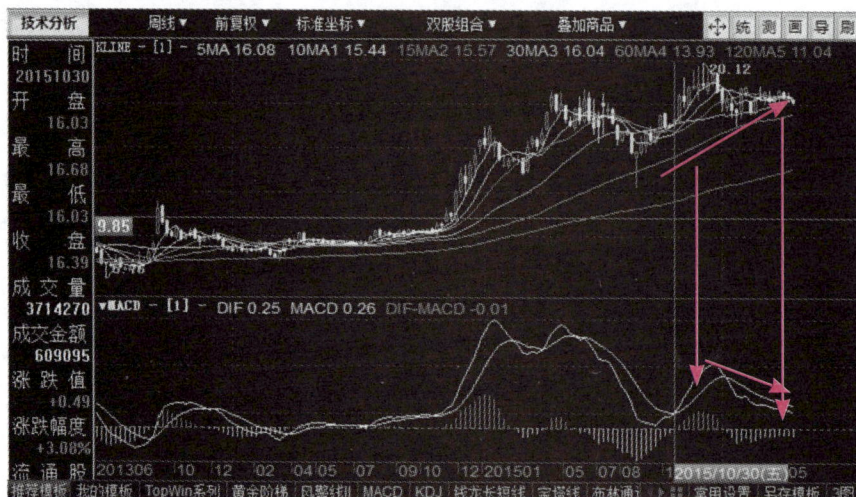

步骤 3 这时，用户发现这种情况出现时，最好赶快清仓离场，否则就会遭受巨大的损失。

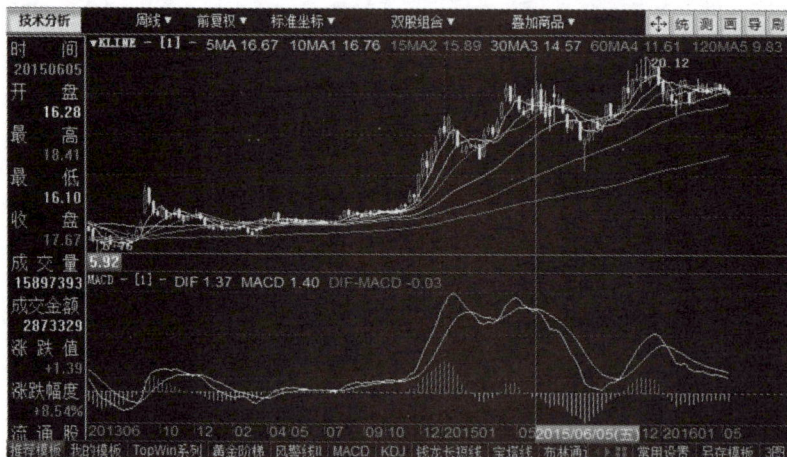

4. 巨量大阴时

巨量一方面是指成交量巨大，另一方面或者说更重要的是指量比巨大（一般指动态中量比大于 20 以上，此处是指成交量巨大）。在一只股票的上涨过程中，日 K 线呈现高开阴线，并且伴随成交量突然放大或开盘量比非常大，那么被称为"巨量大阴"形态。如出现"巨量大阴"形态，应当果断卖出，当天收"高开阴线"的可能极大，有些个股甚至当天振幅超过 10%，如果投资者在最高价买入的话，甚至有可能当天即损失 15% 以上。

【案例 4】利用巨量大阴时逃顶

步骤 1 登录钱龙软件，输入"HLGF"或"002647"快捷键，弹出钱龙智能键盘。

步骤 2 按【Enter】键，进入【K 线图】界面。缩放显示 2014 年 12 月 31 日至 2015 年 2 月 11 日的日 K 线图，从图中可以看到宏磊股份在该阶段一直处于震荡，成交量在 1.5 万手（成交额 1000 万元）上下波动，在后期开始爆发，连续拉多个涨停板，股价处于相对高位，2015 年 1 月 25 日成交量爆出 31 万手（成交额 3.57 亿元），是以前平时成交量的 20 多倍，且其 K 线是带有长上下影线的大阴柱，预示该高位有庄家出逃嫌疑。

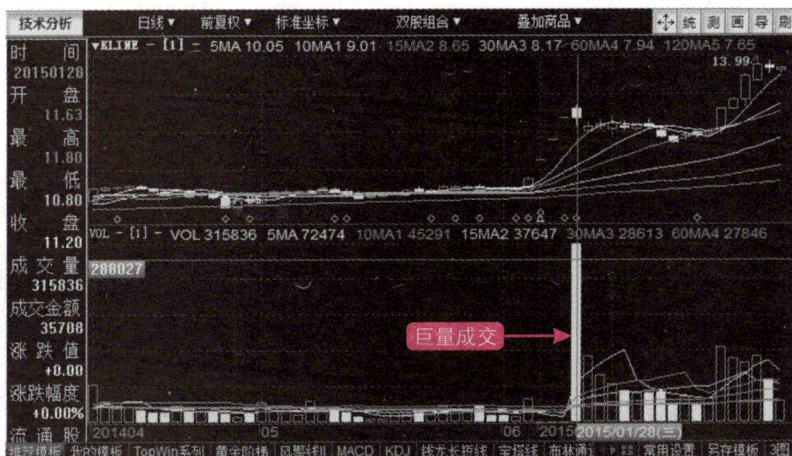

步骤 3 这时，用户发现这种情况出现时，最好赶快清仓离场，否则就会遭受损失。从最高点 11.80 元，到后期低点 10.04 元，跌幅接近 15%。

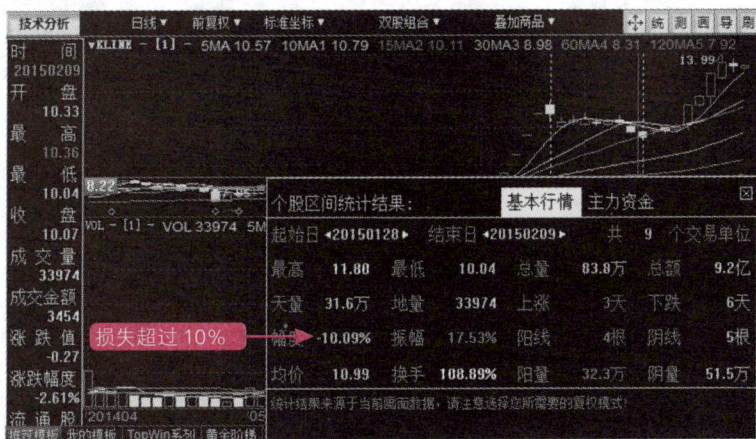

5. 利用均线识顶和逃顶

除了 K 线外，均线在各种应用中也特别广泛，特别是前面讲解过利用均线进行短线操作，投资者一定要对各种均线组合熟记于心，且能随机应变。

周均线和月均线是实战中很有参考价值的两条移动平均线，利用它可以找到中长期买点和卖点。比如短期的均线一般是 5 日、10 日均线，中长期均线则为 5 周、10 周和 5 月、10 月均线。

当均线三线向下散形，则多头已死，即短、中、长三条均线粘合或交叉向下发散，都是逃顶最明显的信号。逃顶要及时，否则可能由盈利到亏损。

钱龙 零基础学炒股实战从入门到精通（钱龙版）

【案例5】利用均线识顶和逃顶

步骤 1 登录钱龙软件，输入"XHBH"或"600785"快捷键，弹出钱龙智能键盘。

智能键盘	×
xhbh	
600785　新华百货	

步骤 2 按【Enter】键，进入【K线图】界面。在K线图界面部分右击，在弹出的快捷菜单中切换分析周期为"周线"。

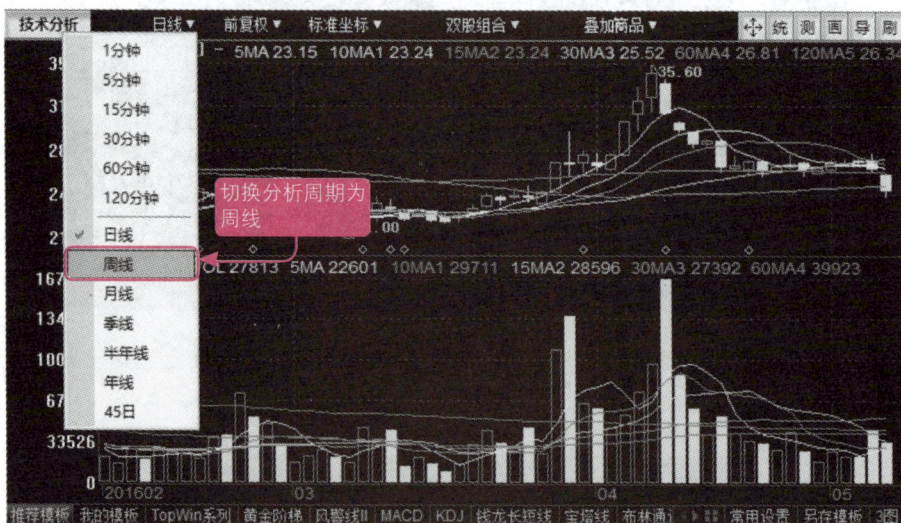

步骤 3 缩放显示2008年10月24日至2011年2月1日这期间的周K线，可以看出在2009年1月23日这周内，5周、10周均线上穿20周均线出现金叉且向上有发散迹象，这时候可以适当买入该股票。

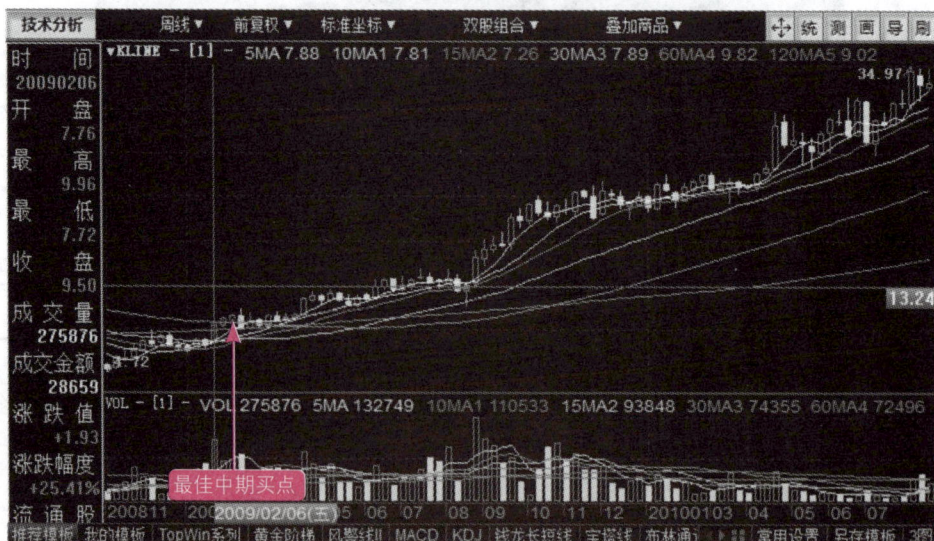

212

步骤 4 继续向右侧看，发现在 2010 年 10 月 29 日这周内，5 周、10 周均线下穿 20 周均线出现死叉，且前期从买入点 7 元左右到如今的 32 元，涨幅超 3 倍，短期内继续上涨的可能性较小，建议用户看到该形态立即卖出该股票，负责会遭受巨大损失。

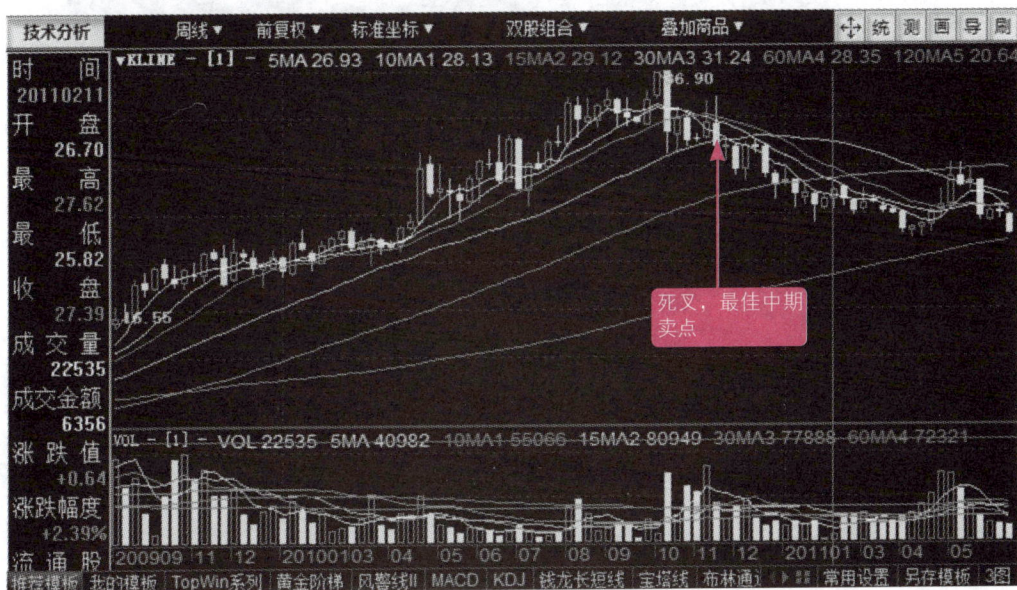

死叉，最佳中期卖点

步骤 5 缩放显示其后期走势，可以看出如果不抛出的结果。

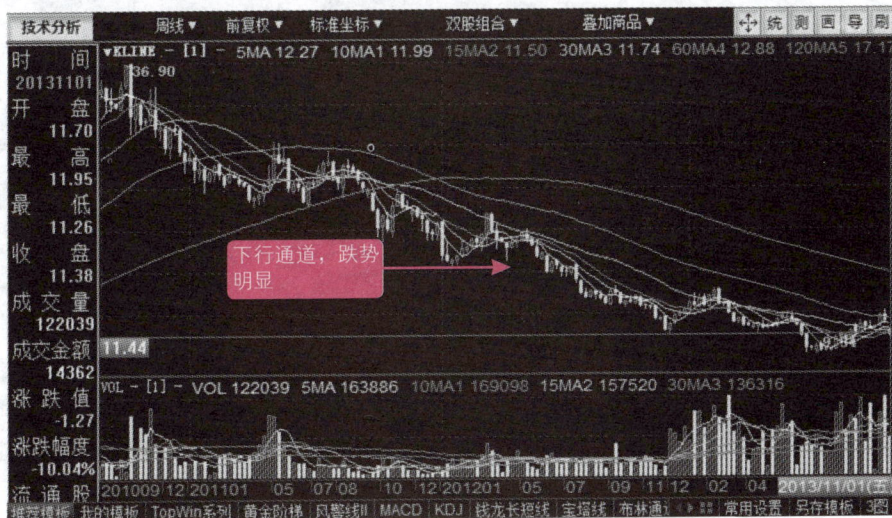

下行通道，跌势明显

> ✏️ **提示**
>
> 在下跌过程中，发现均线粘连且向下发散的情况，也要及时清仓为好。如长白山出现的均线向下发散状况。

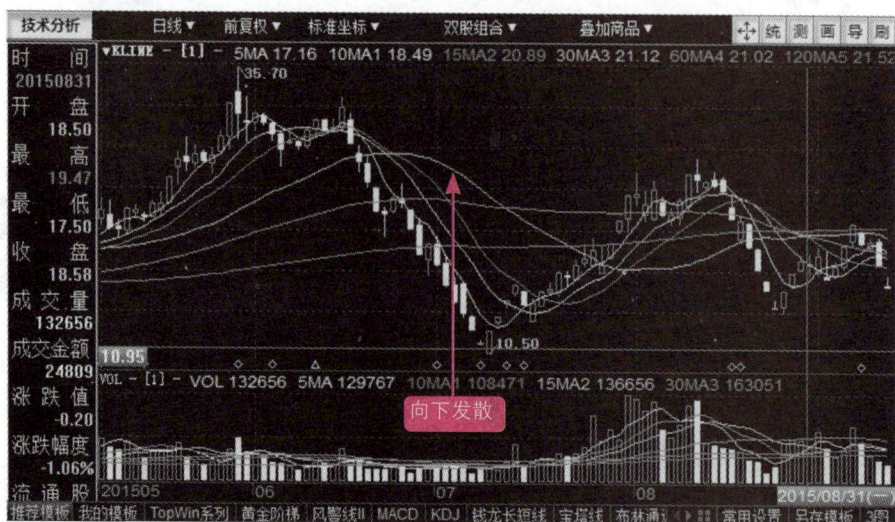

6. 量梯跟进时

成交量可以帮助投资者判断一只股票是否即将成为热门股票，对于有经验的投资者都知道"量价为先"，即成交量一般先于股价出现明显特征。当成交量均线出现死亡交叉的时候如果同时伴随成交量像下台阶一样的量柱形态，可以判断出现了量梯跟进，此时投资者应当及时卖出逃顶。

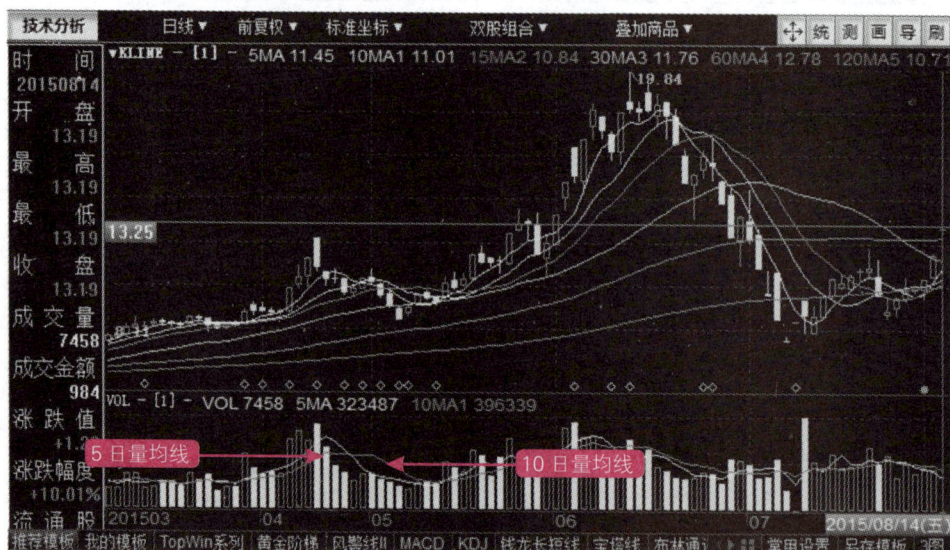

> 📖 **注意**
>
> 日均量线和周均量线由于时间短、变化快，不能起到识顶和逃顶作用，只有月均量线在识顶和逃顶中起提前预警作用。

【案例 6】 利用量梯跟进时逃顶

步骤 1 登录钱龙软件，输入 "XHBH" 或 "600785" 快捷键，弹出钱龙智能键盘。

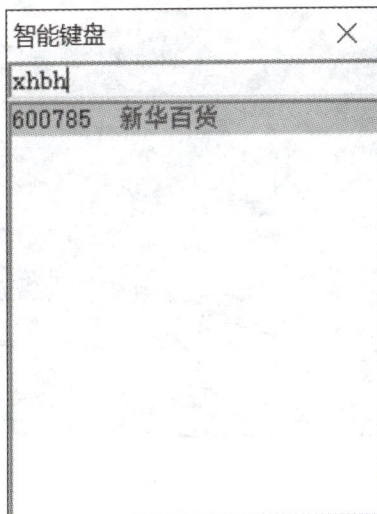

步骤 2 按【Enter】键，进入【K 线图】界面。在 K 线图界面部分右击，在弹出的快捷菜单中切换分析周期为 "月线"。

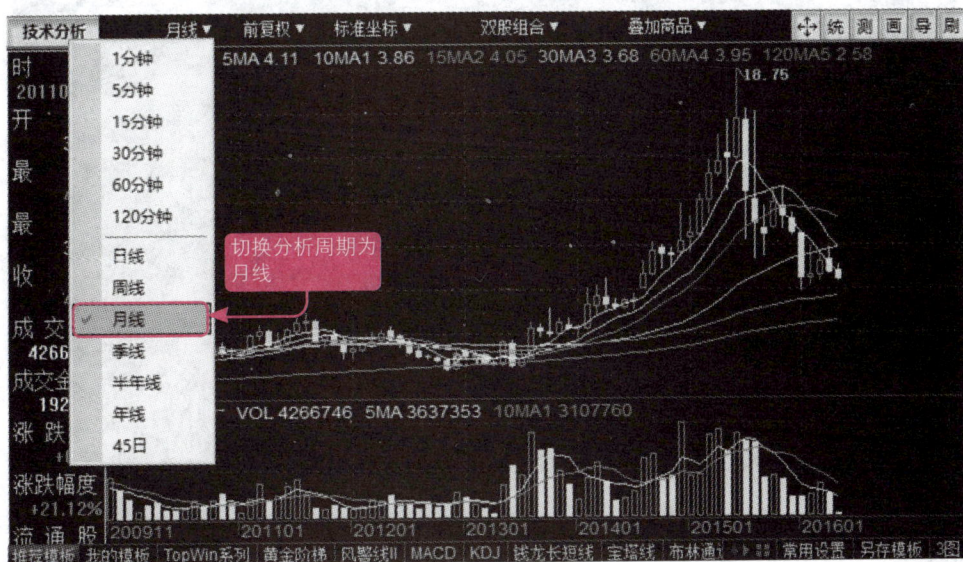

步骤 3 缩放显示 2009 年 11 月至 2016 年 5 月这期间的月 K 线，可以看出在 2014 年 1 月这个月内，成交量均线出现了一次死亡交叉，这时看 K 线上面的均线图刚刚准备向上发散，这时继续向后观察。

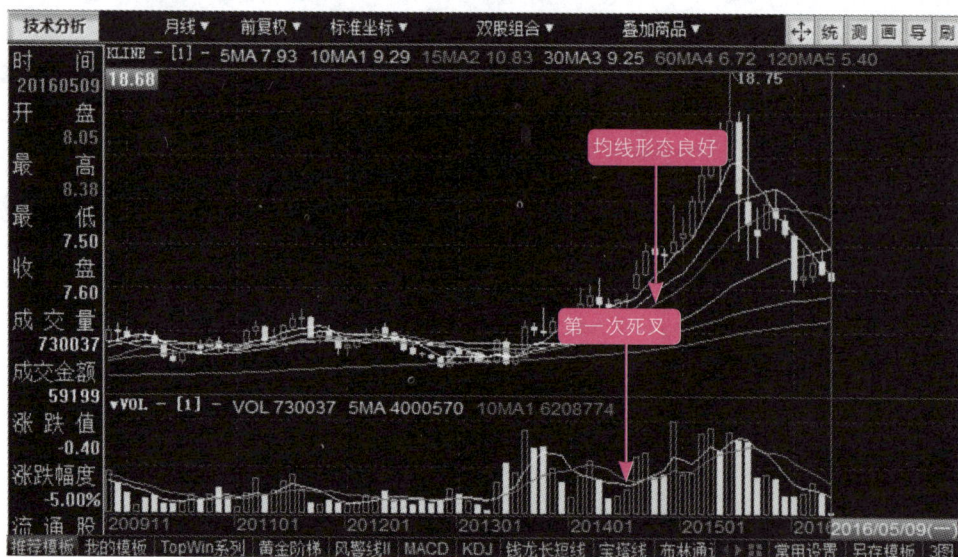

步骤 4 继续向右侧查看，看出在 2015 年 8 月这个月内，成交量均线又一次出现死亡交叉，而 K 线出现了十字星，这时就需要投资者小心了，前面已经说过，出现这种高位十字星一定要注意减仓。

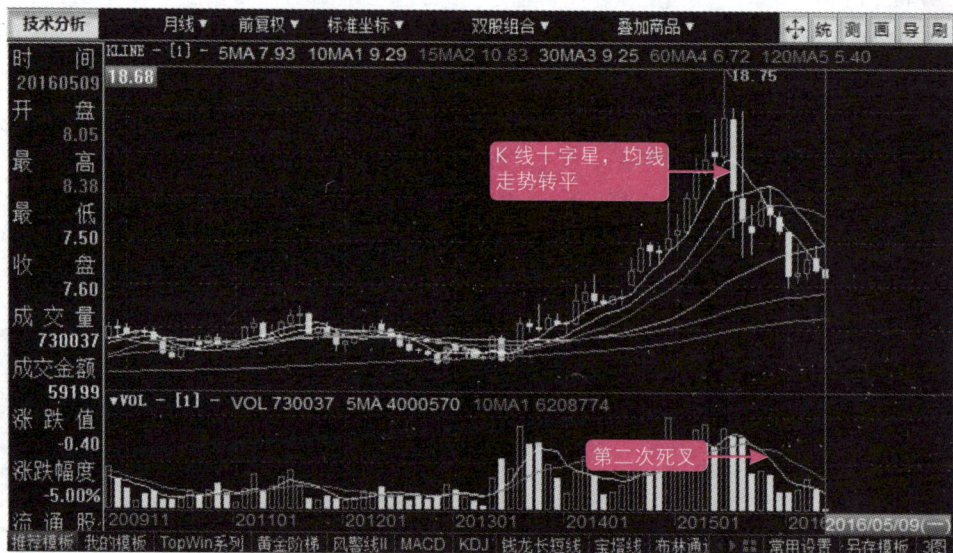

这时候如果还有用户抱有侥幸心理，还可以继续等待，继续右移可以看出均线也走势转平即上升不能持续了，赶快下定决心逃命吧。从后势可以看出，开始了下跌模式，直到损失超 50% 后才有所好转。

> **注意**
>
> 除了判断个股外，用户还可以根据这种形态来判断大盘走势。如上证指数大幅拉升后，周均量线出现死亡交叉，这比实际的股灾开始早来了一个月预警。

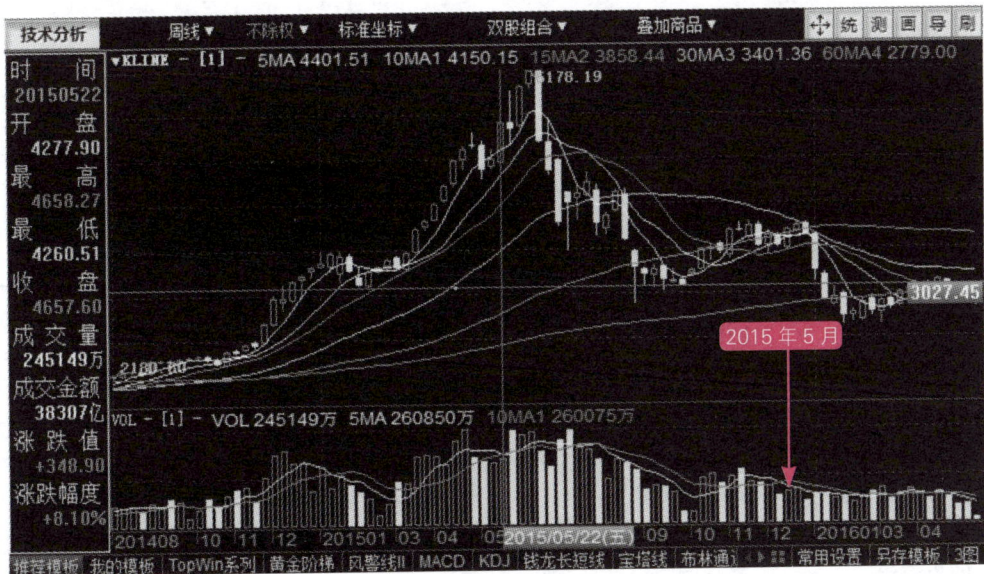

11.4 资金策略

成功的证券交易需要同时具备三个要素，价格预测、交易策略和资金策略。价格预测是对市场未来趋势的判断；交易策略是对买卖点的把握；资金策略是买入股票的资金配置问题。

成熟的投资者会认为在投资过程中，最关键的就是资金管理，甚至比交易方法还要重要。在股票投资中，资金策略的重要性更加突显。对于成熟的投资者，笑到最后才是真正的笑。

11.4.1 1万~10万元资金策略

1万~10万元资金属于散户投资，这部分资金实力较小的投资者，一般由工薪阶层组成，以入市资金少，参与人数众多为其显著特征。对于这类投资者而言，其在股票交易中可参照以下投资策略，达到利润最大化。

1. 集中资金投资 2~3 只股票

许多没有经验的投资者在初入股市的时候，总是希望从各种渠道打听黑马股，张三推荐的一只股票买几百股，李四推荐的两只各买几百股。最终，几万块钱的资金买了十来只股票，说是分散投资，其实是对自己没有信心，什么股票都买，从而造成资金过于分散，收益不明显。笔者建议投资者将有限的资金买入不超过 3 只股票，一旦股票行情启动，将真正实现赚钱效应。

2. 资金适宜短线操作

由于资金量较小，因此出入市场都十分的方便，如果投资者喜欢以短线的操作方式进行投资，可以自由地进出市场，不存在资金量过大难以出货的情况发生。

3. 仓位可以适当加大，允许超过 50%，甚至全仓买卖

资金量越小对于投资者而言内心可承受的损失比例也越高，因此可以适当放松仓位的限制，

遇到把握较大的行情甚至可以满仓操作。例如1万元资金满仓操作损失10%是1000元，对投资者而言较为容易承受，而100万元损失10%则是10万元，对投资者或许会造成更大的心理压力，从而拿不住手中的股票，导致卖出之后股价一路上扬，本来应该赚钱的股票反而赔钱出局。

11.4.2 10万～200万元资金策略

10万~200万元资金属于资金量较大的投资者，具备一定的资金实力，但依然属于散户投资者。该类投资者在投资的过程中，盲目性比一般的小散户更低，在交易时更需要理性判断，切忌情绪化交易。对于这类投资者而言，其在股市交易中可参照以下资金管理从而达到利润最大化。

1. 投资股票类型多样化

对于资金量超过10万元的投资者，需要对投资的股票进行分类，稳健性较强的大盘股和小盘股题材均可参与。大盘股走势较为稳健，不易发生巨幅波动，中小盘股票流动性较强，更容易被资金推动，因此投资多种类别的股票，对于获取稳定的利润更为有利。如果投资过于集中化"押宝"在某一类股票上，一旦方向判断错误容易造成巨幅的亏损，特别是对于没有较为成熟的交易系统的投资者。

2. 资金适宜中线操作

按照投资周期将股票交易分为短线投资、中线投资与长线投资，该类型的投资者应着重进行中线投资和长线投资。在证券市场中往往资金量越大，投资周期越长。由于资金进出不便，因此建议投资者选择较长的时间周期进行投资，切忌资金量大短线操作。一旦投资失误，止损出局，反复几次资金损失很严重。

3. 仓位控制不可超过80%

对于10万元以上资金量的投资者，笔者建议投资者应当设立更为严格的仓位限制，如果满仓操作并且止损和止盈没有明确的设置，一旦股价跳水向下，容易给投资者造成恐慌。预留出足够的资金进行补仓才是王道。

11.4.3 200万元以上资金策略

200万元以上的投资者属于资金量很大的投资群体，此类投资者在进行买卖股票的时候相对不那么便利，有时可能因为资金量过大导致无法完成出货。因此建议投资者进行资金管理时参考以下投资策略。

1. 投资标的多样化

对于资金量大的投资者，要记得一条准则，"不把鸡蛋放在同一个篮子里"。投资者可以参与债券、基金、股票、期货等多样化的投资，分散风险，保证资金安全的同时获取盈利。

2. 设立严格的止损标准

对于资金量巨大的投资者，最重要的事莫过于保证资金不损失过多。投资者应当严格控制损失，在单个市场的最大亏损金额必须限制在总资本的5%以内。例如张三投资总额为500万元，其中投资在股票市场的资金总额为100万元，那么股票市场最大亏损额为500×5%=25万元，即股票最多可亏损四分之一。

3. 投资任何一个单一市场的资金不可超过投资总额的 20%~30%

对于资金量大的投资者投资单一市场的资金占投资总额的比重越大，所面临的风险也越大，因此，建议投资者不要在单个市场冒风险，尽量将投资单一市场的资金控制在合理范围之内。

高手私房菜

技巧 1：双峰触天

所谓"双峰触天"，是指股价上升的过程中，出现了两个高度大致相等的顶部。此时如果没有度量跌幅，一般会出现新一轮的下跌行情。建议此时投资者需谨慎，尽量抛售手中的股票。

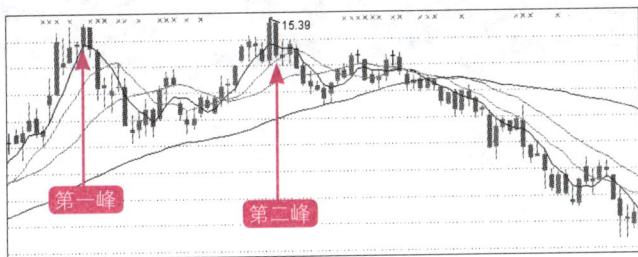

出现"双峰触天"的形态后，股票投资者需遵循以下操作原则。

（1）出现上述形态不一定代表以后一定会出现下跌，但是一般后期不会出现新一轮的上涨，所以此时抛售股票，实属明智之举。

（2）即使出现轻微的上涨震荡，卖出信号也与顶部一样强烈。

下面以"双峰触天"形态为例，讲述此种形态下的具体操作技巧。

【案例】利用双峰触天时逃顶

步骤 1 登录钱龙软件，输入"ZJJT"或"000039"快捷键，弹出钱龙智能键盘。

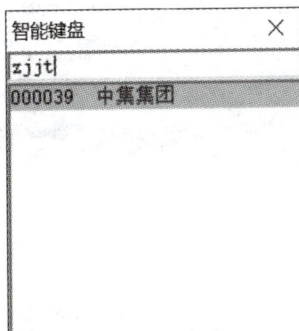

步骤 2 按【Enter】键，进入中集集团个股界面 K 线图。

中集集团个股界面 K 线图

步骤 3 该股在 2010 年 1 月 18 日前后出现第一次急剧上涨的形态，并在此后又出现一次和其顶部平行的峰值。在第二次上涨后，此时卖出信号极强，建议投资者抛售手中的股票。

第二次上涨时卖点

注意

一旦遇到上述形态后，虽然无法确定其下跌幅度，但投资者应该回避这种下跌造成的损失，及时抛出股票为宜。

技巧 2：三峰顶天

"三峰顶天"形态，是指股价上升到高位后，相继出现高点大体处在同一水平线上的三个顶部，这是股价大顶到来的重要表现，当第三个高点出现时是强烈的最后逃命信号。

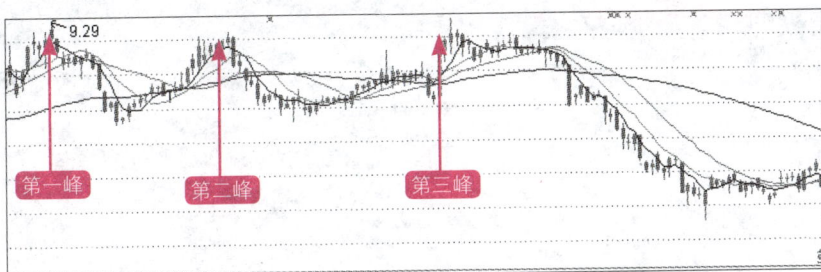

出现"三峰顶天"的形态后，无论是谨慎还是激进的股票投资者都需要注意。

3 个峰顶出现时间间隔有长有短，长的达数周甚至数月，短的只有三五日，不论相隔时间长短，均是强烈卖出信号，卖出时机在第三峰顶出现时。如果日线无法明确显示，可以利用周 K 线和月 K 线显示。

通常以股价前升幅的大小来区分本形态所处位置。通常的区分方法是以该股前期升幅的大小来判断。在一般情况下，前期升幅较大，处在高位的可能性也就较大。前升幅超过 30% 为处在高位；经过一段下跌后形成本形态为处在下降途中。

下面以"三峰顶天"形态为例，讲述此种形态下的具体操作技巧。

【案例】利用三峰顶天时逃顶

步骤 1 登录钱龙软件，输入"YTG"或"000088"快捷键，弹出钱龙智能键盘。

步骤 2 按【Enter】键，进入盐田港个股 K 线分析界面。

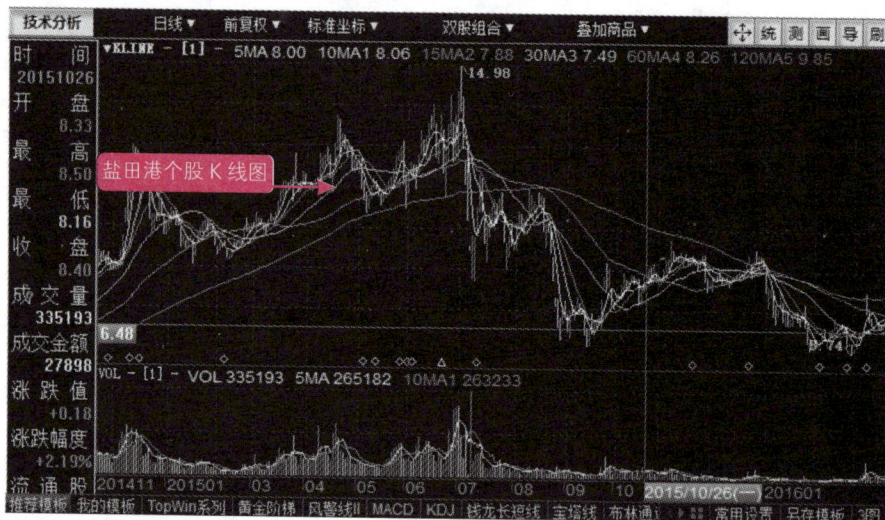

盐田港个股K线图

步骤 3 该形态的卖出原理较好理解，从该形态的走势就可看出，第一个山峰出现时，表明投资者对这一高点已有戒备，做多较为谨慎，股价不能继续上涨，只好向下寻求出路，于是形成了第一个山峰。第二个山峰出现时，因为有前一个山峰做比较，部分投资者会在第一个山峰的高点附近卖出，迫使股价下跌。第三个山峰出现时，多数投资者会依前两次山峰的高点为警戒点，清仓离场，股价就会一蹶不振地向下滑落。这就是为什么第三个山峰出现后，股价会大跌的重要原因。

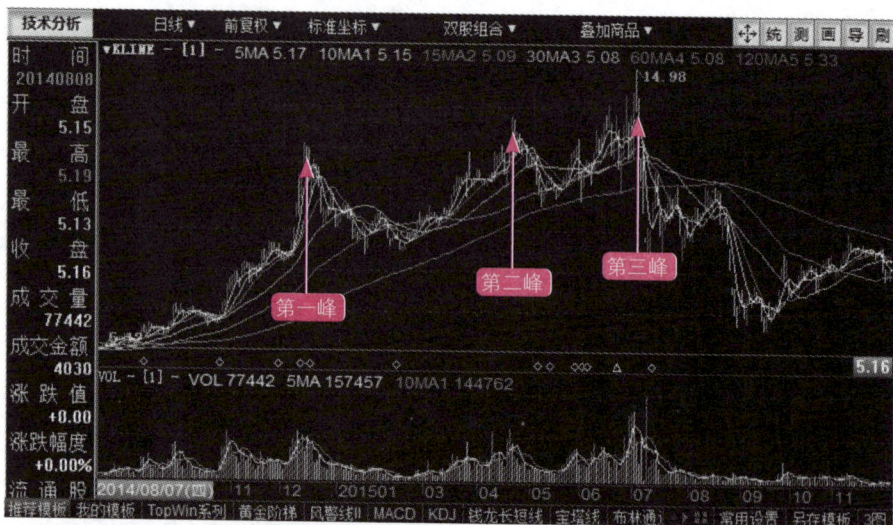

第一峰　第二峰　第三峰

在实战中，分辩"三峰顶天"的形态主要依据是看股价前期涨幅的大小，如果在持续拉升后的高位或下降通道中出现均为见顶态势。"三峰"的出现与间隔时间没有必然联系（长则数月短则几天），同为阶段性顶部的重要讯号，表明此处压力很大，每一个顶部出现时都是绝好的卖出时机，投资者可在第一峰与第三峰之间高抛低吸获取利润。

第 12 章
主力揭秘与跟随主力实战

引语

项王使卒三万人从，楚与诸侯之慕从者数万人，从杜南入蚀中。去辄烧绝栈道，以备诸侯盗兵袭之，亦示项羽无东意……八月，汉王用韩信之计，从故道还，袭雍王章邯。邯迎击汉陈仓，雍兵败……

——《史记·高祖本纪》

时至今日，股市中已经没有了前一段时间那么明显，但仍旧存在，比如很多知晓股市内幕的公募私募操盘人，有大量资金的主力等。其资金雄厚，信息畅通，技术高超，完全有能力并且常常把散户玩弄于股掌之中。所以投资者需要了解主力的炒股手法和操盘过程，才能看透主力的常用技法，与他们为伍，获得相应的回报。

一个完整的炒作过程一般包括打压股价、吸货、缓步推高、拉升、出货等环节。在实际操作中不是这么简单，主力为了获利，所使用手法可能会千变万化。但是主力的根本目是为了获利，所有的操作都是为达到这一战略目的而实施的。

要点

☐ 识别主力盘口语言
☐ 主力的常见洗盘法和出货法

12.1 识别主力盘口语言

快速识别主力的盘口语言无疑是一项掌握赚钱方法的法宝，那么什么是主力盘口语言呢？

（1）识别买一卖一大封单。

大量的委买盘挂单俗称下托板、大量的委卖盘挂单称为上压板，但无论上压还是下托，其最终目的都是为了操纵股价，诱人跟风从而达到主力赚钱的目的。

★★★★☆ 建设银行 601939 ●		
委比	+98.19%	11494833
卖 5	6.09	14033
4	6.08	17444
3	6.07	16965
盘 2	6.06	43236
1	6.05	14101
买 1	6.04	648408
2	6.03	4771970
3	6.02	2375539
盘 4	6.01	1426041
5	6.00	2378655

★★★☆ 际华集团 601718 ●		
委比	-100.00%	-79666
卖 5	15.68	73
4	15.67	6
3	15.66	467
盘 2	15.65	666
1	15.64	78454
买 1	—	0
2	—	0
3	—	0
盘 4	—	0
5	—	0

（下压板 → 15.64 78454）
（上托板 → 6.03 4771970）

（2）隐性买卖盘 暗藏主力动机。

在股价实时交易过程中，明明在买卖五档中并没有出现的价位却在成交一栏里出现了，这就是通常所说的隐性买卖盘。这其中经常蕴含着主力的踪迹，单向整数连续隐性买单的出现，而委买委卖单盘口中并无明显变化，一般多为主力拉升初期的试盘动作或派发初期激活追涨跟风盘的启动盘口。

需要注意的是，这种买盘需要用户实时观察盘面，否则很不容易事后查询。

一般来说，上有压板，而出现大量隐性主动性买盘（特别是大手笔），股价不跌，则是大幅上涨的先兆。下有托板，而出现大量隐性主动性卖盘，则往往是主力出货的迹象。

（3）托盘透露何意图。

当股价处于刚启动不久的中低价区时，主动性买盘较多，盘中出现了下托板，往往预示着主力做多意图，可考虑介入跟随主力追势；若出现了下压板而股价却不跌反涨，则主力压盘吸货的可能性偏大，往往是大幅涨升的先兆。

当股价升幅已大且处于高价区时，盘中出现了下托板，但走势是价滞量增，此时要留神主力诱多出货；若此时上压板较多，且上涨无量时，则往往预示顶部即将出现股价将要下跌。

（4）连续出现的单向大买卖单主力活动先兆。

连续的单向大买单，显然非中小投资者所为，而大户也大多不会如此轻易买卖股票而滥用自己的钱。大买单数量以整数居多，但也可能是零数。但不管怎样都说明有大资金在活动。

大单相对挂单较小且并不因此成交量有大幅改变，一般多为主力对敲所致。成交稀少的较为明显，此时应是处于吸货末期，进行最后打压吸货之时。大单相对挂单较大且成交量有大幅改变，是主力积极活动的征兆。如果涨跌相对温和，一般多为主力逐步增减仓所致。

下图是宝钢包装 2015 年 7 月 9 日盘面图，从开盘跌停到午后收涨停的一个分时成交图。虽然当天很多个股都走势强劲，但率先发力的宝钢包装还是看出了一些主力吃货的迹象。

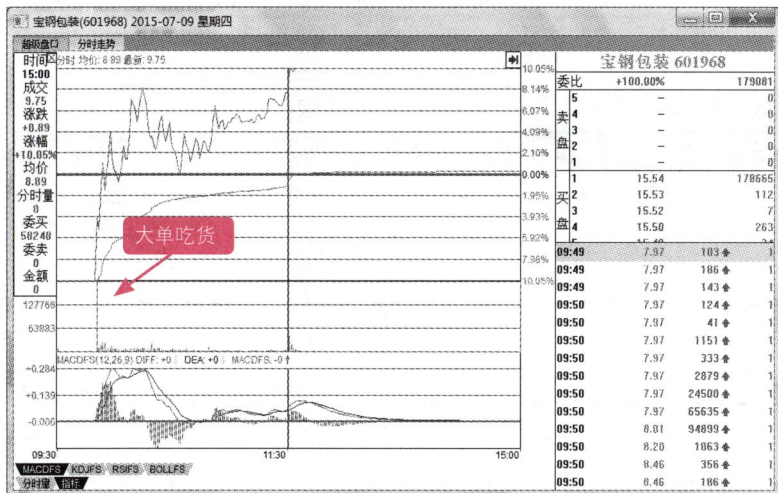

（5）主力扫盘。

这种盘面通常出现在牛股涨势初期，即在牛股刚刚启动过程中，将卖盘挂单数量连续吃进，即称扫盘，这预示主力正准备进场建仓，当用户发现这种股票时，及时跟进就能跟主力赚取不错的利润。

（6）尾盘快速拉升或下挫。

在当日收盘前几分钟甚至半分钟内突然出现一笔大买单把股价拉至高位。这是由于主力资金实力有限，为节约资金而能使股价收盘收在较高位或突破具有强阻力的关键价位，尾市突然袭击，瞬间拉高。如上工申贝 2013 年 3 月 22 日走势一直在 6.92 元附近震荡，突然 14:58 开始的两个大买单一举将所有卖单吃掉，最后收盘价 7.53 元，达到 8.82% 的涨幅。

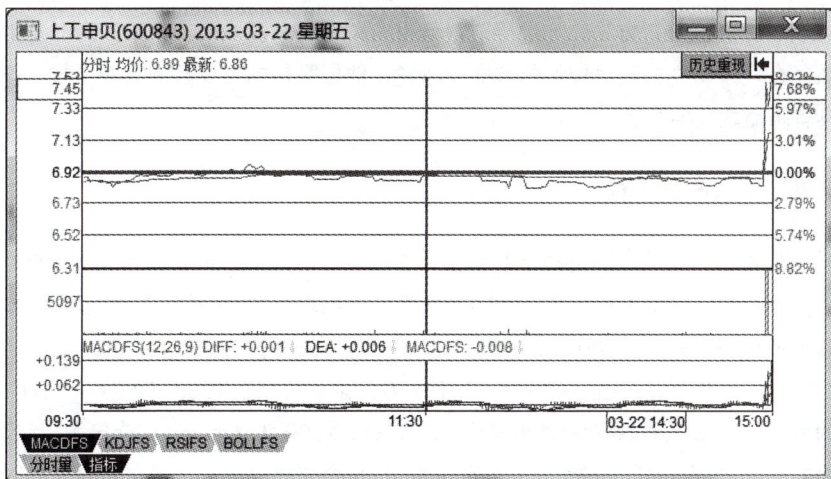

不仅仅有收盘时急速拉升的，还有收盘时急速下挫的。在全日收盘前几分钟甚至前半分钟突然出现一笔大卖单减低很大价位抛出，把股价砸至很低位。使得当日的日 K 形成光脚大阴线等较难看的图形，使持股者或者技术分析者恐惧，而达到震仓的目的，或者使第二日能够高开并大涨而跻身升幅榜，吸引新投资者的注意等。如天龙集团（300063）2012 年 8 月 22 日尾盘急挫跌幅9.77%。

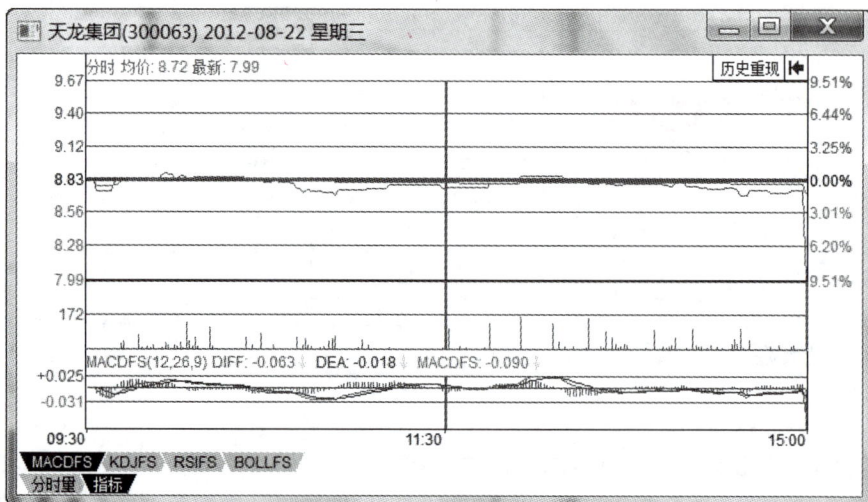

其他还有做开盘、盘中瞬间大幅拉高或打压等、在买盘处放大买单吸引人跟风等，都需要个人投资者注意。既要紧跟主力赚钱的脚步，又不能简单地被骗到从而形成亏损。

用户一旦识破了主力的盘口语言，就能顺利的跟随主力，以及发现主力的一些操纵方法，比如常见的打压股价方法。

12.2 跟随主力：发现主力拉高吸筹特征

上面说明了主力的吸货方法，如果平时我们没有关注那么多股票或者等知道时主力已经吸货完成，那么怎么能紧跟主力吃上他们的肉呢？毕竟，他们吸货的主要目的是为了拉升股价，而这段才是最具有跟随意义的时候。

12.2.1 放量对倒拉升

除了前面的拉升方式外，还有放量对倒拉升方法，利用该方法主要目的是制造交易活跃、人气旺的假象，吸引散户跟风买入，否则即使拉升了没人来接盘就会出现无法出货的情况。

下面我们通过浪潮软件（600756）的操作手法来进行分析。1996 年 9 月 23 日上市，上市两个月后，仅用了 11 个交易日，股价从 11 月 27 日的 10 元附近拉高至 1996 年 12 月 11 日的 18.37 元。在以后的时间里，该股又数次在短时间里让股价翻倍。1999 年 7 月至 1999 年 12 月底该股在经过长达 5 个月的整理后，于 1999 年 12 月底在短短 55 个交易日里，运用自买自卖的对倒手法将股价从 9 元多最高拉至 48 元。

12.2.2 缩量拉高

除了放量拉升外，还有一个方法和其相反，叫缩量拉升。其表现形式为股价一段时间内大幅上涨，但每天的成交量却相比较前期大幅萎缩。这种现象一般出现于主力控股的股票，是一种极少见到的行为，也是绝大多数股民都无法预测的一种股票走势现状。常见形态如下。

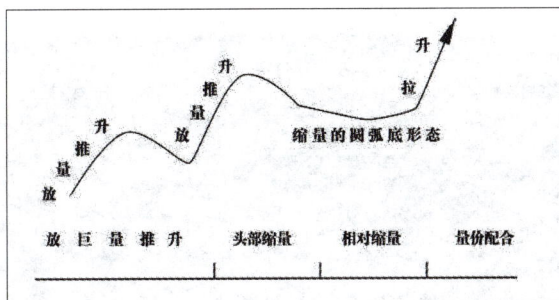

此种拉升方式具有以下形态意义。

（1）此种主力控盘的个股深刻反映了在主力吸筹中，筹码由散户向主力手中集中的量能上的微妙变化。

与上一种放量拉升明显不同的是，这一种主要是主力在控盘时间与市场中间意外风险控制上体现得更为完美，缩量打压前期的跟风盘，有效地降低持仓成本，减少市场意外风险。经常用于前期主力建仓后的增持或在低位的再次收集。

（2）这是主力缓慢推高股价的一种建仓方式，随着建仓的完毕，主力进行刻意的打压股价，让股价在相对的低位长时间横盘，进行筹码的沉淀，多数短线资金和一些中线持有者开始变得浮躁，慢慢被消磨出局。

（3）很多主力在做底的过程中还利用市场气氛等因素对持股者进一步地打击，迫使他们在拉升之前出局。

（4）随着筹码的高度集中与市场机会的到来，主力开始大幅快速地拉升。

【案例】利用缩量进行拉升

步骤1 登录钱龙软件，输入"JFKJ"或"002202"快捷键，弹出钱龙键盘精灵。

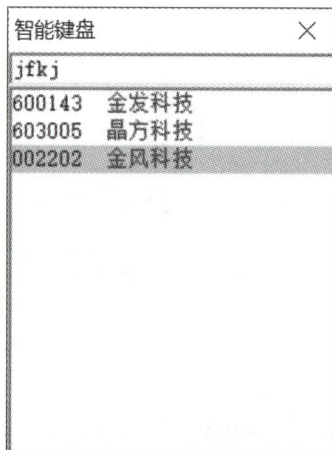

步骤2 按【Enter】键，进入【K线图】界面。缩放选择显示 2008 年 9 月 24 日到 2009 年 5 月 20 日之间的 K 线图。

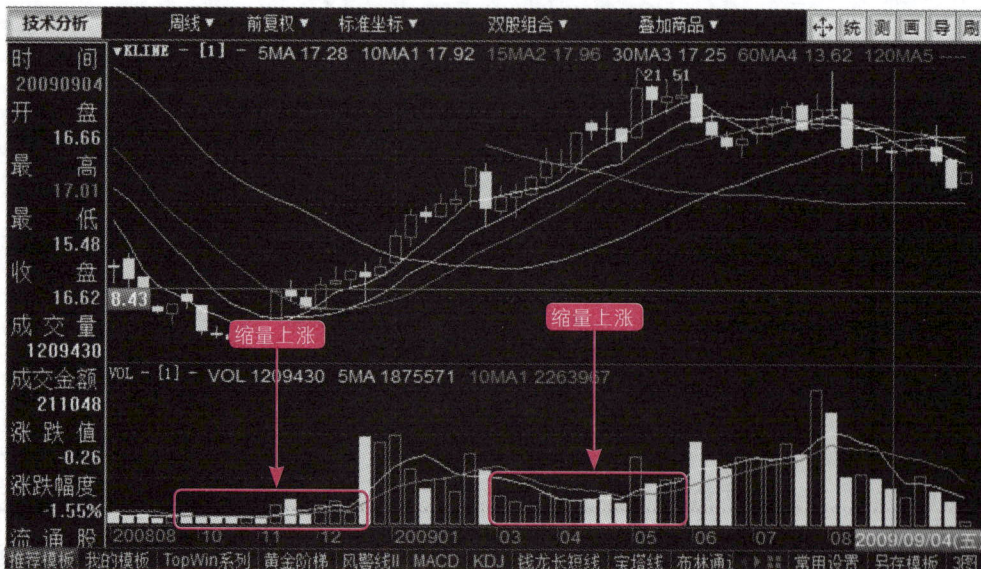

该股从 2008 年 11 月至 2009 年 5 月的一波拉升中，股价从 15 元左右涨到 45.90 元，整体涨幅也超过 200%，但在其整个上涨过程中量能始终未能放大，大部分时间换手也很小，通常在 2% 左右，如此小的成交量涨幅却如此之大，足见该股主力持筹之多已达控盘状态。

12.2.3 缓步推高股价

放巨量缓慢推高，高位横盘，直接拉升。

通过放巨量后缓慢推升股价，同时放出巨量，然后在高位出现横盘现象，在很多人都认为股价会下跌时，主力却突然拉升股价。

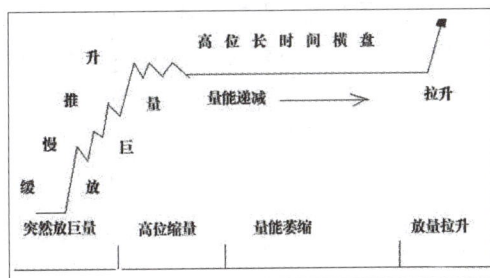

（1）股价从相对低位放巨量，缓慢推升，并在波段的高位相对量能萎缩。经过调整股价再次放量上攻，在持股心态极其不稳的情况下，又有部分筹码抛出。

（2）股价在相对高位，长期横盘，用时间消磨投资者的持股信心。

（3）在横盘中量能呈现递减状态，主力利用长时间的横盘消磨场内短线持股信心，同时还保持着上行通道不被破坏，维持着中线持股心态。希望在未来的市场中能借助市场人气推高股价。在 K 线形态中，主力经常制造诱多诱空形态，加剧持股的心理压力。

（4）此类股票采取在相对高位横盘，有两种原因。其一是该股基本面业绩较好，如采取打压股价进行洗盘，反而会导致更多的短线资金逢低介入；其二是主力后续资金不足，缺少实力，采取更为彻底的形态洗盘，将有更多的中线筹码抛出，主力无力承接。所以其多维持横盘之势等待大涨。

如武钢股份（60005）2006 年 10 月 20 日开始从 3 元左右启动，开始了缓慢推升股价，然后在 2007 年 5 月底开始了横盘，直到 7 月份才开始了又一轮的上攻。

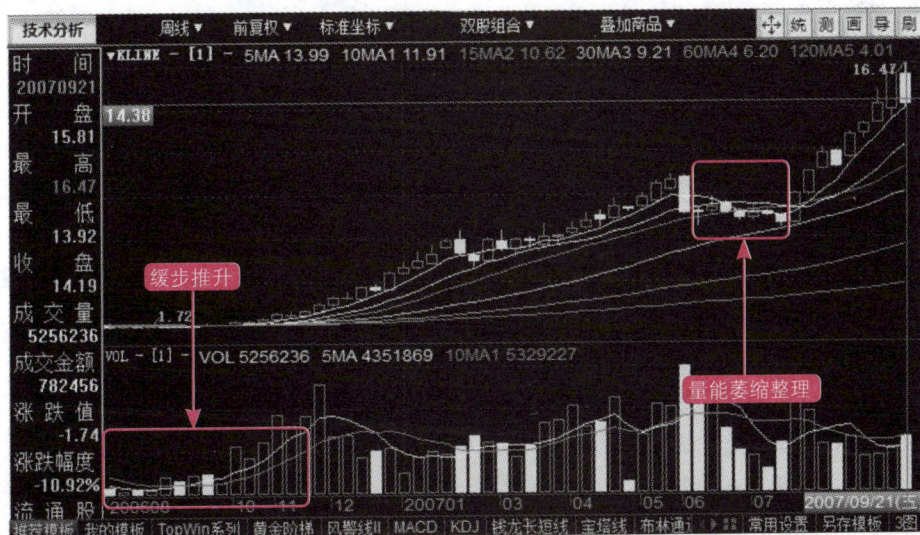

12.3 主力的常见洗盘法

主力为达炒作目的，必须于途中让低价买进、意志不坚的散户抛出股票，以减轻上档压力，同时让持股者的平均价位升高，以利于施行操盘的手段，达到牟取暴利的目的。洗盘动作可以出现在主力任何一个区域内，基本目的无非是为了清理市场多余的浮动筹码，抬高市场整体持仓成本。

更进一步，洗盘的主要目的还在于垫高其他投资者的平均持股成本，把跟风客赶下马去，以减少进一步拉升股价的压力。同时，在实际的高抛低吸中，主力也可兼收一段差价，以弥补其在拉升阶段将付出的较高成本。

12.3.1 横位洗盘

直接打压较多出现在主力吸货区域，目的是为了吓退同一成本的浮动筹码。在盘中表现为开盘出奇的高，只有少许几笔主动性买单便掉头直下，一直打到前一日收盘价之下，持仓散户纷纷逢高出局。在这里，投资者不要简单认为股价脱离均价过远就去捡货，因为开盘形态基本决定了当日走势，主力有心开盘做打压动作，这个动作不会在很短时间内就完成。因此，较为稳妥的吸货点应在股价经过几波跳水下探，远离均价5%以上处。在此位置上，市场当日短线浮筹已不愿再出货，主力也发现再打低会造成一定程度上的筹码流失。这样，这个位置应该是在洗盘动作中较为稳妥的吸货点，就算当日不反身向上，也是当日一个相对低价区，可以从容地静观其变，享受在洗盘震荡中的短差利润。尾盘跳水这个动作是主力在洗盘动作时制造当日阴线的一个省钱的工具。盘口表现是在临近收盘几分钟，突然出现几笔巨大的抛单将股价打低，从5分钟跌幅排行榜中可以发现这个动作。这个进货机会不好把握，建议实战中不要抱有侥幸心理去守株待兔地找这样的进货机会。

12.3.2 短线暴跌洗盘

短线暴跌洗盘是主力为了将低位买入的投资者给吓出来，让他们在相对的高位卖给场外介入的投资者，从而使得普通投资者的持仓成本大幅提升。主力在进行洗盘操作时，是以将投资者逼迫出局为目的，而至于如何操控股价只是方法而已，只要能将低成本的获利盘清理出局，投资者怕什么，主力便会怎么样让股价波动。那么，投资者最害怕的是什么呢？很显然，最害怕的便是股价大幅下跌。无论在什么市道下，在指数形成了牛市上涨过程中，只要股价的下跌力度很大，都会给投资者造成震撼，从而迫使投资者抛盘出局。

常见的如主力的建仓区间在15元钱，那么在这个区间内必然会有大量的投资者介入与主力的持仓成本保持一致，而当股价上涨到20元钱时主力开始洗盘，这时15元处买入的投资者就会抛出手中的股票与场外的投资者进行换手，经过换手以后，主力的持仓成本依然在15元处，但是普通投资者的持仓成本却提升到了20元钱。如果此时市场有什么风险，主力已经实现了盈利，但是新入场的投资者却没有任何盈利，从而主力的主动地位也就突显了出来。

使用短线暴跌震仓操作的主力，往往是那些已经完成了大量建仓的主力，由于手中已经掌握了大量的股票，因此，就算有投资者敢于在暴跌的低点进行建仓也是不会对主力起到什么太大影响的，毕竟，敢在股价暴跌时买入股票的投资者还是极少数的。

【**案例**】利用短线暴跌进行洗盘

步骤 1 登录钱龙软件，输入"ZJDF"或"600120"快捷键，弹出钱龙键盘精灵。

步骤 2 按【Enter】键，进入【K 线图】界面。缩放选择显示 2008 年 9 月 24 日到 2009 年 5 月 20 日之间的 K 线图。

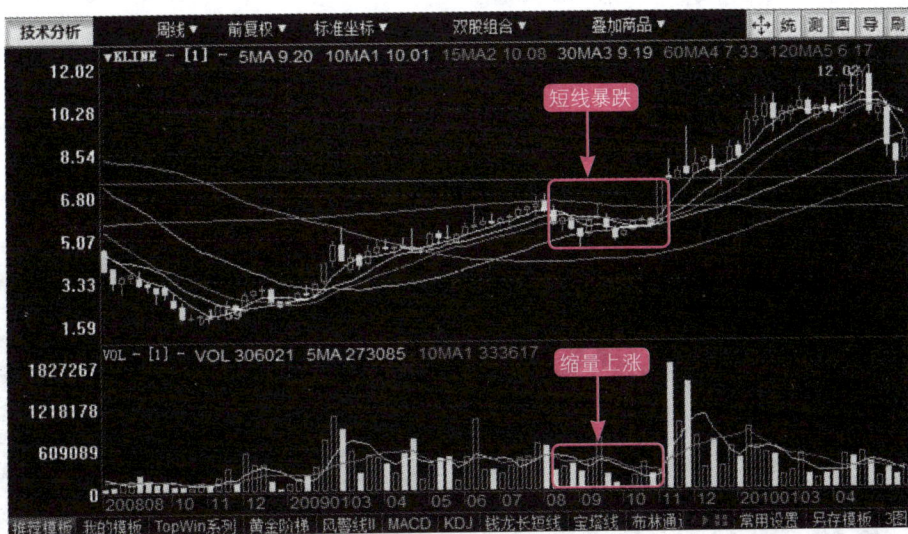

12.3.3 盘中震仓

盘中宽幅震荡较多出现在上升中途，容易被投资者误认为是主力出货。识别这个动作的要领是要观察主力是否在中午收市前用急速冲高的这个动作。一般在临近中午收市前急于拉升股价都是要为下午的震荡打开空间，此时盘中一般只用几笔不大的买单便打高股价，且冲高的斜率让人难以接受，均线只是略微向上。这时手中持仓者最好先逢高减仓，因为马上股价就会大幅向均价附近回归，甚至出现打压跳水动作。这种情况下，均价可能任股价上窜下跳而盘整不动，此时均价的位置是一个很好的进出参考点。

洗盘阶段K线图所显示的几点特征。

（1）大幅震荡，阴线阳线夹杂排列，市势不定。

（2）成交量较无规则，但有递减趋势。

（3）常常出现带上下影线的十字星。

（4）股价一般维持在主力持股成本的区域之上。若投资者无法判断，可关注10日均线，非短线客则可关注30日均线。

（5）按K线组合的理论分析，洗盘过程即整理过程，所以图形上也都大体显示为三角形整理、旗形整理和矩形整理等形态。

钱龙 12.4 主力的常见出货法

主力拉升股价的根本目的是为了最后的出货，然后获得利润。在主力出货时，一般不会透露出货的相关信息，所以投资者只能根据炒股的经验和技术分析来探测。

12.4.1 震荡出货

震荡出货是主力常用的手法，主力将股价拉升到预期的目标价位后，常常将股价维持在较高的位置，然后进行震荡出货。

这种方式有很大的欺骗性，在横盘的过程中有较大的成交量，而且出现突破后将再次上涨的信号，容易误导投资者认为股价还会出现新的高峰，如果此时购入，将会在高价处套牢。

例如，个股四川圣达（000835）在2009年11月21日到2010年3月20日就出现了这种形态。股价在发生震荡的过程中，伴随着3次巨大的成交量，主力已经将手中的股票缓缓抛出。

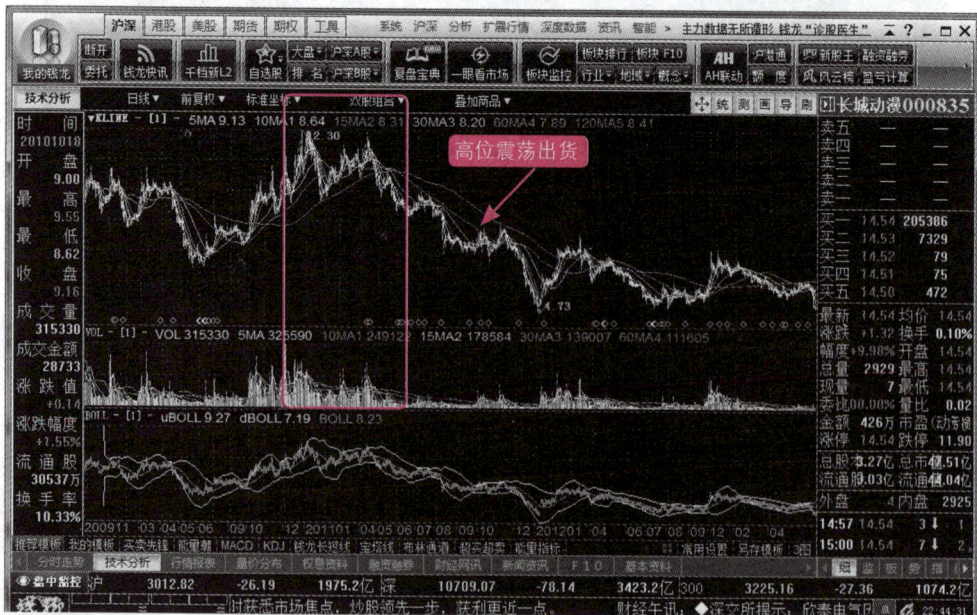

　　震荡出货的成功率比较高，容易迷惑散户，所以经常被主力反复利用。例如个股深圳机场（000089）在 2009 年 11 月 19 日到 2010 年 4 月 15 日也出现了这种形态，股价在发生震荡的过程中，伴随着多次较大的成交量，主力已经将手中的股票缓缓抛出。对此情况，投资者尽量早点出局，免得损失严重。

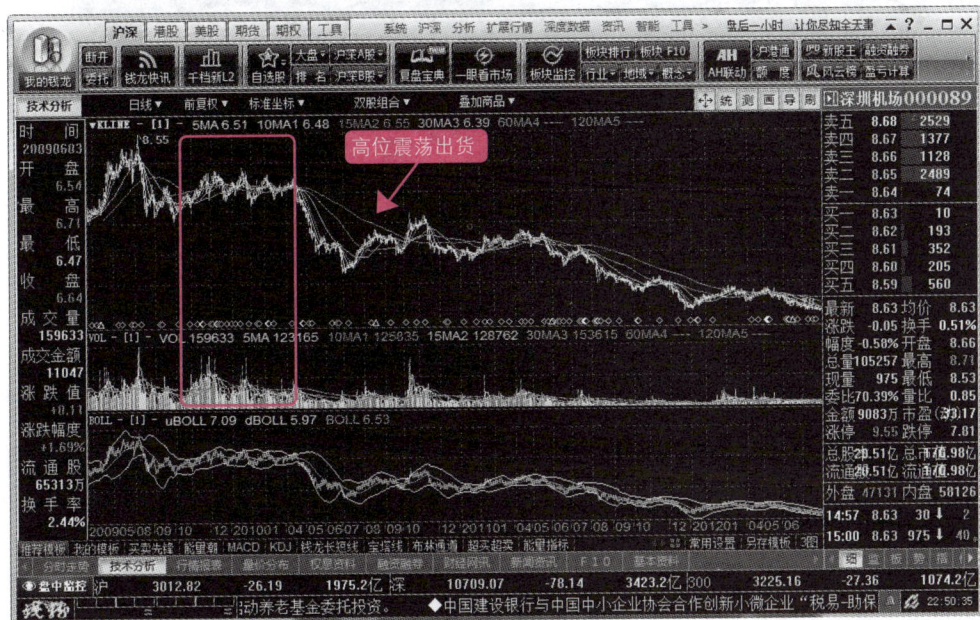

12.4.2 拉高出货

　　拉高出货是使用频率最高的出货方式，采用这种方式时股价已经超出了预期的价位，主力有足够的时间进行出货。先在高位吃进一些筹码并进行对倒放量，跟盘者看到盘口显示出主动性买盘，认为主力在买进拉升，风险较小，所以还会一直加仓购入股票，随后主力边拉高边出货，将筹码转手给跟盘者。

　　当然主力对买进和卖出的量会有一个好的控制，比如买进 10 万股，卖出 40 万股，这样就可以利用少进多出的手法将股票转给跟盘者。

　　例如个股 ST 深泰（000034）的 K 线分析图中，当股价拉升到一定高度后，主力开始快速出货，此时出现较大的成交量。后期由于主力的股票没有抛完，又出现一次拉升，并伴随着股价的上升而大量出货，导致后期的股价一路下跌。

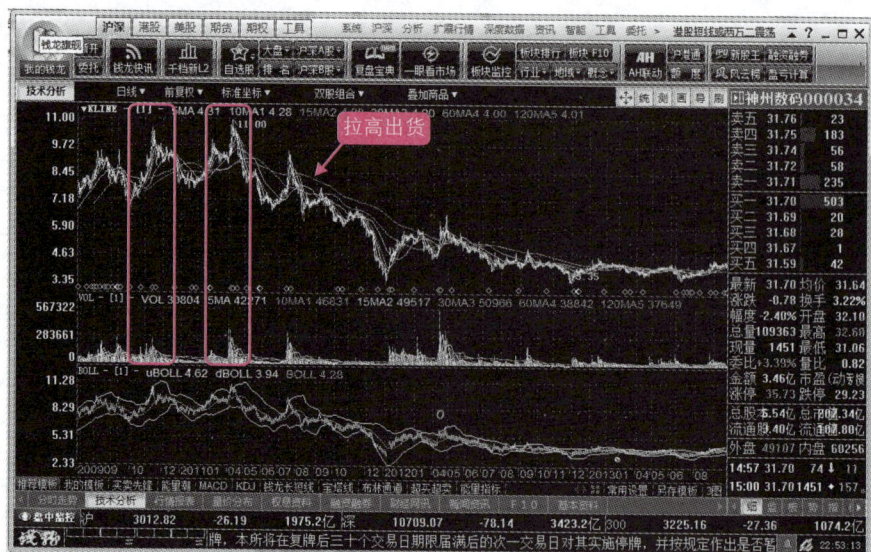

拉高出货

高手私房菜

技巧1：洗盘和出货的异同

前面说明了主力的各种买卖方式，下面来简要说明一下主力出货和洗盘的区别，以防好不容易跟上的主力，反而因为技术不精而被洗出，没有完成赚钱的任务。

洗盘和出货是投资者容易混淆的问题，下面将讲述两者的重要区别。

1. 成交量不同

洗盘时成交量较为萎缩，而出货时成交量会被放大。

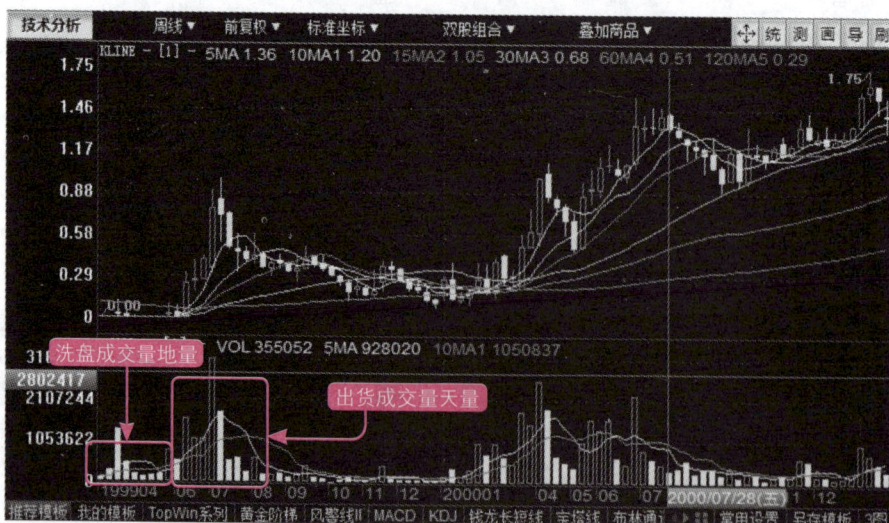

洗盘成交量地量

出货成交量天量

2. 目的不同

主力洗盘的目的是尽量把心态不坚定的跟盘者甩掉；而出货的目的是吸引跟盘者，通过各种手段迷惑投资者买进股票，以便自己在价位较高时出货，从而获得较大的投资回报。

在实际的操作过程中，投资者经常把洗盘和出货混淆，把洗盘当成出货，结果刚刚卖出股票，股价就一路上升，一旦高价回收时，主力又开始出货，股价急剧下跌，致使投资者被深度套牢。

3. 盘口区别

主力洗盘时卖盘挂有大卖单，造成卖盘多的假象。在关键价位，虽然卖盘很大，笔数也很多，但是股价却不再下降，此时多为洗盘现象。

主力在出货时，不会挂大的卖单，买单却比较大，造成买盘很多的假象，但是股价下降而无法上升。

4. 技术参数区别

主力在洗盘时，会制造各种不利的信号，制造空头的气氛，导致投资者及早离场。洗盘仅仅是为了甩掉一些不坚定的跟盘者，留下中长线的投资者，所以不会乱来。

主力在出货时，为了诱惑短线投资者入场，往往制作大阳线，制造一个多头的氛围，从而让投资者买进股票。但是为了出货，主力会大幅度杀跌，造成大阴线的不断出现。

万丰奥威（002085）在 2010 年 9 月 2 日和 3 日出现两根大阳线，此时主力已经开始出货，从交易量中可以明显看到量在增大。

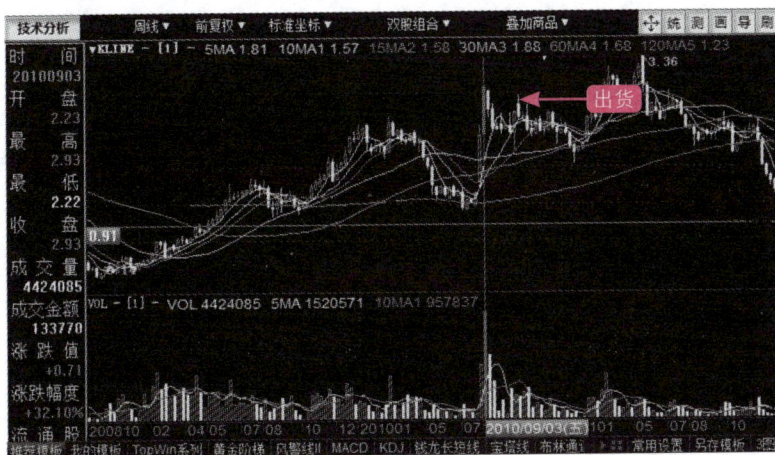

5. 震荡幅度

一般来说，洗盘的震荡幅度较小，出货的震荡幅度较大。主力在洗盘时如果把震荡幅度挣大，会让中长线的投资者离场，这样主力将会很麻烦。股价大幅下跌，很难再升上去，这样主力也会被套牢。

主力出货时，就不用考虑太多，为了吸引投资者购入股票，震幅一般比较大，这样有利于主力把手中的股票抛出。

技巧2：消息该信吗

因为互联网的迅速发展，信息不对称的问题得到了很大的改善，但也正因为互联网的快速发展，各种主力的操盘手段也不断革新。

前有 2013 年的光大期货对冲事件，近有中信医药代表张明芳事件。

2014 年 6 月 6 日 11 时 17 分，中信证券首席医药行业分析师张明芳在微信群发布消息称，"丽珠集团将于下周二公布管理层限制性股票＋期权方案：以 2013 年扣非净利润为基数，2014—2016 年净利润同比增速分别不低于 15%、20%、30%。"张明芳还称，随着公司激励机制的完善，未来三年业绩增速逐年加快确定，维持"增持"评级。

丽珠集团前后的股价走势图。

随后该消息被人披露在网上，引起了监管层的注意，其微信所在群的许多人忙着退群以撇清关系。

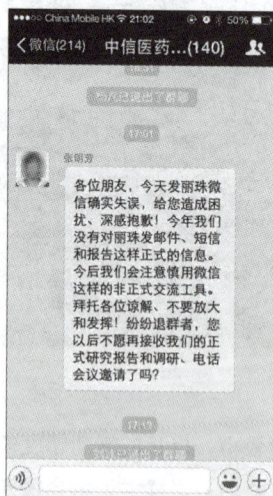

那么对于该类消息，该信还是不是不该信，每个人做法不同，但对于个人投资者来说，有消息但一定也要根据该股的当时走势、业绩等结合来看，不能盲目的因为听从了所谓业内人士的推荐就盲目买卖。

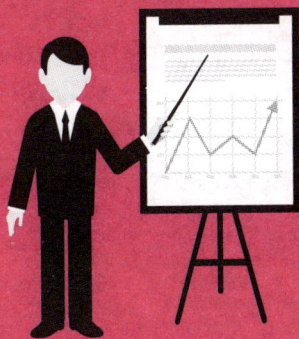

第 13 章
超短线、短线、中线、长线 投资策略

引语

长线不看 K 线，中线不看分时。而短线则看分时，K 线形态和成交量。

——花荣

长线考验的是投资者对公司、企业的研究之道，而短线则是用户眼疾手快的一种生存法则。长线投资者更关注的是确定性，不亏多赢，短线则是博取心理的预期变化，买的更低卖的更高，你更快当然你的收益也就最好。

要点
- □ 超短看分钟线、短线看日线
- □ 中线看周期或周线
- □ 长线看月线或年线

13.1 超短线看分钟线

因为 A 股暂时还无法做 T+0 交易，这就导致了很多短线投资高手进行操作时，只进行超短线操作。当然，进行超短线操作，必须有强大的技术功底和良好的操作纪律。那么，想进行超短投资，有什么必须注意的地方呢？

13.1.1 抓住波动机会

超短线一定要良好地利用股票的上下波动机会，按目前的股市情况，只要能很好地做好日内交易，就能博取不错的收益，但是，一切都是以良好的操作纪律和高超的操作功底为前提。想博取日内收益，必须要看得懂 1 分钟线和 5 分钟线。

13.1.2 1 分钟线和 5 分钟线

和日线、周线类似，1 分钟线、5 分钟线也是 K 线的一种，只是时间长度不同而已。如果说长线看经济走势、中线看行业趋势外，那么日线就是纯粹的博取差价，而超短则是抓住每天日内的交易差价才能赚取利润。

方法如下。

步骤 1 打开钱龙软件，输入浦东金桥的拼音首字母缩写"PDJQ"或股票代码"600639"，按【Enter】键进入该股票。

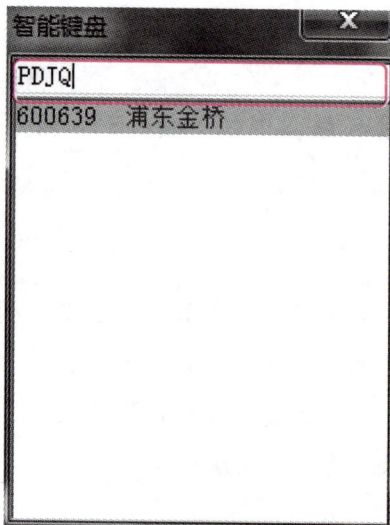

步骤 2 回车进入到该股票的【K 线图】界面，在该界面上方单击【日线】菜单，在弹出的周期菜单中选择【1 分钟】。

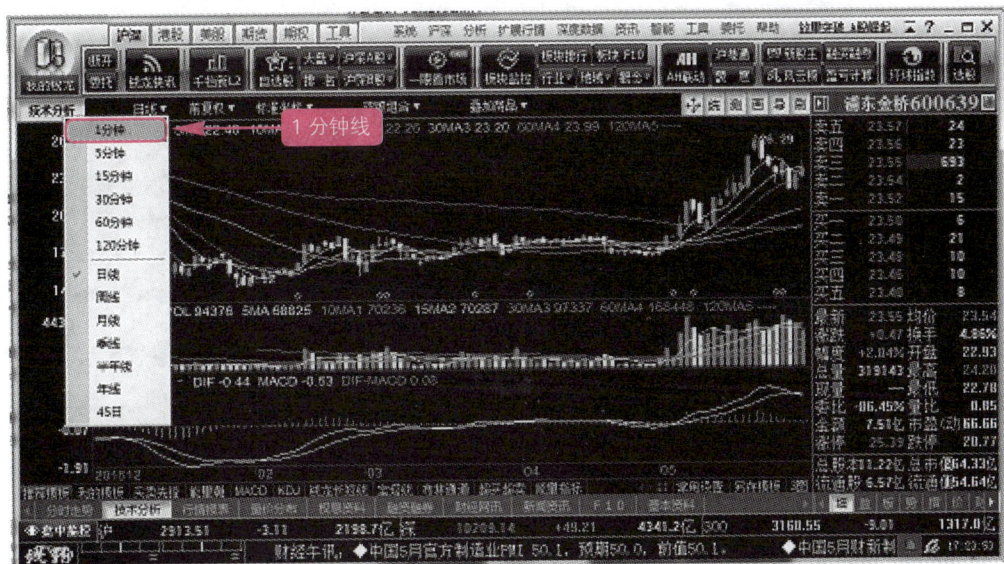

步骤 3 利用向下箭头缩放显示 2016 年 5 月 30 日的 1 分钟 K 线图。

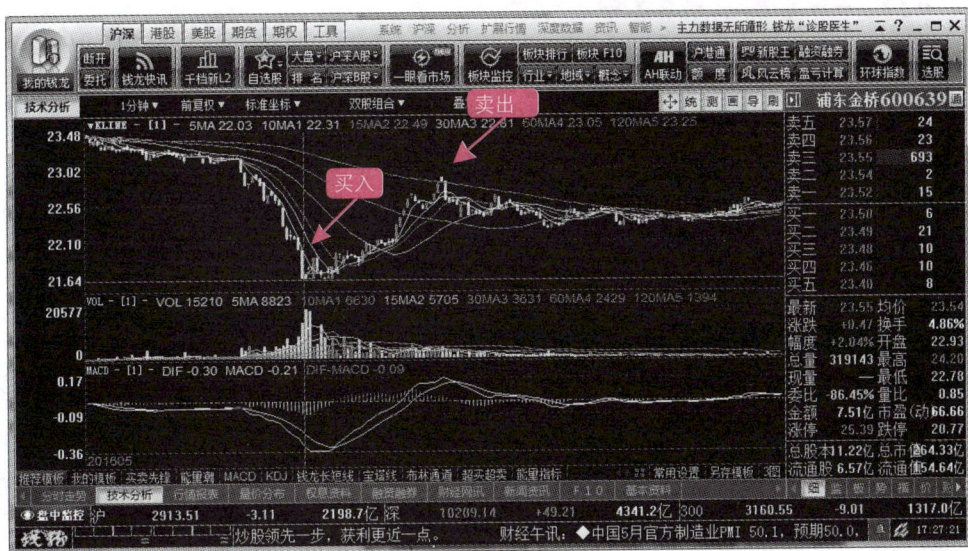

步骤 4 从图中可以看出该日的最高价和最低价，用自己学到的分析方法，即可在最高点附近卖出，然后在最低点附近买入，从而实现 T+0 交易。如果当前用户没有持仓，则可以通过技术分析来找出当前的低点买进，然后在第二天抛出，赚取相应的差价。

步骤 5 5 分钟线和 1 分钟线类似，这里不再详细说明。

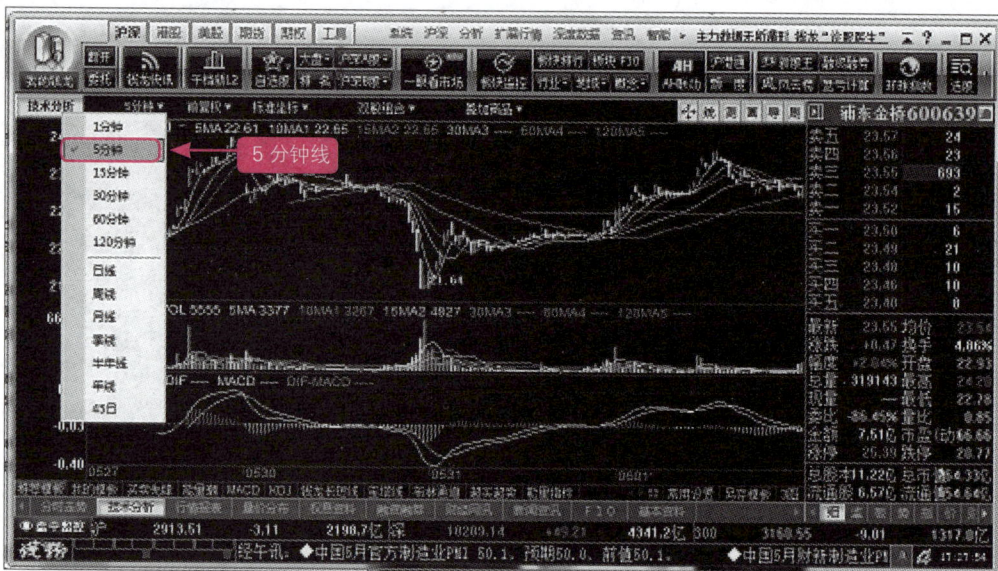

13.2 短线看日线

作为投资的重要一部分，特别是作为还不够成熟和完善的市场，加上 A 股中 80% 的均是资金量较少的散户，所以掌握短线买卖的技巧就显得尤为重要。那么，说起来短线买卖简单，实际上操作起来异常艰难，除了很好的技术分析外，还需要良好的心理素质和买卖原则。

而如果想在股票市场上获利，必须正确地判断股票的买点和卖点。

13.2.1 跟消息或大趋势（大盘）走势

短线买前一定要先分析大趋势或有相应的消息，因为有好的大趋势才能成就好的小股票走势，所谓大河有水小河满。大盘积极向上，则个股机会就会更多，大家做多的热情也更积极。如果是在大盘的行情刚开始就更好了，如 2014 年 7 月份开始的这一轮牛市，个股机会明显比以前更多。

大盘调整的时间即将或已经结束，明天、后天肯定不跌，个股又有机会。按照各种理论来看，大盘都该有一波上涨才对。

短线卖出时用户一定不要受自己的买入成本的影响，而是根据大盘消息面、政策面以及手中个股进行分析，只要以后可能会承受更大的损失，就一定要果断卖出。手中有粮，后续会有更多的机会、更好的价格供你选择。

13.2.2 快进快出

短线买卖原则第二条就是快进快出，无论大盘的整体是上升还是下降，对于个股短线来说影响没就没有想象的那么大。即使是被称为股灾的 2015 年 6 月 18 日到 7 月 9 日之间，很多个股依然走势凌厉，甚至这种大行情下的大机会更多，但首要的一条就是快进快出。

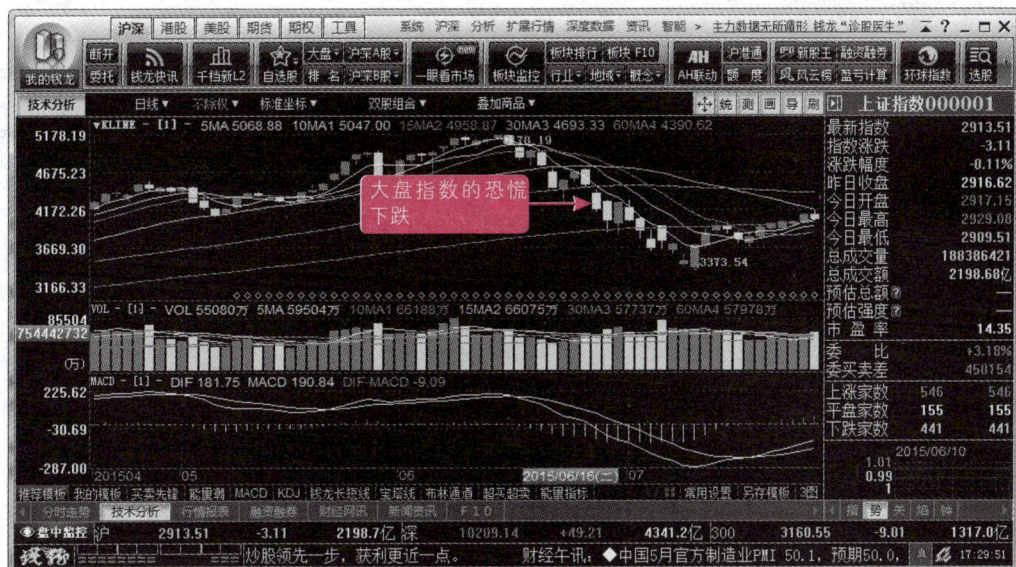

在短短的三周内，上证指数从最高点 5178.19 点迅速下跌到 3373.54 点，跌幅超过 35%，个股普遍下跌 50%。

【案例】利用快进快出原则进行短线买卖

步骤 1 登录钱龙软件，输入 "HHJT" 或 "300330" 快捷键，弹出钱龙键盘精灵。

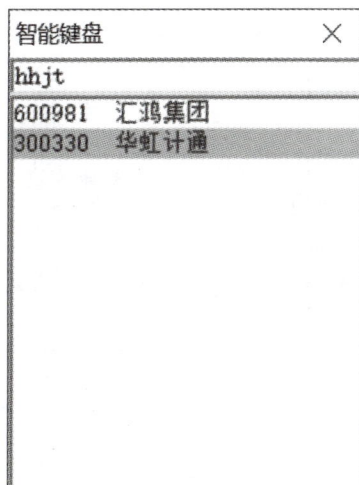

步骤 2 按【Enter】键，进入【K 线图】界面。选择这期间 K 线图最差的 3 天来看。

双击 6 月 29 日 K 线

步骤 3 弹出 6 月 29 日分时走势图，以当天尾盘跌停价 19.31 元买入 1000 手。

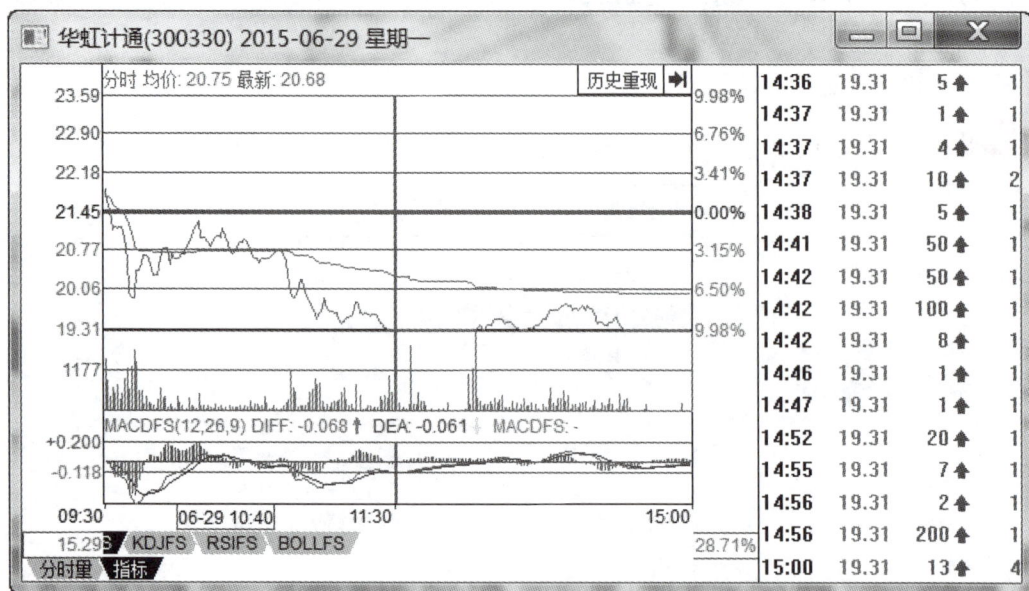

步骤 4 继续进入 6 月 30 日分时走势图，可以根据当天大盘情况在低开时 18.70 元附近清仓，每股损失为 0.61 元（即 19.31-18.70），然后迅速跌停，看清楚走势后以继续以跌停价 17.38 元加仓 1000 手，以当天收盘价 20.02 元计算每股盈利 2.64 元（即 20.02-17.38）。

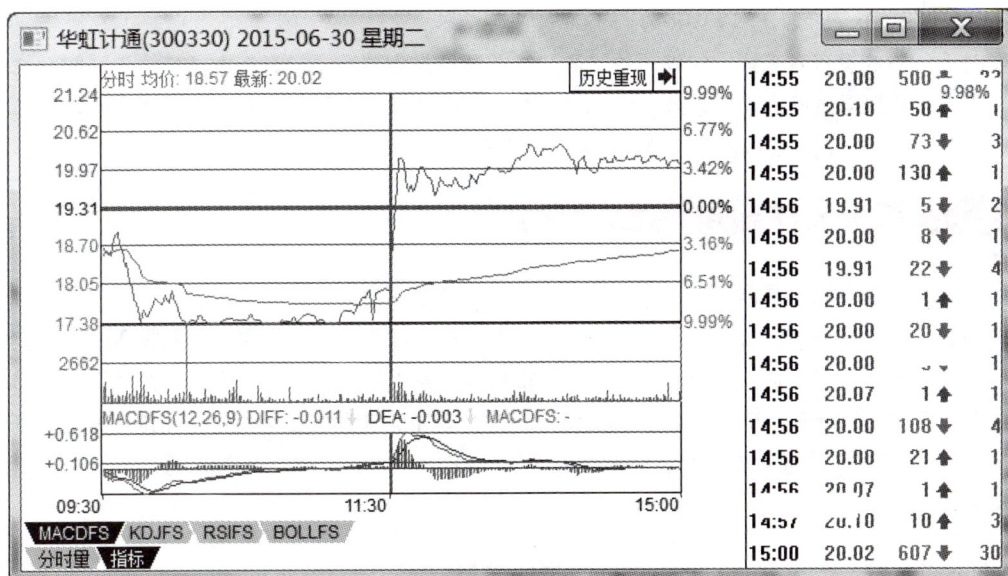

华虹计通(300330) 2015-06-30 星期二

时间	价格	成交	
14:55	20.00	500	33
14:55	20.10	50	1
14:55	20.00	73	3
14:55	20.00	130	1
14:56	19.91	5	2
14:56	20.00	8	1
14:56	19.91	22	4
14:56	20.00	1	1
14:56	20.00	20	1
14:56	20.00	...	1
14:56	20.07	1	1
14:56	20.00	108	4
14:56	20.00	21	1
14:56	20.07	1	1
14:57	20.10	10	3
15:00	20.02	607	30

步骤 5 继续进入 7 月 1 日分时走势图，当天低开但迅速反弹到 20 元左右，以 20.02 元清仓即变成实质盈利为每股 2.64 元（即 20.02–17.38）。

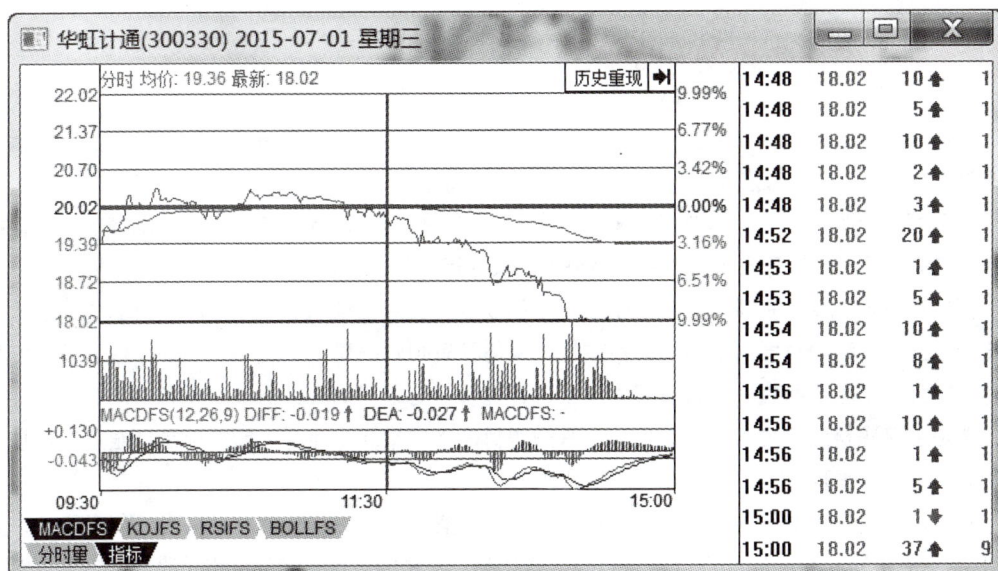

华虹计通(300330) 2015-07-01 星期三

时间	价格	成交	
14:48	18.02	10	1
14:48	18.02	5	1
14:48	18.02	10	1
14:48	18.02	2	1
14:48	18.02	3	1
14:52	18.02	20	1
14:53	18.02	1	1
14:53	18.02	5	1
14:54	18.02	10	1
14:54	18.02	8	1
14:56	18.02	1	1
14:56	18.02	10	1
14:56	18.02	1	1
14:56	18.02	5	1
15:00	18.02	1	1
15:00	18.02	37	9

两天收益率如下。

[（20.02–17.38）–（19.31–18.70）]/19.31×100%＝10.51%

如果以人均两天操作一次计算，即 30 日没有操作，则两天每股盈利为 0.71 元（即 20.02–19.31），两天收益率为 3.6%。

（20.02－19.31）/19.31×100％＝3.6％

对于一般的投资者来说，建议短线买卖时，要配合大盘情况，只有在大盘持续走强时，结合市场热点才能取得更好的操作绩效。但大盘指数跳空低开及个股跳空低开 2％ 以上时，建议暂时放弃原定的操作计划，观察盘面走势，重新选择买点。

13.2.3 买卖要注意强势龙头原则

"强者恒强，弱者恒弱"，这不仅仅是当前企业的发展规律，在股票市场中，这更是投资者要关注的一条重要规律。特别是买入时，一定要选择强势龙头股这一规律在买入股票时会对我们有所指导。遵照这一原则，我们应多参与强势市场而少投入或不投入弱势市场；在同板块或同价位或已选择买入的股票之间，应买入强势股和领涨股，而非弱势股或认为将补涨而价位低的股票。

2014 年底的证券股强势如中信证券、2012 年中银行股中的民生银行等，涨势都比其他同行业股票要凌厉。

钱龙 13.3 中线看周期或周线

如果说短线注重消息，那么中线布局则要注重周期和行业趋势情况，短期的涨跌不影响中线的总体布局。

13.3.1 把握行业趋势和股指

在进行中线操作时，如果投资者不能有效地把握行业趋势和股指情况，则可能会步入短线焦虑的陷阱，从而让自己心态失衡，为短期的涨跌而患得患失。

如购买旅游类股票，则需要提前布局，查询往年的数据，以及当年的经济情况等，从而把握行业的趋势情况，并推算当年的收益、趋势等，获取相应的收益。

要想在股市中特别是较短时间内获得更多的收益，关注市场题材的炒作和题材的转换是非常重要的。虽然各种题材层出不穷，转换较快，但仍具有相对的稳定性和一定的规律性，只要能把握得当定会有丰厚的回报。投资者买入股票时，应买入有题材的股票而放弃无题材的股票，并且要分清是主流题材还是短线题材。另外，有些题材是常炒常新，而有的题材则是过眼烟云，炒一次就完了，其炒作时间短，以后再难有吸引力。

每年的各种国家政策、行业新闻层出不穷，但只有尽早抓住这些题材、消息才能多赚钱，如2015 年初前后的一带一路、2014 年的自贸区等题材，消息的出现都带动了相关股票的多倍涨幅。

13.3.2 埋伏周期性的股票

每到深秋即将入冬时，周期性的煤电类股票都会有一波收益，特别是当出现多年不遇的寒冬时，这类周期性的股票更会进入佳境。

13.3.3 追即将上涨的趋势股

在股价出现上涨趋势时买入，这往往是先知先觉的短线高手所为。但也有可能对主力动向分析有误，说不准还未等股价进一步向上突破，股价却开始直线下降。出现这种情况，在熊市中的几率还是比较高的。即使判断不是这么悲观，买入后，也可能股价一直就在原地打转，以横盘为主。较理想的是股价突破迹象明显，在突破前跟进后，股价紧接着步步向上拉升，这样可达到买在低位卖在高位的境界。此法不太适合熊市或弱势震荡行情，在牛市中也许会屡试不爽，出现一买就涨的大好势头。

投资者需要判断突破行情的有效性，主要从量、价、势、空间 4 个方面进行。

（1）从量能分析有两个阶段，一是在突破过程中要出现放量向上的情况，二是在突破以后成交量不能大幅萎缩，如果成交量过快萎缩，股指重新跌落，就会形成假突破行情。

（2）从价的角度分析，无论是股指还是个股股价在向上突破时都会出现较大涨幅，在 K 线形态上往往是以中、大阳线出现的，并且在突破之后的几个交易日内不会出现黄昏之星、乌云盖顶等常见的见顶形态。

（3）从势的角度分析可以发现，均线呈现强势运行状况，对行情的继续上涨起到良好的支撑作用。

（4）从空间的角度分析，可以发现有效突破行情往往距离上档成交密集区较远，或者呈上升行情，处于成交密集区压力较小的空间位置。

13.4 长线看月线或年线

长线布局除了需要注意相应的技术分析外，还要时刻关注经济形势，只有把握住了长期的经济走势，才能长线布局，从而使自己立于不败之地。

13.4.1 长线投资要关注国家经济形势

不要以为炒股仅仅就是炒企业的业绩，而与社会经济大势无关。恰恰相反，炒股特别是长线投资更要对我们国家的形势有所了解，特别是经济形势。经济与我们的生活息息相关，柴米油盐等的物价与我们紧密联系，经济形势的发展对我们未来的发展有着很深的影响，所以，我们要时刻关注我们国家目前的经济形势。

如自 2008 年底以来，面对国际金融危机的重大挑战和国内外经济复杂形势，党中央和国务院有力的财政政策和适度宽松的货币政策，较快扭转了 2008 年下半年以来经济增速下滑态势，经济稳定回升态势基本形成。

2009 年，我国宏观经济政策取得显著成效。具体如下：（1）GDP 增速逐步加快，经济效益趋向好转；（2）内需保持较快增长，外需出现向好迹象；（3）市场信心明显增强，价格下行压力有所缓解；（4）农业生产再获丰收，新农村建设加快；（5）结构调整积极推进，节能减排成效继续显现；（6）就业和居民收入稳定增加，社会保障体系进一步健全；（7）重点领域改革取得新进展，体制机制不断完善。在我国经济较快回升的同时，也存在不少困难和问题。分别是：（1）政府投资拉动为主，内生性持续增长动力相对不足。（2）外需对我国的经济拉动能力尚弱，经济回升的国际环境依然严峻。（3）经济结构调整任务依然艰巨。（4）货币信贷快速增长可能引发的通胀问题。

2010 年全年的经济形势仍然是很严峻的。

关于经济增长。首先是投资保持了强劲增长势头，增长最快的房地产开发；消费方面，在投资拉动的同时，消费率呈回升势头，但由于收入差距拉大，绝大多数的农村人口收入和消费偏低；在进出口方面，我国坚持在汇率上保持稳定，进出口保持较高的增长势头。

下图是上证指数在 2008 年到 2010 年的走势图，可以看出其和经济的关系非常紧密。

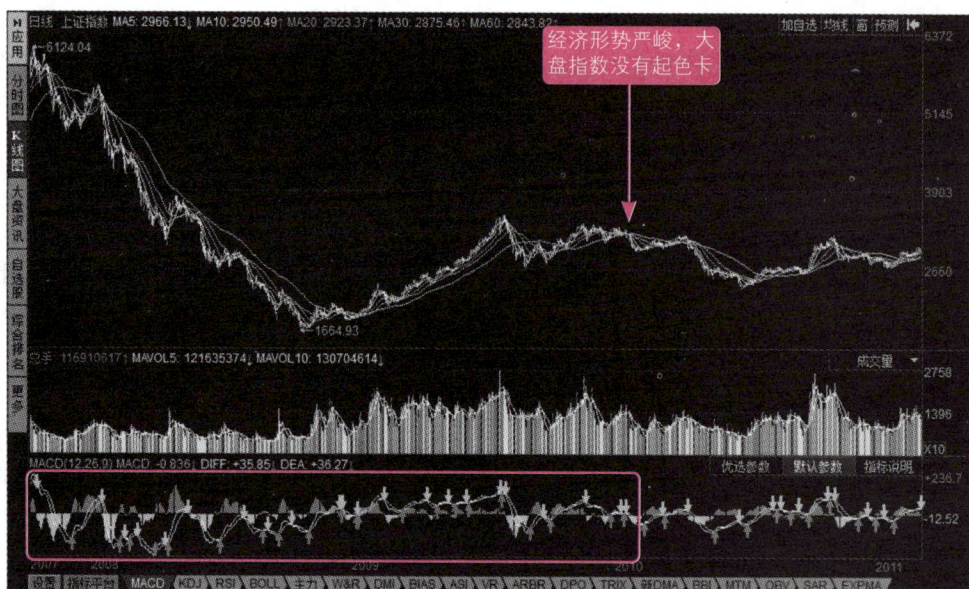

有好的外部经济环境，大家才有更多的钱投入到股市中，企业也有更好的投入与利润率，这样才能导致股价上涨。

13.4.2 个股要看行业和经济数据

有好的经济形势，但也并不代表每只股票都会大涨。具体到个股上面仍旧需要看行业和经济数据，这样才能真正赚到钱。

好的经济数据会导致人们口袋有钱，也就会愿意消费，从而导致旅游和百货类行业股票有较好的前景，进而使得该类股票上涨。

另外，国家往往也会根据情况对行业进行调控，如 2015 年初国家提出的供给侧改革，2016

年 VR 行业、锂电池行业的整体风口来临等，都造成了相关股票的大幅上涨。

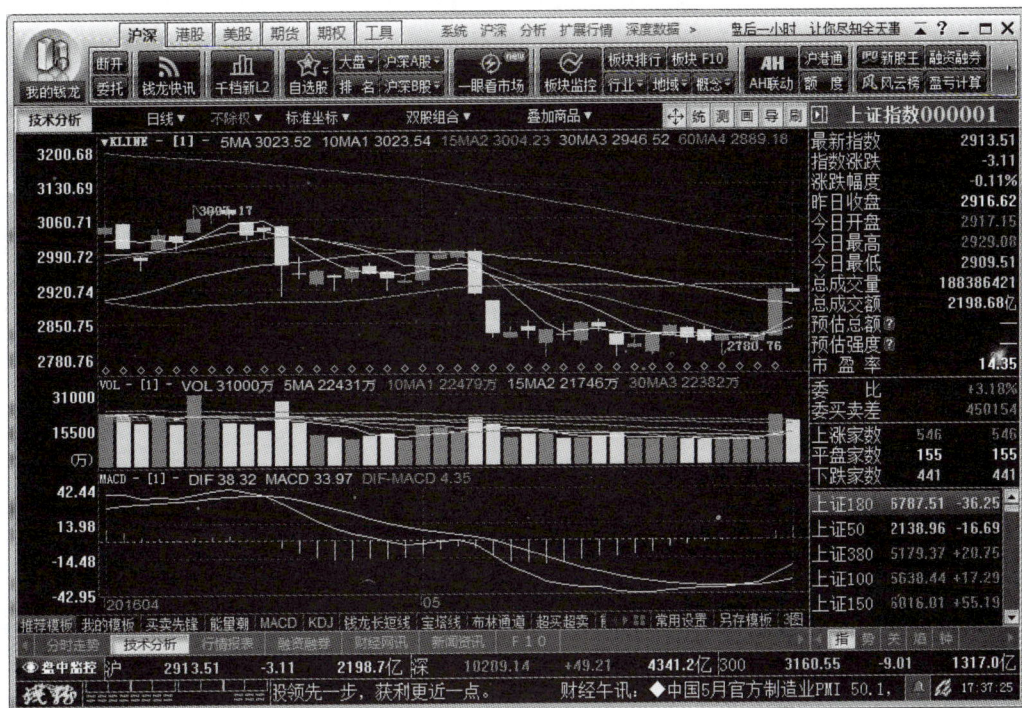

高手私房菜

技巧 1：看盘做短线的 5 种方法

（1）看盘看龙头，每个都主要盯龙头股（领头者），一般龙头股有异动，赶快看第二个以后的股票。

（2）以成交量来定仓位，成交量小时分步买，成交量在低位放大时全仓买，成交量在高位放大时全部卖。

（3）关注炒股时的时间观念，一定要注意投资定律："强者恒强，弱者恒弱"。

（4）大盘狂跌时最好选股，把钱全部买成涨得第一或跌得最少的股票即可。

（5）一定要严格执行纪律，特别是止损纪律。一般把止损点设在 5%~8% 的位置为好。跌破止跌点要认输，别学阿 Q 自我安慰当几个月的存款。

技巧2：短线高手常用的技术指标

1. 利用平滑异同移动平均线 MACD 进行分析

MACD 在应用上是通过计算机计算出快速（12 日）的移动平均数值与慢速(26 日)移动平均数值，以此两个数值，作为测量两者 (快速与慢速线) 间的"差离值"依据，即差离值 DIF。

因此，在持续的涨势中，12 日 EMA 在 26 日 EMA 之上。其间的正差离值 (+DIF) 会愈来愈大。反之在跌势中，差离值可能变负 (–DIF) 并越来越大。至于行情开始回转，正或负差离值要缩小到怎样的程度，才真正是行情反转的讯号，MACD 的反转讯号界定为"差离值"的 9 日移动平均值 (9 日 EMA)。在 MACD 的指数平滑移动平均线计算法则中，都分别加重最近一日的份量权数。

12 日 EMA 的计算方法：EMA12 = (前一日 EMA12 × 11/13 + 今日收盘价 × 2/13)。

26 日 EMA 的计算方法：EMA26 = (前一日 EMA26 × 25/27 + 今日收盘 × 2/27)。

差离值 (DIF) 的计算：DIF = EMA12–EMA26

然后再根据差离值计算其 9 日的平滑异同移动平均差离值 MACD。MACD = 前一日 MACD × 8/10 + 今日 DIF × 2/10。计算出的 DIF 与 MACD 均为正或负值，因而形成在 0 轴上下移动的两条快速与慢速线，为了方便判断，亦可用 DIF 减去 MACD 用以绘制柱图。至于计算移动周期，不同的商品仍有不同的日数。

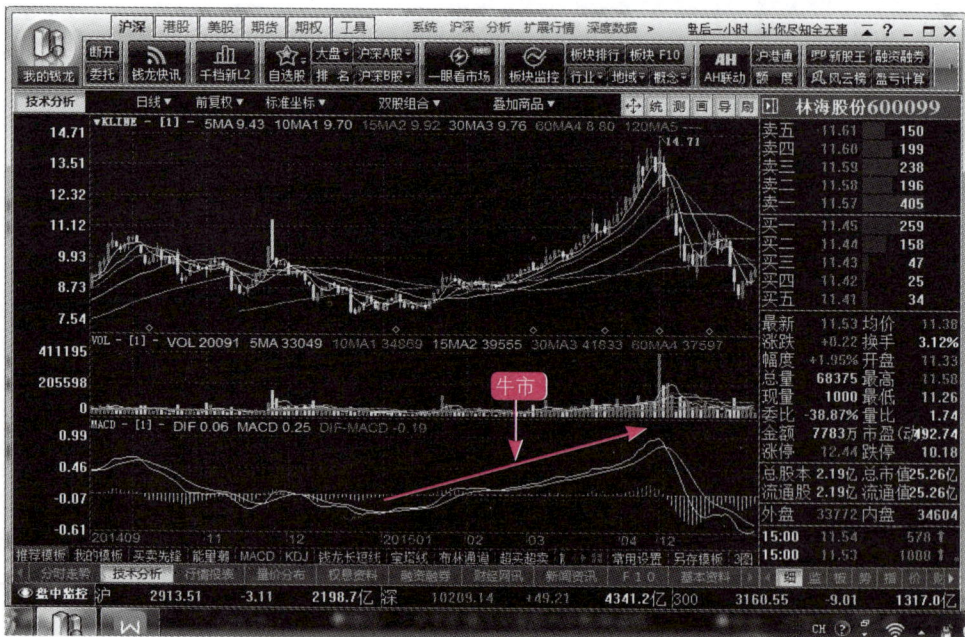

研判技巧如下。

（1）DIF 值与 MACD 值均在 X 轴线上、向上移动，市场为牛市，反之为熊市。

（2）在 X 轴之上，当 DIF 值向上穿过 MACD 值时为买入信号。在 X 轴之下发生这种交叉仅适合空头者平仓。

（3）在 X 轴之下，当 DIF 值向下穿过 MACD 值时为卖出信号。在 X 轴之上发生这种交叉仅适合多头者平仓。

（4）背离信号。当指数曲线的走势向上，而 DIF、MACD 曲线走势与之背道而驰，则是大势即将转跌的信号。当 DMI 中的 ADX 指示行情处于盘整或者行情幅度太小时，避免采用 MACD 交易。

2. 带状能量线 CR

CR 指标能够测量人气的热度，能够测量价格动量的潜能；CR 能够显示压力带和支撑带，功能作用上，可以辅助 BRAR 的不足。

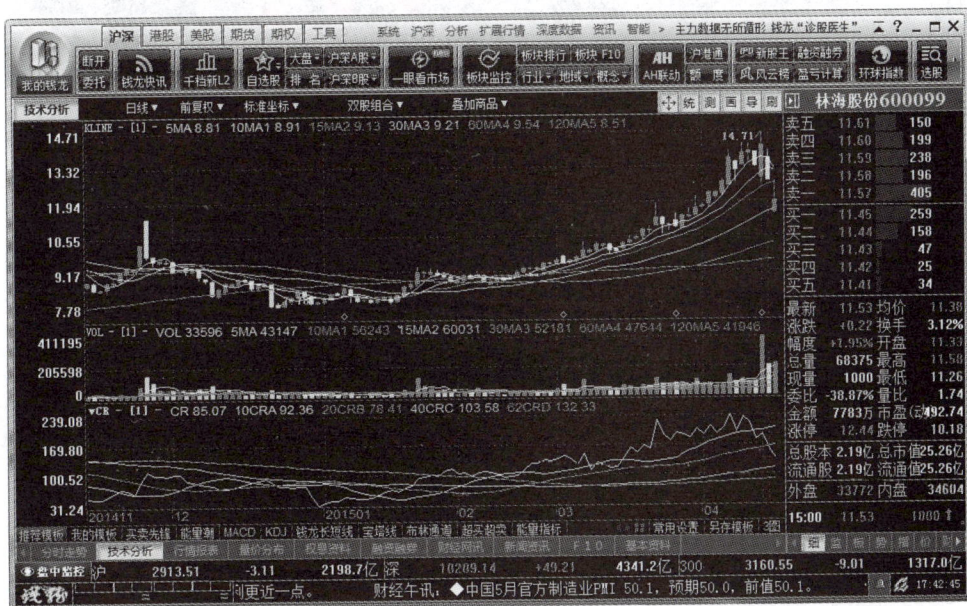

CR 指标在图形中有 4 条线，由 CR 线和 3 条 CR 平均线构成，从短周期到长周期依次分成 A、B、C、D 四条。A 线和 B 线代表短周期，构成的带状表示副震区，C 线和 D 线代表长周期，构成的带状表示主震区。建议用户将 CR 值设为 30，平均线分别设为 10、20、30。

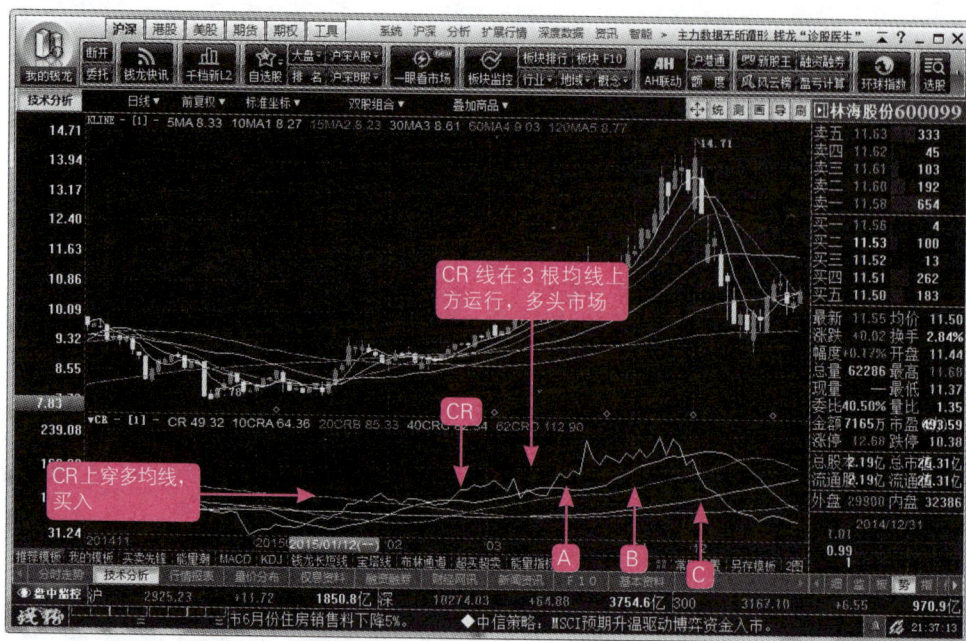

若 CR 线在 3 条平均线上方运行，且 3 条平均线缓慢向上发散，为理想的多头市场，宜持股；若 CR 线在 3 条平均线下方运行，且 3 条平均线向下发展，为典型的空头市场，宜观望。对于短线投资者来说，如果把握住 CR 跌至 50 以下，逢低买入，升至 10 以上逢高卖出这一原则，就能有较好的收益。而中线投资者则应注意以下使用技巧。

（1）C 线和 D 线为强弱分水岭，CR 指标在 C、D 线上方运行为强势市场，宜持股或逢低承接；CR 线在 C、D 线下方运行为弱市市场，宜观望。

（2）股票进入强势市场后，如果其是缓步上扬格局，CR 指标通常会在平均线 A 处获得支撑，投资者可在此买入。

（3）若 CR 指标长期在 A 线上方运行，某日突然跌破 A 线甚至 B 线，投资者必须获利了结。

（4）如果 CR 线与 A、B、C、D 四条线同时靠拢或者同时大致交于同一点，那么由这一点开始，就会构成相应股价的转折点。如果交叉时，CR 线由下向上穿，为买入信号；反之，则构成卖出信号。投资者必须重视这一讯号，因为这个讯号非常难得一见，故此一旦出现，其使用成功率也较高。

3. 成交量变易率 VR

成交量比率（Volume Ratio 简称 VR），是一项通过分析股价上升日成交额（或成交量，下同）与股价下降日成交额的比值，从而掌握市场买卖气势的中期技术指标。主要用于个股分析，其理论基础是"量价同步"及"量须先予价"，以成交量的变化确认低价和高价，从而确定买卖时间。基于量是价的先行指标，量与价同步、同向的理论为基础所架构的量分析系统，以量打底和量做头确认低价和高价，来决定买卖时机。

$$VR = \frac{\text{股价上涨日的成交量总数} + 1/2 \text{ 股价不变日的成交量总数}}{\text{股价下跌日的成交量总数} + 1/2 \text{ 股价不变日的成交量总数}}$$

一般采用 26 日为天数的基准。

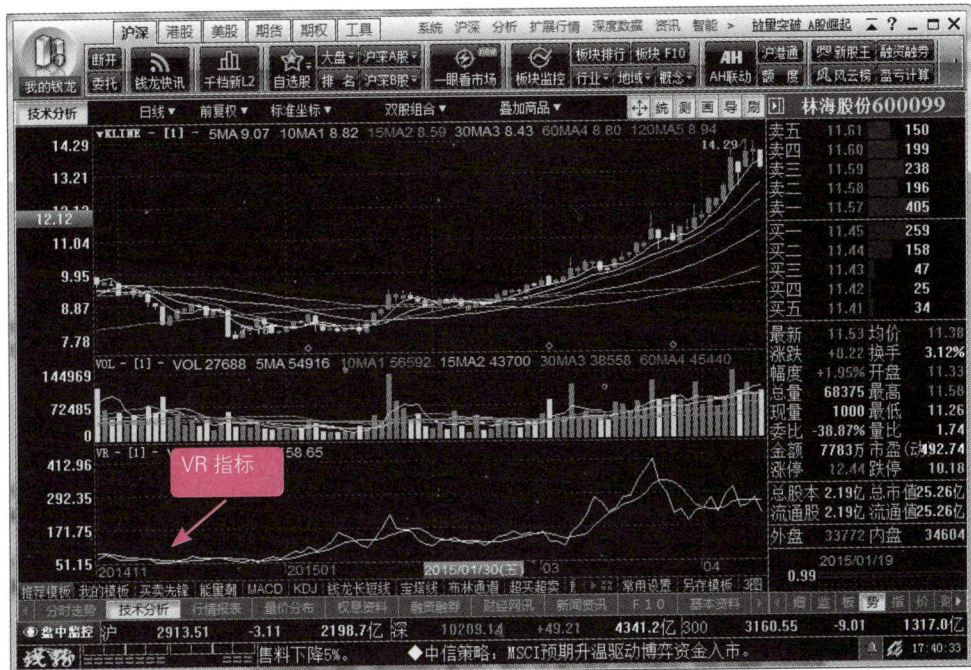

研判技巧

（1）容量比率在 100% 时股价上涨的成交值与股价下跌的成交值是相等的，从经验来看，股价上升日的成交值较下跌日的成交值为大，所以 VR 值分布在 110% 为常态，因此在超越 450% 或低于 70% 时，需注意后市的反转或反弹。

（2）VR 下降突破 60% 至 40% 的界线时，很容易探底而反弹，而上升至 160% 至 180% 后，成交量会进入衰退期，而股价碰到顶点将会反转而下。

（3）必须注意，VR 线在低价区时可信度较高，在高价区时，股市的数值不确定，需要多参考其他指标。

（4）VR 配合 PSY 心理线高档，能够对高价区产生更可靠的讯号。

（5）VR 处于 40% 以下的反弹讯号较适宜应用在指数方面，并且配合 ADR、OBOS 等指标使用效果非常好。

（6）VR 初期缓升，却快速跃过 250% 的这类形态，常发展出大行情，因此，除了以 VR 的高档讯号为判断依据，应配合 CR、TRIX、DMI 综合研判，比较能够得到客观的答案。

第14章
股民风险规避

引语

我从不购买科技股，因为不懂的东西我不碰。

——巴菲特

股市可以说是经济发展的"晴雨表"，股市的走势能反映宏观经济运行的情况。同时，股市的兴衰也影响着国民经济发展得好坏与快慢。那么，作为股票的投资者——股民，就应当知道影响股市动荡的原因，从而为自己的投资做好准备。

要点

☐ 股市的常见风险

☐ 系统性风险及规避

☐ 听消息炒股风险

☐ 其他风险

钱龙 14.1 股市的常见风险

在投资特别是炒股过程中，除了买卖和资金量的问题外，还会遇到各种各样的问题，也就是我们常说的股市风险。根据常见的分类，我们可以将风险分为两大类：系统性风险和非系统性风险，以及一些常见的股民原因，如听消息炒股票。

系统性风险又可分为政策风险、利率风险、购买力风险、市场风险等方面，如政府突然提高准入门槛，利率提高导致借款变得困难，市场遇到的各种风险等。

非系统性风险又可分为经营风险、财务风险、信用风险、道德风险等方面，如企业正常经营中遇到黑天鹅事件、公司财务造假等。

钱龙 14.2 系统性风险及规避

前面说明了常见的系统性风险，如政策风险、利率风险等，下面简要说明。

14.2.1 通货膨胀对股市的影响——通胀无牛市

通货膨胀是指在纸币流通条件下，因货币供给大于货币实际需求，也即现实购买力大于产出供给，从而导致货币贬值，而引起的一段时间内物价持续而普遍上涨的现象，其实质就是社会总需求远远大于社会总供给。

有关通货膨胀对股市的影响，可谓是仁者见仁，智者见智。一种看法是：在通货膨胀的情况下，股票价格会上涨，股票具有保值功能，因此，通货膨胀促使人们购买股票意愿加强，对股市发展有利。另一种看法是：通货膨胀恶化了供求之间的关系，使国民经济资源配置失调，因此，对股市发展不利。

其实，通货膨胀对股市的影响应分为两个层面。对股市价格的影响是其表层运动，对股市发展的影响则涉及内在机制。与之相应，分析通货膨胀对股市的影响也应从这两个方面来入手。

1. 通货膨胀对股市价格的影响

通货膨胀归根到底是一种货币现象。虽然引起通货膨胀的原因不同，如需求拉上、成本推动、结构或体制等，但是到最后，总避免不了货币供应量远远大于货币需求量，以致货币量超出经济正常增长的必需量。

在通货膨胀初期，货币供应量超常增长，从而隐含推动股价上升，主要表现在如下几个方面。

（1）通货膨胀初期，个人、企业和社会团体也因此会掌握较多的货币资金。在股市有利可图或对股市盈利预期较为乐观的情况下，这部分资金可能进入股市，增大对股票的需求力量，形成股票价格上涨的动力。

（2）货币供应量的超常增长导致产品市场价格的全面上涨，在价格全面上涨的运动序列中，投资品价格起着领先作用，一般要比其他行业早3个月到半年时间。这样，以生产投资品为主的上市公司（如钢铁、石化、建材、机械等），其账面盈利会因产品价格上涨而增加。这种盈利的增加，使股民看好这些上市公司的前景，从而促使其股票价格上升，并带动大盘指数上升。

然而，通货膨胀的持续又蕴含了股价下落的契机，主要表现在如下方面。

（1）当通货膨胀趋于高峰时，因通货膨胀加剧的各种经济秩序的混乱、消费者的抱怨、各阶层的不满等超出了社会的忍受能力范围。政策决策者就会采取严厉措施，抑制通货膨胀。这样，在银根紧缩情况下，个人、社会团体和企业手中货币资金减少，这会导致资金流出股市，从而使股票价格下降。

（2）由于通货膨胀致使价格持续上涨，使实际生产领域投入成本大幅度上升，物资供应紧张，导致一些上市公司账面盈利减少。股民相应地对其前景不看好。面对汹涌的通货膨胀势头，投资者信心也会下降，市场发展前景风险增大，造成股价下落的趋势。

总之，如果排除其他因素，分阶段分时期地看，在通货膨胀初期，会使股价上升；而在通货膨胀趋于高潮以及因通货膨胀引发的金融紧缩下，则会出现股价下降的趋势。作为股票的投资者，在这一过程中，要注意时间因素的作用。

2. 通货膨胀对股市发展的影响

通货膨胀对股市的金融效率有不利的影响，主要表现在如下几个方面。

（1）起伏不定的通货膨胀率对股市是一种外部冲击，导致股市价格波动较为剧烈，股民对股市多数抱有观望态度。

（2）在通货膨胀下，企业可能经营效率不变，但因产出价格上升而增加账面盈利；也会因物价上升而引起投入产品价格上升而形成账面盈利减少，致使股民对上市公司投资的信心下降。

（3）通货膨胀会使得股市分析所必需的信息被扭曲，给市场分析增加困难，影响到股市价格与价值的接近，从而影响股市的金融效率。

（4）广大股市投资者对通胀，以及对政府将采取何种对策会有某种预期，并以此预期来规划自己的行动。这种预期和对策会进一步加剧股市的不确定性，有时，还会加剧股市的震荡，从而影响股市的金融效率。

另外，通货膨胀对股市的经济效率更为不利，主要表现在以下几个方面。

（1）在通货膨胀压力下，与持续上涨的物价相比，实际利率趋于下降，甚至为负利率，这就远离了市场均衡点，从而导致股市经济的下降。

（2）在通货膨胀压力下，扭曲的利率加剧了企业贷款的需求与供给之间的不平衡，隐含着需求更猛烈扩张的危机，它会迫使决策层采用严厉的金融管制手段去控制货币市场，从而使银行的企业化步子放慢。

总之，通货膨胀是影响股票市场以及股价的一个重要宏观经济因素，这一因素对股票市场的影响比较复杂，它一方面能刺激股市，另一方面也能压抑股市。当通货膨胀对股票市场的刺激作用大时，股票市场的趋势与通货膨胀的趋势一致；而当压抑作用大时，股票市场的趋势与通货膨胀的趋势相反。但是，从长远来看，通货膨胀不仅不利于股市金融效率的提高和自身的建设，而且不利于发挥股市经济效率，对股市持久、稳定的发展是大患。

如 1993 年 3 月至 1995 年 5 月 18 日之前，那两年时间国内遭遇了恶性通胀，1993 年 CPI 为 14.7%，1994 年 CPI 涨至 24%。1993 年 7 月至 1994 年 3 月中旬，上证综指一直在 800 点上方徘徊，之后指数跌破 800 点，出现了快速下跌，至 7 月中旬，跌到 325 点，跌幅达 60%。当时的央行为了抑制通胀，实行适度从紧的货币政策和财政政策，严控信贷规模，这又给股市造成不利影响。

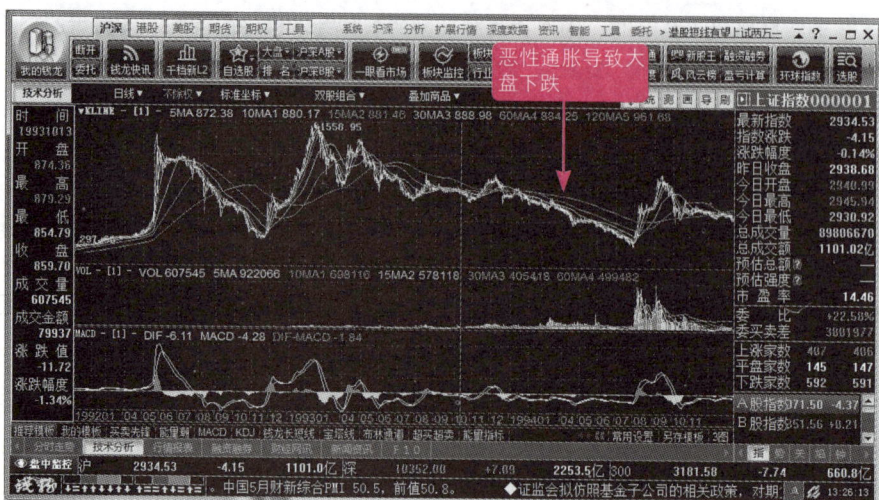

14.2.2 货币政策工具对股市的压力

如前面所说，当经济出现问题时，国家会通过各种货币政策工具对经济施加动力或压力。

如 2016 年 5 月 12 日，央行在公开市场开展 500 亿元 7 天期逆回购，较前一日减少 300 亿元，而当日有 1300 亿元逆回购到期，由此单日净回笼 800 亿元，为连续第三日净回笼。市场人士指出，在近日资金面持续均衡偏松的背景下，央行公开市场操作力度顺势下降，一定程度上印证了市场对货币政策短期内将边际上趋于谨慎的预期。不过从下周开始缴税影响料逐渐明显，加之中下旬还有 MLF（中期借贷便利）到期，短期资金供给可能有所收缩，流动性或时有波动，预计届时央行仍将延续"MLF+ 逆回购"的调控思路，以呵护资金面的平稳态势。

我们可以看到当日股市仍旧以 0.04% 的微小跌幅收盘，说明市场并未受到大的影响。

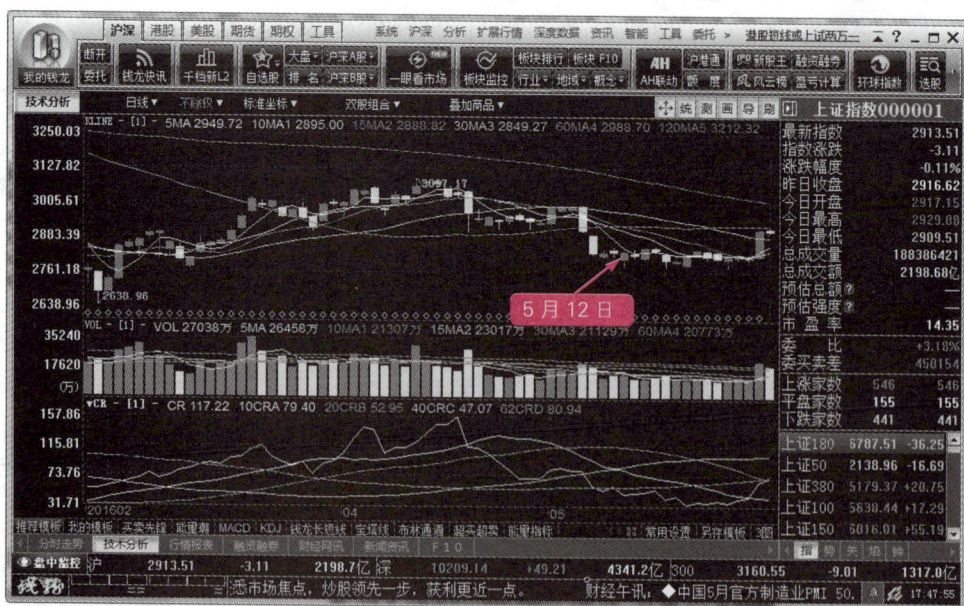

14.2.3 企业经营风险及其规避

企业经营中的市场风险一般分为管理风险、财务风险、信用风险与道德风险等方面。那么上市公司的哪些行为可能给投资者带来市场风险?

1. 公司收购

如果上市公司涉及收购事项,投资者应熟悉《上市公司收购管理办法》(以下简称《办法》)的相关规定,特别是有关"协议收购"的规定,因为目前发生的收购大多是以协议收购方式进行的。按规定,必须在证监会豁免其要约收购申请后,才能履行收购协议(履行全面要约收购的除外)。

上市公司收购,有善意收购与敌意收购之分,若发生敌意收购时,上市公司管理层可能采取反收购措施,但同时受《办法》第八条规定"不得滥用职权对收购设置不适当的障碍"的限制。因此,在敌意收购中,收购所涉及的法律后果存在不确定性,投资者的投资风险更大。

2. 上市公司高送转

上市公司利润分配通常也是市场炒作的热点。市场上往往有高送转的传言,这种分配方案本身能否作为议案提交公司股东大会表决是一个未知数,同时,由于不同股东之间对利润分配存在异议,可能导致该方案在股东大会不能顺利通过,因此,投资者应予以识别,防范投资风险。

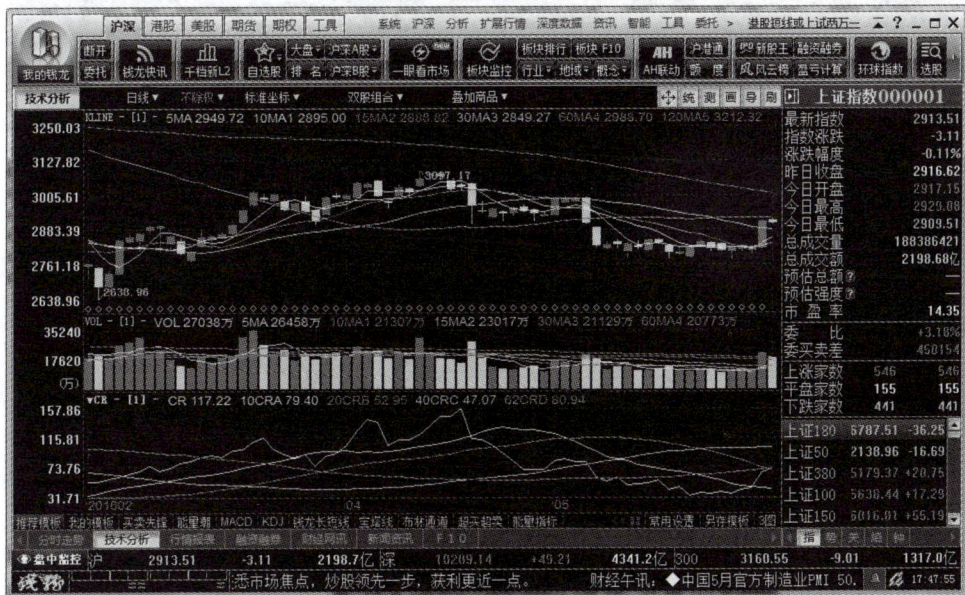

一般而言,风险就是不确定性,了解更多的不确定,就能更好地规避投资风险。

(1)及时关注公司的有关议案,因为议案有可能被公司股东大会、董事会甚至独立董事否决,包括上市公司并购重组等重大事项均存在不确定因素,不能以为一旦公告有关预案,就一定能顺利实施。

(2)关注企业行为是否需要监管机构行政许可,因为涉及监管机构行政许可事项的,上市公司相关行为存在被否决的可能,被否决是政府行政权力的正常行使,因为议案被监管机构否决而到处投诉、控告缺乏法律依据的支持。

（3）多渠道关注上市公司相关报告、公告或披露文件中可能存在模糊不清的内容，通常上市公司还要根据实际情况对有关预案进行修改或调整。只要这种披露不构成虚假、误导或重大遗漏，投资者对利用此种信息交易造成的损失采取法律途径索赔，均缺乏明确的法律依据。

14.2.4 题材的诱惑与陷阱

2016 年初，虚拟现实席卷了各种科技圈，也吸引了一批上市公司跟风炒作。很多搭界不搭界的公司都纷纷发布公告要收购相关题材公司或筹集资金进入相关行业，特别是虚拟现实行业等。

2016 年 5 月 11 日，据媒体报道，监管层已经叫停上市公司跨界定增，涉及互联网金融、游戏、影视和 VR（虚拟现实）四个行业。同时，这四个行业的并购重组和再融资也被叫停。当日，新京报记者从接近证监会的人士处获悉，并未全部叫停，不过确有收紧。5 月 12 日晚间，深交所又向乐视影业和恒信移动双双发出问询关注函，询问重组并购事宜。

受消息影响，多只中概股、并购股连续多日重挫。陌陌股价五个交易日跌去 34%；岭南园林 5 月 11 日跌停收盘，紧急发公告称"跨界"被受理。

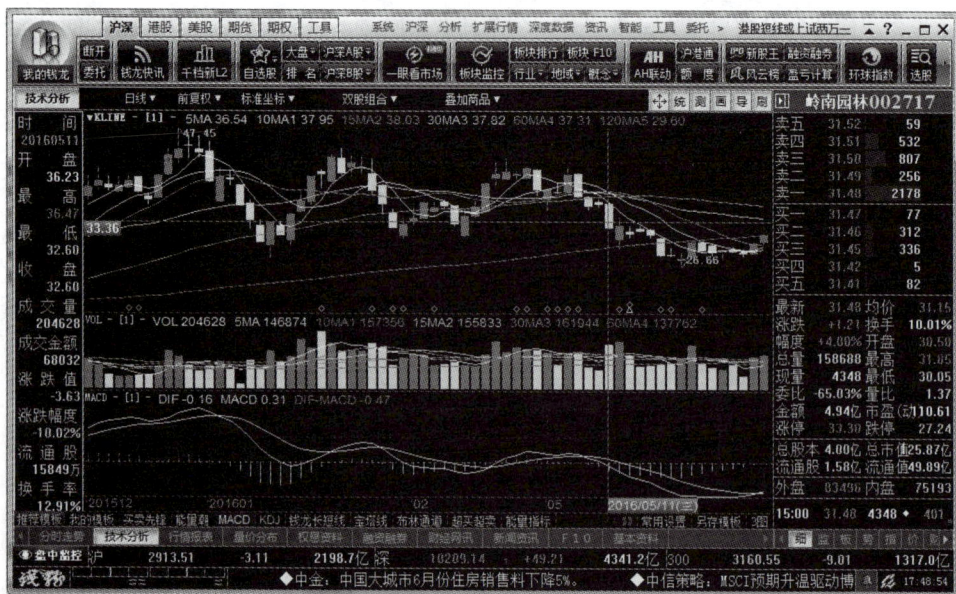

14.2.5 经济转型对行业的影响

在影响股价变动的市场因素中，经济周期的变动是最重要的因素之一，它对企业营运及股价的影响极大，是影响股市的大行情的重要因素。因此，经济周期与股价的关联性是投资者不能忽视的。

一般情况下，经济周期包括衰退、危机、复苏和繁荣 4 个阶段。在经济衰退时期，股价会逐渐下跌；到危机时期，股价跌至最低点；而经济复苏开始时，股价又会逐步上升；到繁荣时，股价则上涨至最高点。出现这种变动的具体原因如下。

（1）当经济开始衰退时，企业的产品滞销，利润相应减少，促使企业减少产量，从而导致股息、红利也随之不断减少，持股的股东因股票收益不佳而纷纷抛售，使股价下跌。

（2）当经济衰退已经达到经济危机时，整个经济生活处于瘫痪状况，大量的企业倒闭，股票持有者由于对形势持悲观态度而纷纷卖出手中的股票，从而使整个股市价格大跌。

（3）经济周期在经过最低谷之后又出现缓慢复苏的势头，随着经济结构的调整，商品开始有一定的销售量，企业又能开始给股东分发一些股息红利，股东慢慢觉得持股有利可图，于是纷纷购买，使股价缓缓回升。

（4）当经济由复苏达到繁荣阶段时，企业的商品生产能力与产量大增，商品销售状况良好，企业开始大量盈利，股息、红利相应增多，股价上涨至最高点。

从上述分析可知，经济周期影响股价变动，但两者的变动周期又不是完全同步的。通常的情况是，不管在经济周期的哪一阶段，股价变动总是比实际的经济周期变动要领先一步。也就是说，在经济衰退以前，股价已开始下跌，而在复苏之前，股价已经开始回升；经济周期未步入高峰阶段时，股价已经见顶；经济仍处于衰退期间，股市已经探底回升。这是因为股价的涨落包含着投资者对经济走势变动的预期和投资者的心理反应等因素。

所谓宏观经济，即国民经济的总体活动，是指整个国民经济或国民经济总体及其经济活动和运行状态。如总供给与总需求、国民经济的总值及其增长速度、国民经济中的主要比例关系、物价的总水平、劳动就业的总水平与失业率、货币发行的总规模与增长速度、进出口贸易的总规模及其变动等。

股市是社会经济结构中的一部分，因而股市也受制于宏观经济。国民经济形势不仅制约着投资主观愿望的产生，也制约着投资实现的客观条件，因此，交易者需要密切关注宏观信息面的变化，捕捉好的投资市场、投资时机与投资产品。

在分析宏观经济对股市的影响时，需要从总量分析和结构分析两个方面来考虑。前者是要明白某一指标的数值意味着什么，而后者则是要从几个关联的方面来综合考虑这一指标的影响。用于观察宏观经济的数据有很多种，这里介绍几种常用的指标。

1. 国内生产总值的影响

国内生产总值简称为 GDP，是指在一定时期内，一个国家或地区的经济中所生产出的全部最终产品和劳务的价值。一般来说，国内生产总值包括个人消费支出、私人总投资、政府支出和净出口额 4 个不同的组成部分。

国内生产总值不但可以反映一个国家的经济表现，更可以反映一国的国力与财富。它是宏观反映国民经济运行状况的晴雨表，是政府和社会各界使用频率最高、影响最大的经济指标之一。GDP 的下降表明经济不景气，大多数企业的经营盈利状况不佳，企业减少投资，降低成本，融资速度减慢，股票市场的供给曲线就会向左上方缓慢移动；同时，股票投资者也由于经济的不景气而对未来收入的预期降低，从而减少支出和投资资金，使股票市场的需求曲线向左下方移动，两个曲线的下移将使股票价格下降。

反之，当一国经济发展迅速，GDP 增长较快时，预示着经济前景看好，人们对未来的预期改善，企业对未来发展充满信心，极想扩大规模，增加投资，对资金的需求膨胀，因而股票市场趋向活跃。在股票市场均衡运行，而且其经济功能不存在严重扭曲的条件下，一般来说，股票价格随 GDP 同向而动。当 GDP 增加时，股票价格也随之上升；当 GDP 减少时，股票价格也随之下跌。因此，GDP 对股票价格的影响是正的。

2. 工业增加值的影响

工业增加值可以反映实体经济的运行情况。工业增加值越大，说明实体经济运行的状况越好，产生的社会财富越多。一般而言，在其他条件不变的情况下，工业增加值的任何变化，都会影响国内企业现金流同方向变化，进而造成股票价格也发生同方向变化。因此，工业增加值对股票价格的影响也是正的。

3. 利率的影响

众所周知，利率是影响股市走势最为敏感的因素之一。根据古典经济理论，利率是货币的价格，是持有货币的机会成本，它取决于资本市场的资金供求。资金的供给来自储蓄，需求来自投资，而投资和储蓄都是利率的函数。利率下调，可以降低货币的持有成本，促进储蓄向投资转化，从而增加流通中的现金流和企业贴现率，导致股价上升。所以利率提高，股市走低；反之，利率下降，股市走高。利率变动与股价变动关系表现在以下几个方面。

（1）根据现值理论，股票价格主要取决于证券预期收益和当时银行存款利率两个因素，与证券预期收益成正比，与银行存款利率成反比。理论上说，股票价格等于未来各项每股预期股息和某年出售其价值的现值之和。

（2）股票价格除了与预期价值有关以外，还强烈地受到供求关系的影响。当市场供不应求时，股票价格上涨，反之市场供过于求时，股票价格下降。利率变动直接影响市场资金量。利率上升，股票投资的机会成本变大，资金从股票市场流出，股票市场供过于求造成股票价格下降；利率下降，股票投资的机会成本变小，资金流入股票市场，股票市场供不应求，造成股票价格上涨。

（3）利率上升，企业的借贷成本增加，获得资金困难，在其他条件不变的情况下，未来的利润将减少，那么预期股息必然会减少，股票价格因此会下降。反之，利率下降，企业的借贷成本会降低，在其他条件不变的情况下，未来的利润会增加，预期股息收入增加，股票价格上涨。因此，利率对股票价格的影响是负的。

（4）汇率的影响。汇率又称汇价，是一国货币兑换另一国货币的比率。作为一项重要的经济杠杆，汇率变动与一国股票市场的相互作用体现在多方面，主要有进出口、物价和投资。汇率直接影响资本在国际间的流动。一个国家的汇率上升，意味着本币贬值，会促进出口，平抑进口，从而增加本国的现金流，提高国内公司的预期收益，会在一定程度上提升股票价格。因此，汇率对股票价格的影响是正的。

在某些国家，宏观经济最直接的体现就是国家出台的经济政策。要想炒股成功，就必须深入理解国家经济政策的取向，选择具有发展前景的行业。在网络发达的今天，要想及时学习和了解国家的经济政策，可以利用中国证券报的中证网。

利用《上海证券报》主办的中国证券网也可以学习和掌握党和国家的经济政策。

《上海证券报》还推出了电子版，非常方便投资者阅读。

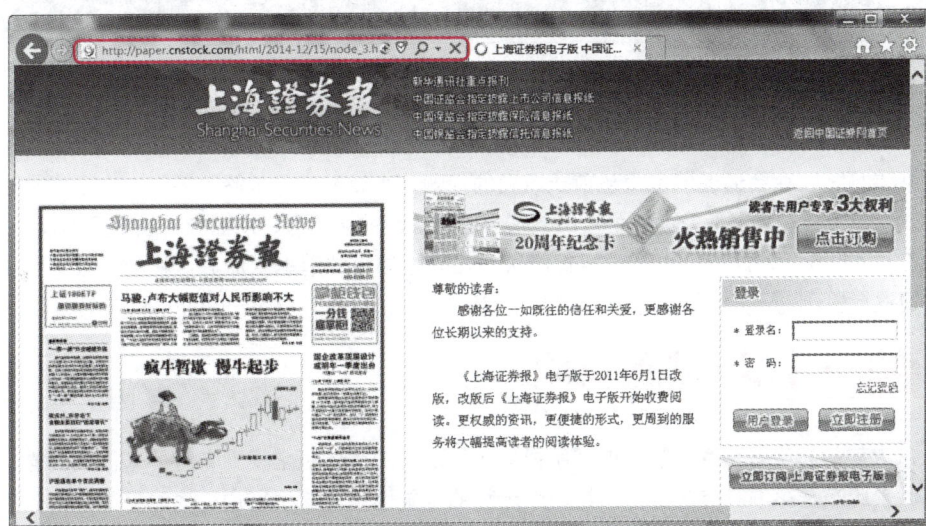

14.3 听消息炒股的风险

A股的市场因为小资金量个人投资者无法进行T+0交易，导致了很多人听从网上的各种"股神"的投资经验，或者听从各种小道消息来进行炒股。但这种消息经过一次或多次加工，往往导致消息存在夸大、不实甚至虚假存在，从而给散户带来资金损失的风险。

1. 假消息

2015 年 2 月 12 日，网上曝出"中国电信与中国联通、中国移动与广电网络真要合并了？"随后午后开盘一分钟，13:01，中国联通（600050）涨停，13:11，湖北广电（000665）和天威视讯（002238）涨停。然后中国移动与中国联通分别声明，"完全没听说过合并。"工信部更是说，"哪儿来的合并，电信体制改革的计划都没有。"随后，临近收盘时，中国联通打开涨停板。

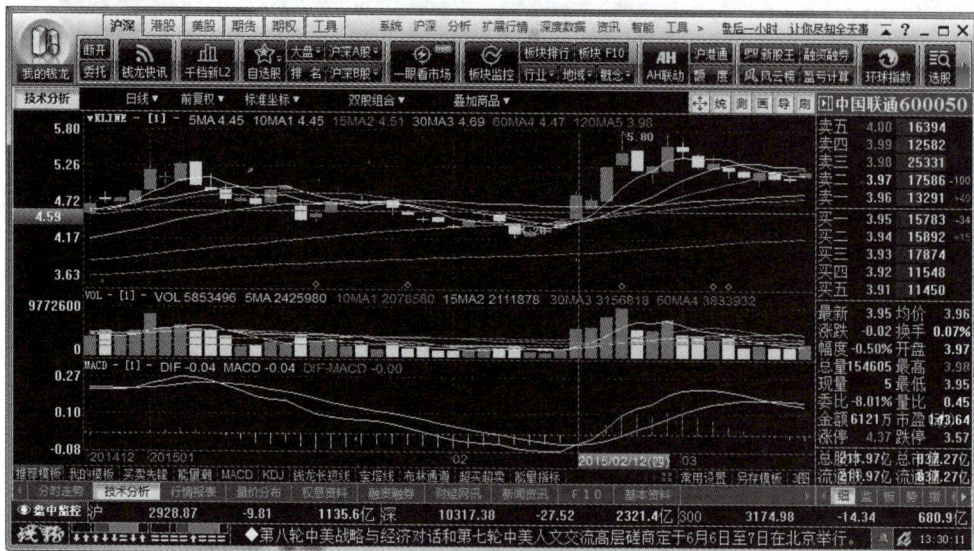

如果听从该消息在涨停板买入，则当天就会遭遇损失。

2. 消息太滞后或超前

听从消息，往往会遭遇消息太超前或滞后的问题，太超前会导致股价还没有表现或者无视该消息不改原先走势，太滞后就会沦为放出该消息的操盘者的接盘者，从而导致股价受到损失。

如2013年5月，广东举办医药招标降价，如果你知道的消息太滞后，就会导致手中持有的医药股遭遇损失。

14.4 其他风险

股市大势的起伏与涨跌，除了前面所说的各种风险外，还经常受到各种外来因素的影响，政治变革因素历来是影响股市走势尤其是短期走势的重要因素。这里所说的政治变革因素，主要体现在以下几点。

1. 战争

战争对股票市场及股票价格的影响，有长期性的，亦有短期性的；有好的方面，亦有坏的方面；有广泛范围的，也有单一项目的，这要视战争性质而定。战争促使军需工业兴起，凡与军需工业相关的公司股票当然要上涨。战争中断了某一地区之海、空或陆运，提高了原料或成品输送之运费，因而商品涨价，影响购买力，公司业绩萎缩，与此相关的公司股票必然会跌价。其他由于战争所引起的许多状况都足以使证券市场产生波动，投资人需要冷静分析。

2. 国际政治形势

一国股价对国际政治形势的变化，已越来越敏感。随着交通运输的日益便利，通信手段、方法的日益完善，国与国之间、地区与地区之间的联系越来越密切，世界从独立单元转变成相互影响的整体。因此一个国家或地区的政治、经济、财政等结构将紧随着国际形势改变，股票市场也随之变动。

3. 国家重大的经济政策

国家的重大经济政策，如产业政策、税收政策、货币政策对股票价格有重大影响。国家重点扶持、发展的产业，其股票价格会被推高；而国家限制发展的产业，股票价格会受到不利影响。

例如，国家对社会公用事业的产品和劳务实行限价，包括交通运输、煤气、水电等，这样就会直接影响公用事业的盈利水准，导致公用事业公司股价下跌；货币政策的改变，会引起市场利率发生变化，从而引起股价变化；税收政策方面，能够享受国家减税、免税优惠的股份公司，其股票价格会出现上升，而调高个人所得税，则会使社会消费水准下跌，引起商品的滞销，从而对公司生产规模造成影响，导致盈利下降，股价下跌。

4. 政权的变动

政府的作为及社会的安定性等，均会对股价波动产生影响。

5. 法律制度的变革

如果一个国家尤其是金融方面的法律制度健全，使投资行为得到管理与规范，并使投资者的正当权益得到保护，会提高投资者的信心从而促进股票市场健康发展。如果法律法规不完善，投资者权益受法律保护的程度低，则不利于股票市场的健康发展与繁荣。

6. 上市新股对股市的影响

新股上市一般指的是股份公司发行的股票在证券交易所挂牌买卖。新股上市的时期不同，往往对股票价格走势产生不同的影响，投资者应根据不同的走势，来恰当地调整投资策略。

当新股在股市好景时上市，往往会使股价节节攀升，并带动大市进一步上扬。因为，在大市看好时新股上市，容易激起投资者的投资欲望，使资金进一步围拢股市，刺激股票需求。反之，如果新股在大跌势中上市，股价往往还呈现出进一步下跌的态势。

一般来讲，新上市股票在挂牌交易前，股权较为分散，其发行价格多为按面额发行和中间价发行，即使是绩优股票，其溢价发行价格也往往低于其市场价格，以便使股份公司通过发行股票顺利实现其筹款目标。因此，在新股上市后，由于其价格往往偏低和需求量较大，一般都会出现一段价位上升时期。其价位上升的方式，大致会出现如下的几种情况。

（1）股价上涨一次进行完毕，然后维持在某一合理价位进行交易。此种价位上升方式，系一口气将行情做足，并维持与其他股票的相对比值关系，逐渐地让市场来接纳和认同。

（2）股价一次上涨过后，继而回跌，再维持在某一合理价位进行交易。这是将行情先做过头，然后让它回跌下来，一旦回落到与其他股票的实质价位相配时，自然会有投资者来承接，然后依据自然供需状况来进行交易。

（3）股价上涨到合理价位后，滑降下来整理筹码，再做第二段上涨行情并回到原来的合理价位。这种上涨方式，有涨有跌，可使申购股票中签的投资者卖出后获利再进，以形成股市上的热络气氛。

（4）股价先上涨到合理价位的一半或 2/3 的价位水平，即予停止，然后进行筹码整理，让新的投资者或市场客户吸进足够的股票，再做第二段行情。此种上涨方式，可能会使心虚的投资者或心理准备不足的投资者减少盈利，但有利于富有股市实践经验的投资老手获利。

由此可见，有效掌握新股上市时的股价运动规律并把握价位运行方式，对于股市上的成功投资者是不可或缺的。

高手私房菜

技巧 1：大股东减持对股票的影响

其实股票市场中最大的"主力"不是机构投资者，更不是个人投资者，而是以很低的成本获取非流通股的大小股东。这些非流通的股票经过了规定的时间之后可以解禁，转化为可流通的股票。但是大股东并不能一下子把股票全部卖光，而是在规定的时间，最多减持多少股票，分批减持。当大股东减持股票的时候，股价就面临抛压，因此可能会引起股价下跌。

一般情况下，这些非流通股可以减持之后，大股东不会马上减持，而是等股价上涨到一定的高度之后再抛出手中的股票。一般在非流通股解禁之前，上市公司必须要公告。投资者在获取上市公司股东要减持股票的消息之后就应当对所持有的股票保持警惕。一旦发现股价上涨乏力，投资者应马上卖出。

技巧 2："两会"对证券市场的影响

"两会"并不是一个特定的机构名称，而是对自 1978 年以来历年召开的"中华人民共和国全国人民代表大会"和"中国人民政治协商会议"的统称。"两会"期间可能出台一些政策，因此"两会"期间会有一些板块领涨，并带领大盘上行。多数情况下从"两会"之前到"两会"结束这段时间，大盘会上涨 15%~25%。投资者在这段时间，要留心收藏"两会"热点讨论的议题，这往往是市场炒作的热点。

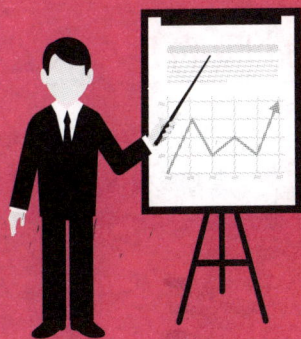

第15章
股民必知的赢利法则

引语

不积跬步，无以至千里；不积小流，无以成江海。

——荀子

高手不是一日练成的，也要通过长时间的积累和沉淀。无论是成熟的投资市场还是不成熟的投资市场，其盈亏比例均为 7：2：1，即亏损人员占据 70%，20% 的盈亏平衡，10% 的人赚钱。那么，怎么能让自己从 70% 这部分中到 20% 的队伍里去，甚至 10% 的顶尖盈利人群中呢？本节就告诉你一些高手炒股的常胜技法，学习了该技法不一定就能常胜，但不会该技法亏损的可能性则大增。

要点
☐ 高手炒股的几个技巧
☐ 高手炒股的 4 个绝招

钱龙 15.1 高手炒股的几个技巧

股市如战场，如何能在这场战斗中获得长久的生存，并获得利益回报，是每个炒股人的梦想。要想成为一名炒股的高手，就需要了解一些炒股技巧，包括严格执行纪律、不奢望最佳位置、关注量能搭配等，只有这样才能立于不败之地。

15.1.1 严格执行纪律

无论当前是大家热炒的牛市还是人人都避谈的熊市，在投资路上都会有一群人收益颇丰，首要秘诀之一，就是严格执行了纪律。个人投资人一定要在戒贪的基础上，提高自己的操作技能。否则，即使股市再牛，仍然会赔得一塌糊涂。

很多股民对于股票下跌后，所产生的损失一般都会痛惜，总是希望自己的股票价格能再回升，一般都不愿割肉，而对于不断上涨的股票又不愿意卖，奢望能更多地获利。这种想法，有时就会让股民不仅不赚，反而还会损失得很惨。无论是止盈还是止损，都一定要有严格的纪律。不能因为看上去走势很好而放松警惕，比如止盈点设置为10%，走势较好的止盈点设置为40%，止损点设置为3%~5%，有一定把握的不要超过10%。

因此，在股市拼杀中，设置止损和止赢尤为重要。所谓止损和止赢就是设定一个固定亏损和盈余率，到达位置即严格执行。其中，设定止赢尤其重要，否则也会不赢反亏。

我自己曾经在法拉电子这只股票上感触颇深，当初买入时设定30%止盈，因为该只股票非常看好其基本面，后期涨到50%感觉后续机会更大不卖。然后就是下跌反弹到40%左右的盈利，一想50%都没卖，40%更不想卖了，然后就一步一步地将盈利从50%变成15%出局的，每一笔的交易后面都有惨痛的教训。

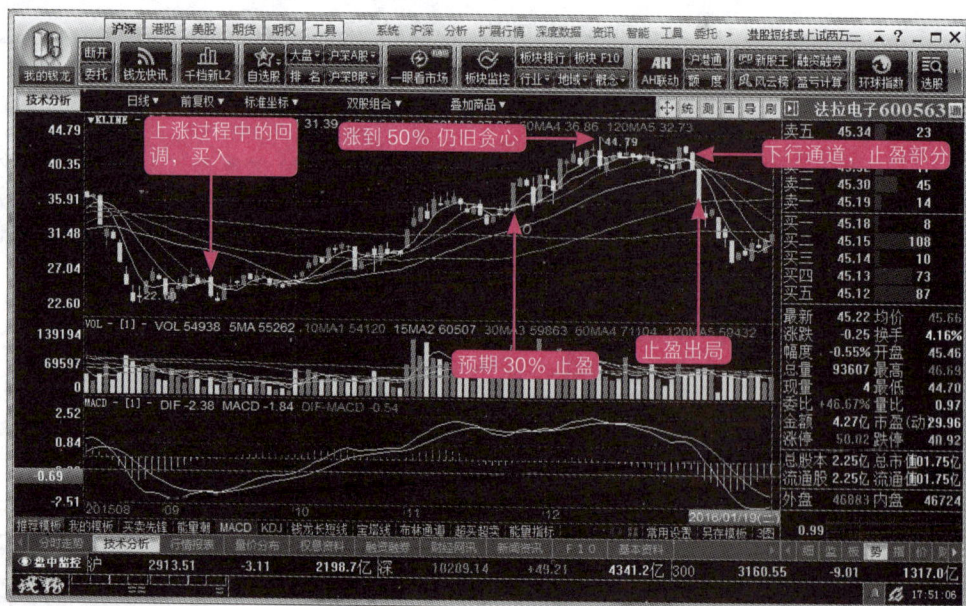

从那以后我就坚决执行了相应的操作，虽然操作有盈有亏，但总体比以前收益变多了不少。
要想在交易中赚钱，只有做到遵守纪律，只有严格的制度才能在适当时战胜自己的个性弱点

和人性的共性弱点。交易时，像一个运动员，买卖皆是出于本能的反应而不是思考，技巧上身时，心就忘了它。

15.1.2 不奢望最佳位置

从每只股票的复盘来看，一个阶段（甚至一天）都会有最高点和最低点，对于任何一个股民而言，能在最低价买入最高价卖出简直是人生的美好愿望。但通过这么多年的投资和市场验证，即使是股市高手，要实现这种愿望也很难。高手更加注重的是确定性，买入一只确定性的股票即使不是它的阶段低点，但仍能产生盈利，盲目地追求最低点反而会因此错失良好机会。

因此，作为普通股民更不要有太高奢望，随时处于波动中的股票，即使看到已创出了新高，但可能后续还会有更高；你看到买入的是最低，可能过两天来看反而是高位。

鉴于市场上没有后悔药，个人投资者在投资股票时就要采取比较实际的做法，让自己真正能有钱赚入口袋才是。只要后市能有确定性的10%~20%，也比等待低点的50%而错失机会好很多。

15.1.3 趋势为王

趋势为王，周期转换，顺势交易，逆势看盘。做交易时，首先是定方向，有了确定性的方向，即可保证不亏损或者说小亏大赚，如果方向（趋势）做错了，即逆势而动，很容易做错，将到手的利润变成实实在在的亏损。

我们在交易前就要确定要购买的股票或者投资是做多，还是做空。有一个严格的参照标准，然后是各种大小周期之间的不断转换，即不同趋势之间的转变来达到自己的目的。

和任何事情一样，投资一定要看对趋势，然后很好地利用趋势，比如均线方向其实就是趋势线的走势。

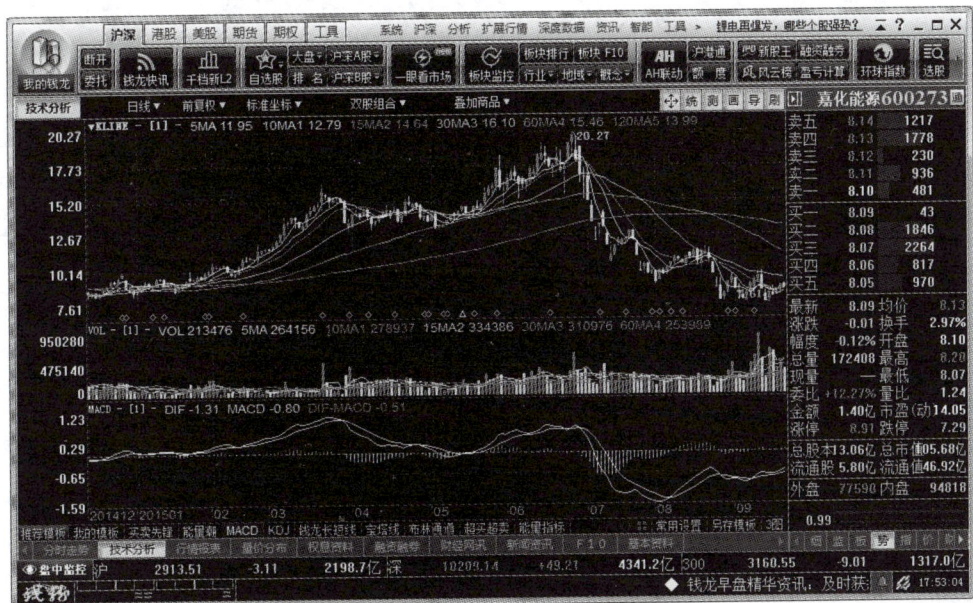

在一只股票的整个运行过程中，连接两个最低点或最高点之间的线，即可绘制相应的趋势线。

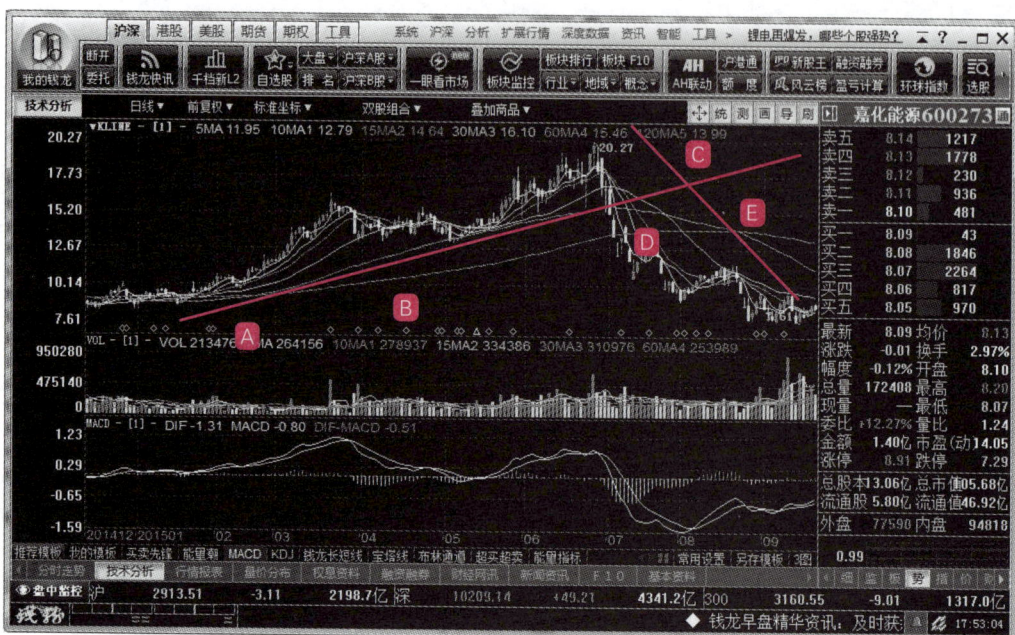

趋势线一般分为向上趋势和向下的趋势两种。当 K 线突破了相应的趋势线时，即说明该趋势到头要反转，即趋势要转换了。如连接 AB 两点之间的线叫向上趋势线，连接 CE 两点之间的线叫下降趋势线，D 点是向上趋势线与 K 线的交点处，即突破点。

当我们在上升趋势线上面时，任何一个地方都可以买入，即可保证不会大亏（如果你买在价格高点，可能也会短期内微亏），在趋势没有改变之前，该趋势会一直延续。这就是人们常说的趋势为王。

15.1.4 关联股票建仓法

对于 A 股市场上的操作概念股来说，如果能抓住龙头股当然能抓住最大的主升空间，从而获取非常好的收益。但由于龙头大家都在追逐，且通常开启的是一字形涨停板，根本没有机会买进。望洋兴叹还是？

用关联股票，即可享受相应的收益。

（1）同行业关联。

互联网金融出来后，东方财富（上图）就开启了涨停模式，每天成交量极小。这时就可以买入同行业的股票，如同花顺（下图）。

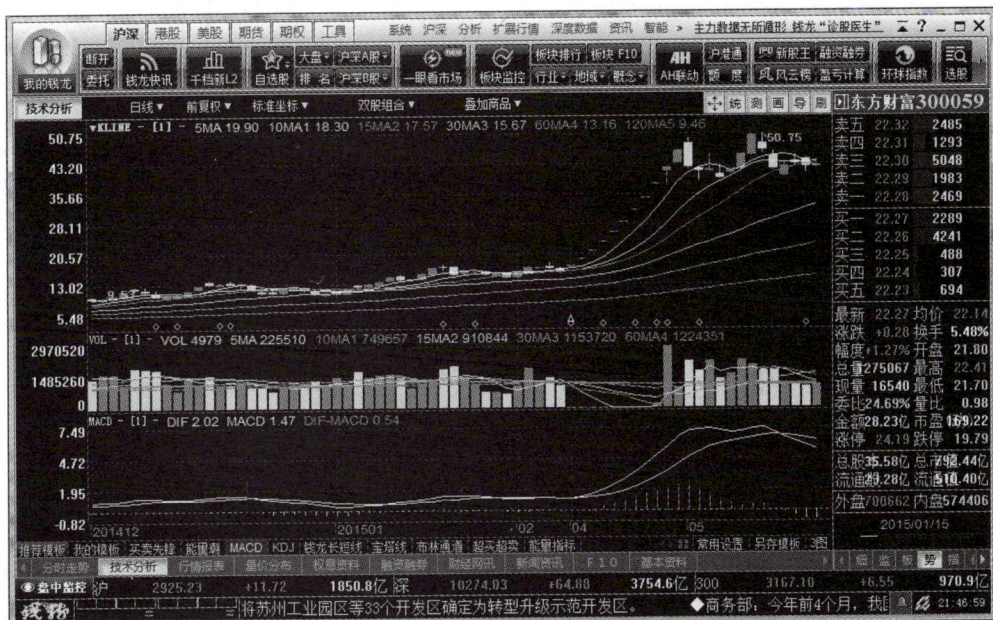

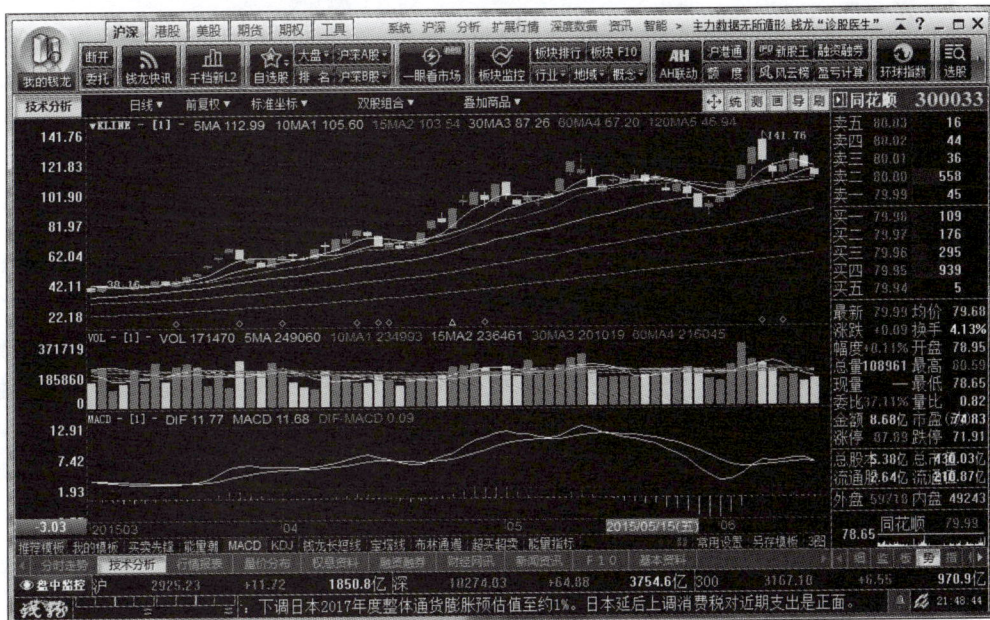

（2）隐形股东。

当一只股票刚上市时，由于打新未中或者没有机会买入，这时候就可以关注市场上有哪些上市公司是新上市股票公司的股东。如果买入像这种股票，也能分享上市公司的相应收益。

15.1.5 抓住超跌机会

机会是给有准备的人的。而股市暴跌则是为有准备的股民做好了充分的盈利空间，大盘 3 周暴跌 34%，个股普跌接近 50%。如果你有准备，在国家出台各种稳定股市消息时进入，则能迅速赚取 50%~100% 的收益，相当于给你种下了一棵摇钱树。

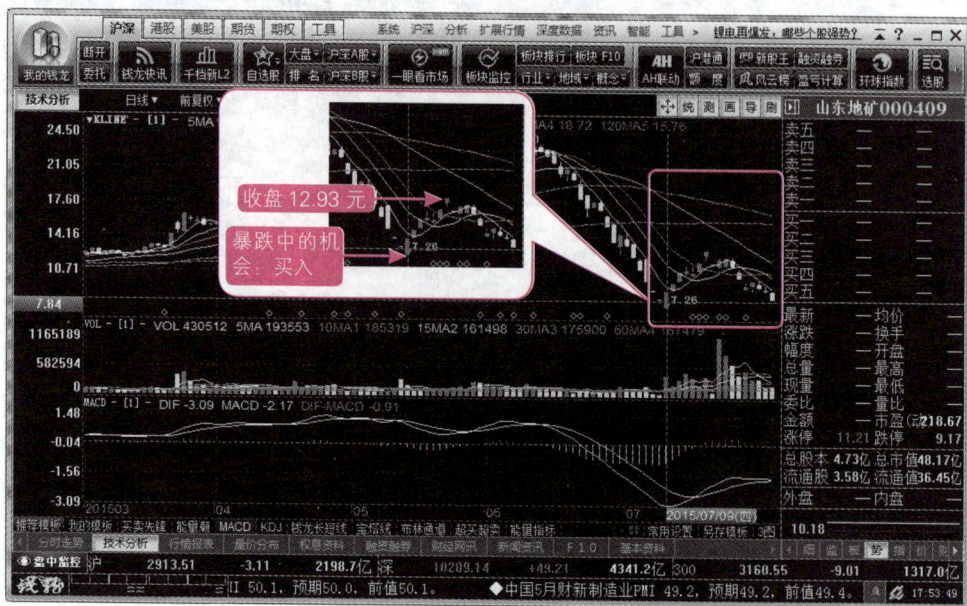

这些暴跌，往往都是偶然事件和重大利空消息造成的。如果大盘处于相对高点时出现暴跌，股民需特别谨慎，以观望为主。但如果是处于主跌浪或者阴跌很久后出现的暴跌，股民则可考虑把握机会，对自己看好的股票适当建仓，因为很多牛股都是跌出来的。

15.1.6 保住胜利果实

尽管很多股民浮盈很多，但由于贪心导致最后反而赚得很少，这就是没能及时止盈导致的，和前面的纪律有点类似。及时止盈保护好已经成功的胜利果实。很多股民不仅不能在股市中再获利，反而还要把自己在牛市中获得的胜利果实给吐回去，如此一来，很多短线高手纯粹是给券商缴手续费。其实，在熊市和震荡行情中不去搏杀，保住自己牛市的胜利果实更重要。熊市中保住胜利果实的办法是，对几只自己看好的股票始终进行跟踪，并根据市场情况不断尝试进行虚拟买卖，自己不妄图能够买入历史最低价，当通过虚拟买卖发现升势已经开始确立，再杀入股市开始进行实盘操作。

15.2 高手炒股的 4 大绝招

除了前面所说的炒股技巧外，真正的炒股还有几个绝招。

15.2.1 追强势股的绝招

所谓强势股是指在股市中稳健上涨的股票。强势股一般具有两个特点。一是板块龙头股，强势股可能是一波行情的龙头股，也可能是热点板块中的代表性股票，强势股的涨跌，会影响同板块股票的涨跌。二是高换手率，强势股的每日成交换手率一般不低于 5%，某些交易日达到 10% 以上，甚至可能达到 20% ~ 30%。

例如奥维通信（002231），在一段时间内出现了稳步上涨的趋势，后续出现连续涨停，这时投资者就可以放心买入股票。

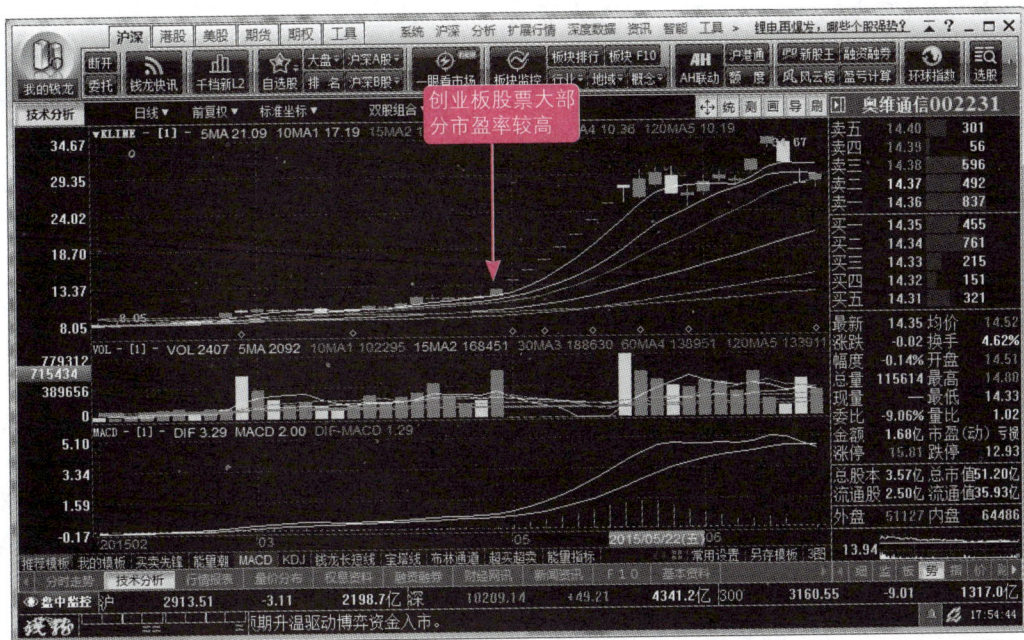

追击强势股的方法主要有 4 种。

（1）在涨停板块中追击强势股。盘中追涨那些在涨幅榜、量比榜和委比榜上均排名居前的个股。这类个股已经开始启动新一轮行情，是投资者短线追涨的重点选择对象。

（2）追击龙头股。一般情况下，龙头股就是一只比较强势的股票，主要是在以行业、地域和概念为基础的各个板块中最先启动的领头上涨股。

（3）在涨停板追击强势股。涨停板是个股走势异常强劲的一种市场表现，特别在个股成为黑马时的行情加速阶段，常常会出现涨停板走势。追击强势股的涨停板，可以使投资者在短期内迅速实现资金的增值。

（4）追涨成功突破的股票。当个股形成突破性走势后，往往意味着股价已经打开上行空间，在阻力大幅度减少的情况下，比较容易出现强劲上升行情。因此，股价突破的位置往往正是最佳追涨的位置。

但是，需要注意的是任何涨升行情都不可能是一帆风顺的，都必然要面对各种压力。但是，由于未来行情向上的趋势不会改变，只是道路仍然是曲折的。投资者在积极操作的同时不能忽视风险，应适当注意资金的管理与仓位的控制。

那么如何才能在复杂多变的股市中找寻龙头股呢？下面介绍几种方法。

1. 根据板块个股选龙头股

在股票市场，投资者一定要密切关注板块中的大部分个股的资金动向，当某一板块中的大部分个股有资金增仓现象时，要根据个股的品质特别留意有可能成为龙头股的品种。一旦某只个股率先放量启动，确认其向上有效突破后，该股就有可能成为龙头股。

这种选股方法看上去是追涨已经高涨且风险很大的个股，但是，由于实际上龙头股具有先板块启动而起，后板块回落而落的特性，因此，它的安全系数、可操作性以及收益程度均远高于跟风股。

2. 根据第一个涨停板追涨龙头股

如果投资者由于种种原因错过了龙头股启动时的买入机会，则可以在其拉升阶段的第一个涨停板处追涨。通常龙头股的第一个涨停板比较安全，后市最起码还有一个上冲阶段，可以使投资者全身而退。

具体的追涨方法有两种。

（1）在龙头股即将封涨停时追涨。例如辉丰股份（002496）在2016年5月3日上午一直保持顽强走势，直到午后开盘才封上涨停板，投资者就可以有充足的时间，在它即将封涨停板时追涨买入。

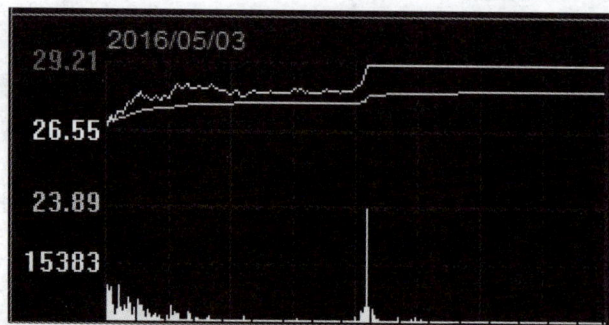

（2）在龙头股打开涨停时追涨。华控赛格（000068）在2016年5月3日在开盘仅30分钟内就封涨停，使投资者来不及介入。但是，这种快速封涨停的个股，往往不稳定。在封涨停板后不久，盘中就曾经出现打开涨停的情况，这时投资者就可以乘机买入。

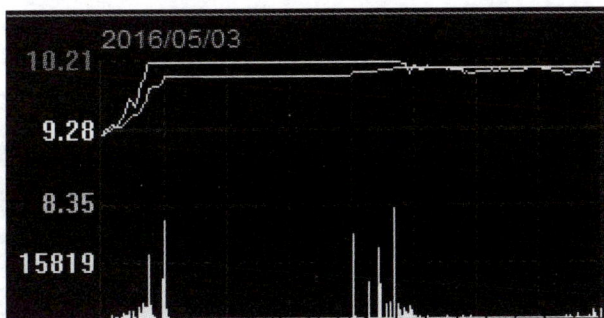

3. 在龙头股强势整理期间买入

在变幻莫测的股市中，即使最强劲的龙头股，中途也会有强势整理的阶段，这是投资者参与龙头股操作的最后阶段。投资者需要把握其休整的机遇，在龙头股强势整理期间积极买入。但是，这种操作方式也存在一定的风险。当市场整体趋势走弱时，龙头股也可能会从强势整理演化为见顶回落。

不过，针对判断龙头股是处于见顶回落还是强势整理阶段，投资者可以用心理线指标 PSY 来识别。当龙头股转入调整，PSY 有效贯穿 50 的中轴线，则说明龙头股已经见顶回落，投资者不必再盲目追涨买入；如果 PSY 始终不能有效贯穿 50 的中轴线，则说明龙头股的此次调整属于强势整理，后市仍有上涨空间，投资者可以择机介入。

另外，炒龙头股要有一定的技巧与方法。有时，股市还要求投资者有一定的胆量，比如在遇到龙头股时要敢于介入。下面介绍炒龙头股的心理及技巧。

1. 炒龙头股要敢于介入

一只龙头股从诞生到被确认，其股价一般会上升 30% 以上。因此，投资者一定要有胆量，不要因为该股已有一定的升幅就不敢介入。只要被认作龙头股，其价位至少有 70% 以上的升幅。而且市场主力树立一个龙头股是相当不容易的，必然会竭力呵护，以便推动大盘指数，鼓动人气跟风。同时，主力也会介入与龙头股相关的公司，以便获得更大的收益。因此，龙头股表面上看升幅已很大，但仍有较大的获利空间。投资者一旦确认了龙头股，就应当勇敢介入。

2. 分散资金

投资者在炒作龙头股时，资金不必全仓杀入。虽然一轮行情产生后，龙头股的表现远远较一般股票出色，但不一定是最出色的。因为，一旦行情被龙头股激起，部分市场主力就会找到与此类似的股票介入，趁机狂炒，企图浑水摸鱼，有时部分个股会乱涨一气；而且龙头股树立之后，部分与之相关的公司会被市场投资者挖掘，也会随后跟上，从而形成板块效应，这些个股往往也有不错的机会。因此，可适当分配部分资金参与这些个股的炒作，以取得较好的收益。

15.2.2 追超跌反弹的绝招

在股市中，投资者往往会遇到自己所持的个股出现连续急跌的走势。这时，如果操作失误，可能会在离场出局后，发现自己的股票卖了个地板价；而在决定持有等待时却在后市遭遇更大的跌幅。

例如股票双箭股份（002381），在经过一段快速推高后吸货，为了迷惑投资者，后期又出现了连续多日阴线，然后出现了快速的上涨。

针对上述情况，投资者如何正确判断不同性质的急跌个股，以及采取什么样的操作策略，往往会极大地影响到最后的投资结果。但是，由于急跌中所处的环境和所持的品种不同，投资者必须采取不同的操作策略。

下面针对不同的急跌情况，进行买入卖出分析。

（1）第一种情况：个股问题。

当时市场走势正常，没有出现快速回调，而持有的个股出现快速下跌。这主要是个股的问题，表明持有个股出现了重大利空。这时就要深入分析个股基本面，看是不是长期的发展出现了问题。如果确实是基本面上有问题，则必须离场；否则可以继续持有该股，等待新一轮的上涨。

（2）第二种情况：大盘问题。

由于整个市场回调导致个股股价下跌。这也同样需要分析持有个股的性质。如果属于基本面良好的品种，出现了急跌就应是逢低继续买入的时候，如以往历史上的万科A（000002）、贵州茅台（600519）、中集集团（000039）等优良品种，其股价也会波动，但由于长期成长性持续向好，因此，每当急跌都应是买入的机会。

对于那些基本面一般或较差，只是靠题材炒作起来的个股，则必须坚决卖出。只不过可以根据具体情况的不同，选择不同的卖出时机。即对于题材丰富同时有资金参与的品种，可以等待反弹后卖出；反之，则必须及早离场。

总之，投资者必须对两个方面有比较深刻的把握。一是对持有的个股品种有着极为深刻准确的认识，对于企业当前的发展状况、未来的发展前景有较全面的了解，这样才会对股价走势做出正确的判断；二是必须对当时的行情走势有较为准确的判断，要分析清楚市场当时所处的阶段，这样才能看清外部环境对于个股股价定位的影响。其中最为重要的是对上市公司基本面的了解，这是决定投资正确与否的根本。只要个股掌握得好，即使对当时市场判断出现错误同样也可以在个股上投资成功。

15.2.3 发现技术指标的绝招

一些痴迷技术的人较喜好这个方法，最常用的技术指标有三个：强势大盘多头个股的宝塔线、弱势大盘的心理线（做超跌股）、大盘个股的带量双 MACD。

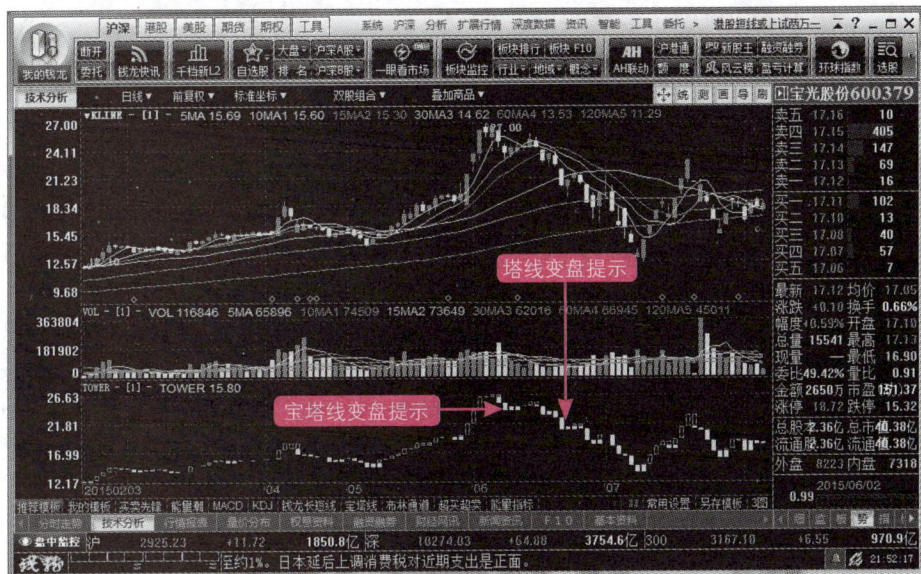

15.2.4 利用经典形态的绝招

常用经典形态有二次放量的低位股、回抽 30 日均线受到支撑的初步多头股（见下图），底部箱体形态的强势股，与大盘形态同步或者落后一步的个股。这些都要建立在大盘成交量够大的基础上。

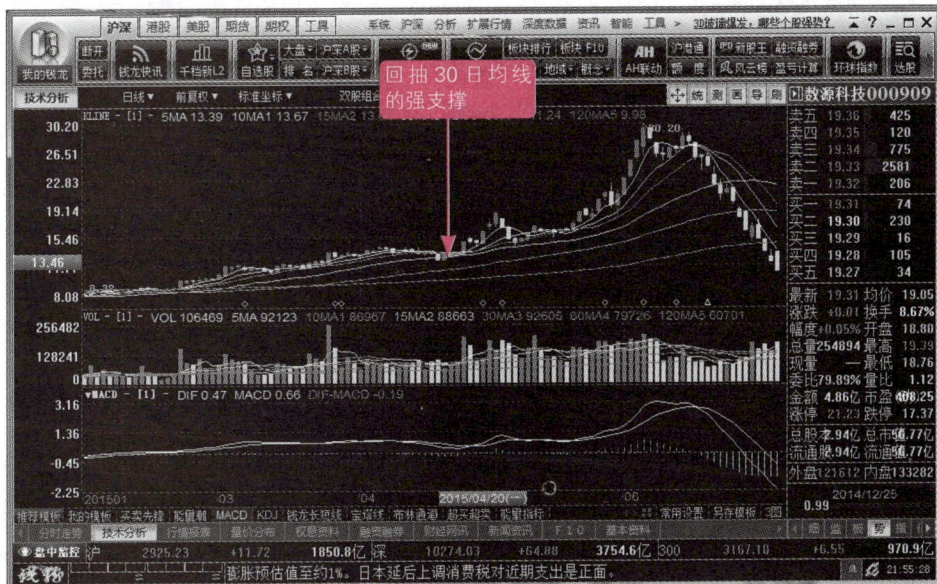

高手私房菜

技巧：**集合竞价买卖技法**

集合竞价（Call auction）是指在每个交易日上午 9:15—9:25，由投资者按照自己所能接受的心理价格自由地进行买卖申报，电脑交易主机系统对全部有效委托进行一次集中撮合处理过程。

具体来说，集合竞价是将数笔委托报价或一时段内的全部委托报价集中在一起，根据不高于申买价和不低于申卖价的原则产生一个成交价格，且在这个价格下成交的股票数量最大，并将这个价格作为全部成交委托的交易价格。

集合竞价期间显示的是虚拟成交，所以真正的成交笔数仍为 0，目的是为了撮合出一个最大成交量的价格。如果有新的买单或卖单出现，每 10 秒中进行一次撮合，显示的结果是在这个价格下的最大成交量，但实际笔数为 0，也不会影响价格。最大成交即现手是逐渐增多的，因为只有在这个价格的撮合下其成交量比上一次要大很多，才能取代上次的成交价格。但是如果有撤单的现象，最大成交量也有可能减少。9 点 25 分才是集合竞价唯一一次真正的成交，此时会显示成交笔数。当然这期间可以撤单和挂单，但在 9 点 20 分到 9 点 25 分期间是不能撤单的。集合竞价期间最好不要撤单，成功概率很小，即使允许撤单，由于诸多原因也会导致操作失败。

如果投资者想买入某只股票，直接挂涨停价即可，如果想卖出股票，直接挂跌停价即可，这样基本都可以买到或抛出。但实际成交价格并不是你所挂的涨停价或跌停价，而是 9 点 25 分成交的价格，也就是开盘价。所有人的成交价格都是一个价格，这个价格就是根据最大成交量撮合出来的。

在连续竞价期间，价格第一优先，时间第二优先，数量第三优先。集合竞价期间没有这个优先顺序，9 点 15 分之前的所有时间为同一时间，不仅挂单时间相同，挂单价格也相同，由于主力的数量较大，所以先成交主力的股票。

集合竞价按买盘的价格从高到低进行排序，按卖盘的价格从低到高进行排序，然后按照序号从上到下进行一对一的撮合，直到买盘和卖盘的价格相同或卖盘的价格高于买盘的价格，就停止撮合，然后选出合适的价格，显示当前的撮合价格和成交量，但笔数为 0，没有实际的成交数量。

集合竞价时，成交价格的确定原则有以下几个。

（1）现存的成交量最大的价格。

（2）高于该价格的买入申报与低于该价格的卖出申报全部成交的价格。

（3）价格相同的买方或卖方至少有一方全部成交的价格。两个以上的申报价格符合上述条件的，使未成交最小的申报价格为成交量价格，仍有两个以上的申报价格符合要求时，其中间价格为成交价格。

第 16 章
手机和平板电脑炒股

引语

过去的数据并不能对未来的发展提供保证，只是建议罢了。

——本杰明·格雷厄姆

股市的涨跌瞬间变化万千，对于短线投资者来说，如果不能时时掌握股市信息，那无疑是盲人瞎马。手机和平板电脑炒股 APP 的迅速发展，弥补了电脑炒股软件的不足，它可以让你随时随地掌握股市动态。

要点

☐ 常用看盘、交易的 APP 介绍
☐ 掌上钱龙的注册与登录
☐ 盘面信息和自选股

钱龙 16.1 常用看盘、交易 APP 简介

疯狂的股市不仅带动股民的爆增，伴随着移动互联网的发展，也带动了一大批炒股 APP 在风起云涌的股市里追逐。

2007 年时，大智慧、同花顺等在 PC 端形成"垄断"之势，而今，与炒股相关的 APP 有几百个，既有老一代的大智慧、同花顺，也有新一代的股票雷达、公牛炒股、投资堂等。这一节我们就来对市场上常用的看盘、交易 APP 进行介绍。

1. 同花顺

同花顺 APP 支持 90% 的券商在线交易；手机、PC、网站多平台云同步；支持 A 股、基金、实时港股、美股、全球股指、期货、外汇等多种金融工具的操作。

同花顺手机版的界面内容尤其丰富，除了包含大盘指数、自选股、开户转户等信息之外，还有模拟炒股、基金理财、彩票等工具，行情、交易和咨询等信息实时推送。支持资讯订阅，并可查看各种网友评论。针对初次使用软件的新手，还提供了手把手教学视频。

2. 大智慧

大智慧 APP 给人的第一印象就是界面简洁、传统。它支持 50 余家券商在线委托交易，采用手机专用交易接口，提供 5 档行情参考，保障投资者安全快捷交易。

大智慧 APP 的特色功能有：自选股异动监控，个股资讯信息、重大公告新闻等实时提醒；消息预警支持盘中动态个性化推送提醒，股价、涨跌幅、换手率、信息地雷一触即发。

3. 通达信

通达信手机炒股软件是通达信官网全新推出的适用于广大投资者的移动证券软件，具有信息全面丰富、运行稳定高效、结构清晰易上手的特点，与其他行情软件相比，有简洁的界面和较快的行情更新。

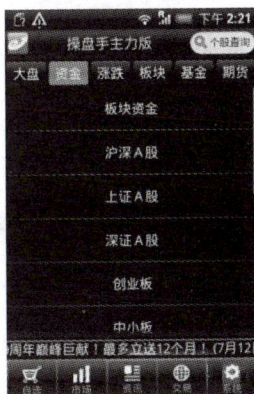

4. 益盟操盘手

益盟操盘手是上海益盟软件技术有限公司旗下的一款专业的证券软件产品。益盟操盘手手机 APP 凭借着炒股双核"操盘线和主力资金功能组"的完美组合，辅以资讯培训方面的面面俱到，为不同投资方式、不同投资习惯、不同风险偏好的中长线或短线证券投资者提供解决方案。不仅如此，操盘手还充分考虑到了用户体验方面的页面扭转、菜单组合等小细节，让用户的使用得心应手。几乎涵盖了 Windows Phone、Android 和 IOS 等市面上常见手机平台的不同版本。

Android 版本还首创黄金买卖点提示，追踪主力动向，上交所 Level-2 用户数第一。益盟操盘手安卓版是集看盘、分析、资讯、决策、交易为一体的手机炒股软件。

5. 掌上钱龙

掌上钱龙有全智能主力、超无限应用和畅享全免费的特色功能。

全智能主力：主力资金排行、推送强势牛股、锁定强势个股、揭示主力动向、主力资金追踪和辅助抓涨避跌等。

超无限应用：超强触感，目标一点必达，主动推送当日要点及热门信息，轻松指定自选股，个股详情一览无遗。

畅享全免费：只需要手机注册账号，即可开通实时免费主力数据。

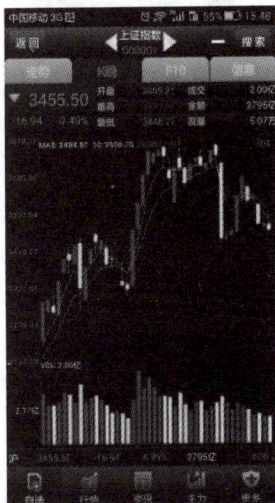

16.2 掌上钱龙的注册与登录

用户可以在手机上打开钱龙官网下载 APP，下面以安卓系统手机为例，介绍下载与安装 APP 的方法。如果用户使用的是苹果手机，则可在 APP Store 中搜索、下载并安装钱龙 APP。

16.2.1 下载与安装掌上钱龙

用户可以在手机上打开钱龙官网下载 APP，下面以安卓系统手机为例，介绍下载与安装 APP 的方法。如果用户使用的是苹果手机，则可在 APP Store 中搜索、下载并安装钱龙 APP。

步骤 1 打开搜索网站，输入"掌上钱龙"，然后单击搜索按钮🔍，如下图所示。

步骤 2 单击【下载】按钮进行下载，如下图所示。

步骤 3 下载完成后如下图所示。

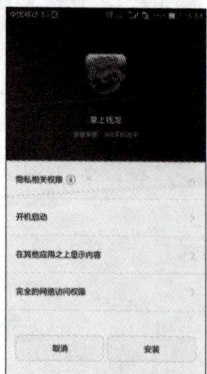

步骤 4 下载完成后单击【安装】即可开始安装，如下图所示。

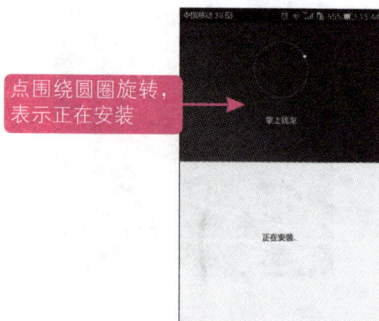

点围绕圆圈旋转，表示正在安装

步骤 5 安装完成后如下图所示。

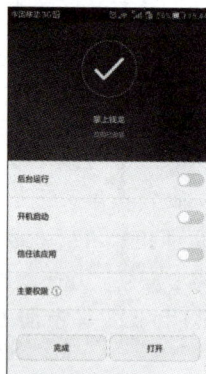

步骤 6 安装完成后回到桌面可以看到【掌上钱龙】图标，如下图所示。

掌上钱龙图标

16.2.2 注册与登录掌上钱龙

钱龙 APP 安装完成后，单击桌面图标即可进入，第一次应用时会弹出钱龙的一些介绍图片，不用管它，直接往后翻页，当出现【点击进入】按钮后单击即可进入，进入钱龙界面后即可开始注册账号了，这一节我们就来介绍如何注册和登录。

步骤 1 在桌面上单击钱龙图标，进入到钱龙界面，如下图所示。

步骤 4 单击【账户管理】，进入到账户管理界面，如下图所示。

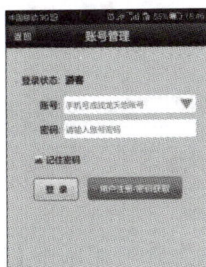

步骤 5 输入手机号码后单击【用户注册/密码获取】按钮，如下图所示。

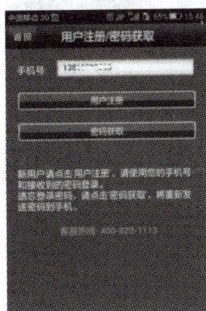

步骤 2 单击【更多】按钮，在弹出的快捷菜单上单击【系统】，如下图所示。

步骤 6 单击【获取密码】后，稍等片刻钱龙官方将会向注册的手机号码发送密码，如下图所示。

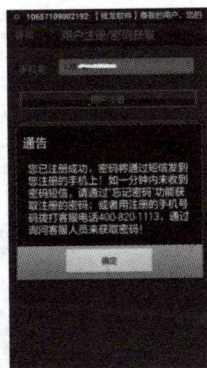

步骤 3 进入到系统界面就可以进行注册了，如下图所示。

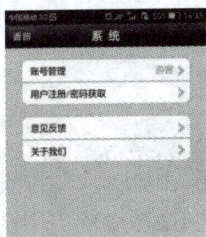

步骤 7 单击【确定】按钮查看收到的密码并将它输入到密码输入框，登录成功后会弹出【登录成功】提示，单击【确定】按钮即可进入到钱龙 APP 的界面，如下图所示。

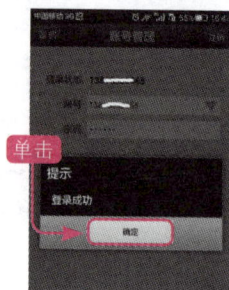

16.3 盘面信息和自选股

注册完成后即可查看大盘信息和自选股信息，查看盘面信息和自选股信息的具体操作步骤如下。

16.3.1 查看大盘盘面信息

步骤 1 登录钱龙 APP 后单击【行情】选项并单击【指数】标签，如下图所示。

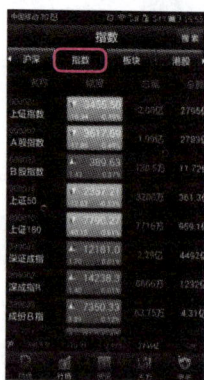

步骤 3 单击【K 线】按钮，可以查看 K 线走势图，如下图所示。

步骤 2 单击【上证指数】即可进入查看上证指数，如下图所示。

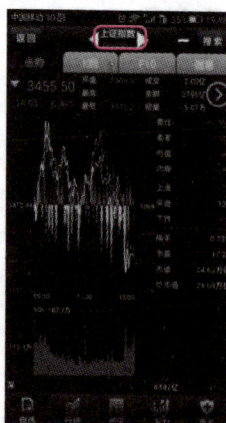

步骤 4 单击【信息】按钮，可以查看最新的大盘信息，如下图所示。

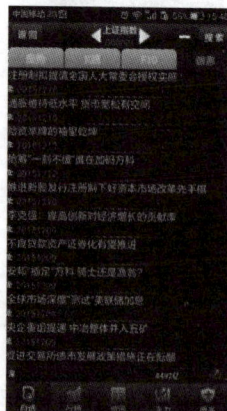

16.3.2 自选股

钱龙 APP 默认【上证指数】和【深证成指】为自选股，用户可以通过搜索来添加自选股，添加和删除自选股的操作如下。

步骤 1 登录钱龙 APP 后，在【自选股】中默认【上证指数】和【深证成指】为自选股，如下图所示。

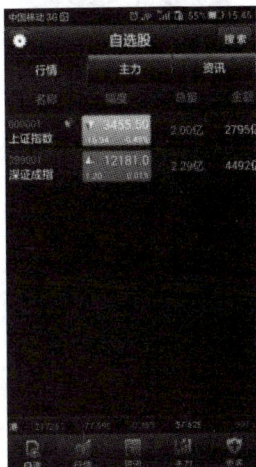

步骤 2 单击左上角的 ⚙ 按钮，在弹出的【自选股设置】界面单击搜索，并输入股票代码，如下图所示。

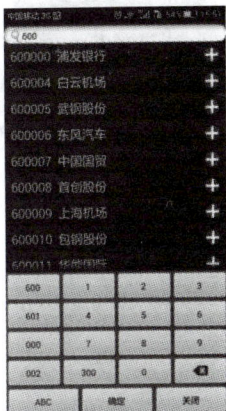

步骤 3 单击搜索出来的股票后面的 ➕ 即可将该股票添加到自选股，如下图所示。

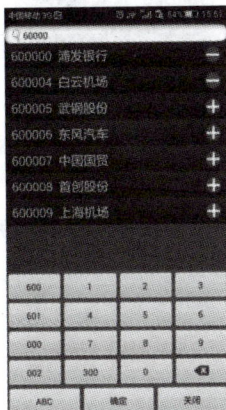

步骤 4 除了通过输入代码搜索股票外，也可以通过股票的缩写字母来添加股票，单击【ABC】按钮将输入法切换为英文。切换为英文后，例如输入"BGGF"即可搜索到"包钢股份"、"宝钢股份"和"宝光股份"等相关股票，如下图所示。

步骤 5 选择"宝钢股份"将其添加到自选股中，添加完成后单击返回键返回到【自选股设置】界面，如下图所示。

例如单击"深证成指"和"上证指数"后面的▨按钮，即可将这两个大盘指数从【自选股】中删除，如下图所示。

步骤6 回到【自选股设置】界面后单击自选股后面的▨按钮，即可将该股票从自选股中删除。

16.3.3 查看个股行情

前面介绍了查看大盘盘面信息和自选股的添加、删除，这节来介绍如何查看个股的行情信息。

步骤1 登录钱龙 APP 后，单击【行情】选项，如下图所示。

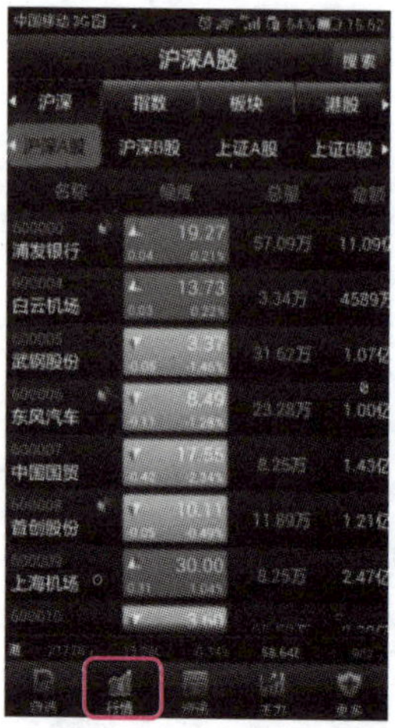

步骤2 单击【沪深】➤【沪深A股】标签，如下图所示。

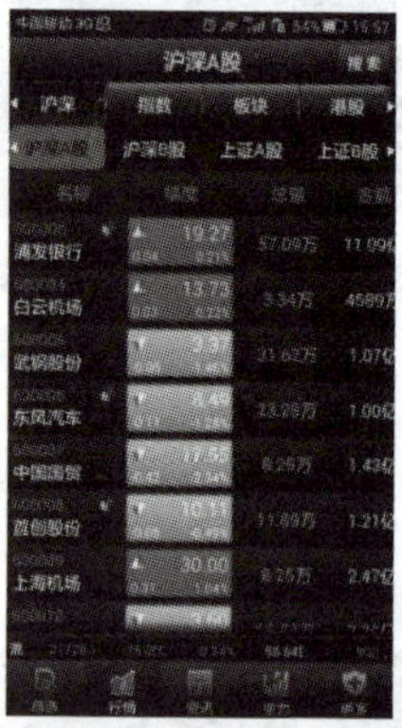

步骤3 在沪深 A 股中可以选择要查看的股票的行情，例如单击"浦发银行"即可进入到"浦发银行"的分时走势图界面，如下图所示。

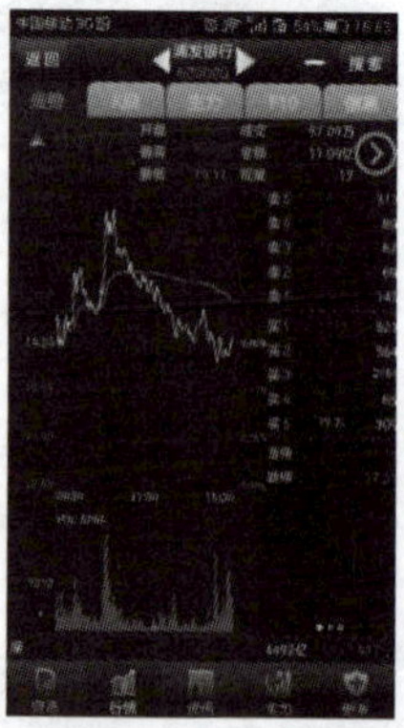

步骤 4 在浦发银行的行情界面，单击【K 线】即可查看浦发银行的 K 线技术指标，如下图所示。

步骤 5 单击【主力】标签可以查看主力龙虎榜、庄家买卖单数、大户买卖单数以及成交量、成交价和所占比例等，如下图所示。

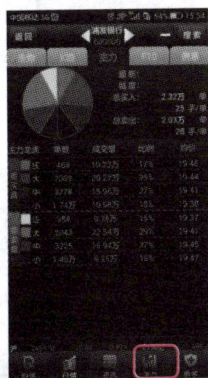

步骤 6 单击【F10】标签，可以查看该股票的 F10 信息，如下图所示。

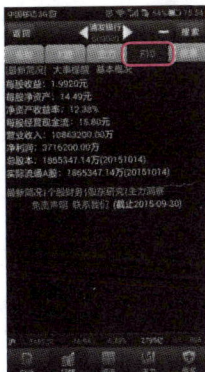

步骤 7 单击【信息】标签，可以查看和该股票相关的信息，如下图所示。

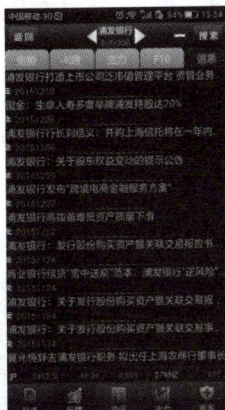

16.3.4 资讯和主力选项

单击【资讯】选项，通过龙讯财经可以查看证券头条、新股申购、业绩报告、公司要闻等基本面信息。

通过【主力】选项，投资者可以查看各大板块的主力幅度、买卖气等。

步骤 1 登录钱龙 APP 后，单击【资讯】选项，如下图所示。

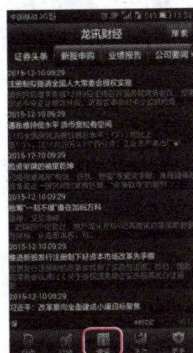

步骤2 单击【新股申购】标签可以查看新股申购的相关新闻，如下图所示。

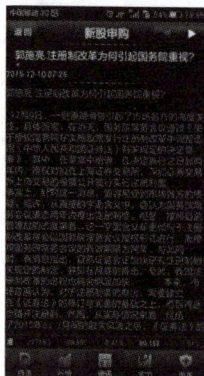

步骤3 单击【主力】选项，查看各板块的主力情况，如下图所示。

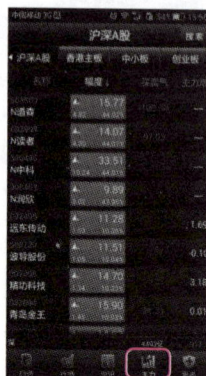

钱龙 16.4 添加指数选项

钱龙APP的指数都在【行情】选项【指数】标签下，通过【行情】选项、【指数】标签一步一步地选择指数太麻烦，用户可以将常用的指数直接添加到选项卡中，需要查看的时候直接单击就可以了，这样往往可以事半功倍。

添加指数选项的具体操作步骤如下。

步骤1 登录钱龙APP后，单击【更多】选项，如下图所示。

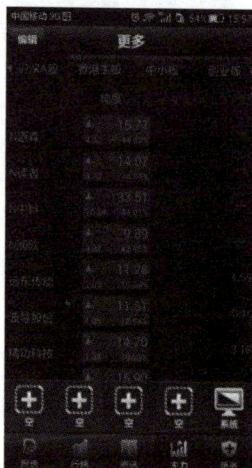

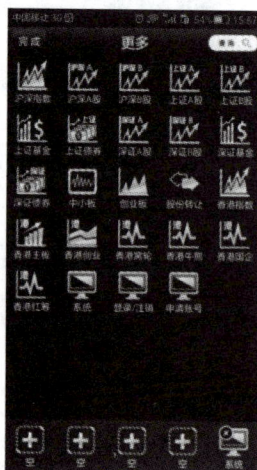

步骤3 按住需要添加的指数，将它拖动到"空"位即可，如下图所示。

步骤2 在弹出的快捷菜单上单击 ✚ 按钮，即可弹出指数选项图标，如下图所示。

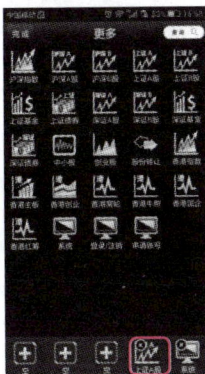

如下图所示。

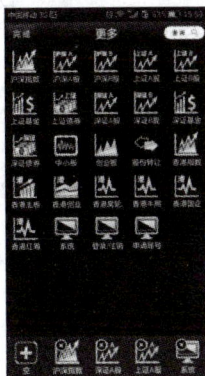

步骤 4 重复步骤 3，继续给"空"位添加指数，

高手私房菜

技巧 1：涨停板股票的买卖技巧

下面为大家介绍几点涨停板股票买卖技巧。

（1）大部分涨停不能追，能追的只有少数。

对多数涨停来说，属于技术形态不好情况下的涨停、跟风涨停、分时图情况不佳、大盘暴跌等等。实际在买卖中，必须在个股本身技术形态良好、存在一定上扬空间、分时图显示出的庄家向上做盘意愿强烈以及大盘的条件相对配合等因素都具备的情况下，才能采取追涨，使风险降到最低。

（2）在选择追哪只涨停的股票时，要考虑以下因素。

涨停时间早晚。早的比晚的好；最先涨停的比尾盘涨停的好得多。

第一次即将封涨停时，这时候换手率小的比大的好。

个股形态怎么样。盘整一段时间后突然涨停的比连续上涨后再涨停的好；连续大跌后以涨停方式开始反弹的也可以；庄家仓位重的比庄家仓位轻的好。

大盘情况，如果大盘今天急跌，破位的就更不好，有涨停也不要追。

第一个涨停比较好，连续第二个涨停就不要追了。

高开高走涨停的股票追起来安全些，最好开盘价就是最低价。

（3）买到后怎么卖？

第 1 种情况，如果你昨天追了涨停但涨停没封住，那么今天开盘后马上卖掉。

第 2 种情况，涨停是没错，但封得很勉强，涨停被多次打破，建议早出为妙，3% 是可以忍受最大的损失额。

第 3 种情况，涨停封得很死，这时候要看涨停后的成交情况，涨停后成交萎缩很快，如果出现连续几分钟没成交就更好了，还要看收盘前几分钟封单大小，当然大的好。如果昨天的涨停封得好，今天就可以看得高点，你要根据昨天的情况估计今天开盘的大概位置，如果大大低于你的估计，别犹豫，马上杀出去。

第 4 种情况，追涨停时及时锁定利润出局是非常必要的，即使后面涨得更多，也不要后悔，否则，你将因为过于贪心而丧失很多可以及时出局的机会以致被套。尤其在当时大盘很弱的情况下，及时抛出其实是标准的回避风险的行为，是正确的，切切不可贪心，否则，被套就是不可避免的。一定要守纪律，否则最后吃亏的是自己。

技巧 2：股市解套 5 技法

解套没有绝对行之有效屡试不爽的方法，但是有五种常用的操作方法可以帮助你在被套时减少损失。

（1）逢低补仓，降低股票购买成本。

在股票下跌过程中，逢低继续买入股票，使持股成本降低，只要股票一有反弹就能尽快解套。

不过，对于逢低补仓的方法，投资者首先要有足够的资金；其次，要确认所买股票业绩良好，未来有反弹的趋势。

（2）波段解套，超短线操盘。

这种方法其实是逢低补仓的一种变形，即如果股票从 10 元跌到 5 元，那么当股票涨到 6 元时卖出，然后再在 5.5 元时买入，随后股价如果再上涨再在 7 元时卖出，如果股价再次下跌再以 6.5 元买进，以后就这样在股价震荡上涨中，逢高卖出，逢低买入。

这种方法主要是依靠股价每日的上下波动，利用小幅价差解套，适用于资金有限或不愿意再投入新资金购买股票的股民。股民长期关注一只股票，通常大体了解该股股价波动的规律，所以这种方法还是有一定可操作性的。

（3）换股，瞄准新"领头羊"。

即卖掉手中的股票，购买有上涨趋势或正在上涨的股票。

这种方法，首先要看所持有股票的质地，有业绩支撑的长线股票不需要换股，如果是题材亏损股票，前期涨幅较高的股票一定要换股。所换股票一定要是业绩好的，或正处在热点的股票。

（4）果断抛出被套股票，长痛不如短痛。

中小股民最喜欢追高，尤其是新股民只知道一味追高，而且股票涨了也不卖，如果跌了更是不会卖，很少能看到股民果断地割肉。而往往事与愿违，待股票进入调整期后，通常需要一段时间的调整才能够再次拉升，在此期间投资者只能陷入漫长的等待，也错过了不少好的投资机会。

（5）选购股票型基金，委托炒股。

股民之所以被套主要原因是对股市缺乏了解和专业分析，而基金都是由专业的股票投资者掌控，从专业知识、操作技巧等方面都有优势。基金都是专家理财，牛市之中买基金，最起码能获得和大盘一样的利润，即使在熊市中，也会比一般投资者相对损失较少。